◎国家重点档案保护与开发项目◎

馆藏民国长沙工商档案汇编

（1931—1949）

下卷

长沙市档案馆 编

湖南人民出版社

（二）长沙市各同业公会登记表（一九四二—一九四五年）

长沙市油盐棉花纱商业同业公会

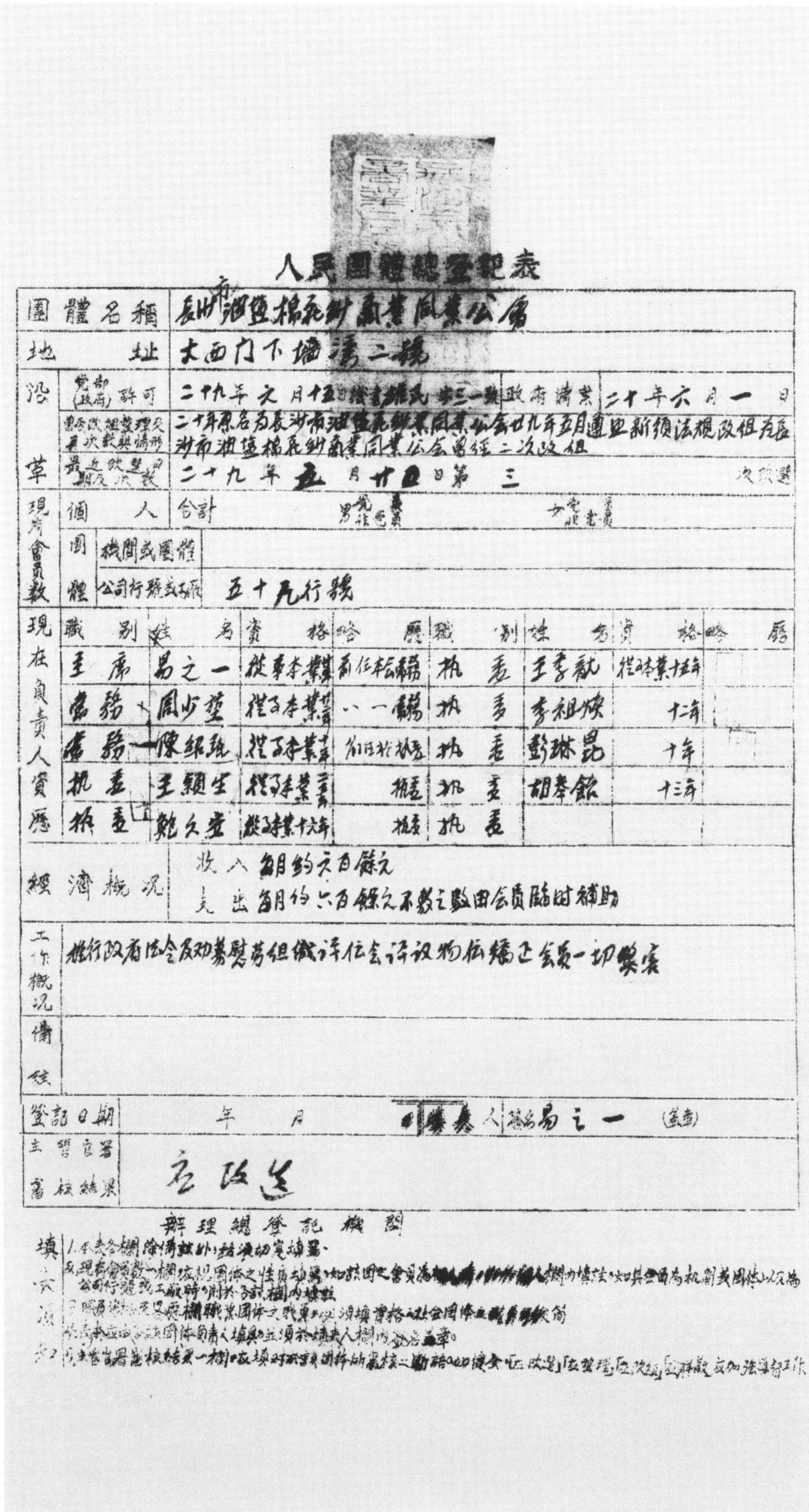

人民團體總登記表

團體名稱	長沙市油盐棉花紗商業同業公會			
地址	大西门下墙湾二號			
沿革	党部（政府）許可	二十九年六月十五日[illegible]第三一號	政府備案	二十年六月一日
	歷次改組整理及其次數與情形	二十年原名為長沙市油盐花紗業同業公會廿九年五月遵照新頒法規改組為長沙市油盐棉花紗商業同業公會曾經二次改组		
	最近改選日期及次數	二十九年五月廿五日第三次改選		
現有會員數	個人	合計　男（党員、非党員）　女（党員、非党員）		
	團體	機關或團體		
		公司行號或工廠	五十九行號	

職別	姓名	資格略歷		職別	姓名	資格略歷
主席	易之一	從事本業[illegible]	前任本会[illegible]	执委	王孝猷	從事本業十五年
常務	周少堃	從事本業[illegible]	〃 〃	执委	李祖焕	十二年
常務	陳紹魏	從事本業[illegible]	前任於执委	执委	彭琳昆	十年
执委	王穎生	從事本業[illegible]	执委	执委	胡季欽	十三年
执委	鮑久堃	從事本業十六年	执委	执委		

經濟概況：
收入　每月約六百餘元
支出　每月約六百餘元不敷之數由会員臨时補助

工作概況：推行政府法令及劝募慰劳组织评价委评议物价矯正会员一切弊害

備考：

登記日期：　年　月　　填表人　易之一（蓋章）

主管官署審核結果：應改選

辦理總登記機關

填表須知：
1. 本表各欄除備考外，均須切實填寫。
2. 現有會員數一欄應視團体之性質填寫，如該團之會員為[illegible]入欄內填注，如其會員為机關或團体以及為公司行號或工廠時，則於各該欄內填註。
3. [illegible]職業團体之職員，均須填資格，社会團体[illegible]。
4. [illegible]該團体負責人填具，並須於填表人欄內簽名蓋章。
5. 主管官署審核結果一欄，應填對於該團体所審核之斷語，如准予「應改選」「應整理」「應改組」「應解散」或加強領導工作。

长沙市图书教育用品商业同业公会

人民團體總登記表

團體名稱		長沙市圖書教育用品商業同業公會
地址		臨時辦公處南陽街夥夥書局内
沿革	黨部（政府）許可	三十年三月十一日證書公社民字一號 政府備案 三十年三月十一日
	曾否改組整理及其次數與情形	本會創辦于民紀元前七年為書業公会，至民十三年更名為書業公會，二十年改組為長沙市書業同業公會，三十年改為長沙市圖書教育用品商業同業公會
	最近改選日期及次數	三十年六月廿五日第一次改選
現有會員數	個人	合計 ~~六十九~~ 人 男 黨員 ~~二人~~ 非黨員 女 黨員 非黨員 無
	團體 機關或團體	
	團體 公司行號或工廠	~~公司五家普通樹仲~~ 六十九家

現在負責人資歷

職別	姓名	資格	略歷	職別	姓名	資格	略歷
代主席	譚厚坤	歷營圖書商	歷任本會執委	執委	柳維善	歷營圖書商	曾任工會監事
財務	趙善臣	〃	仝上	仝上	朱定安	〃	歷任工會又贖
常務	吴起鵬	〃	仝上	常務監委	杜鎮湘	〃	歷任本會執委
執委	張劍秋	〃	前任工會常務	監委	劉讓泉	〃	新任
仝上	石岱觀	〃	新任	候補監委	周文斌	〃	歷任本會執委

經濟概況	收入 每月月捐壹佰八十元 支出 仝上
工作概況	~~推進業務宣傳[illegible]~~ 1.徵求會員擴展会務組織 2.覓定会址 3.制定会員小組 4.協助政府評定物價 5.協同戰時捐獻工作 6.協同會員取締[illegible]
備考	
登記日期	年 月 日　填表人簽名 譚厚坤（蓋章）
主管官署審核結果	准改選

辦理總登記機關

填表須知
1.本表各欄除備考外，務須切實填寫。
2.現有會員數一欄應視團体之性質填寫，如該團之會員為個人時，即於個人欄内填註，如其会員為机關或團体以及為公司行號或工廠時，則於各該欄内填註。
3.職員資格及略歷欄職業團体之職員，必須填資格，社会團体之職員可從簡。
4.本表應由各該團体負責人填具，並須於填表人欄内簽名蓋章。
5.主管官署審核結果一欄，應填對於該團体所審核之斷語，如准予「應改選」「應整理」「應改組」「應解散」或加強事務工作

人民團體總登記表

團體名稱	長沙市新藥商業同業公會
地址	學院街二府坪五號

沿革	黨部許可	二十九年四月二十日[illegible]字五號	政府備案	年　月　日
	曾否改組整理及其次數與情形			
	最近改選日期及次數	二十一年四月二十九日第　次改選		

現有會員數	個人	合計	男 黨員 非黨員　女 黨員 非黨員
	團體	機關或團體	
		公司行號或工廠	三十家

現在負責人資歷

職別	姓名	資格	略歷	職別	姓名	資格	略歷
理事長	周海泉	柯達經理	從事商界二十年	理事	何道	同德經理	從事商界廿年
常務理事	譚克斌	華美主任	從事商界二十年	理事	凌致澤	中亞經理	從事商界廿五年
常務理事	周紹溪	南洋經理	從事商界廿年	理事	舒誠儕	萬國經理	從事商界二十年
理事	羅桓松	中美主任	從事商界三十年	理事	楊馥泉	長沙經理	從事商界二十年
理事	趙靜安	新亞經理	從事商界二十年	監事	陳志人	大中西經理	從事商界二十年
				監事	王樂生	店員	從事商界三十年
				監事	王伯純	中南經理	從事商界三十年

經濟概況	[illegible]每月月捐約七百元 [illegible]月支約七百元
工作概況	訓練同業人員盡忠黨國努力抗建工作服務社會調查各會員營業實施統制辦法
備註	本會於二十一年六月一日成立

登記日期	年　月　日	填表人	簽名 周海泉（蓋章）
主管官署審核結果	尚健全		

辦理總登記機關

填表須知

1. 本表各欄除備註外務須據實填寫
2. 現有會員數一欄應視團體之性質填寫如該團之會員爲個人時即於個人欄內填註如其會員爲機關或團體以及爲公司行號或工廠時則於各該欄內填註
3. 職員資格及略歷欄職業團體之職員必須填資格社會團體之職員可從略
4. 本表應由各該團體負責人填具並須於填表人欄內簽名蓋章
5. 主管官署審核結果一欄應填對於該團體所審核之斷語如健全，「應改選」，「應整理」，「應改組」，「應解散」，應加強督導工作

人民團體總登記表

團體名稱		長沙市猪油商業同業公會
地址		長沙市吉祥巷第二號
沿革	黨部許可	民國二十九年三月　日社書水字第二十三號　政府備案　三十年四月　日
	曾否改組整理及其次數與情形	民國二十年三月組織成立長沙市猪油業同業公會至二十三年改選第二屆執委二十六年改選第三屆執委至二十七年十一月文夕大火會務無形停頓三十年奉令改組並改定今名
	最近改選日期及次數	民國三十年四月七日第四次改選
現有會員數	個人	合計 [illegible] 男黨員 非黨員　女黨員 非黨員
	團體：機關或團體	
	團體：公司行號或工廠	五十八家

現在負責人資歷

職別	姓名	資格	略歷	職別	姓名	資格	略歷
理事長	廖華庭		前任本會常務委員	常務理事	陳友勝		前任城南鎮第保保長
常務理事	唐萬和			理事	劉桂芳		
理事	羅國屏		前任本會財務委員	〃	趙雄	高小畢業	現任青年會團員
〃	符春雲			〃	符義清		
〃	廖獻岑						

經濟概況	收入　每月約收月捐六十餘元（臨時入會費在外） 支出　每月約八十元
工作概況	1. 清查本市區域未入會之會員　2. 救濟失業工友介紹相當工作 3. 整理行規改良熬油方法　4. 籌集款項以備購置會址
備註	
登記日期	年　月　日　填表人　簽名　廖華庭（蓋章）
主管官署審核結果	應改選

辦理總登記機關

填表須知

1. 本表各欄除備註外務須切實填寫
2. 現有會員數一欄應視團体之性質填寫如該團之會員為個人時則於個人欄內填駐如其會員為机關或團体以及為公司行號或工廠時則於各該欄內填註
3. 職員資格及略歷欄職業團体之職員必須填資格社会團体之職員可從略
4. 本表應由各該團体負責人填具並須於填表人欄內簽名蓋章
5. 主管官署審核結果一欄應填对於該團体所審核之斷語如健全、應改善、應整理、應改組、應解散、應加強督導工作

人民團體總登記表

團體名稱	長沙市酒席職業工會			
地址	東慶街稽坊巷八號			
沿革 黨部許可	二十九年八月二十七日組書冰字36號	政府備案	二十九年十月三日	
曾否改組整理及其次數與情形	~~奉黨政令遵於八月十七日~~第二次改選~~三十一年~~			
最近改選日期及次數	三十一年八月十七日第二次改選			
現有會員數 個人	合計七百八十二人 男 黨員 已領黨證五人 非黨員 七百七十七人	女 黨員 非黨員 無		
團體 機關或團體	~~一十餘元~~			
團體 公司行號或工廠	~~七百六十九~~			

現在負責人資歷

職別	姓名	資格	容歷	職別	姓名	資格	容歷
常務	盧佩倫	從業酒席	曾包辦行號席伙	調查	蘇懷生	從業酒席	曲園股東
財務	曹德湘	〃	在各商店幫貿	仲裁	曾順欽	〃	萬花樓幫貿
文書	彭義生	〃	承包各處伙食	監事	龍長青	〃	德裕樓
組織	史玉和	〃	瀟湘曲園股東		王岱德	〃	天然台
宣傳	黃春山	〃	三和酒家幫貿	候補監事	李步東	〃	德園

經濟概況	收入 每月捐壹百貳拾餘元 入會費金不在此內
	支出 駐會辦公文具費壹百柒拾元 及其他不在此限
工作概況	正在設法進行救濟失業會員辦理登記以便承包各界筵席伙食介紹廚司及同業商店補請長期替工等
備註	
登記日期	三十一年八月十七日
填表人簽名	盧佩倫（蓋章）
主管官署審核結果	准全

辦理總登記機關

填表須知

1.本表各欄除[illegible]須切實填寫

2.現有會員數一欄[illegible]團體之會員為個人時[illegible]個人欄內填註[illegible]會員為機關或團體以及為公司行號或工廠時則於[illegible]欄內填註

3.職員資格及累歷欄[illegible]職員[illegible]社會團體之職員可從簡

4.本表應由各該團體負責人填具並須於填表人欄內簽名蓋章

5.主管官署審核結果一欄應填明[illegible]「應改選」「應整理」「應改組」「應解散」「應加強指導工作」

人民團體總登記表

團體名稱		長沙市紙傘業職工會
地址		長沙市八角亭華華傘社內
沿革	[illegible]	二十一年十一月[illegible]三二號政府備案三十年十二月十日
	曾否改組整理及其次數與情形	未
	最近改選日期及次數	三十一年三月二十日第一次改選
現有會員數	個人	合計七十二人　男 黨員 非黨員 七十二人　女 黨員 非黨員
	團體　機關或團體	
	團體　公司行號或工廠	

現任負責人姓名資格及履歷

職別	姓名	資格	履歷	職別	姓名	資格	履歷
常務理事	粟鶴汀	觽本業負責人	從事本業	理事	姜清賢	觽本業負責人	從事本業
理事	周福田	仝	仝		李華中	仝	仝
〃	常羅生	仝	仝	常務監事	陳洪斌	仝	仝
〃	王曉峯	仝	仝	監事	尹南廷	仝	仝
〃	王桂生	仝	仝				

經濟概況	收入 每月可收~~會捐五十元~~ 支出 ~~[illegible]~~支出約需　元
工作概況	登記會員 2擬定章程 3修正公約 [illegible]
備註	
登記日期	三十一年八月二十九日　填表人　簽名粟鶴汀　（蓋章）
主管官署審核結果	儀[illegible]

辦理總登記機關

填表須知

1.本表各欄除備註外務須切實填寫

2.現有會員數一欄應視團體之性質填寫如該團之會員為個人時則於個人欄內填註如其會員為機關或團體以及公司行號或工廠時則於各該欄內填註

3.職員姓名資格履歷欄職業團體之職員必須填寫各社會團體之職員可從簡

4.本表應由各該團體負責人填具並須於填表人欄內簽名蓋章

5.主管官署審核結果一欄應填對於該團體所當核定事項如已予以立案、應准許、應改組、應解散、應加[illegible]等文字

人民團體總登記表

團體名稱	長沙市飯菜酒館業職業工會						
地址	長沙市茨山街李三盛內						
沿革	黨部許可	二十年六月十 日[illegible]書訓字五十六號		政府備案	二十年六月卅日		
	曾否改組整理及其次數與情形	未					
	最近改選日期及次數	三十年十一月十日第八次改選					
現有會員數	個人	合計七十八人	男 黨員 非黨員 七八人	女 黨員 非黨員			
	團體	機關或團體					
		公司行號或工廠					

職別	姓名	資格	略歷	職別	姓名	資格	略歷
常務理事	李[illegible]秋	曾為本會負責人	從事本業	理事	[illegible]曉峯	曾為本業負責人	從事本業
理事	劉啓云	仝	仝	〃	曾德和	仝	仝
〃	黃蔚林	仝	仝	常務監事	陳潤餘	仝	仝
〃	黎九愷	仝	仝	監事	賀南村	仝	仝
〃	李冬生	仝	仝				

（上表為"現在負責人資歷"欄）

經濟概況	收入 每月收會員月捐[illegible] 支出 以收入作支出經費
工作概況	1.辦理會員失業介紹 2.經領會員食鹽並分發之 3.办理会员一切[illegible]職務事宜 4.改良本身業務
備註	
登記日期	三十一年八月三十日 填表人簽名 李[illegible]秋（蓋章）
主管官署審核結果	[illegible]

辦理總登記機關

填表須知

1.本表各欄除備註外務須切實填寫

2.現有会員數一欄应視团体之性質填寫如該团之会員為個人時即於個人欄內填註如其会員為[illegible]團体以及公司行號或工廠時則於各該欄內填註

3.職員資格及略歷欄職業團体之職員如[illegible]資格社会团体之職員[illegible]

4.本表应由各該团体負責人填具並須於填表人欄內簽名蓋章

5.主管官署審核結果一欄应填對於該团体[illegible]加強[illegible]等工作

长沙市纸业职业工会

人民團體總登記表

團體名稱	長沙市紙業職業工會							
地址	長沙市外湘春街七號							
沿革	黨部許可	三十年八月十日組審聯總字九號			政府備案	三十年九月十日		
	曾否改組整理及其次數與情形	未						
	改選改組日期及次數	三十年九月一日第一次改選						
現有會員數	人	合計五十一人	男 黨員／非黨員 五十一人		女 黨員／非黨員			
	團體	機關或團體						
		公司行號或工廠						

現在負責人資歷

職別	姓名	資格	略歷	職別	姓名	資格	略歷
常務理事	鄭炳生	該業負責人	從事本業	理事	劉福章	該業負責人	從事本業
理事	蘇秋生	仝	仝	〃 〃	譚德賢	仝	仝
〃 〃	康振藩	仝	仝	常務監事	劉茂生	仝	仝
〃 〃	劉伯欽	仝	仝	監事	張雪交	仝	仝
〃 〃	李海青	仝	仝				

經濟概況	收入 約二十餘元每月 支出 每月約二十餘元
工作概況	1.登記會員 2.擬訂章程及公約 3.調查會員工作情形
備註	
登記日期	三十一年八月三十一日　填表人簽名 鄭炳生（蓋章）
主管官署審核結果	應改選

辦理總登記機關

填表須知

1. 本表各欄除備註外皆須切實填寫
2. 現有會員數一欄應視團體之性質填寫如該團之會員為個人時則於人欄內填寫如其會員為機關或團體以及為公司行號或工廠時則於各該欄內填註
3. 職員資格及略歷欄職業團體之職員必須填資格社會團體之職員可從簡
4. 本表應由各該團體負責人填具並須於填表人欄內簽名蓋章
5. 主管官署審核結果一欄應填明對於該團體所審核之結果如准予立案，應整理，應改組，應解散，應加強指導工作

长沙市茶居业职业工会

人民團體總登記表

團體名稱		長沙市茶居業職業工會
地址		長沙市雍睦里三號
沿革	黨部許可	二十年三月十五日社書訓字146號　政府備案　二十年三月廿五日
	曾否改組整理及其次數與情形	未
	最近改選日期及次數	二十九年十月十一日第八次改選
現有會員數	個人	合計242人　男黨員無　非黨員242人　女黨員　非黨員
	團體 機關或團體	
	團體 公司行號或工廠	

現在負責人資歷	職別	姓名	資格	略歷	職別	姓名	資格	略歷
	常務理事	蔣炳熙	曾為本會職員	從事本業	理事	黄福云	曾為本會職員	從事本業
	理事	王寅秋	仝	仝	常務監事	林順成	仝	仝
	理事	劉照南	仝	仝	監事	范貴成	仝	仝
	理事	周漢初	仝	仝				
	理事	劉銀標	仝	仝				

經濟概況	收入　每月收入會員月捐約五十元 支出　每月支出約五十元
工作概況	1.失業介紹　2.推行献机運動（二元）　3.參加慰勞工作　4.訂定協約 5.定九月五日舉行第九次改選
備註	
登記日期	三十一年八月卅一日　填表人　簽名蔣炳熙（蓋章）
主管官署審核結果	應加緊訓練工作以肴改選

辦理總登記機關

填表須知
1.本表各欄除備註外務須切實填寫
2.現有會員數一欄應視团体之性質填寫如該团之会員為個人時即於個人欄內填註如其会員為机関或团体以及為公司行號或工廠時則於各該欄內填註
3.現在負責人資歷欄職别一欄之職員必須填資格社会團体之職員可從簡
4.本表一二各該团体負責人填具並須於填表人欄內簽名蓋章
5.主管官署審核結果一欄应填对於該团体所審核之断語如健全「应改进」「应整理」「应改組」「应解散」「应加强督導工作」

人民團體總登記表

團體名稱	第二區機器工業同業公會		
地址	暫設事務所於長沙西湖路附一三四號		
沿革 黨部許可	廿九年五月卅一日[illegible]永字弍號	政府備案	廿九年九月廿九日
曾否改組整理及其次數與情形	否		
最近改選日期及次數	三十一年八月一日第一次改選		
現有會員數 個人			
團體 機關或團體			
團體 公司行號或工廠	一百一十家		

現在負責人資歷

職别	姓名	資格	畧歷	職别	姓名	資格	畧歷
理事長	張灝	肄業上海復旦大學	前桂記廠經理前任本會主席現任長沙區分部書記	理事	聶育臣	舊學	理記廠經理前任本會監察委員
常務理事	姜求忠	工專	前桂記廠主任前任本會常務委員	〃	王植庭	〃	王植記廠經理前任本會執行委員
〃	廖菊生	舊學	中華翻砂廠經理前任本會常務委員	〃	萬雲山	高小	昇昌廠經理 仝上
〃	陳煥初	中學	永同廠經理前任本會執行委員	〃	蕭華甫	中學	蕭美華廠經理 仝上
〃	熊琢之	〃	大冶鐵工廠翻砂部主任技師	監事	李炳炎	舊學	[illegible]
理事	葉佑階	〃	[illegible]前任本會[illegible]事務局主任[illegible]	〃	[illegible]志海	〃	[illegible]
〃	易泰猷	〃	易枚初廠經理	〃	石厚坤	〃	中華一廠[illegible] 仝上
〃	李仁美	〃	永康祥廠經理	〃	劉耀華	〃	寶松廠經理
〃	宋富之	〃	宋利記廠技師	〃	陳嘉猷	〃	陳順記廠經理

經濟概況	收入每月約一千六百餘元 支出每月約一千五百餘元
工作概況	一、已舉辦各會員工廠技術員工登記並由本會每人發給技工証章証書以資識别 二、已向經濟部登記之會員工廠技術員工本會已依法向政府請求緩服兵役 三、現正計劃舉辦本會章程第二章第六條規定之任務
備註	
登記日期	三十一年八月三十一日　填表人　簽名張灝（蓋章）
主管官署審核結果	尚健全

辦理總登記機關

人民團體總登記表

團體名稱	長沙市人力車業職業工會			
地址	局關祠西鄰衕五號			
沿革 黨部許可	二十年三月 日訓字拾號	政府備案	三十年六月 日	
曾否改組整理及其次數與情形	於二十八年十二月二十八日經長沙縣黨部登記並發給離民字第拾壹號登記證			
最近改選日期及次數	三十一年五月九日第九次改選			
現有會員數 個人	合計 三千一百十三人	男 黨員 / 非黨員 三千一百一十三人	女 黨員 / 非黨員	
團體 機關或團體	團體			
團體 公司行號或工廠				

職別	姓名	資格	經歷	職別	姓名	資格	經歷
常務理事	周方金	拉車工人出	歷任本會理事	理事	胡桂欽	拉車工人出	
組織理事	陳銮	〃 〃	〃 〃	〃 〃	彭岳煌	〃 〃	
交際理事	朱桂和	〃 〃	〃 〃	監事	陳斯坤	〃 〃	
總務理事	鄧樹德	〃 〃	〃 〃	〃 〃	廖忠林	〃 〃	
理事	李文華	〃 〃	〃 〃				

經濟概況	收入 ~~每月~~一千六百七八十元。 支出 ~~相抵~~每月約一千六百元
工作概況	1.訓練工友及舉辦登記~~組織~~宣傳諸事宜 2.組织战時救護隊 3.整理会員人数
備註	
登記日期	三十一年九月一日　填表人簽名 周方金（蓋章）
主管官署審核結果	應加緊组訓工作

辦理總登記機關

填表須知

1.本表各欄除備註外務須切実填寫

2.現有会員數一欄应視団体之性質填寫如該團之会員為個人時則於個人欄内填寫如其会員為机関或团体以及為公司行號或工廠時則於各該欄内填註

3.負責人及資歷欄職業団体之職員必須填資格社会团体之職員可從簡

4.本表应由各該団体負責人填具並須於填表人欄内簽名蓋章

5.主管官署審核結果一欄應填明對於該团体所審核之斷語如健全「應改選」「應整理」「應改組」「應解散」「應加強領導工作」

长沙市肩舆业职业工会

人民團體總登記表

團體名稱	長沙市肩輿業職業工會							
地址	長沙市四十九標便河邊十五號							
沿革 黨部許可	三十年六月二十日社字市字二九九號				政府備案	三十年六月廿九日		
曾否改組整理及其次數與情形	未							
最近改選日期及次數	三十一年五月二十三日第二次改選							
現有會員數 個人	合計一百二十人、男黨員2人 非黨員一百二十人118人 女黨員 非黨員							
團體 機關或團體								
團體 公司行號或工廠								
現在負責人資歷 職別	姓名	資格	略歷	職別	姓名	資格	略歷	
常務理事	譚少臣	曾為本會職員	從事本業	理事	王星亮	曾為本會職員	從事本業	
理事	楊少云	仝	仝	理事	易梅生	仝	仝	
理事	鄧漢臣	仝	仝	常務監事	周連池	仝	仝	
理事	劉慶和	仝	仝	監事	謝仁生	仝	仝	
理事	黃福生	仝	仝					
經濟概況	收入 會員每人納月捐三角，收入約三十六元。 支出 以月捐作支出，月支約三十九元，有結餘							
工作概況	1.承辦公事差輪 ~~2.提倡救國捐~~ ~~3.工人參加……~~ 4.办理工会联保切结 5.制定会员公约 6.擬定細工價標準共同遵守							
備註								
登記日期	三十一年九月一日			填表人	簽名 譚少臣（蓋章）			
主管官署審核結果	應加強督導工作							

辦理總登記機關

填表須知
1.本表各欄除備註外務須切實填寫
2.現有會員數一欄應視團體之性質填寫，如該團之會員為個人時則於個人欄內填註，如其會員為機關或團體以及為公司行號或工廠時則於各該欄內填註
3.負責人資格及略歷欄職業團體之職員必須填資格，社會團體之職員可從簡
4.本表應由各該團體負責人填具，並須於填表人欄內簽名蓋章
5.主管官署審核結果一欄應填對於該團體所審核之所得，如健全加以獎勵，應整理、應改組、應解散，應加強督導工作

人民團體總登記表

團體名稱		長沙市泥木業職業工會					
地址		長沙市寶南街一條巷二號					
沿革	黨部許可	二十年二月一日執書訓字四號		政府備案	二十年三月十日		
	曾否改組整理及其次數與情形	二十五年整理一次					
	最近改選日期及次數	三十一年八月一日第九次改選					
現有會員數	個人	合計三千六百人	男 黨員五人 非黨員三千五百九十五人	女 黨員 非黨員			
	團體	機關或團體					
		公司行號或工廠					

職別	姓名	資格	略歷	職別	姓名	資格	略歷
常務理事	李壽松	曾任本會理監事	從事本業	候補理事	陳高成 金伏森	曾任本會理監事	從事本業
理事	唐採華 陳光後	仝 仝	仝 仝	候補理事	㐮樹林	仝	仝
理事	杜樹梨 陽春廷	仝 仝	仝 仝	常務監事	龔順芝	仝	仝
理事	張甲俊 任樹明	仝 仝	仝 仝	監事	吳中桂 郭忠芙	仝	仝
理事	李炳生 袁芝雲	仝 仝	仝 仝	候補監事	陶鴻鈞	仝	仝

經濟概況	收入 會員每人每月納月捐五分每月可收入二百元 另有政府立案許可之學校興辦教育 支出 每月約二百元
工作概況	1.辦理工人聯絡 2.設有湖南私立公輸高級土木科職業學校及建築講習班、工餘夜校 3.失業工人介紹事宜 4.出征抗建獻金事宜 5.木泥匠及國家征工事宜
備註	
登記日期	三十一年九月一日
填表人	簽名 李壽松（蓋章）
主管官署審核結果	照准

辦理總登記機關

填表須知

1.本表各欄除備註外務須切實填寫

2.現有會員數一欄應視團體之性質填寫如該團之會員為個人時則於個人欄內填寫如其會員為機關或團體以及為公司行號或工廠時則於各該欄內填註

3.職員資格及略歷欄職業團體之職員必須填資格社会團體之職員可從簡

4.本表應由各該團體負責人填具並須於填表人欄內簽名蓋章

5.主管官署審核結果一欄應填對於該團體所審核之斷語如健全、應改選、應整理、應改組、應解散、應加強領導工作

人民團體總登記表

團體名稱		長沙市石業職業工會
地址		長沙市經武門正街十五號
沿革	黨部許可	二十年五月一日證書土民字六號 政府備案 二十年五月十五日
	曾否改組整理及其次數與情形	未
	最近改選日期及次數	三十一年六月一日第十次改選
現有會員數	個人	合計六十五人 男 黨員一人 非黨員六十四人 女 黨員 非黨員
	團體 機關或團體	
	團體 公司行號或工廠	

職別	姓名	資格	略歷	職別	姓名	資格	略歷
常務理事	陽壽松	曾為本會職員	從事本業	理事	周仲銘	曾為本會職員	從事本業
理事	陳梅生	仝	仝	理事	楊炳生	仝	仝
理事	吳大盛	仝	仝	常務監事	方三江	仝	仝
理事	袁月嵐	仝	仝	監事	賀梅生	仝	仝
理事	李南階	仝	仝				

經濟概況	~~[illegible]~~ 支出 每月平均支出約七十元
工作概況	1.登記會員 2.辦理工人聯保聯坐 ~~[illegible]~~ 3.介紹孩子參加國防工作 ~~[illegible]~~ 4.辦理會員一元獻機
備註	
登記日期	三十一年九月一日 填表人 簽名陽壽松（蓋章）
主管官署審核結果	准

辦理總登記機關

填表須知

1.本表各欄除備註外務須切實填寫

2.現有會員數一欄應視團體之性質填寫如該團之會員為個人時即於個人欄內填註如其會員為機關或團體以及為公司行號或工廠時則於各該欄內填註

3.職員資格及略歷欄職業團體之職員必須填資格社會團體之職員可從簡

4.本表應由各該團體負責人填具並須於填表人欄內簽名蓋章

5.主管官署審核結果一欄應填對於該團體所審核之斷語如健全可「應改選」「應整理」「應改組」「應解散」「應加強指導工作」

人民團體總登記表

團體名稱		長沙市籮業職業工會
地址		長沙市培元橋四號
沿革	黨部許可	民廿年二月五日証書 字 號　政府備案 廿 年二月 日
	曾否改組整理及其次數與情形	前稱籮業總公所民國二十年改組改稱現名，現已改選九次
	最近改選日期及次數	三十一年八月十七日第九次改選
現有會員數	個人	合計二千六百餘人 男 黨員/非黨員 十一人　女 黨員/非黨員
	團體 機關或團體	
	團體 公司行號或工廠	

現在負責人資歷 職別	姓名	資格	略歷	職別	姓名	資格	略歷
常務理事	何國藩	曾受普通教育	曾任理監事等職		龍恒益	〃	〃
理事	龔正興	〃	〃		唐金山	〃	〃
	張田蓀	〃	〃		黃菊秋	〃	〃
	王丹山	〃	〃		彭炳元	〃	〃
	彭正方	〃	〃	監事	常在田	〃	〃

經濟概況	~~收入 [illegible]~~ 支出 會内一切[illegible]開支每月約七[illegible]元
工作概況	除辦理會務謀工人福利外並組織工人成立長沙軍運總隊担任軍運工作以爭取抗戰勝利成効卓著
備註	本會於　年呈經中央實業部立案証件燬於二十七年文夕大火
登記日期	三十一年九月一日　填表人 簽名 何國藩（蓋章）
主管官署審核結果	应加緊组訓工作

辦理總登記機關

填表須知

1. 本表各欄除備註外務須切實填寫
2. 現有会員數一欄应視团体之性質填寫如該团之会員為個人時即於個人欄內填寫如其会員為机關或团体以及公司行號或工廠時則於各該欄內填注
3. 職員資格及略歷欄職業团体之職員必須填資格社会团体之職員可從简
4. 本表应由各該团体負責人填具並須於填表人欄內簽名蓋章
5. 主管官署審核結果一欄应填对於該团体所審核之断語如便令“应改選”“应整理”“应改組”“应解散”“应加强領導工作”

人民團體總登記表

團體名稱	長沙市油漆業職業工會							
地址	長沙市吉祥巷第四號							
沿革	黨部許可	三十年三月八日組字第 大 號			政府備案	三十一年六月五日		
	曾否改組整理及其次數與情形	未						
	最近改選日期及次數	三十一年六月二日第一次改選						
現有會員數	個人	合計七十八人	男 黨員 非黨員七十八人		女 黨員 非黨員			
	團體	機關或團體						
		公司行號或工廠						
現在負責人資歷	職別	姓名	資格	略歷	職別	姓名	資格	略歷
	常務理事	熊松喬	曾為本業負責人	從事本業	理事	劉詠鴻	曾為本業負責人	從事本業
	理事	劉金初	仝	仝	理事	徐根生	仝	仝
	理事	張春波	仝	仝	常務監事	李桃生	仝	仝
	理事	劉冬生	仝	仝	監事	曹楚湘	仝	仝
	理事	朱恩賜	仝	仝				
經濟概況	收入 每人收入會金一元 會員繳納收入百分之一作月捐每月可收七十元							
	支出 每月支出約六十餘元							
工作概況	1成立籌備會 2登記會員 3擬訂章程 4推行工人獻機捐 ~~5七七紀念工人獻金~~ 底收 事宜							
備註								
登記日期	三十一年九月一日			填表人	簽名 熊松喬（蓋章）			
主管官署審核結果	尚健全							

辦理總登記機關

填表須知

1.本表各欄除備註外務須切實填寫

2.現有會員數一欄應視團體之性質填寫如該團之會員為個人時則於個人欄內填寫如其會員為机關或團体以及為公司行號或工廠時則於各該欄內填註

3.職員資格及略歷欄職業團体之職員必須填資格社会團体之職員可從簡

4.本表應由各該團体負責人填具並須於填表人欄內簽名蓋章

5.主管官署審核結果一欄應填明該團体所需本之判斷如健全「應改進」「應整理」「應改組」「應解散」，應加強指導工作

人民團體總登記表

團體名稱	長沙市茶食商業同業公會	
地址	半湘街西湘茶食店內	
沿革	黨部許可	三十年一月一日証書水字三五號　政府備案　三十年一月一日
	曾否改組整理及其次數與情形	未
	最近改選日期及次數	年　月　日第一次改選
現有會員數	個人	合計 ~~一百六十六~~ 男 黨員 非黨員 ~~一百六十四~~人　女 黨員 非黨員
	團體 機關或團體	
	團體 公司行號或工廠	

職別	姓名	資格	略歷	職別	姓名	資格	略歷
主席 常務	楊義全 李叔元	曾任本會委員	從事本業	候補執行委員	唐金山 黃雲湘	曾任本會委員	從事本業
常務 執行委員	劉桶生 彭海濱	仝	仝	候補執行委員 監察委員	佳亭安 廖福臣	仝	仝
執行委員	李桂湘 周作卿	仝	仝	監察委員	唐煥章 周運高	仝	仝
執行委員	黃友庭 周詠癸	仝	仝	監察委員	朱冬生 蔡勝濤	仝	仝
執行委員 候補執行委員	陳德華 陳再達	仝	仝	候補監察委員	張度生	仝	仝

經濟概況	收入會員每人每月約納月捐一元每月可收入一百六十六元 支出每月約一百六十餘元
工作概況	辦理會員聯結，注重同業衛生，失業會員介紹事宜，國家征募事宜，抗建獻金事宜，~~國家征工事宜~~，
備註	
登記日期	三十一年九月一日　填表人　簽名 楊義全（蓋章）
主管官署審核結果	應改選

辦理總登記機關

填表須知

1. 本表各欄除備註外務須切實填寫
2. 現有會員數一欄應視團体之性質填寫如該團之會員為個人時則於個人欄內填註如其會員為機關或團体以及為公司行號或工廠時則於各該欄內填註
3. 職員資格及略歷欄職業團体之職員必須填資格社会團体之職員可從簡
4. 本表應由各該團体負責人填具並須於填表人欄內簽名蓋章
5. 主管官署審核結果一欄應填對於該團体所審核之斷語如准予「應改選」「應整理」「應改組」「應解散」「應加強督導工作」

长沙市棉花粮食商业同业公会

人民團體總登記表

團體名稱		長沙市棉花粮食商業同業公會					
地址		湖南省長沙市大西門外正街15號					
沿革	黨部許可	民國二十九年元月十六日證書經字第三十五號		政府備案	民國二十九年十二月十二日		
	曾否改組暨其次數與情形	經於二十九年六月三日奉令改組并呈准党政派員監督滌第四屆改組					
	最近改組日期及次數	年 月 日第 次改選					
現有會員數	個人	會員四十二人					
	團體 機關或團體	本市一個					
	團體 公司行號或工廠	會員代表計四十二家（併合從業員一个一百零八人）					
現在負責人資歷	職別	姓名	資格	略歷	職別	姓名	略歷
	主席	曹福生		市商會[illegible]	執委	余爾安	廣泰[illegible]經理
	常務	賀北海		[illegible]委員	執委	王麓嵩	乾升協理
	常務	涂國卿		裕[illegible]經理	監委	陳恕誠	城西鎮委員
	執委	劉啓超		[illegible]委員	監委	[illegible]凱雲	商戰工作團團員
	執委	任性部		省糧分會委員	監委	吳集誠	商戰工作團團員
	執委	任幼正		晉和經理			
經濟概況		根據會費單位收入一千元支出一千另弍拾元不敷時擬物價轉移遞加之					
工作概況		本會分文書業務、會計、庶務、總務，其任務為指導同業會員及矯正弊害為宗旨，研究調查及統計，維持調盈濟虛民食供需，協助政府承辦軍糧，適應戰時需要，抑平物價，倡導生產，維護農村，增強抗戰勝利					
備註		上沿革欄内未奉明令且会務順利無從改組未填					
登記日期		民國三十一年九月一日		填表人	曹福生 代	簽名蓋章	
主管官署審核結果		召改造					

辦理總登記機關

請應載明收入支出之[illegible]

人民團體總登記表

團體名稱		長沙市皮箱業職業工會		
地址		長沙市福源巷葯家老屋一號		
沿革	黨部許可	二十六年四月十　日証書市字第245號	政府備案	二十六年四月十八日
	曾否改組整理及其次數與情形	未		
	最近改選日期及次數	三十一年五月三十一日第四次改選		
現有會員數	個人	合計八十人	男 黨員三 非黨員七十七人	女 黨員 非黨員
	團體	機關或團體		
		公司行號或工廠		

現在負責人資歷 職別	姓名	資格	略歷	職別	姓名	資格	略歷
常務理事	佘祥生	曾為本會職員	從事本業	理事	黃桂生	曾為本會職員	從事本業
理事	胡運生	仝	仝	理事	陳廸泉	仝	仝
理事	莫月秋	仝	仝	常務監事	羅建臣	仝	仝
理事	譚壽怡	仝	仝	監事	易福華	仝	仝
理事	劉松茂	仝	仝				

經濟概況	收入 每月收會員月捐 支出 每月支出約七十元
工作概況	1.介紹失業會員 2.派員偵查會員之行動言論 3.奉行政府一切抗建工作 4.辦理會員一[redacted]事宜
備註	
登記日期	三十一年九月一日
填表人	簽名佘祥生（蓋章）
主管官署審核結果	[redacted]加强組訓工作

辦理總登記機關

填表須知

1.本表各欄除備註外務須切實填寫

2.現有會員數一欄應視團体之性質填寫如該團之会員為個人時即於個人欄內填註如其会員為机關或團体以及為公司行號或工廠時則於各該欄內填註

3.職員資格及略歷欄職業團体之職員必須填資格社会團体之職員可從簡

4.本表應由各該團体負責人填[illegible]須於填表人欄內簽名蓋章

5.主管官署審核結果一欄應填對於該團体所審核之斷語如健全、應改選、應整理、應改組、應解散、應加强督導工作

长沙市粪作业职业工会

人民團體總登記表

團體名稱		長沙市糞作業職業工會
地址		長沙市高陞巷第五號
沿革	黨部許可	二十年三月二十日證書[illegible]字四十一號　政府備案　二十年三月廿五日
	曾否改組整理及其次數與情形	未
	最近改選日期及次數	三十一年四月二十六日第九次改選
現有會員數	個人	合計四百三十三人　男 黨員 十人 非黨員 四百二十三人　女 黨員 非黨員
	團體 機關或團體	
	團體 公司行號或工廠	

現在負責人資歷

職別	姓名	資格	略歷	職別	姓名	資格	略歷
常務理事	方長[illegible]	曾任本會職員	從事本業	候補理事	林萬[illegible]	曾任本會職員	從事本業
理事	舒和生 易炳[illegible]	仝 仝	仝 仝	候補理事	沈光[illegible] 劉瑞[illegible]	仝 仝	仝 仝
理事	羅芋[illegible] 黃曉云	仝 仝	仝 仝	常務監事	蘇漢[illegible]	仝	仝
理事	劉松甫 吳海[illegible]	仝 仝	仝 仝	監事	張自慶 王春生	仝 仝	仝 仝
理事	楊少來 李慶生	仝 仝	仝 仝	候補監事	高昌林	仝	仝

經濟概況	收入　會員以每月收入百分之一作月捐辦公費每月可收一百六十元 支出　每月一百五十元，結餘約十元
工作概況	辦理工人聯結　2.奉令執行清潔運動　3.推行會員[illegible]捐 [illegible]獻[illegible]等　4.制定会員公約
備註	
登記日期	三十一年九月一日　填表人　簽名方長生 〔方長生章〕（蓋章）
主管官署審核結果	加強應督導工作

辦理總登記機關

填表須知
1.本表各欄除備註外務須切实填寫
2.現有会員數一欄应視团体之性質填寫如該团之会員為個人時即於個人欄內填註如其会員為机關或团体以及為公司行號或工廠時則於各該欄內填註
3.職員資格及略歷欄職業团体之職員必須填資格社会团体之職員可從簡
4.本表應由各該团体負責人填具並須於填表人欄內簽名蓋章
5.主管官署審核結果一欄應填对於該团体所審核之斷語如「健全」「尚健全」「应整理」「应改組」「应解散」「应加強督導工作」

长沙市制帽业职业工会

人民團體總登記表

團體名稱		長沙市製帽業職業工會
地址		長沙市尚德街附五號
沿革	黨部許可	二十七年六月十四日社書雄民字第六〇號 政府備案 二十二年十一月一日
	曾否改組整理及其次數與情形	未
	最近改選日期及次數	三十年十二月五日第七次改選
現有會員數	個人	合計二百二十人 男 党員十八人 非党員二百〇二人 女 党員 非党員
	團體 機關或團體	
	團體 公司行號或工廠	

現在負責人資歷							
職別	姓名	資格	畧歷	職別	姓名	資格	畧歷
常務理事	甘葆生	當為本會職員	從事本業	理事	周賡石	當為本會職員	從事本業
理事	羅琉魁	仝	仝	〃〃	袁惠卿	仝	仝
〃〃	胡秋全	仝	仝	監事	彭壽林	仝	仝
〃〃	李伸儒	仝	仝	〃〃	周纖軒	仝	仝
〃〃	李梅全	仝	仝	〃〃			

經濟概況	收入 每年常經費壹仟貳百元整 支出 會內一切開支壹仟貳百元整
工作概況	1.失業介紹 2.推行獻機運動 3.訂定協約 4.督促會員參加抗建工作
備註	

登記日期	三十年九月二日	填表人	簽名 甘葆生（蓋章）
主管官署審核結果	尚無不合		

辦理總登記機關

填表須知
1.本表各欄除備註外務須切實填寫
2.現有会員數一欄應視團体之性質填寫如該團之会員為個人時即於個人欄內填註如其会員為机關或團体以及為公司行號或工廠時則於各該欄內填註
3.職員資格及畧歷欄職業團体之職員必須填資格社会團体之職員可從簡
4.本表應由各該團体負責人填具並須於填表人欄內簽名蓋章
5.主管官署審核結果一欄應填對於該團体所審核之斷語如健全「應改選」「應整理」「應改組」「應解散」「應加強指導工作」

长沙市百货商业同业公会

人民團體登記表

團體名稱	長沙市百貨商業同業公會						
地址	潮陽巷右大清宫						
沿革	黨部許可	二十九 四 二十	民字 三 號	政府備案	九年四月二十日		
	曾否改組經理原因次數與情形	原係蘇廣商業名稱二十九年依法改選後同年八月將會員業務整理呈准黨政機關更為百貨商業公會					
	最近改選日期及次數	⑳ ② 日第 本 次改選					
現有會員數	個人	合計	男 黨員 非黨員		女 黨員 非黨員		
	團體	機關或團體					
		公司行號或工廠	會員商店九十家				
現在負責人簡歷	職員	姓名	資格	略歷	職別	姓名	資格	略歷
	主席	林竹安	黨員	廣益昌經理	常務委員	舒瑞昌	黨員	祥豐華經理
	常務委員	曾鍊勇	黨員	逢福長經理	執行委員	莫松明	黨員	裕新德經理
	執行委員	黄炳麟	黨員	金華經理	執行委員	李克明	黨員	
	執行委員	周鴻嶽	黨員	新太平經理	執行委員	吴農衆	黨員	大成經理
	監察委員	柳興國		新美利經理	監察委員	陳劢秋		新華衆經理
經濟概况	收入 月約壹仟元						
	支出 月繳市商會并商戰工團經費五百元會内開支約五百元						
工作概况	1.整理會員業務矯正弊端 2.協助政府評定物價 3.整理行規 4.辦理戰時捐商民工作						
備註							
登記日期	三十一年九月三日	填表人	簽名林竹安				
主管官署審核結果	存備查						

人民團體總登記表

團體名稱		長沙市粉餅餛飩業職業工會
地址		長沙市興漢門正街十一號
沿革	黨部許可	二十九年十月九日批字　號　政府備案　二十九年十月九日
	曾否改組整理及其次數與情形	未
	最近改選日期及次數	三十一年八月二十日第二次改選
現有會員數	個人	合計 九十八人　男 黨員 非黨員　女 黨員 非黨員
	團體 機關或團體	
	團體 公司行號或工廠	

職別	姓名	資格	略歷	職別	姓名	資格	略歷
常務理事	李文華	曾任本會職員	從事本業	理事	盛福臨	曾任本會職員	從事本業
理事	師菊生	仝	仝	理事	張福林	仝	仝
理事	甘松林	仝	仝	常務監事	龍雲	仝	仝
理事	鄧運生	仝	仝	監事	任伯泉	仝	仝
理事	王迪生	仝	仝				

經濟概況	收入 每月可收會員月捐六十元 支出 每月支出約六十元
工作概況	1.辦理工人聯結 2.領發各會員營斤 3.辦理一切處[illegible]捐款事宜 4.制會章
備註	應加強督導工作
登記日期	三十一年九月五日　填表人 簽名 李文華（蓋章）
主管官署審核結果	傅[illegible]

辦理總登記機關

填表須知

1.本表各欄除備註外務須切實填寫

2.現有會員數一欄應視團体之性質填寫如該團之會員為個人時即於個人欄內填註如其會員為机關或團体以及為公司行號或工廠時則於各該欄內填註

3.職員資格及略歷欄職業團体之職員必須填資格社会團体之職員可從簡

4.本表应由各該團体負責人填具並須於填表人欄內簽名蓋章

5.主管官署審核結果一欄應填对於該團体所審核之断語如「健全」「应改進」「应整理」「应改組」「应解散」「应加強督導工作」

长沙市理发业职业工会

人民團體總登記表

團體名稱	長沙市理髮業職業工會								
地址	長沙市藩城堤呂祖殿								
沿革	黨部許可	二十一年四月二十一日証書字被焚號				政府備案	二十一年八月十日		
	曾否改組整理及其次數與情形	未							
	最近改選日期及次數	三十一年八月十八日第九次改選							
現有會員數	個人	合計六百人 男黨員一人 非黨員				女黨員 非黨員			
	團體	機關或團體							
		公司行號或工廠							
現在負責人資歷	職別	姓名	資格	略歷	職別	姓名	資格	略歷	
	常務理事	文石德	為本會會員	從事本業	理事	彭梓斌	為本會會員	從事本業	
	理事	莫梅蓀	仝	仝	〃	周義六	仝	仝	
	〃	張秉生	仝	仝	常務監事	周曉嵐	仝	仝	
	〃	劉志和	仝	仝	監事	張富友	仝	仝	
	〃	伍清雲	仝	仝					
經濟概況	收入 每月會費約七十餘元								
	支出 每月文具及各項開支壹百六十餘元								
工作概況	1.失業介紹 2.推行獻机運動 3.督促會員~~參加救護~~技術學習工作 4.組織理髮排隊								
備註	許可証因第三次會戰遺失								
	支出每月津貼理髮工作隊壹百一十二元 總之每年虧數八九百元由会员乐捐弥補								
登記日期	三十一年九月六日	填表人	簽名文石德（盖章）						
主管官署審核結果	高鏡全								

辦理總登記機關

填表須知

1.本表各欄除備註外務須切实填寫

2.現有会員數一欄应視團体之性質填寫如該团之会員為個人時即於個人欄内填註如其会員為机關或團体以及為公司行號或工廠時則於各該欄内填註

3.職員資格及略歷欄職業團体之職員必須填資格社会團体之職員可從簡

4.本表应由各該團体負責人填具並須於填表人欄内簽名盖章

5.主管官署審核結果一欄应填明對於該團体所審核之斷語如[illegible]"应整理"、"会改組"、"应解散"，应加蓋關防

人民團體總登記表

團體名稱		長沙市倉庫米業職業工會
地址		南門外楚湘街天符廟內
沿革	黨部許可	二十九年八月十八日證書永字三二號　政府備案　二十九年十一月十日
	曾否改組整理及其次數與情形	曾於民國二十年成立堆棧米業工會因本市文夕大火後登記失時致於二十九年改組今名
	最近改選日期及次數	三十一年七月十九日第二次改選
現有會員數	個人	合計六百二十八　男 黨員 / 非黨員 六百二十八人　女 黨員 / 非黨員
	團體　機關或團體	
	團體　公司行號或工廠	

現在負責人資歷

職別	姓名	資格	略歷	職別	姓名	資格	略歷
理事	楊自康	本業工人	本業	理事	彭運全	本業工人	本業
〃	譚桂雲	〃	〃	〃	劉和生	〃	〃
〃	吳菊生	〃	〃	監事	譚建光	〃	〃
〃	張子[illegible]	〃	〃	〃	余樹林	〃	〃
〃	劉潤全	〃	〃				

經濟概況	收入月費月入約五百二十餘元 支出每月約六百零元
工作概況	(1) 劃一工資　(2) 主持組設軍米廠　(3) 辦理會員防奸聯結　(4) 擬發動會員努力輾米工作以供軍民糧食
備註	
登記日期	三十一年九月八日　填表人簽名　楊自康（蓋章）
主管官署審核結果	健全

辦理總登記機關

填表須知

1.本表各欄除備註外務須切實填寫

2.現有會員數一欄應視團体之性質填寫如該团之会员為個人時即於個人欄內填註如其会员為机關或团体以及為公司行號或工廠時則於各該欄內填註

3.職員資格及略歷欄職業团体之職員必須填資格社会团体之職員可從簡

4.本表应由各該团体負責人填具並須於填表人欄內簽名蓋章

5.主管官署審核結果一欄应填对於該团体所審核之斷語如健全、「应改選」、「应整理」、「应改組」、「应解散」、应加強督導工作

长沙市杉木运输业职业工会

人民團體總登記表

團體名稱	長沙市杉木運輸業職業工會
地址	長沙市草潮門外草河街七號
沿革 黨部許可	二十六年二月十七日湘書市字148號 政府備案 二十六年二月十七日
曾否改組整理及其次數與情形	未
最近改選日期及次數	二十九年四月二十日第八次改選
現有會員數 個人	合計百七十二人 男 黨員 非黨員 二十一人 女 黨員 非黨員
團體 機關或團體	
團體 公司行號或工廠	

現在負責人資歷

職別	姓名	資格	略歷	職別	姓名	資格	略歷
常務理事	劉文欽	曾為本會職員	從事本業	理事	楊少欽	曾為本會職員	從事本業
理事	梁筱年	仝	仝		崔長林	仝	仝
〃	黎云德	仝	仝	常務監事	張全走	仝	仝
〃	羅全緣	仝	仝	監事	張桂華	仝	仝
〃	謝菊生	仝	仝				仝

經濟概況	收入 每月會費月捐洋五十元 支出 每月文具及各項雜用五十元
工作概況	1.担任國防工事及各部隊需要木料之運輸 2.督促各會員參加抗建工作 3.整理剎規 4.辦理工人服伕
備註	
登記日期	三十一年九月九日 填表人 簽名 劉文欽（蓋章）
主管官署審核結果	應改選

辦理總登記機關

填表須知

1.本表各欄除備註外務須切實填寫

2.現有會員數一欄應視團体之性質填寫如該團之會員為個人時即於個人欄內填註如其會員為机関或團体以及為公司行號或工廠時則於各該欄內填註

3.職員資格及略歷欄職系團体之職員必須填資格社会團体之職員[illegible]從簡

4.本表應由各該團体負責人填具並須於填表人欄內簽名蓋章

5.主管官署審核結果一欄應填對於該團体所審核之斷語如健全「應改選」「應整理」「應改組」「應解散」「應加強指導工作」

长沙市锯木业职业工会

人民團體總登記表

團體名稱		長沙市鋸木業職業工會
地址		長沙市吉祥巷二十五號
沿革	黨部許可	二十四年十二月一日証書　字被笑號　政府備案　廿四年十二月二十日
	曾否改組整理及其次數與情形	未
	最近改選日期及次數	三十一年八月十三日第五次改選
現有會員數	個人	合計 一百零六人　男 黨員／非黨員 無 106人　女 黨員／非黨員 無
	團體 機關或團體	
	團體 公司行號或工廠	

職別	姓名	資格	略歷	職別	姓名	資格	略歷
常務理事	李菊笙	曾為本會職員	從事本業	理事	王慶雲	曾為本會職員	從事本業
理事	熊德林	仝	仝		葛運秋	仝	仝
	蕭有立	仝	仝	常務監事	雷義生	仝	仝
	羅保生	仝	仝	監事	童桂生	仝	仝
	陳菊生	仝	仝				

經濟概況（月費、入會、登記）	收入 每月一百五十元之譜 支出 每月一百三十元
工作概況	1.辦理工人聯結 2.介紹失業工人 3.發給會員證書
備註	
登記日期	三十一年九月十一日　填表人 簽名 李菊笙（蓋章）
主管官署審核結果	應改選

辦理總登記機關

填表須知
1.本表各欄除備註外務須切實填寫
2.現有會員數一欄應視團体之性質填寫如該團之會員為個人時即於個人欄內填註如其会員為机關或團体以及為公司行號或工廠時則於各該欄內填註
3.職員資格及略歷欄職業[illegible]之職員必須填資格社会團体之職員可從簡
4.本表應由各該團体負責人填具並須於填表人欄內簽名蓋章
5.主管官署審核結果一欄應填对於該團体所審核之斷語如健全，「應改選」「應整理」「應改組」「應解散」，應加強指導工作

人民團體總登記表

團體名稱		長沙市針織工業同業公會
地址		洪家井二號
沿革	黨部許可	二十年三月二十日許字第四十號；政府備案 二十年四月
	曾否改組整理及其次數與情形	已經改組共有四次，黨部許可證二十七年文夕大火被焚
	最近改選日期及次數	二十九年十二月　日第四次改選
現有會員數	個人	合計 ~~五十四人~~ 男 黨員/非黨員 ~~十五人~~ ~~三十九人~~ 女 黨員/非黨員
	團體 機關或團體	
	團體 公司行號或工廠	五十一家工廠

現在負責人資歷

職別	姓名	資格	略歷	職別	姓名	資格	略歷
主席	陳煥章	經理		委員	王有餘	店員	
常務	夏守平	店主		〃	任長訓	店主	
〃	王樹德	店主		〃	任作林	經理	
委員	蔡懷章	店主		〃	楊其炎	店主	
〃	常粵棠	經理		〃	周岳升	店主	

經濟概況	收入 月入四百元 支出 月支四百元
工作概況	
備註	
登記日期	三十一年九月十日　填表人簽名 陳煥章
主管官署審核結果	君政

社會部登記格式

填表須知

1.本表各欄除備註外務須切實填寫
2.現有會員數一欄應視團體之性質填寫如該團之會員為個人時則於個人欄內填註如其會員為機關或團體以及為公司行號或工廠時則於各該欄內填註
3.職員資格及略歷欄如係職業團體之職員必須填資格社會團體之職員則從簡
4.本表應由各該團體負責人填具並須於填表人欄內簽名蓋章
5.主管官署審核結果一欄應填明對於該團體加以審核之後應如何處理之意見如「准予立案」「應改組」「應解散」應加強指導工作

人民團體總登記表

團體名稱	長沙市皮件業職業工會			
地址	長沙市中山東路美華皮件廠內			
沿革	黨部(政府)許可	二十九年十二月十日證書 字第二一號	政府備案	二十九年十二月十五日
	當改組整理及其次數與情形	未		
	最近改選日期及次數	三十一年七月二十日	第二次改選	
現有會員數	個人	合計一百零八人	男 黨員 非黨員 無	女 黨員 非黨員
	團體	機關或團體		
		公司行號或工廠		

職別	姓名	資格	略歷	職別	姓名	資格	略歷
常務理事	張緝熙	曾任本會職員	從事本業	理事	文炳南	曾任本會職員	從事本業
理事	文曙凡	仝	仝	〃	易漢興	仝	仝
〃	楊梓春	仝	仝	常務監事	伍和炳	仝	仝
〃	文錦福	仝	仝	監事	黃炳桂	仝	仝
〃	樂吉昌	仝	仝				

經濟概況	收入 每月向會員收月捐六十元 支出 每月支出約六十元
工作概況	1.登記會員 2.推行肅奸工作 3.訂定工價表 4.徵國獻金 5.舉行國民月會
備註	
登記日期	三十一年九月十五日 填表人簽名 張緝熙(蓋章)
主管官署審核結果	尚建全

辦理總登記機關

填表須知

1.本表各欄除備註外，務須切實填寫。

2.現有會員數一欄，應視團體之性質填寫，如該團之會員為個人者，即於個人欄內填註，如其會員為機關或團體以及公司行號或工廠時，則於各該欄內填註

3.職員資格及略歷欄，職業團體之職員，必須填資格，社會團體之職員可從簡

4.本表應由各該團體負責人填具，並須於填表人欄內簽名蓋章。

5.主管官署審核結果一欄，應填對於該團體加以審核之斷語，如準予「應改選」「應整理」「應改組」「應解散」「應加緊推進工作」

长沙市靴鞋业职业工会

人民團體總登記表

團體名稱	長沙市靴鞋業職業工會			
地址	長沙市先鋒廳十八號			
沿革 黨部（政府）許可	二十年五月一日證字號		政府備案	二十年五月十日
曾否改組整理及其次數與情形	未			
最近改選日期及次數	三十一年四月一日第十次改選			
現有會員數 個人	合計貳百七十五人 男 常業 二人 非常業 九七三人 女 常業 非常業			
團體 機關或團體				
團體 公司行號或工廠				

職別	姓名	資格	略歷	職別	姓名	資格	略歷
常務理事	李秉乾	曾任本會職員	從事本業	理事	方樹生 佘洪雲	曾任本會職員	從事本業
理事	曾振欽	仝	仝	〃 〃	羅順卿 龔福田	仝	仝
〃 〃	劉春生	仝	仝	常務監事	胡福廷	仝	仝
〃 〃	李德潤	仝	仝	監事	胥洪基	仝	仝
〃 〃	陶樹堂	仝	仝	〃 〃	邱桂生	仝	仝

經濟概況	收入 會員每月月捐約三百元 支出 以月入作支出經常費
工作概況	1.失業登記 2.失業介紹 3.辦理工人聯絡 4.製發會員證書 5.募集各項愛國捐獻 6.參加工人抗敵工作
備註	
登記日期	三十一年九月十五日 填表人 簽名 李德潤（蓋章）
主管官署審核結果	健全

辦理總登記機關：

填表須知

1. 本表各欄除備註外，務須切實填寫。
2. 現有會員數一欄，應視團體之性質填寫，如該團之會員爲個人時，即於個人欄內填註，如其會員爲機關或團體以及爲公司行號或工廠時，則於各該格內填註。
3. 職員資格及略歷欄職業團體之職員，必須填資格，社會團體之職員可從略。
4. 本表應由各該團體負責人填具，並須於填表人欄內簽名蓋章。
5. 主管官署審核結果一欄，應填對於該團體所審核之斷語。如健全，『應改選』『應整理』『應改組』『應解散』『應加强督導工作』

人民團體總登記表

團體名稱		長沙市派報業職業工會
地址		儲英園第六號
沿革	黨部許可	二十九年九月二十九日記第冰字四六號　政府備案　三十年二月
	曾否改組整理及其次數與情形	本會於民二十年成立，因本市文夕大火後漏於登記，至二十九改組一次
	最近改選日期及次數	二十九年十二月十二日第一次改選
現有會員數	個人	合計五十人　男黨員 非黨員 五十人　女黨員 非黨員
	團體	機關或團體
		公司行號或工廠

現在負責人履歷

職別	姓名	資格	略歷	職別	姓名	資格	略歷
理事	朱自銘	派報工人	本業	監事	張運生	派報工人	本業
〃	尤樂芳	〃	〃	〃	陽石泉	〃	〃
〃	譚紹泉	〃	〃	〃	張壽華	〃	〃
〃	胡俊岐	〃	〃				
〃	劉藩浦	〃	〃				

經濟概況	收入：會員月捐每人五角，月入約二十五元 支出：每月二十餘元
工作概況	1. 舉辦會員防奸聯結　2. 呈准製發會員臂章便利防空通行　3. 酌定會員與報社批發價格
備註	
登記日期	三十年九月二十日　填表人姓名　朱自銘（蓋章）
主管官署審核結果	市政[illegible]

[illegible]總登記機關

填表須知

1. 本表各欄除備註外務須切實填寫
2. 現有會員數一欄應視團體之性質填寫，如該團之會員為個人時祇於個人欄內填註，如係會員為機關或團體或為公司行號或工廠時則於各該欄內填註
3. 職員資格欄應填職業或所任之職務，如係社會團體之職員可從簡
4. 本表應由各該團體負責人填具並須於填表人欄內簽名蓋章
5. 主管官署審核結果一欄由[illegible]於該團體所審核之辦法，如[illegible]、[illegible]、[illegible]等文字

人民團體總登記表

團體名稱		長沙市布商業同業公會
地址		暫設大東茅巷四十九號
沿革	黨部（政府）許可	三十一年六月十六日證書社商字第九號　政府備案　三十一年四月廿七日
	會否改組整理及其次數與情形	廿七年以前係綢布疋頭業同業公會廿九年五月改組爲綢布商業同業公会合計爲兩次
	最近改選日期及次數	三十一年九月一日第一次改選
現有會員數	個人	合計
	團體　機關或團體	
	團體　公司行號或工廠	一百七十六家

現在負責人資歷

職別	姓名	資格	略歷	職別	姓名	資格	略歷
理事長	鄭增榮	從事布業	從事布業	理事	李孟松	從事布業	從事布業
理事	彭覲唐	〃	〃	監事	胡鎮璧	〃	〃
[illegible]	沈紹[illegible]	〃	〃	理事	周潤溪	〃	〃
理事	吴靄南	〃	〃	監事	沈少農	〃	〃
理事	張甲南		〃	監事	雷潤生	〃	〃

經濟概況	收入 支出 依照會員會費單位繳納每月收入六百三十一元支出六百二十五元兩抵尚餘六元
工作概況	關於會員營業之指導研究調查統計及增進同業公共利益矯正弊害等工作並擬訓練本業從業人員團結力量集中意志俾能適合抗戰建國一切需要
備註	
登記日期	三十一年九月廿四日　填表人　簽名 鄭增榮（蓋章）
主管官署審核結果	健全

辦理總登記機關：

填表須知

1. 本表各欄除備註外，務須逐實填寫。
2. 現有會員數一欄，應視團體之性質填寫，如該團之會員爲個人時，即於個人欄內填註，如其會員爲機關或團體以及爲公司行號或工廠時，則於各該欄內填註。
3. 職員資格及略歷欄職業團體之職員，必須填資格，社會團體之職員可從簡。
4. 本表應由各該團體負責人填具，並須於填表人欄內簽名蓋章。
5. 主管官署審核結果一欄，應填對於該團體所審核之斷語。如健全，『應改選』『應整理』『應改組』『應解散』『應加強督導工作』

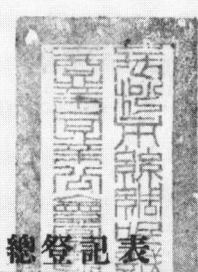

人民團體總登記表

團體名稱		長沙市絲綢呢絨商業同業公會
地址		暫設大東茅巷四十九號
沿革	黨部（政府）許可	三十一年七月十四日證書社商字第十一號　政府備案　三十一年四月廿七日
	會務改組整理及其次數與情形	廿七年以前係綢布疋頭業同業公會廿九年五月改組為綢布商業同業公會合計為兩次
	最近改選日期及次數	三十一年九月二日第一次改選
現有會員數	個人	合計　男（會員、非會員）　女（會員、非會員）
	團體　機關或團體	
	團體　公司行號或工廠	六十二家

職別	姓名	資格	略歷	職別	姓名	資格	略歷
理事長	鄭增榮	從事絲綢呢絨	從事絲綢呢絨	理事	謝潤海	從事絲綢呢絨	從事絲綢呢絨
理事	汪勛臣	〃	〃	監事	王棨僧	〃	〃
[illegible]	[illegible]	〃	〃	理事	[illegible]	〃	〃
理事	周詠鴻	〃	〃	監事	戴樹梅	〃	〃
理事	彭想南	〃	〃	監事	朱壽昆	〃	〃

經濟概況	依照會員會費單位繳納每月收入三百五十三元支出三百四十九元兩抵尚餘四元
工作概況	關於會員營業之指導研究調查統計及增進同業公共利益矯正弊害等工作並擬訓練本業從業人員團結力量集中意志俾能適合抗戰建國一切需要
備註	
登記日期	三十一年九月廿四日　填表人簽名　鄭增榮（蓋章）
主管官署審核結果	健全

辦理總登記機關：

填表須知

1. 本表各欄除備註外，務須切實填寫。
2. 現有會員數一欄，應視團體之性質填寫，如該會之會員為個人時，即於個人欄內填註，如其會員為機關或團體以及為公司行號或工廠時，則於各該欄內填註。
3. 職員資格及略歷欄職業團體之職員，必須填資格，社會團體之職員可從略。
4. 本表應由各該團體負責人填具，並須於填表人欄內簽名蓋章。
5. 主管官署審核結果一欄，應填對於該團體所審核之斷語。如健全，『應改選』『應整理』『應改組』『應解散』『應加強督導工作』

长沙市荒货商业同业公会

人民團體總登記表

團體名稱：長沙市荒貨商業同業公會

地址：長沙市城南路五十二號

沿革：
- 黨部許可：二十九年五月十五日組書民字第四號；政府備案：二十九年六月十五日
- 曾否改組整理及其次數與情形：於民二十九年五月十五日由第一次大會改組及其整理
- 最近改選日期及次數：三十一年五月十五日第四次改選

現有會員數：
- 個人：合計一二六；男 黨員/非黨員 一二六；女 黨員/非黨員
- 團體：機關或團體；公司行號或工廠 一百念捌八家

現在負責人資歷：

職別	姓名	資格	略歷	職別	姓名	資格	略歷
理事長	周漢章		軍警	理事	童春生		商
理事	趙炳堃		軍政		宋殿玉		軍商
	梁楚珩		軍職		曹連昌		商
	廖瑞生		商		劉綬魁		商
	張純甫		商	監事	余長生		軍職

經濟概況：收入 支出 會員月捐不敷再行募集

工作概況：服從三民主義訓練會員以謀福利

備註：

登記日期：三十一年九月廿五日；填表人簽名：趙炳堃（蓋章）

主管官署審核結果：應加強督導工作

辦理總登記機關

填表須知
1. 本表各欄除備註外務須切實填寫
2. 現有会員數一欄应視[illegible]填寫如該團之会員為個人時即於個人欄內填載如其会員為机關或團体以及為公司行號或工廠時則於各該欄內填註
3. 職員資格及略歷欄職業團体之職員必須填資格社会團体之職員可從簡
4. 本表應由各該團体負責人填具並須於填表人欄內簽名蓋章
5. 主管官署審核結果一欄应填對於該團体所審核之斷語如使令"应改選"、"应整理"、"应改組"、"应解散"、"应加強督導工作"

一欄应填明收支數字

填表人 應以理事長名義簽名

长沙市藤器业职业工会

人民團體總登記表

團體名稱	長沙市藤器業職業工會				
地址	西牌樓五號				
沿革	黨部許可	23年5月8日執字被焚號	政府備案	23年5月　日	
	曾否改組整理及其次數與情形	未			
	最近改選日期及次數	三十一年八月十二日第三次改選			
現有會員數	個人	合計62人	男 黨員 非黨員 62人	女 黨員 非黨員	
	團體	機關或團體			
		公司行號或工廠			

現在負責人資歷

職別	姓名	資格	略歷	職別	姓名	資格	略歷
常務理事	彭漢卿	當為本會職員	從事本業	理事	[illegible]海濤	當為本會職員	從事本業
理事	胡子云	仝	仝	〃	[illegible]寅生	仝	仝
〃	[illegible]冬生	仝	仝	常務監事	尹漢云	仝	仝
〃	楊興漢	仝	仝	監事	何春生	仝	仝
〃	[illegible]	仝	仝				

經濟概況	收入 每月收入二十元 支出 每月文具開支二十元
工作概況	1.會員登記 2.失業介紹會員 3.督促會員抗建工作 4.從新佈置會址
備註	
登記日期	三十二年 月廿二(?)日
填表人	簽名彭漢卿(蓋章)
主管官署審核結果	加緊督導工作

辦理總登記機關

填表須知

1.本表各欄除備註外須切實填寫
2.現有會員數一欄應視團體之性質填寫如該團之會員為個人時則於個人欄內填註如其會員為機關或團體以及公司行號或工廠時則於各該欄內填註
3.職員資格及略歷欄職業團體之職員必須填會員職業團體之職員可從簡
4.本表應由各該團體負責人填具並須於填表人欄內簽名蓋章
5.主管官署審核結果一欄應填對於該團體所審核之事項如：「健全組織」「應整理」「應改組」「應解散」「應加…」強督導工作

长沙市靴鞋工业同业公会

人民團體總登記表

團體名稱		長沙市靴鞋工業同業公會
地址		長沙市三寧里新四號
沿革	黨部（政府）許可	三十年 月 日證書 祕英字 號　政府備案 三十年 月 日
	曾否改組整理及其次數與情形	本會於二十七年文夕火後奉令恢復旋於三十年三月九日依新法改組呈奉長沙縣政府發給許可証定為今名
	最近改選日期及次數	三十年三月九日第一次改選
現有會員數	個人	合計
	團體　機關或團體	
	團體　公司行號或工廠	一百二十八家

現在負責人資歷

職別	姓名	資格	略歷	職別	姓名	資格	略歷
主席	朱海濤	會員代表	歷任執委	執委	陳世昌	會員代表	歷任職委
常務	周貴吾	仝	會員	仝	范炳煌	仝	會員
仝	劉生桂	仝	仝	仝	湯棣臣	仝	仝
執委	周道芬	仝	歷任執委	仝	伏來賓	仝	仝
仝	于義發	仝	仝				

經濟概況	收入：月捐收入每月四百元全年共四仟八百元 支出：繳市商會每月一百五十元員工津貼一百五十元文具雜開一百元年支四仟八百元
工作概況	推行政府法令努力本業生產增加調整業務糾紛協調勞資情感嚴密組織以防止漢奸活動
備註	本會三十一年元月以前文卷因疏散城郊於三次湘北會戰時致為敵燬許可証字號無法記明故闕 監委三人計徐致祥袁福生王寅陔
登記日期	三十一年九月三十日　填表人　簽名 朱海濤（蓋章）
主管官署審核結果	應改進

辦理總登記機關：

填表須知

1. 本表各欄除備註外，務須切實填寫。
2. 現有會員數一欄，應視團體之性質填寫，如該團之會員為個人時，即於個人欄內填註，如其會員為機關或團體以及為公司行號或工廠時，則於各該欄內填註。
3. 職員資格及略歷欄職業團體之職員，必須填資格，社會團體之職員可從簡。
4. 本表應由各該團體負責人填具，並須於填表人欄內簽名蓋章。
5. 主管官署審核結果一欄，應填對於該團體所審核之斷語。如健全，『應改選』『應整理』『應改組』『應解散』『應加強督導工作』

人民團體總登記表

團體名稱		長沙市脚踏車商業同業公會
地址		長沙西湖路廿四號
沿革	曾部許可	廿九年九月廿五日社字第四十四號　政府備案　廿九年十月十四日
	曾否改組整理及其次數與情形	已改組整理共計貳次
	最近改選日期及次數	廿九年七月十日第二次改選
現有會員數	個人	合計 ~~五十五~~　男 黨員 0　非黨員 ~~五十五~~　女 黨員　非黨員
	團體 機關或團體	
	團體 公司行號或工廠	

現在負責人資歷

職別	姓名	資格	畧歷	職別	姓名	資格	畧歷
常務兼主席	鄒梅生	曾任本會理事	歷來經商	執委	馮炳榮	〃　〃	歷來經商
常務	鄧桂鈞		〃	〃	鄧憲鈞	〃　〃	〃
〃	袁保生	〃　〃	〃				
執委	凌玉華	〃　〃	〃				
〃	王賢棟	〃　〃	〃				

經濟概況	收入 支出	自長沙三次會[illegible]月捐停收 ~~其收入完全由[illegible]~~ 着手办公费用临时分摊
工作概況		1.登记会员　2.整理会规　3.协助政府办理捐献工作
備註		
登記日期		卅一年九月三十日　填表人簽名 鄒梅生（蓋章）
主管官署審核結果		[illegible]

辦理總登記機關

填表須知

1.本表各欄除備註外務須切實填寫
2.現有会員數一欄应視团体之性質填寫如該团之会員為個人時則於個人欄內填註如其会員為机关或團体以及為公司行號或工廠時則於各該欄內填註
3.職員資格及畧歷欄職業团体之職員必須填其資格社会团体之職員可[illegible]
4.本表应由各該团体負責人填具並須於填表人欄内簽名蓋章
5.主管官署審核結果一欄应填对於該团体所審核之[illegible]「[illegible]」「[illegible]」「[illegible]」「应解散」「应加強督導工作」

人民團體總登記表

團體名稱	長沙市煙作工業同業公會						
地址	長沙市三尊里新四號						
沿革	黨部（政府）許可	二十八年　月　日證書被焚字　號		政府備案	二十八年　月　日		
	會否改組整理及其次數與情形	本會於文夕火後奉令恢復領有長沙縣黨部許可証並於二十九年六月十五日依法改組定名為長沙市煙商業同業公會嗣後又加入切菸店舖故呈准長沙市政府於本年四月十五日改組定為今名					
	最近改選日期及次數	三十一年四月十五日第一次改選					
現有會員數	個人	合計	男（黨員／非黨員）		女（黨員／非黨員）		
	團體：機關或團體						
	團體：公司行號或工廠	一百五十六家					

現在負責人資歷

職別	姓名	資格	略歷	職別	姓名	資格	略歷
主席	陳德珊	會員代表	歷任執委	執委	李健山	會員代表	會員
常務	賴趙顯	仝	仝	仝	何南卿	仝	仝
仝	陳仲明	仝	會員	仝	曾澤湘	仝	仝
執委	黃伯樵	仝	歷任執委	仝	李連山	仝	歷任執委
仝	邱永璇	仝	仝				

經濟概況	收入：月捐每月三百元年收三仟六百元 支出：員工津貼每月一百元繳市商會五十元文具雜用一百五十元年支三仟六百元
工作概況	舉辦全業集體生產運銷合作社以謀調整業務解除同業痛苦力求增加生產努力推行政府法令嚴密組織以防漢奸
備註	本會三十一年元月以前文卷因疏散墳鄉致為敵燬許可証字號無法記明故闕 監委三人計張有吾熊宇英畢正富
登記日期	三十一年九月三十日　填表人簽名 陳德珊（蓋章）
主管官署審核結果	尚健全

辦理總登記機關：

填表須知

1. 本表各欄除備註外，務須切實填寫。
2. 現有會員數一欄，應視團體之性質填寫，如該團之會員爲個人時，即於個人欄內塡註，如其會員爲機關或團體以及爲公司行號或工廠時，則於各該欄內塡註。
3. 職員資格及略歷欄職業團體之職員，必須填資格，社會團體之職員可從略。
4. 本表應由各該團體負責人填具，並須於填表人欄內簽名蓋章。
5. 主管官署審核結果一欄，應塡對於該團體所審核之斷語。如健全，『應改選』『應整理』『應改組』『應解散』『應加強指導工作』

长沙市仪仗茶担业职业工会

人民團體總登記表

團體名稱	長沙市儀仗茶担業職業工會							
地址	史家巷端福堂							
沿革 · 黨部許可	二十九年元月十五日証書雄民字25號				政府備案	二十九年元月十五日		
沿革 · 曾否改組整理及其次數與情形	未							
沿革 · 最近改選日期及次數	三十一年八月十九日第八次改選							
現有會員數 · 個人	合計九十八人 男 黨員 非黨員 十五人 女 黨員 非黨員							
現有會員數 · 團體 · 機關或團體								
現有會員數 · 團體 · 公司行號或工廠								
現在負責人資歷 · 職別	姓名	黨籍	資歷	職別	姓名	黨籍	資歷	
常務理事	向玉階	當為本會職員	從事本業	理事	陳有光	當為本會職員	從事本業	
理事	曾得麟	仝	仝	〃	曾春生	仝	仝	
〃	李春雲	仝	仝	常務監事	蔣春生	仝	仝	
〃	馬關釗	仝	仝	監事	向長生	仝	仝	
〃	任保生	仝	仝					
經濟概況	收入 每月收入二十五元							
	支出 [illegible]							
工作概況	1.失業介紹 2.督促會員參加抗建工作 3.辦理會員聯保聯結 4.辦理救濟[illegible]							
備註								
登記日期	三十一年九月卅日				填表人	簽名 向玉階（盖章）		
主管官署審核結果	尚健全							

人民團體總登記說明

填表須知

1.本表各欄除備註外務須切實填寫
2.現有会員数一欄应視团体之性質填寫如該团之会员為個人時則於個人欄内填寫如其会員為机關或团体以及為公司行號或工廠時則於各該欄内填註
3.職員資格及資歷欄職業團体之職員必須填資格社会团体之職員可從简
4.本表应由各該团体負責人填具並須於填表人欄内簽名盖章
5.主管官署審核結果一欄应……〔對於該團体審核之結果如健全7，应改进7，应整理7，应改組7，应解散7，应加強指導之類

长沙市五金电料商业同业公会

人民團體總登記表

團體名稱	長沙市五金電料商業同業公會	
地址	長沙市黄興路六十號	
沿革	黨部（政府）許可	二十九年九月　日證書　字　號　政府備案　二十九年十二月八日
	曾否改組備理及其次數與情形	十九年成立長沙市電料業同業公會二十九年九月經長沙縣黨部登記改組於是年十二月選舉三十一年四月奉令更正為長沙市五金電料商業同業公會
	最近改選日期及次數	二十九年十二月一日第　次改選
現有會員數	個人	
	團體：機關或團體	
	團體：公司行號或工廠	二十七家

現在負責人

職別	姓名	資格	略歷	職別	姓名	資格	略歷
主席	林次藩	高小畢業	從事本業[illegible]	執委	曹光忠	初小畢業	從事本業[illegible]
常務	伍桂華	初小畢業	從事本業[illegible]	〃	陳保生	〃	〃
〃	冷運生	初小畢業	從事本業十年	〃	馬晋益	〃	〃
				監委	盛伯謙	〃	〃
				〃	周國卿	〃	〃

經濟概況	收入：每月以月費收入約一百弍十元 支出：每月支出約一百一十餘元
工作概況	訓練~~會員發展業務推行政令努力[illegible]~~ 從業人員實行精誠團結調查會員營業以謀發展分銷推行政令努力[illegible]之建立
備註	查本會於二十九年九月以長沙市電料業同業公會名義經長沙縣黨部登記發有許可証書因長沙會戰遺失
登記日期	三十一年九月三十日　填表人　簽名　林次藩（蓋章）
主管官署審核結果	应改选

辦理總登記機關：

填表須知

1. 本表各欄除備註外，務須切實填寫。
2. 現有會員數一欄，應視團體之性質填寫，如該團之會員為個人時，即於個人欄內填註，如其會員為機關或團體以及為公司行號或工廠時，則於各該格內填註。
3. 職員資格及略歷欄職業團體之職員，必須填資格，社會團體之職員可從簡。
4. 本表應由各該團體負責人填具，並須於填表人欄內簽名蓋章。
5. 主管官署審核結果一欄，應填對於該團體所審核之斷語。如健全，『應改選』『應整理』『應改組』『應解散』『應加强督導工作』

人民團體總登記表

團體名稱	長沙市舁柩扛行業職業工會	
地址	長沙市倉後街十九號	
沿革 黨部許可	二十四年四月	組織書 實被焚燬 政府備案 二十四年四月
曾否發生糾紛及其發生原因與經過	經过四次改選均無其他糾紛案件發生	
最近改選日期及改選次數	三十一年八月十九日	第六次改選
現有會員數 個人	合計九十四	男七人 八十七人 女 [illegible] 七人
團體 機關或團體		
團體 會員名稱或代表		

職別	姓名	實務	簡歷	職別	姓名	實務	簡歷
常務理事	黄運泉	從事本業	曾任理事	經濟	王立生	從事本業	曾任理事
總務	張茂初	〃 〃	〃 〃	仲裁	賀恩	〃 〃	〃 〃
交際	李壽武	〃 〃	〃 〃	常務監事	蔣有庆	〃 〃	〃 〃
組織	吴玉山	〃 〃	〃 〃	監事	周子成	〃 〃	〃 〃
宣傳	吴立成	〃 〃	〃 〃				

經濟概况	收入	每月會員月捐肆拾元
	支出	文具及其他開支肆拾元
辦理事業概況	1.办理会员登记 2.办理会员联保切结 3.办理会员一切献机捐献事宜 組織担架掩埋救護各一隊	
備註		
登記日期	三十一年九月	負責人 簽名 黄運泉(蓋章)
主管官署審核結果	遵照修正[illegible]	

辦理總登記機關

填表須知

1.本表各欄除備註外均須切實填寫
2.現有會員數一欄應視團体是否能填寫如該團之會員為個人者則於個人欄內填註如其會員為机關或團体以及為公司行號或工廠者則於會籍欄內填註
3.職員姓名及履歷欄職業團体之職員必須填明指社会團体之職員可從簡
4.本表应由各該團体負責人填具並須於填表人欄內簽名盖章
5.主管官署審核結果一欄应填明对於該團体所審核之判断如「准予登記」「應予改組」「應予解散」，並加簽暨蓋公章

长沙市南货土果商业同业公会

人民團體總登記表

團體名稱	長沙市南貨土果商業同業公會
地址	大東茅巷四十六號
沿革·黨部許可	民二十八年十二月 許可日 證書 雄字七一號 政府備案 民二十年三月十七日
曾否改組整理及其次數與情形	本業在前清時即有組織，民國亦然，至本會名稱，係在民二十年三月立案，文以水災文卷被焚，至民二十八年十二月，復由市党部登記，發給雄字七一號許可證。
最近改選日期及次數	已於廿九年十一月十日第三次改選
現有會員數·個人	合計 男 党員 非党員 女 党員 非党員
現有會員數·團體·機關或團體	
現有會員數·團體·公司行號或工廠	六九十八單位

現在負責人資歷

職別	姓名	資格	畧歷	職別	姓名	資格	畧歷
常委兼主席	周春煊	均係各委員、本業業務	均經營南貨有年並歷充各公法團體職務及本會執監	執行委員	譚炳乾	均係各委員均經有年並歷充各公法團體職務及本會執監	南貨土果業務 公法團體職務
常務委員	陳蘭墅			〃 〃	譚香圃		
〃 〃	王維翰	〃 〃	〃 〃 〃 〃	〃 〃	陳達懷	〃 〃	〃 〃 〃 〃
執行委員	黄仁冕	〃 〃	〃 〃 〃 〃	〃 〃	郝漢卿	〃 〃	
〃 〃	李仲文	〃 〃	〃 〃 〃 〃			〃 〃	

經濟概况	收入 自七七事變以後 純賴會員月捐約1000元 支出 公會必要經費之支出約600元 應及遷移辦理會務事宜、經費之支出……無定
工作概况	擁護政府抗建國策，遵守法令貢獻國家，並積極穩定物價、維持市面，協助政府，謀同業福利，促其發展；並為謀普及教育起見，由同業樂捐經費，舉辦有私立育群小學校，不收學費。
備註	
登記日期	三十一年九月　日
填表人	簽名 周春煊（蓋章）
主管官署審核結果	應改選

辦理總登記機關

填表須知

1. 本表各欄除備註外務須切實填寫
2. 現有會員數一欄應視團體之性質填寫，如該團之會員為個人時則於個人欄內填註，如其會員為机関或團体以及為公司行號或工廠時則於各該欄內填註
3. 職員資格及畧歷欄，職業團体之職員必須填資格，社會團体之職員可從簡
4. 本表應由各該團体負責人填具並須於填表人欄內簽名蓋章
5. 主管官署審核結果一欄應填對於該團体所審核之斷語，如「健全」「應改選」「應整理」「應改組」「應解散」「應加強輔導工作」

人民團體總登記表

團體名稱	長沙市紙商業同業公會						
地址	原在小瀛嘉巷自置會址文夕被焚現假福勝街四號辦公						
沿革 黨部許可證	民國卅年一月十一日長沙縣政府發給證書駿民總字第五號	政府備案	民國三十年一月十一日				
曾否改組整理及其次數與情形	文夕大火前曾經依法組織並呈准黨政備案文夕火後因本會負責人星散未如期履行登記至廿九年十月三日復重新組織						
最近改選日期及次數	民國卅一年七月廿七日第一次改選						
現有會員數 個人	合計	男党員 非党員	女党員 非党員				
團體 團體或機關							
公司行號或工廠	店鋪共百四十四家						
現在負責人資歷 職別	姓名	資格	略歷	職別	姓名	資格	略歷
理事長	柳和初	高中畢業	曾任長沙市第二區第二坊坊長	宣傳理事	陳金友	高小畢業	
常務理事	謝俊逸	高小畢業		財務理事	周芝蓀	高小畢業	
〃〃〃〃	袁德生	高中畢業		調查理事	楊貴嵩	初中畢業	
〃〃〃〃	龍硯雲	高小畢業	曾任平江縣稽稅局稽核主任	常務監事	柳菊生	湖南商業專大	曾任上海市商會會長
〃〃〃〃	王禹治	高中畢業		監事	張國勛	高中畢業	
組織理事	胡樂芹	高中畢業		〃 〃	李子泉	初中畢業	
經濟概況	收入 每月收各會員月捐約五佰元						
	支出 每月職工薪金及文具用品等項約五伯						
工作概況	調整會員營業製發營業登記證書均在工作中						
備註							
登記日期	中華民國三十一年九月　日	填表人	簽名 柳和初 蓋章				
主管官署審查結果	健全						

辦理登記機關

填表須知

1、本表各欄除備註外務須切實填寫

2、現有會員數一欄應視團體性質填寫如該團體之會員為個人時即於個人欄内填註如其會員為機關或團體以及公司行號或工廠時則於各該欄内填註

3、職員資格及略歷欄職業團體之職員必需填資格社會團體可從簡

4、本表應由各該團體負責人填具並於填表人欄内簽名蓋章

5、主管官署審查結果一欄應對于該團體所審查之斷語如「健全」「應改選」「應整理」「應改組」「應加强督導工作」

9849
31 9 22

社會科 [illegible]

人民團體總登記表

團體名稱	長沙市屠行商業同業公會			
地址	營盤街三十三號			
沿革 黨部許可	二十八年十二月十三日社書雄字第四十號	政府備案	三十年　月十日	
曾否改組整理及其次數與情形	无			
最近改選日期及次數	三十年一月十一日第二次改選			
現有會員數 個人	合計 三百二十八（~~一百二十餘人~~）	男 黨員 非黨員	女 黨員 非黨員	
團體 機關或團體				
公司行號或工廠	伍廠共計一百二十家	[illegible]		

職別	姓名	資格	略歷	職別	姓名	資格	略歷
主席	林春生	屠商	本業	執行委員	羊炳華	屠商	本業
常務委員	羅桂興	〃	〃	〃	周秋華	〃	〃
〃	陳先富	〃	〃	〃	丑菊階	〃	〃
〃	陽鳳輝	〃	〃	〃	王裕生	〃	〃
執行委員	唐慶和	〃	〃	監察委員	黃紹廷	〃	〃

職別	姓名
監察委員	劉瑞?
〃	曾福?

經濟概況	收入 會金收入約百餘元 月費收入伍百餘元 支出 每月約六百餘元
工作概況	奉令承辦五個臨時屠場 全市集中屠宰 平均市價 嚴查稅猪 注重公共衛生
備註	
登記日期	民國三十一年九月　日　填表人 簽名 林春生（蓋章）
主管官署審核結果	[illegible]

辦理總登記機關

填表須知
1.本表各欄除備註外務須切實填寫
2.現有會員數一欄應視團體之性質填寫如該團之會員為個人時則於個人欄內填註如其會員為機關或團體以及為公司行號或工廠時則於各該欄內填註
3.職員資格及略歷欄職業團體之職員必須填寫資格社會團體之職員可從簡
4.本表應由各該團體負責人填具並須於填表人欄內簽名蓋章
5.主管官署審核結果一欄應填明對於該團體所審核之判斷如認為合法應改進、應整理、應合併、應解散應加詳予簽註

人民團體總登記表

團體名稱		長沙市豬行商業同業公會
地址		長沙市北大馬路長春公司内
沿革	黨部許可	三十年四月十九日社書公民字第三號 政府備案 三十年七月十八日
	曾否改組整理及其次数與情形	否
	最近改選日期及次數	未 年 月 日第 次改選
現有會員數	個人	合計會員代表十人 男 黨員 無 非黨員 十人 女 黨員 非黨員 無
	團體 機關或團體	無
	團體 公司行號或工廠	十一行號

現在負責人資歷

職別	姓名	資格	略歷	職別	姓名	資格	略歷
常務委員	王邁	長豐行主	經營本業十年以上	監察委員	張金榜	中和行主	經營本業五年以上
執行委員	王得運	同和行主	經營本業五年以上	仝上	唐壽雲	大興長行主	經營本業二年以上
仝上	羅蔚周	萬順和行主	經營本業八年以上	仝上	王燦熙	華豐行主	經營本業十年以上
仝上	雍克明	雍長記行主	經營本業五年以上	候補執行委員	王漢忠	大順行主	經營本業五年以上
仝上	李雨成	公利長行主	經營本業八年以上	候補監察委員	張開福	合順興行主	經營本業七年以上

經濟概況	收入國幣壹千捌伯元其來源係按本業各行營業多寡及會員會費收入 支出國幣壹千捌伯元之譜此係本會會務經常支出
工作概況	（一）增進同業公共利益 （二）矯正會員營業弊害
備註	本會在民國廿年即已組織成立因長沙前文夕火災一切文卷悉均被焚加之原負責人星散致歲二年餘未能恢復前長沙市黨部舉行人民團体登記時以會務停頓未聲請登記致被撤銷故重行於民國三十年七月九日依法組織成立 本會許可証因上年長沙三次會戰會址被焚時同被焚化合并陳明
登記日期	民國三十一年九月 日 填表人 簽名王邁（蓋章）
主管官署審核結果	應改選

辦理總登記機關

填表須知

1.本表各欄除備註外務須切實填寫

2.現有會員數一欄在職業團体之性質填寫該團之會員總人數於個人欄内填註如其會員爲機關或團体以及爲公司行號或工廠時則於各該欄内填註

3.職員資格及略歷欄職業團体之職員必須填資格社会團体之職員可從簡

4.本表應由各該團体負責人[illegible]填表人欄内簽名蓋章

5.主管官署審核結果一欄應填明對於該團体所審核之断語如「應全體改選」，「應整理」，「應改組」，「應解散」，「應加强督導工作」

长沙市仓库商业同业公会

人民團體總登記表

團體名稱		長沙市倉庫商業同業公會
地址		長沙市商會內黄興路李四十号
沿革	黨部許可	民二八年十二月十二日社字第三三號；政府備案：民二八年十二月
	曾否改組整理及其次數與情形	業務停頓會員人數有限無由改組
	最近改選日期及次數	尚未改選 年 月 日第 次改選
現有會員數	個人	合計 四十人 男（黨員/非黨員）十一 女（黨員/非黨員）
	團體：機關或團體	
	團體：公司行號或工廠	四家

現在負責人資歷：職別	姓名	資格	簡歷	職別	姓名	資格	簡歷
常務	李壽增		歷任各公團主席常[illegible]				
執委	黄佩石	法專畢業	歷任市商會主任				
〃 〃	張裕卿	舊學	歷任行號經理				
〃 〃	高道和	〃 〃	〃 〃 〃 〃				
幹事	黄震星	民新班法業	首會会組員[illegible]				

經濟狀況	收入	近年業務停頓会務亦無形終止所有各項開支力求撙節全年支出
	支出	若干会員平均負担並無其他收入可資挹注
工作概況		除遵令參加各項集会辦理各項表冊報告外每年按会計年度召集会員清核賬目並報告討論会中興革事宜他無活動
備註		本業從前多大變遷僅存六家交養等滿然無存廿八年改組更名倉庫業無業可營改圖他業者二僅存者四近年皆供應兵站監部堆集軍用品已達三年之久雖有退出者但終以城市迭遭空襲感覺實行疏散商人衰足是以本業遂呈死態会務亦因此無由發展
登記日期		中華民國三十一年九月 日；填表人：簽名 李壽增（蓋章）
主管官署審核結果		應改選

辦理總登記機關

填表須知

1.本表各欄除備註外務須切實填寫

2.現有会員數一欄應視團体之性質填寫如該團之会員為個人時則於個人欄內填寫如其会員為機關或團体以及為公司行號或工廠時則於各該欄內填註

3.職別資格及簡歷各欄將該團体之職員之資格社会團体之職員[illegible]

4.本表應由各該團体負責人填具並須於填表人欄內簽名蓋章

5.主管官署審核結果一欄應填對於該團体所審核之結論如從分化或改造，無整理，應改組，應解散，應加強輔導工作

人民團體總登記表

團體名稱		長沙市醬作業職業工會
地址		福星街集成醬園内
沿革	黨部許可	二九年八月二日証書水字二七號　政府備案　二九年九月十日
	曾否改組整理及其次數與情形	原係民二十年成立因本市文夕大火後滿於登記方奉令改組
	最近改選日期及次數	三十年八月十二日第二次改選
現有會員數	個人	合計五十人　男（黨員／非黨員）五十人　女（黨員／非黨員）
	團體　機關或團體	
	團體　公司行號或工廠	

現在負責人資歷

職別	姓名	資格	略歷	職別	姓名	資格	略歷
理事	雷宏發	本業工人	本業	監事	劉先佑	本業工人	本業
〃	王煥才	〃	〃	〃	胡正升	〃	〃
〃	胡松瑞	〃	〃	〃	周連青	〃	〃
	周福初	〃	〃				
〃	沈慶鵬	〃	〃				

經濟概況	收入　每月會員常捐八十餘元 支出　每月八十餘元
工作概況	(一)劃一工資　(二)舉辦會員防奸聯結　(三)辦理共同原料供給
備註	
登記日期	三十一年九月　日　填表人　簽名　雷宏發（蓋章）
主管官署審核結果	應改選

辦理總登記機關

填表須知

1. 本表各欄除備註外務須切實填寫
2. 現有會員數一欄應視團体之性質填寫如該团之会員為個人時即於個人欄内填註如其会員為机關或团体以及為公司行號或工廠時則於各該欄内填註
3. 職員資格及略歷欄職業团体之職員必須填資格社会团体之職員可從簡
4. 本表应由各該团体負責人填具並須於填表人欄内簽名蓋章
5. 主管官署審核結果一欄应填对於該团体所審核之斷語如健全「应改選」「应整理」「应改組」「应解散」「应加強督導工作」

九月廿八日已改選

长沙市酱园工业同业公会

人民團體總登記表

團體名稱		長沙市醬園工業同業公會
地址		学院街二府坪五号
沿革	黨部許可	三十年二月二日社字第十二號 湖南省黨部 三十年二月日
	曾否改組整理及其次數與情形	原酒醬工業同業公會於三十年一月呈准建設廳改組為兩會
	最近改選日期及次數	三十年三月四日第成立次改選
現有會員數	個人	合計 男 會員 非會員 女 會員 非會員
	團體 機關或團體	
	團體 公司行號或工廠	二十九家

職別	姓名	資格	略歷	職別	姓名	資格	略歷
主席	謝菊生	德茂隆經理	從事本業三十年	執委	粟樹堂	三元經理	從事本業二十年
常務	王瀏堯	松茂經理	從事本業四十年	執委	沈星源	元泰經理	從事本業二十年
常務	張鼎臣	恒泰經理	從事本業十二年	監委	魯敬三	源豐經理	從事本業十年
執委	羅樹聲	同和興經理	從事本業十五年	監委	譚振湘	德福經理	從事本業九年
執委	蔣梅仙	同興經理	從事本業三十年	監委	戚樸人	集成經理	從事本業二十年

（以上為「現在負責人資歷」欄）

經濟概況	收入 每月會員月費收入約一百四十元 支出 每月房租文員辦公費以及幹事員薪約支一百五十元 (3)
工作概況	訓練從業人員改良製造以求出品精良統購鹽斤分銷會員調查會員~~營業以謀~~原料統購~~努力征献工作 加強抗戰工作~~(以)整理同業科規 生產狀況俾作 [illegible]
備註	
登記日期	卅一年九月日 填表人 簽名 謝菊生（蓋章）
主管官署審核結果	應改選

辦理總登記機關

填表須知

1. 本表各欄除備註外務須切實填寫
2. 現有會員數一欄應視團體之性質填寫如該團之會員爲個人時卽於個人欄內塡註如其會員爲機關或團體以及爲公司行號或工廠時則於各該欄內塡註
3. 職員資格及略歷欄職業團體之職員必須塡資格社會團體之職員可從簡
4. 本表應由各該團體負責人塡具並須於塡表人欄內簽名蓋章
5. 主管官署審核結果一欄應塡對於該團體所審核之斷語如健全，『應改選』，『應整理』，『應改組』，『應解散』，應加強督導工作

人民團體總登記表

團體名稱		長沙市戲劇商業同業公會		
地址		長沙市桂花井易家巷二號		
沿革	黨部許可	民國二十年二月　日證書因文夕大火被焚字號忘記	政府備案	二十一年七月　日
	曾否改組整理及其次數與情形	二十七年前除依法改選外並未改組或整理二十七年十一月文夕大火後會務停頓二十九年元月廿九日經長沙市黨部登記並發給雄民第八四號登記證遵令改為商業同業公會		
	最近改組日期及次數	二十九年七月十日依法改組為長沙戲劇商業同業公會並於同日正式成立		
現有會員數	個人			
	團體：機關或團體			
	團體：公司行號或工廠	戲院與戲班共三十六單位		

現在負責人資歷							
職別	姓名	資格	經歷	職別	姓名	資格	經歷
主席	梁月波	黄金戲院會員代表	曆充萬國等戲院經理	執行委員	賀華元	湘劇部往任會員代表	曆充湘戲演員湘劇部主任
常務委員	黄元和	福壽戲班會員代表	曆充湘劇演員福壽戲班經理	〃	羅玉庭	景星戲院會員代表	曆充湘劇演員景星戲院經理
〃	余屏翰	新世界戲院會員代表	曾充新世界等戲院經理	〃	李應昭	新建業戲院會員代表	曾充長沙夜報社經理
執行委員	劉長松	中華戲院會員代表	曾充吉祥等戲院經理	〃	易在勤	[illegible]戲院會員代表	曾充義西園等戲院經理
〃	陳宗陶	大華戲院會員代表	曾充[illegible]戲院經理及本會主席	監察委員	胡文同	新舞台戲院會員代表	曆充新舞台戲院經理

[illegible]濟概況	收入　會[illegible]月約三百九十元 支出　經常辦公費如薪工房租紙張文具雜用等項月需約四百元
工作概况	增進會員福利矯正營業弊害提倡正當娛樂擴大抗建宣傳促進改良戲劇補助社會教育並遵行上級各有關機關飭辦事項
備註	本會會員各戲院多因文夕大火院屋被焚目時關係限於建築無法復業現均保留資格其現在營業者僅六戲院五戲班共計十一單位

登記日期	中華民國三十一年九月　日	填表人	簽名梁月波（蓋章）
主管官署審核結果	[illegible]		

长沙市书业印刷装订业职业工会

人民團體總登記表

團體名稱	長沙市書業印刷裝訂業職業工會							
地址	府正街萬卷閣書局內							
沿革	黨部（政府）許可	二十三年二月十三日證書[illegible]字五號政府備案	二十四年四月 日					
	曾否改組整理及其次數與情形	曾經改組三次。本會原名同文行，馬日前名書業裝訂工會，馬日改組為印刷工会書業分事務所，二十一年改組為長沙市書業印刷裝訂業職業工會						
	最近改選日期及次數	三十年三月一日第五次改選						
現有會員	個人	合計六十五人						
	團體							
現在負責人資歷	職別	姓名	資格	略歷	職別	姓名	資格	略歷
	常務理事	張劍秋	印刷裝訂工人	從事本業	常務監事	周少芝	印刷裝訂工人	歷任理監事
	財務理事	黄貴芹	〃	〃	監事	王福生	〃	〃
	組織理事	唐清澄	〃	歷任本會理事	〃	曹治策	〃	從事本業
	交際理事	趙志亭	〃	〃				
	文書理事	朱定安	〃	〃				
經濟概況	收入	每月收入會員月捐約三十元。必要時向會員樂捐以應支出						
	支出	每月支出辦公費約二十五元，結餘約五元						
工作概況	（1）擬定會章徵求會員 （2）籌定會有基金 （3）覓定會址 （4）擬定會員公約							
備註								
登記日期	三十一年九月 日	填表人朱定安 朱定安印（蓋章）						
主管官署審核結果	健全							

人民團體總登記表

團體名稱		長沙市捲烟商業同業公會
地址		小西門下河街三號
沿革	黨部（政府）許可	~~二十九~~年九月二十七日證書民組字六八號　政府備案　三十年一月二十四日
	會員改組整理及其次數與情形	
	最近改選日期及次數	二十九年九月二十七日第三次改選
現有會員數	個人	合計十一人　男（黨員／非黨員）二十八人　女（黨員／非黨員）
	團體：機關或團體	
	團體：公司行號或工廠	四十一家

現在負責人資歷

職別	姓名	資格	略歷	職別	姓名	資格	略歷
主席	蕭哲臣	元康經理	歷充捲烟商	執委	熊楊竹亮	民生經理	〃
常委	史石林	振湘經理	〃	〃	蕭中立	裕興經理	〃
執委	周文鑫	源記經理	〃	監委	曾國祖	[illegible]	〃
〃	彭梓文	大福興經理	〃				
〃	黄桂林	協泰和經理	〃				

經濟概況	收入　每月會費月費五佰餘元 支出　各項支員員工薪餉月支出五佰餘元
工作概況	~~奉行三民主義~~ 1.矯正同業弊害 ~~2.協進同業福利~~ 2.實行會員聯保 ~~上好修治~~ 3.推動儲蓄征募工作 ~~加强檢舉匪特分子~~ 4.改良出品
備註	
登記日期	三十一年九月　日　填表人　簽名 蕭哲臣（蓋章）
主管官署審核結果	准改選

辦理總登記機關：

填表須知

1. 本表各欄除備註外，務須切實填寫。
2. 現有會員數一欄，應視團體之性質填寫，如該團之會員是個人時，即於個人欄內填註，如其會員爲機關或團體以及爲公司行號或工廠時，則於各該欄內填註。
3. 職員資格及略歷欄職業團體之職員，必須填其資格，社會團體之職員可從略。
4. 本表應由各該團體負責人填具，並須於填表人欄內簽名蓋章。
5. 主管官署審核結果一欄，應填對於該團體所審核之斷語。如健全，『應改選』『應整理』『應改組』『應解散』『應加强督導工作』

长沙市大箩荒货商业同业公会

人民團體總登記表

團體名稱	長沙市大籮荒貨商業同業公會
地址	長沙市明月街八號（原十七號）
沿革：黨部許可	二十八年十二月二十一日組書雄民字六四號；政府備案：廿八年十二月廿八日
沿革：曾否改組整理及其次數與情形	曾照現行同業公會法改組一次
沿革：最近改選日期及次數	三十一年九月八日第一次改選
現有會員數：個人	合計六百六十八人；男：黨員二十八，非黨員四百二十人；女：黨員、非黨員二百二十八
現有會員數：團體：機關或團體	團體
現有會員數：團體：公司行號或工廠	一百零三家

現在負責人資歷

職別	姓名	資格	經歷	職別	姓名	資格	經歷
理事長	易寅生	商人	歷經商	理事	夏日高	商人	歷經商
常務理事	文雨林	〃	〃	〃	楊德恒	〃	〃
〃	譚子慶	〃	〃	〃	盛少棠	〃	〃
理事	蔡德美	〃	〃	〃	廖德厚	〃	〃
〃	柳漢卿	〃	〃	〃		〃	

經濟概況	收入：會員會費每月一百八十元之譜 支出：各項應付之數每月二百元，不足之數由會員臨時補助
工作概況	參加戰時慰勞捐獻節儲各項工作 1.征求会员 [illegible] [illegible]佈置会址 [illegible]议订行规
備註	
登記日期	三十一年十月一日
填表人	簽名：易寅生（蓋章）
主管官署審核結果	應加強督導工作

辦理總登記機關

填表須知

1.本表各欄除備註外務須切實填寫
2.現有会員數一欄應視团体之性質填寫，如該团之会員為個人時，即於個人欄內填註；如其會員為机關或团体以及為公司行號或工廠時，則於各該欄內填註
3.職員資格及經歷欄，職業团体之職員必須填資格，社会团体之職員可從略
4.本表应由各該团体負責人填具，並須於填表人欄內簽名蓋章
5.主管官署審核結果一欄，应填明對於該团体所審核之意見，如："健全"、"应改選"、"应整理"、"应改組"、"应解散"、"应加強督導工作"

人民團體總登記表

團體名稱		長沙市酒作工業同業公會
地址		惜陰街四十二號
沿革	黨部（政府）許可	三十 年 二 月 十 日證字 十三 號　政府備案　年　月　日
	會之改組整理及其次數與情形	原係醬酒醬工業同業公會於三十年一月呈准退廠改組為兩會
	最近改選日期及次數	年　月　日第　次改選
現有會員數	個人	合計三十九人　黨員　非黨員 三十四人
	團體：機關或團體	
	團體：公司行號或工廠	三十九家

職別	姓名	資格	略歷	職別	姓名	資格	略歷
主席	羅樹聲	同和興經理	從事本業三十年	執行委員	左振鵬	怡和福經理	從事本業三十年
常務	聶長生	和豐福經理	〃〃三十年	〃〃	謝菊生	德茂隆經理	〃〃廿年
〃〃	陳桂芳	春茂仁經理	〃〃	監察委員	魯敬三	魯福豐經理	〃二十年
執行委員	許慶禧	協茂經理	〃〃三十二年	〃〃	李植初	公和益經理	〃〃二十年
〃〃	彭長生	裕源祥經理	〃〃三十二年	〃〃	周萬均	三和福經理	〃〃二十八年

經濟概況	收入 每月會費收入三百九十餘元 支出 每月支出三百四十餘元 臨時會用臨時募集
工作概況	訓練從業人員 改良出品 實行營業調查 以謀原料之統購分銷 遵守法令 推行政令 努力征獻 增加抗建力量
備註	
登記日期	三十 年 十 月 一 日　填表人　簽名 羅樹聲（蓋章）
主管官署審核結果	應改選

辦理總登記機關：

填表須知

1. 本表各欄除備註外，務須據實填寫。
2. 現有會員數一欄，應視團體之性質填寫，如該團之會員為個人時，即於個人欄內填註，如其會員為機關或團體以及為公司行號或工廠時，則於各該欄內填註。
3. 職員資格及略歷，屬職業團體之職員，必須填資格，社會團體之職員可從略。
4. 本表應由各該團體負責人填具，並須於填表人欄內簽名蓋章。
5. 主管官署審核結果一欄，應填對於該團體所審核之斷語。如健全，『應改選』『應整理』『應改組』『應解散』『應加強指導工作』

长沙市划业职业工会

人民團體總登記表

團體名稱		長沙市划業職業工會			
地址		長沙全家碼頭水警第一隊			
沿革	党部（政府）許可	二十九年一月十四日證書雄民字二一號		政府備案	二十九年一月二十日
	曾否改組整理及其次數與情形	未			
	最近改選日期及次數	三十一年七月二十七日第九次改選			
現有會員數	個人	合計九百十六人 男黨員 二人 女黨員			
	團體	機關或團體			
		公司行號或工廠			

現任職員重要人員資歷	職別	姓名	資格	略歷	職別	姓名	資格	略歷
	理事	任紹梅	本業工人	本業	理事	唐建彬	本業工人	本業
	〃	曾錫光	〃	〃	〃	王國榮	〃	〃
	〃	謝玉林	〃	〃	監事	蕭白學	〃	〃
	〃	鄧福華	〃	〃	〃	黄良春	〃	〃
	〃	陳煥文	〃	〃				

經濟概況	收入每月常捐九百一十元 支出九百餘元		
工作概況	（1）確定碼埠渡費（2）呈准長官部隸屬水警隊編組划船總隊担負省河軍輸差運（3）編組水上划船保甲（4）組設戰時留埠工作划工一百二十人担負戰時省河差運工作		
備註			
登記日期	三十一年十月八日	填表人簽名	任紹梅（蓋章）
主管官署審核結果	應加強組訓工作		

辦理總登記機關

填表須知

1.本表各欄除備註外，務須切實填寫。

2.現有會員數一欄，應視團体之性質填寫，如該团之會员為個人時，即於個人欄内填註，如其会员為机關或团体以及為公司行號或工廠時，則於各該欄内填註

3.職員資格及略歷欄，職業团体之職員，必須填資格，社会团体之職員可從簡

4.本表应由各該团体負責人填具，並須於填表人欄内簽名盖章。

5.主管官署審核結果一欄，应填对於該团体所審核之断語，如健全、「应改選」「应整理」「应改組」「应解散」应加強等等工作

长沙市卷烟业职业工会

人民團體總登記表

團體名稱	長沙市捲菸業職業工會	
地址	北外大王家巷十七號	
沿革 黨部許可	二十九年十月廿三日組書字第四十八號	政府備案 二十九年一月廿日
沿革 曾否改組整理及其次數與情形	未	
沿革 最近改選日期及次數	三十年一月十六日第一次改選	
現有會員數 個人	合計一千五百人 男 黨員 一人 非黨員	女 黨員 非黨員
現有會員數 團體 機關或團體		
現有會員數 團體 公司行號或工廠		

現在負責人資歷

職別	姓名	資格	略歷	職別	姓名	資格	略歷
常務理事	湛壽臧	歷年從事捲煙工作	曾任本會理事	理事	朱葉生	〃	〃
理事	熊少谷				周成雲	〃	〃
	吳廣雲	〃	〃	常務監事	高應棠	〃	〃
	馮廣初	〃	〃	監事	羅佑芝	〃	〃
	鄧玉祺	〃	〃				

經濟概況	收入 每月收入月捐二百元 支出 每月支出約二百元
工作概況	登記會員　製發證書證章　煙機加釘銅牌　議定協約　劃一工價 改善工人待遇　募集各種獻金　增加各廠產量
備註	
登記日期	三十一年十月九日
填表人	簽名 湛壽臧 湛壽臧
主管官署審核結果	應改選　應加強督導工作

辦理總登記機關

填表須知

1.本表各欄除備註外務須切實填寫

2.現有會員數一欄應視团体之性質填寫如該团之會員為個人時則於個人欄內填註如其會員為机關或团体以及為公司行號或工廠時則於各該欄內填註

3.職員資格及略歷欄職員同体之職員必須填資格略歷如團体之職員可從簡

4.本表應由該团体負責人填具並須於填表人欄內簽名蓋章

5.主管官署審核結果一欄之填對於該團体所當積極之辦理如"健全組織"、"應改選"、"應整理"、"應取締"、"應解散"、"應加強督導工作"

长沙市漂染纱业职业工会

人民團體總登記表

團體名稱	長沙市漂染紗業職業工會						
地址	長沙市茅棚街七號						
沿革	党部(政府)許可	二十年十二月一日證書核發 字 號		政府備案	二十年十二月十 日		
	當否改組整理及其次數與情形	未					
	最近改選日期及次數	三十一年九月十七日第六次改選					
現有會員數	個人	合計五十二人 男 党員 非党員 女 党員 非党員					
	團體	機關或團體					
		公司行號或工廠					
現在負責人資歷	職別	姓名	資格	略歷	職別	姓名	資格	略歷
	常務理事	郭慶雲	曾為本會職員	從事本業	理事	彭梓望	曾為本會職員	從事本業
	理事	王順生	仝	仝	〃〃	蔡石華	仝	仝
	〃〃	向正興	仝	仝	常務監事	負士希	仝	仝
	〃〃	江德成	仝	仝	監事	彭伯仁	仝	仝
	〃〃	王筱年	仝	仝				
經濟概況	收入 每月收月捐六十元 支出 每月支出六十元						
工作概況	(一)登記失業會員 (二)勸募救國獻金 (三)參加抗敵工作						
備註							
登記日期	三十一年十月十一日	填表人	簽名王順生（蓋章）				
主管官署審核結果	尚健全						

辦理總登記機關

填表須知
1.本表各欄除備註外，務須切實填寫。
2.現有會員數一欄，按照團体之性質填寫，如該團之會員為個人時，即於個人欄內填註，如其会員為机關或团体以及為公司行號或工廠時，則於各該欄內填註。
3.職員資格及略歷欄，職業團体之職員，必須填資格，社會团体之職員可從簡。
4.本表並由各該团体負責人填具，並須於填表人欄內簽名蓋章。
5.主管官署審核結果一欄，如該填時，社該团体[illegible]核之斷語，如健全〔應改選〕〔應整理〕〔應改組〕〔應解散〕或加強某部工作

人民團體總登記表

團體名稱		長沙市棕業職業工會		
地址		長沙市營盤街十五號		
沿革	黨部許可	二十年五月二十日訓書字第 號	政府備案	二十年五月二十日
	曾否改組整理及其次數與情形	未		
	最近改選日期及次數	三十一年九月二十五日第十次改選		
現有會員數	個人	合計一百五十人	男 黨員 一人 非黨員	女 黨員 非黨員
	團體	機關或團體		
		公司行號或工廠		

現在負責人資歷

職別	姓名	資格	略歷	職別	姓名	資格	略歷
常務理事	張福雲	曾任本會職員	從事本業	理事	譚星才	曾任本會職員	從事本業
理事	黃錫光	仝	仝	〃	周壽生	仝	仝
〃	李桂華	仝	仝	常務監事	胡少卿	仝	仝
〃	楊錫鈞	仝	仝	監事	朱寅生	仝	仝
〃	張福生	仝	仝				

經濟概況	收入 每月收入會費[illegible]元 支出 以個全作辦公費約二十六元
工作概況	1.辦理工人團結 2.介紹失業會員 3.征募獻國獻金 4.參加工人抗敵工作
備註	

登記日期	三十一年十月十日	填表人	簽名 張福雲（蓋章）
主管官署審核結果	健全		

辦理總登記機關

填表須知

1.本表各欄除備註外務須切實填寫

2.現有會員數一欄應視團體之性質填寫如該團之會員為個人時即於個人欄內填註如其會員為機關或團體以及為公司行號或工廠時則於各該欄內填註

3.職員資格及略歷欄職業團體之職員必須填資格社會團體之職員可從簡

4.本表應由各該團體負責人填具並須於填表人欄內簽名蓋章

5.主管官署審核結果一欄應填對於該團體所審核之斷語如「健全」「應改選」「應整理」「應改組」「應解散」「應加強督導工作」

长沙市刻刷业职业工会

人民團體總登記表

團體名稱	長沙市刻刷業職業工會	
地址	長沙市長春街三十二號	
沿革	黨部許可	二十一年九月一日駐書訓字19號　政府備案　廿二年十二月一日
	曾否改組整理及其次數與情形	未
	最近改選日期及次數	三十年三月二十日第七次改選
現有會員數	個人	合計 六十三人　男党員/非党員 無　女党員/非党員 無
	團體 機關或團體	
	團體 公司行號或工廠	

現在負責人資歷

職別	姓名	資格	略歷	職別	姓名	資格	略歷
常務理事	粟幹成	曾任本會職員	從事本業	理事	楊錫林	曾任本會職員	從事本業
理事	沈[illegible]臣	仝	仝	〃	[illegible]茂雲	仝	仝
〃	袁[illegible]生	仝	仝	常務監事	莫福階	仝	仝
〃	蔡叔喬	仝	仝	監事	楊達生	仝	仝
〃	吳篤楷	仝	仝				

經濟概況	收入 每月可收會員月捐四十元 支出 每月支出四十元
工作概況	甲、辦理工人聯絡　乙、募集慰勞金獻金　丙、參加農產工業品展覽會 丁、製發會員證章證書
備註	
登記日期	三十一年十月十日　填表人　簽名粟幹成（蓋章）
主管官署審核結果	應改選

辦理總登記機關

填表須知

1.本表各欄除備註外務須切實填寫

2.現有會員數一欄應視團體之性質填寫如該團之會員為個人時即於個人欄內填註如其會員為機關或團體以及為公司行號或工廠時則一各該欄內填註

3.職員資格及略歷欄職業以[illegible]之職員必須填資格社會團體之職員可從簡

4.本表應由各該團體負責人填具並須於填表人欄內簽名蓋章

5.主管官署審核結果一欄應填對於該團體所審核之斷語如健全「應改選」「應整理」「應改組」「應解散」「應加強」等工作

人民團體總登記表

團體名稱		長沙市腊光油布業職業工會							
地址		長沙市西牌樓十一號							
沿革	黨部許可	二十二年六月二十日証書 字　被楚　號				政府備案	二十二年十一月十日		
	曾否改組整理及其次數與情形	未							
	最近改選日期及次數	三十一年七月二十八日第五次改選							
現有會員數	個人	合計三十六人 男 黨員 一人 非黨員 卅五人 女 黨員 非黨員							
	團體 機關或團體								
	團體 公司行號或工廠								
現在負責人資歷	職別	姓名	資格	晷歷	職別	姓名	資格	晷歷	
	常務理事	吳正仁	當為本會職員	從事本業	理事	袁德生	當為本會職員	從事本業	
	理事	黃壽堂	仝	〃	〃	袁海林	〃	〃	
		胡斌陞	仝	〃	監事	萬瑞南	〃	〃	
	〃	劉聯賢	仝	〃	〃	何福生	〃	〃	
	〃	王祥生	仝	〃					
經濟概況	收入 月會員月捐三十元 支出 每月文具開支三十元								
工作概況	1.失業介紹 2.推行獻機(糧)運動 3.訂定協約 5.督促會員參加抗建工作								
備註									
登記日期	三十一年十月十四日		填表人	簽名 吳海林(蓋章) 吳正仁					
主管官署審核結果	應加強督導工作								

辦理總登記機關

填表須知

1.本表各欄除備註外務須切實填寫

2.現有會員數一欄應視團体之性質填寫如該團之會員為個人時即於個人欄內填註如其會員為機關或團体以及為公司行號或工廠時則於各該欄內填註

3.職員資格及晷歷欄職業團体之職員必須填資格社會團体之職員可從簡

4.本表應由各該團体負責人填具並須於填表人欄內簽名蓋章

5.主管官署審核結果一欄應填明對於該團体所審核之斷語如「應令改選」「准整理」「應改組」「應解散」「應加強督導工作」

长沙市布伞业职业工会

人民團體總登記表

團體名稱		長沙市布傘業職業工會					
地址		長沙市金線街二號					
沿革	黨部許可	民二十五年五月八日組字第九十二號		政府備案	二十五年十月　日		
	曾否改組整理及其次數與情形	已改選四屆					
	最近改選日期及次數	民三十一年八月四日第四次改選					
現有會員數	個人	合計一百五十二人　男黨員　非黨員　無　女黨員　非黨員					
	團體	機關或團體					
		公司行號或工廠					

現在負責人資歷	職別	陳桂軒	工人	從事本業	理事	陳桂堂	工人	從事本業
	理事	楊獻[illegible]	〃	〃	〃	劉世榮	〃	〃
	〃	姚榮富	〃	〃	常務監事	饒福山	〃	〃
	〃	常[illegible]	〃	〃	監事	張鳳漢		〃
	〃	童錦[illegible]	〃	〃				

經濟概況	收入　以工人月捐每月七十六元 支出　經常用費及開支職員等費每月七十六元
工作概況	1.失業介紹　2.推行獻機運動　3.督促會員改良業務　4.主持會員聯保聯結
備註	
登記日期	民三十一年十月十四日　填表人　簽名　陳桂軒　（蓋章）
主管官署審核結果	尚健全

辦理總登記機關

填表須知

1.本表各欄除備註外務須切實填寫

2.現有會員數一欄應視團體之性質填寫如該團之會員為個人時即於個人欄內填寫如其會員為機關或團體以及為公司行號或工廠時則於各該欄內填註

3.負責人資格及略歷欄職業團體之職員必須填寫其他社會團體之職員可從簡

4.本表應由各該團體負責人填具並須於填表人欄內簽名蓋章

5.主管官署審核結果一欄應填對於該團體所審核之斷語如健全、尚健全、應整理、應改組、應解散、應加強督導工作

人民團體總登記表

團體名稱		長沙市磁商業同業公會
地址		長沙市黃興路二一四號 (~~臨時地點~~)
沿革	黨部許可	二十九年 月 日 [illegible] 字第 [illegible] 號 政府備案 二十九年 月 日
	曾否改組整理及其次數與情形	自二十九年成立後現在尚未改組自三次湘北會戰所有備案證書已經遺失 現在已經籌備改選期間
	最近改選日期及次數	卅年十月五日第二次改選
現有會員數	個人	合計 [illegible] 人 男 黨員 非黨員 女 黨員 非黨員
	團體 機關或團體	
	團體 公司行號或工廠	五十一家

現在負責人資歷 職別	姓名	資格	略歷	職別	姓名	資格	略歷
理事長	王嘉祺	磁商業歷	歷任本會職	理事	周振鵬	磁商業歷	歷任本會職
理事	聶常華	〃	〃	理事	彭順安	〃	〃
理事	潘慶先	〃	〃	[illegible]事	陳佐雲	〃	〃
理事	譚金生	〃	〃	監事	張翼雲	〃	〃
理事	陽文凱	〃	〃	監事	王嘉發	〃	〃

經濟概況	收入二百零元 支出二百零元
工作概況	1.~~[illegible]~~ 登記會員 2.協助政府辦理[illegible]
備註	
登記日期	三十一年十月十六日
填表人	簽名 王嘉祺 蓋章
主管官署審核結果	[illegible]

辦理總登記機關

填表須知

1.本表各欄除備註外須據實填寫

2.現有會員數一欄如現由條文性質填寫在一該團之會員為個人時則於個人欄內填註如其會員為機關或團體以及為公司行號或工廠時則於各該欄內填註

3.負責人資歷一欄填該團體之職員應填資格於會團體之職員[illegible]

4.本表應由各該團體負責人填具並須於填表人欄內簽名蓋章

5.主管官署審核結果一欄應填明對於該團體所審核之結果如准予[illegible]、[illegible]、[illegible]、[illegible]並加[illegible]

人民團體總登記表

團體名稱	長沙市鐵業職業工會		
地址	長沙市泊陵路一四九號		
沿革：党部（政府）許可	二十年四月十五日證書被焚字號	政府備案	二十年八月十日
沿革：曾否改組整理及其次數與情形	未		
沿革：最近改選日期及次數	三十一年八月二十六日第八次改選		
現有會員數：個人	合計五百二十人　男（党員、非党員）　一人　女（党員、非党員）		
現有會員數：團體：機關或團體			
現有會員數：團體：公司行號或工廠			

現有負責人資歷

職別	姓名	資格	略歷	職別	姓名	資格	略歷
常務理事	何友松	曾為本會職員	從事本業	理事	曹沾生	曾為本會職員	從事本業
理事	張輝意	、、	、、	、、	袁伯九	、、	、、
	駱上萍		、、	監事	李任生		
一	彭友山	、、	、、	、、	王鎮美	、、	、、
、、	曹修祿	、、	、、				

經濟概況	收入　每月會員月捐壹伯壹拾元 支出　每月文具開支等費壹伯壹拾元
工作概況	（一）失業介紹（二）主辦聯保聯絡（三）督促會員參加抗建工作（四）供給軍需用品
備註	宜改進
登記日期	三十一年十月十八日
填表人	簽名何友松（蓋章）［印：何友松印］
主管官署審核結果	

辦理總登記機關

填表須知

1. 本表各欄除備註外，務須切實填寫。
2. 現有會員數一欄應視團体之性質填寫，如該團之會員為個人時，即於個人欄內填註，如其会員為机關或団体以及為公司行號或工廠時，則於各該欄內填註。
3. 職員資格及略歷欄職業団体之職員，以須填資格，社会団体之職員可從簡。
4. 表本应由各該団体負責人填具，並須於填表人欄內簽名蓋章。
5. 主管官署審核結果一欄應填对於該団体的審核之斷語，如"健全""應改選""應整理""應改組""應解散"或加派專員工作

人民團體總登記表

團體名稱	長沙市屠宰業職業工會		
地址	暫設興漢門外正街附四號		
沿革 黨部（政府）許可	民國廿年五月卄四日證書　訓字266號	政府備案	民國二十二年二月卄八日
曾否改組整理及其次數與情形	未		
最近改選日期及次數	二十八年六月十二日第七次改選		
現有會員數 個人	合計五十八　男 黨員 二人　非黨員 五十六人　女 黨員 非黨員 無		
團體 機關或團體			
團體 公司行號或工廠			

現在負責人資歷

職別	姓名	資格	略歷	職別	姓名	資格	略歷
常務理事	劉德武	曾任理事	從事本業	監事	周榮發	曾任理監事	從事本業
理事	王桂生	仝	仝	仝	董瑞堯	曾任理事	
〃〃	杜少坤	仝	仝	仝	彭秋臣	仝	
〃〃	黃子茂	仝	仝				
〃〃	王紹春	仝	仝				

經濟概況：收入 每月陸十元；支出 月支六十元

工作概況：1.籌備第八屆改選 2.辦理工人聯結 3.擬組織失業工人救濟（屠宰）合作社 ~~4.督促會員從事抗建工作~~ 4.辦理戰時救濟捐獻工作 5.集中屠宰以重衛生

備註：本會原有會員一百餘人，因政府限制宰殺牛隻，失業工人達百分之七十，現在就業者僅五十餘人 ~~失業者擬組織救濟失業工人合作社~~

登記日期：民國三十一年十月十八日　填表人：簽名 劉德武（印）

主管官署：

審核結果：健全

辦理總登記機關

填表須知

1.本表各欄除備註外，務須切實填寫。

2.現有會員數一欄，應視團體之性質填寫，如該團之會員為個人時，即於個人欄內填註，如其會員為機關或團體以及公司行號或工廠時，則於各該欄內填註。

3.職員資格及略歷欄，職業團體之職員以須填資格，社會團體之職員可從簡。

4.本表應由各該團體負責人填具，並須於填表人欄內簽名蓋章。

5.主管官署審核結果一欄，應填對於該團體組織是否健全之斷語，如健全、不健全、應解散、應整理、應改組、應解散並加派整理等等工作

长沙市国乐业职业工会

人民團體總登記表

團體名稱	長沙市國樂業職業工會							
地址	長沙市明月街老三號							
沿革 黨部許可	二十九年元月十五日組書權字32號		政府備案	二十九年三月十日				
曾否改組整理及其次數與情形	未							
最近改選日期及次數	三十一年八月十九日第七次改選							
現有會員數 個人	合計六十五人 男 黨員 非黨員 三人		女 黨員 非黨員					
團體 機關或團體								
團體 公司行號或工廠								
現在負責人資歷 職別	姓名	資格	略歷	職別	姓名	資格	略歷	
常務	馬鵬舒	曾為本會職員	從事本業	理事	孫冬霞	曾為本會職員	從事本業	
理事	曹篤生	〃	〃	〃	彭春泉	〃	〃	
〃	蘇道開	〃	〃	監事	許春生	〃	〃	
〃	劉健鱗	〃	〃	〃	曾和生	〃	〃	
〃	師交興	〃	〃					
經濟概況	收入 支出	~~經費臨時籌措~~ 每年約五百餘元 每年約五百餘元						
工作概況	1、救濟失業工人 2、辦理聯保聯結 3、督促會員參加抗建工作 4、推進會員戰時工作							
備註								
登記日期	三十一年十月三十日		填表人	簽名 馬鵬舒（蓋章）				
主管官署審核結果	應加尚健全							

辦理總登記機關

填表須知

1.本表各欄除備註外務須切實填寫

2.現有會員數一欄應視團體之性質填寫如該團之會員為個人時則於個人欄內填註如其會員為機關或團體以及為公司行號或工廠時則於各該欄內填註

3.現任職員資格及略歷欄職業團體之職員必須填寫社會團體之職員可從簡

4.本表應由各該團體負責人填具並須於填表人欄內簽名蓋章

5.主管官署審核結果一欄應填對於該團體所審核之斷語如"健全"、"應改選"、"應整理"、"應改組"、"應解散"、"應加強督導工作"

人民團體總登記表

團體名稱		長沙市鮮魚業職業[illegible]						
地址		暫設南門口新[illegible]街三十九號						
沿革	主管（政府）許可	民國卅年二月十六日[illegible]			政府備案	民國卅年三月　日		
	會員代表大會次數及職員改選次數							
	最近改選日期及次數	民國卅一年十月五日第				九次改選		
現有會員數	個人	合計壹佰餘人	男[illegible]	無	女[illegible]	無		
	團體	機關或團體						
		公司行號或工廠						
現在負責人資歷	職別	姓名	資格	略歷	職別	姓名	資格	略歷
	理事長	羅堯春	從事本業	歷任理監	監事[illegible]	李伯琴	從事本業	歷任監事
	理事	唐壽全	仝	仝上	仝上	[illegible]	仝上	仝上
	仝	刘玉林	仝	仝上	監事	[illegible]	仝上	仝上
	仝	[illegible]照堂	仝上	仝上	仝上	[illegible]	仝上	仝上
	仝	周[illegible]階	仝上	仝上	仝上	仝上	仝上	仝上
經濟概況	收入	每年抽收年捐一次　支出之數　無盈餘						
	支出							
工作概況		抗戰工作　獻机捐　整頓衛生　參加戰時工作						
備註								
登記日期		民國三十一年十月卅一日		填表人	簽名　羅堯春（蓋章）			
主管官署審核結果		尚健全						

辦理總登記機關

填表須知

1. 本表各欄除備註外，均須切實填寫。
2. 現有會員數一欄應視團体之性質填寫，如該團之會員為個人者，則於個人欄內填註，如其會員為机關或團体以及為公司行號或工廠者，則於各該欄內填註。
3. 職員資格及略歷欄職業團体之職員，必須填資格，社會團体之職員可從簡。
4. 本表應由各該團体負責人填具，並須於填表人欄內簽名蓋章。
5. 主管官署審核結果一欄，應填對於該團体審核之斷語，如健全[illegible]

长沙市簿折业职业工会

人民團體總登記表

團體名稱	長沙市簿摺業職業工會	
地址	長沙市朝陽巷黃萬利	

沿革	黨部許可	二十一年五月十日證書[illegible]字×七號	政府備案	二十一年五月十日
	曾否改組整理及其次數與情形	未		
	最近改選日期及次數	三十一年十月二十八日第七次改選		

現有會員數	個人	合計九十八人 男 黨員 非黨員 十二人 女 黨員 非黨員	
	團體	機關或團體	
		公司行號或工廠	

現在負責人資歷	職別	姓名	資格	略歷	職別	姓名	資格	略歷
	常務理事	黃泗海	曾爲本會職員	從事本業	馮慶勵	馮慶勵	曾爲本會職員	從事本業
	理事	戴美才	〃	〃	吳立桂	吳立桂	〃	〃
	〃	胡覺凡	〃	〃	監事	吳庚辛	〃	〃
	〃	胡覺凡	〃	〃	〃	戴祥生	〃	〃
	〃	陳德生	〃	〃				

經濟概況	收入	每月會員月捐四十九元
	支出	每月文具開支等費四十九元
工作概況	1. 失業介紹 2. 督促會員參加抗戰工作 3. 辦理戰時捐獻 4. 辦理會員联保联结 5. 制定战时公约共同遵守	
備註		

登記日期	三十一年十月三十日	填表人	簽名 黃泗海（蓋章）
主管官署審核結果	尚健全		

辦理總登記機關

填表須知

1. 本表各欄除備註外務須切實填寫
2. 現有会員数一欄应視团体之性質填寫如該团之会員爲個人時即於個人欄内填註如其会員爲机關或团体以及爲公司行號或工廠時則於各該欄内填註
3. 職員資格及略歷欄職業团体之職員必須填資格社会团体之職員可從簡
4. 本表应由各該团体負責人填具並須於填表人欄内簽名蓋章
5. 主管官署審核結果一欄应填对於該团体所審核之結果如健全「应改造」「应整頓」「应改組」「应解散」应加強督導工作

长沙市竹篾业职业工会

人民團體總登記表

團體名稱	長沙市竹篾業職業工會			
地址	長沙市玉泉街三十號			
沿革	党部(政府)許可	二十年五月十日證書碓民字5⁴號	政府備案	二十一年五月十日
	曾否改組整理及其次數與情形	未		
	最近改選日期及次數	三十一年八月二十四日第十次改選		
現有會員數	個人	合計一千一百一十二人 男 党員 非党員 三人 女 党員 非党員		
	團體 機關或團體			
	團體 公司行號或工廠			

職別	姓名	資格	略歷	職別	姓名	資格	略歷
常務	陳子鈺	為本會職員	從事本業	理事	巢伏民	為本會職員	從事本業
理事	龔榮臣	〃	〃		譚成智	〃	〃
	左少棠	〃	〃		彭彰華	〃	〃
〃	李春生	〃	〃	〃	周伯謙	〃	〃
〃	劉壽生	〃	〃	監事	楊勞廷	〃	〃

經濟概況	收入 ~~臨時籌措~~ 收入約三百餘元 支出 支出約三百元
工作概況	1、失業介紹 2、主辦聯保聯結 3、~~[illegible]~~ 4、督促會員参加抗建工作 5、~~[illegible]~~ ~~[illegible]~~
備註	尚健全

登記日期	三十一年十月三十日	填表人	簽名 陳子鈺（蓋章）
主管官署審核結果			

辦理總登記機關

填表須知
1. 本表各欄除備註外，務須切實填寫。
2. 現有會員數一欄應視團体之性質填寫，如該團之會員為個人時，即於個人欄內填註，如其会員為机關或團体以及為公司行號或工廠時，則於各該欄內填註。
3. 職員資格及略歷欄職業團体之職員以須填資格，社会团体之職員可從簡。
4. 表本应由各該团体負責人填具，並須於填表人欄內簽名蓋章。
5. 主管官署審核結果一欄如表填該团体經審核之斷語如健全、應改選、應改組、應解散或加緊督導工作

人民團體總登記表

團體名稱	長沙市紙盒業職業工會		
地址	小吳門外十字橫街熊錫記紙盒店		
沿革　黨部（政府）許可	民二十一年三月　日證書職字51號	政府備案	二十三年八月八日
沿革　曾否改組整理及其次數與情形	未		
沿革　最近改選日期及次數	民國三十一年九月二十三日第九次選		
現有會員數　個人	合計九十五人　男（黨員/非黨員）無	女（黨員/非黨員）無	
現有會員數　團體　機關或團體			
現有會員數　團體　公司行號或工廠			

現任職員姓名資歷

職別	姓名	資格	略歷	職別	姓名	資格	略歷
常務理事	黃秋桂	紙盒業工人	從事本業	理事	駱洛貴	紙盒業工人	從事本業
理事	熊錫光	仝上	仝上	〃	黃慶富	仝上	仝上
〃	劉桂生	仝上	仝上	常務監事	李立誠	仝上	仝上
〃	毛根華	仝上	仝上	監事	萬玉田	仝上	仝上
〃	胡慶祥	仝上	仝上				

經濟概況	收入　每月收入約二百元 支出　每月支出約一百八十元
工作概況	1.修訂勞資協約 2.舉辦工人聯結 3.办理戰時捐獻 4.勸募會員征衣
備考	健全
登記日期	民國三十一年十月三十一日　填表人　簽名　黃秋桂（蓋章）
主管官署審核結果	

辦理總登記機關

填表須知

1.本表各欄除備考外，務須切實填寫。

2.現有會員數一欄應視團体之性質填寫，如該團之會員為個人時，即於個人欄內填註，如其会員為機關或團体以及公司行號或工廠等，則於各該欄內填註。

3.職員資格及略歷欄，職業團体之職員只須填資格，社会團体之職員可從簡。

4.本表應由各該團体負責人填具，並須於填表人欄內簽名蓋章。

5.主管官署審核結果一欄應填對於該團体健全與否之斷語，如健全、應整理、應改組、應解散等，以憑彙督工作。

人民團體總登記表

團體名稱		長沙市旅館商業同業公會
地址		上學宮街潮音巷果六號
沿革	党部(政府)許可	民國十七年三月 日證書 字 號 政府備案 民國十七年三月 日
	當否改組整理及其次數與情形	民國十七年成立第一屆二十年改選第二屆二十四年改選第三屆二十九年改選第四屆共計改選三次
	最近改選日期及次數	年 月 日第 次改選
現有會員數	個人	合計~~三百八十二人~~ 男 党員 二十一人 非党員 三百六十一人 女 党員 非党員 ~~無~~
	團體 機關或團體	~~商號~~
	團體 公司行號或工廠	又旅社、公寓、商號共三百八十二家

現在負責人資歷

職別	姓名	資格	略歷	職別	姓名	資格	略歷
主席	賀子成	商	經商多年	執行委員	李蘭亭	商	經商多年
常務	宋章其	學	曾任第四區鎮長	執行委員	任頻夫	商	經商多年
常務	黃芴堂	商	曾任地方團總	執行委員	陳佐卿	商	經商多年
執行委員	彭玉民	新聞記者	現服務新聞通訊社	候補委員（監察）			
執行委員	左 綸	商界	曾任營連長				
執行委員	李海帆	軍界	曾任團營長				
執行委員	楊吉卿	商	經商多年				
執行委員	湯鶴亭	警界	曾任省警巡官				
執行委員	陳伯鈞	軍界	曾任中少尉職				
執行委員	許國華	軍界	曾任中少尉職				

經濟概況	收入 每月由同業捐助月費四百四十餘元 支出 四百四十元
工作概況	~~奉行黨幣命令 聯絡同業感情~~ 1.征求会员 2.~~調查會章~~ 謀改進旅館業務 3.保障会员 ~~增進同業福利 改善營業方針~~ 4.办理会员联络 5.办理文转救世捐献
備註	本會經費純恃月捐收入故量入為出而常虞不足遇有特殊事故臨時籌措之故負責各委員均為無給職不支伕馬出席等費
登記日期	民國三十一年十月 日 填表人 簽名 賀子成 （蓋章）
主管官署審核結果	應改選

辦理總登記機關

填表須知

1.本表各欄除備註外，務須切實填寫。

2.現有會員數一欄應視團体之性質填寫，如該團之會員為個人時，即於個人欄內填註，如其会员為机關或团体以及為公司行號或工廠時，則於各該欄內填註。

3.職員資格及略歷欄職業团体之職員，必須填資格，社会团体之職員可從簡。

4.本表應由各該团体負責人填具，並須於填表人欄內簽名蓋章。

5.主管官署審核結果一欄，應填对於該团体所審核之斷語，如健全「應改選」「應整理」「應改組」「應解散」應加強等類工作

人民團體總登記表

團體名稱	長沙市香業職業工會			
地址	長沙小西門正街顧閶遠内			
沿革	党部（政府）許可	二十二年十月 日識書社工字八號	政府備案	二十二年十一月五日
	曾否改組整理及其次數與情形	未		
	最近改選日期及次數	三十一年七月一日第七次改選		
現有會員數	個人	合計一百八十人		
	團體 機關或團體			
	團體 公司行號或工廠			

現在負責人資歷

職別	姓名	資格	略歷	職別	姓名	資格	略歷
理事	顧詠漢	本業工人	本業	理事	黄經一	本業工人	本業
〃	方福貴	〃	〃	〃	郭綿春	〃	〃
	曹正濤	〃	〃	監事	何漢初	〃	〃
〃	柳少其	〃	〃	〃	馮福生	〃	〃
	胡勇生	〃	〃				

經濟概況	收入 每月會員常捐約一百六十餘元 支出 以月捐收入應用不敷再由會員分担
工作概況	（1）確定會員工資（2）倡導會員對衛生香料努力研究製造以應社會需要 （3）團結工人參加工團抗建工作（4）舉辦會員防奸聯結
備註	
登記日期	三十一年十月 日
填表人	簽名 方福貴（蓋章）
主管官署審核結果	應加強督導工作

辦理總登記機關

填表須知

1.本表各欄除備註外，務須切實填寫。
2.現有會員數一欄按照團体之性質填寫，如該團之會員為個人時，即於個人欄內填註，如其会員為机關或團体以及公司行號或工廠時，則於各該欄内填註
3.職員資格及略歷欄職業團体之職員，必須填資格，社会團体之職員可從簡
4.表本應由各該團体負責人填具，並須於填表人欄內簽名蓋章。
5.主管官署審核結果一欄，於填時將該團体的審核之斷語如准會[illegible]改選」「改整理」「改改組」「改解散」或加強督導工作

长沙市民船船员工会

人民團體總登記表

團體名稱	長沙市民船船員工會							
地址	長沙福星門外上墻灣							
沿革	黨部(政府)許可	三十年三月二十四日識書民總字一〇號			政府備案	三十年三月二十四日		
	當前次組整理及其次數與情形	未						
	最近改選日期及次數	三十一年三月十五日第			二	次改選		
現有會員數	個人	合計四千八百人	男 黨員 非黨員	無	女 黨員 非黨員			
	團體	機關或團體						
		公司行號或工廠						

現在負責人資歷

職別	姓名	資格	略歷	職別	姓名	資格	略歷
理事	毛慶雲	船工	本業	理事	魏科生	船工	本業
〃	康詠芳	〃	〃	〃	蕭鴻禧	〃	〃
〃	鄧澤林	〃	〃	監事	王桂秋	〃	〃
〃	彭良元	〃	〃	〃	張玉林	〃	〃
〃	孔格富	〃	〃				

經濟概況	收入 會員月捐每月約一千二百餘元 支出 每月約一千一百餘元
工作概況	(1)團結工人肇固有河軍輸差派及民運(2)辦理會員聯結防杜奸宄(3)確定工資(4)協助民船水上保甲之編組(5)呈准經手代會員請領身份証(6)設立工人介紹所及食宿舍(7)擬籌置會址
備註	
登記日期	三十一年十 月 日
填表人簽名	毛慶雲 (蓋章)
主管官署審核結果	應加強組訓工作

辦理總登記機關

填表須知

1. 本表各欄除備註外，務須切實填寫。
2. 現有會員數一欄應視團体之性質填寫，如該團之會員為個人時，即於個人欄內填註，如其会員為机關或团体以及公司行號或工廠時，則於各該欄內填註
3. 職員欄各資略歷欄職業團体之職員，必須填資格，社会團体之職員可從簡
4. 本表應由各該團体負責人填具，並須於填表人欄內簽名盖章。
5. 主管官署審核結果一欄應填對於該團体之審核之斷語，如應令其改選，或整理，或改組，或解散，或加強某種工作

人民團體總登記表

團體名稱		長沙市山貨商業同業公會
地址		長沙市滿城堤一〇四號
沿革	黨部許可	二十九年一月十七日組訓雄民字四五號；政府備案：廿九年二月十日
	會否改組整理及其次數與情形	曾改組改選各一次
	最近改選日期及次數	三十一年八月十九日第一次改選
現有會員數	個人	合計七百二十八人；男：黨員二十六人，非黨員四百九十四人；女：黨員無，非黨員二百一十八人
	團體：機關或團體	團體
	團體：公司行號或工廠	一百七十八家

現在負責人資歷

職別	姓名	資格	略歷	職別	姓名	資格	略歷
理事長	盛宗武	商人	曾任鎮長理事	理事	柳漢卿	商人	歷經商
常務理事	李華庭	〃	歷經商	〃	康順生	〃	〃
〃	孔茂春	〃	〃	監事	譚德雲	〃	〃
理事	劉春福	〃	〃	〃	甯茂蘭	〃	〃
〃	李茂盛	〃	〃				

經濟概況	收入：會員月費每月五百元 支出：各項經常每月五百餘元，不足之數由會員臨時補助
工作概況	參加戰時慰勞捐獻節儲等項工作　1.[illegible]會章　2.徵求會員　3.[illegible]　5.整理行規
備註	
登記日期	三十一年十月　日　填表人：盛宗武（簽名蓋章）
主管官署審核結果	尚健全

辦理總登記機關

填表須知
1.本表各欄除備註外務須切實填寫
2.現有會員數一欄應視團體之性質填寫，如該團之會員為個人時則於個人欄內填註，如其會員為機關或團體以及為公司行號或工廠時則於各該欄內填註
3.職員資格及略歷欄職業團體之職員必須填資格，社會團體之職員可從簡
4.本表應由各該團體負責人填具並須於填表人欄內簽名蓋章
5.主管官署審核結果一欄應填對於該團體所審核之斷語，如健全、應改進、應整理、應改組、應解散、應加強指導工作

长沙市碗盏兑换荒货商业同业公会

人民團體總登記表

團體名稱	長沙市碗盞兌换荒貨商業同業公會				
地址	長沙市織機街				
沿革	黨部許可	二十九年元月二十三日組書雄字第六三號	政府備案	二十五年 月 日	
	曾否改組整理及其次數與情形	曾照現行商業同業公會法改組 於本年改組一次			
	最近改選日期及次數	二十九年五月十五日第一次改選			
現有會員數	個人	合計一百六十八人 男黨員/非黨員 十六人 女黨員/非黨員 無			
	團體	機關或團體	團體		
		公司行號或工廠	七十七家		

碗盞荒貨兌換商

現在負責人資歷 職別	姓名	資格	略歷	職別	姓名	資格	略歷
主席	劉潤譜	商人	歷經商	執委	郜春庭	商人	歷經商
常務	劉炳章	〃	〃	〃	丁長壽	〃	〃
〃	孔茂春	〃	〃	〃	陳兆南	〃	〃
執委	朱振卿	〃	〃	〃	葉方金	〃	〃
〃	譚德富	〃	〃				

經濟概況	收入 會員會費月計一百二十元 量入為出 支出 各項開支以收入之數如不敷之數由會員臨時補助
工作概況	參加戰時慰勞捐献節儲等項工作 办理登记[illegible]会[illegible]
備註	
登記日期	三十一年十月	填表人 簽名劉潤譜（蓋章）
主管官署審核結果	応改選

辦理總登記機關

填表須知

1.本表各欄除備註外務須切實填寫

2.現有會員數一欄應照團體之性質填寫如該團之會員為個人時則於個人欄內填註如其會員為機關或團體以及公司行號或工廠時則於各該欄內填註

3.職員資格及略歷欄職業團體之職員必須填資格社會團體之職員[illegible]

4.本表應由各該團體負責人填具並須於填表人欄內簽名蓋章

5.主管官署審核結果一欄應填明[illegible]「應改選」「應整理」「應改組」「應解散」應加[illegible]等工作

长沙市酥食糕饼业职业工会

人民團體總登記表

團體名稱	酥食糕餅業職業工會	
地址	大古道巷出入是門内	
沿革	黨部（政府）許可	卅一年五月八日許字 遂失號 ｜ 政府備案 卅一年五月十日
	曾否改組整理及其次數與情形	否
	最近改選日期及次數	三十一年八月十八日第十一次改選
現有會員數	個人	合計一百人 男 黨員十二人 非黨員八十八人 女 黨員 非黨員 無
	團體 機關或團體	
	公司行號或工廠	

現在負責人資歷

職別	姓名	資格	略歷	職別	姓名	資格	略歷
常務理事	周順熙	工人	第七屆理事	第一股主任	張菊秋	工人	上屆理事
理事	文廸祥	工人	工屆理事	第二股主任	蕭植材	工人	上屆理事
理事	周炳坤	工人	上屆理事	第三股主任	熊子鈞	工人	二分部監事
理事	聶雲龍	工人	二分部幹事	常務監事	石楚湘	工人	上屆理事
監事	譚漣玄	工人	上屆候補監事	監事	易楚華	工人	二分部監事

經濟概況	收入 支出 ~~[illegible]~~ ……約六十元
工作概况	~~本会~~原有会員百餘人火後皆向外發展故在本市四十餘人及二分部五十~~餘人~~ ~~皆係受僱於各店塊無工作報告~~ 1.征求会員 2.制定章程 3.~~[illegible]~~、改良會員業務 4.办理捐獻工作 5.办理联保联法
備註	本会前領之許可証及立案文件係第二糕餅合作社前理事楊慶福保管長沙三次會戰該社遷往衡陽該項証件竟於途中遺失故此次登記日期無從查攷
登記日期	三十一年十月　日 ｜ 填表人 簽名 蕭植材（蓋章）
主管官署審核結果	~~因該会歷史悠久雖無其他重要工作而会員皆誠實分子故会務健全十餘年來無整理改選改組解散種種困難~~ 應改選

辦理總登記機關：長沙市政府

填表須知

1.本表各欄除備註外，務須照實填寫。

2.現有會員數一欄，應視團體之性質填寫，如該團之會員爲個人時，即於個人欄內填註，如其會員爲機關或團體以及爲公司行號或工廠時，則於各該欄內填註。

3.職員資格及略歷欄職業團體之職員，必須填資格，社會團體之職員可從簡。

4.本表應由各該團體負責人填具，並須於填表人欄內簽名蓋章。

5.主管官署審核結果一欄，應填對於該團體所審核之斷語。如健全，『應改選』『應整理』『應改組』『應解散』『應加强督導工作』

人民團體總登記表

團體名稱	長沙市薄荷檳榔業職業工會						
地址	長沙鹽運坡六十號						
沿革	黨部(政府)許可	二十二年五月二十日證書市字十三號		政府備案	二十五年八月日		
	曾否改組整理及其次數與情形	因本市文夕大火登記過時已改組一次					
	最近改選日期及次數	三十一年八月三十一日第七次改選					
現有會員數	個人	合計一百二十八人 男 黨員 非黨員 無 女 黨員 非黨員					
	團體 機關或團體						
	團體 公司行號或工廠						
現在負責人資歷	職別	姓名	資格	略歷	職別	姓名	資格	略歷
	理事	楊運生	本業工人	本業	理事	姚冬和	本業工人	本業
	〃	張福生	〃	〃	〃	劉德佩	〃	〃
		劉連生	〃	〃	監事	李國斌		
	〃	劉福梅	〃	〃	〃	高民安	〃	〃
	〃	李正恆	〃	〃				
經濟概況	收入月捐每月二百四十餘元 支出月約二百四十餘元						
工作概況	(1)舉辦會員防奸聯絡 (2)整理會員工作革除積弊並製發營業臂章 (3)~~團結工人努力抗建工作~~ (4)擬組織會員合作社						
備註							
登記日期	三十一年十月日			填表人	簽名 楊運生 (蓋章)		
主管官署審核結果	應加強組訓工作						

辦理總登記機關

填表須知

1. 本表各欄除備註外，概須切實填寫。
2. 現有會員數一欄，應視團体之性質填寫，如該團之會員為個人時，即於個人欄內填註，如其会員為機關或團体以及公司行號或工廠時，則於團体欄內填註。
3. 職員資格及略歷欄，職業團体之職員，必須填資格，社会團体之職員可從簡。
4. 本表應由各該團体負責人填具，並須於填表人欄內簽名蓋章。
5. 主管官署審核結果一欄，應填對於該團体的審核之斷語，如健全、應改選、應整理、應改組、應解散、應加強某工作。

人民團體總登記表

團體名稱		長沙市豬鬃整理工業同業公會
地址		長沙市瀟城坡一〇四號
沿革	黨部許可	二十八年十二月十二日[illegible]字第六七號　政府備案　二十四年四月十日
	曾否改組整理及其次數與情形	曾於二十九年七月二十八日依照現行工商同業公會法改組
	最近改選日期及次數	二十九年七月二十八日第一次改選
現有會員數	個人	合計七十六人　男：黨員十一人，非黨員二十七人　女：黨員無，非黨員三十八人
	團體：機關或團體	團體
	團體：公司行號或工廠	三十八家

職別	姓名	資格	略歷	職別	姓名	資格	略歷
主席	色覺平	商人	歷經商	執委	胡元俊	商人	歷經商
常務	周翼昌	〃	〃	〃	陳河清	〃	〃
〃	李宗棠	〃	〃	〃	張岳峯	〃	〃
執委	何星垣	〃	〃	〃	唐雲生	〃	〃
〃	盛長林	〃	〃				

經濟概況	收入：會員月費每月五十元 支出：各項用費每月五十元
工作概況	參加戰時各項慰勞工作　1.登記會員　2.整頓行規　3.[illegible]定会址
備註	
登記日期	三十一年十月　日　代表人簽名：色覺平（蓋章）
主管官署審核結果	[illegible]

辦理總登記機關

填表須知

1.本表各欄除備註外務須切實填寫

2.現有會員數一欄在現團體之[illegible]會員為個人的[illegible]個人欄內填註，以[illegible]會員為機關或團體以及為公司行號或工廠的則於[illegible]欄內填註

3.職員略歷欄應填職業團體之職員必須填資格社會團體之職員可從略

4.本表應由各該團體負責人簽具並須由代表人親自簽名蓋章

5.主管官署審核結果一欄應填明[illegible]體[illegible]如[illegible]"應改選"，"應整理"，"應改組"，"應解散"，"應加強領導工作"

人民團體總登記表

團體名稱	長沙市織造業職業工會							
地址	本市千佛林十八號							
沿革	黨部(政府)許可	廿一年五月十日總書字號		政府備案	廿一年五月十七日			
	歷屆改組整理及其次數與情形	經過十次改選本屆為第十一屆						
	最近改選日期及次數	三十一年五月八日第十一次改選						
現有會員人數	個人	合計壹仟零六十四人 男 黨員五人 非黨員八百七十二人 女 黨員一人 非黨員一百八十六人						
	團體 機關或團體							
	公司行號或工廠							
現任負責人資歷	職別	姓名	資格	略歷	職別	姓名	資格	略歷
	常務理事	鄧德芝	織造	歷任本會理事	理事	龐春芳	織造	前屆服務本会理事
	理事	瞿象春	〃	歷任本会理監事	理事	黄翰吾	〃	服務本会理監事
	理事	文秀	〃	歷任本会監		周天璞	織造	歷任本会理事
	理事	楚運秋	〃	前任本会理事	理事	余漢松	織造	歷任本会理事
	監事	胡海泉	〃	歷任本会監事	監事	李廸雲	〃	歷任本会監事
經濟概況	收入 每年約伍仟餘元正 支出 每年約陸仟餘元正							
工作概況	(一)辦理工友就業失業登記(二)辦理勞資爭議事項(三)辦理日常會務事項(四)召理代表會討論會務進行事項(五)接受政府黨部及總工會指導參加戰時工作(六)關于會員福利事項							
備考								
登記日期	三十一年十月　日		填表人	簽名 楚運秋(蓋章)				
主管官署審核結果	尚健全							

辦理總登記機關　姚法堯

填表須知

1.本表各欄除備考外，務須切實填寫。
2.現有會員數一欄应視團体之性質填寫，如該團之會員為個人時，則於個人欄內填註，如其会員為機關或團体以及公司行號或工廠時，則於各該欄內填註。
3.職員資格及略歷欄職業團体之職員，必須填資格，社会團体之職員可從简。
4.表本应由各該團体負責人填具，並須於填表人欄內簽名蓋章。
5.主管官署審核結果一欄，应填明對該團体所審核之斷語，如健全、应改選、应整理、应改組、应解散或加強等類工作。

长沙市染织工业同业公会

人民團體總登記表

團體名稱		長沙市染織工業同業公會
地址		長沙市福星街[illegible]十九號
沿革	黨部（政府）許可	廿九年八月廿[illegible]日[illegible]字第[illegible]號　政府備案　廿九年八月　日
	曾否改組暨理及其次數與情形	民前原有團体組織，民國十八年改組爲染織業同業公會，廿七年改組爲染織工業同業公會，卅年八月奉令改組爲棉紡織工業同業公會，因長沙二三兩次會戰會址被炸，進行被阻，現正繼續改組中
	最近改選日期及次數	廿九年九月一日第一次改選
現有會員數	個人	
	團體　機關或團體	
	團體　公司行號或工廠	一百二十一單位

現在負責人資歷	職別	姓名	資格	略歷	職別	姓名	資格	略歷
	主席	梁國棟	美康織廠經理	從事本業	執委	吳桂福	介記布廠經理	從事本業
	常務	李自申	[illegible]	〃	〃	譚有餘	[illegible]	〃
	〃	馮和生	[illegible]	〃	〃	文紫貴	[illegible]	〃
	執委	胡庚明	協豐廠代表	〃	〃	劉樹聲	福[illegible]廠代表	〃
	〃	彭順卿	順記廠經理	〃	監委	李绍良	绍記廠經理	〃

經濟概况	收入	全年会費收入約五千餘元
	支出	收支適合
工作概况		一、办理会員登記　二、調查会員營業情况　三、督促会員努力生產　四、訂立勞資协約　五、在党政暨市商会指導監督之下參加戰時後方工作　六、办理日常会務
備註		
登記日期		三十一年十月　日　填表人簽名　梁國棟
主管官署審核結果		應改選

辦理總登記機關：

填表須知

1. 本表各欄除備註外，務須詳實填寫。
2. 現有會員數一欄，應視團體之性質填寫，如該團之會員爲個人時，即於個人欄內填註，如其會員爲機關團體以及該公司行號或工廠時，則於各該欄內填註。
3. 職員資格及略歷欄職業團體之職員，必須填資格，社會團體之職員可從略。
4. 本表應由各該團體負責人填具，並須於填表人欄內簽名蓋章。
5. 主管官署審核結果一欄，應填對於該團體所審核之斷語。如健全，『應改選』『應整理』『應改組』『應解散』『應加強領導工作』

人民團體總登記表

團體名稱	長沙市蘆花採販業職業工會		
地址	長沙福星門上墻灣		
沿革：黨部(政府)許可	二十三年十一月二十三日職書市字七六號	政府備案	二十四年八月十二日
沿革：曾否改組整理及其次數與情形	因本市文夕大火過時登記於二十九年改組一次		
沿革：最近改選日期及次數	三十一年五月二十二日第七次改選		
現有會員：個人	合計四十二人 男 黨員 [illegible] 非黨員 [illegible] 女 無 / 黨員 [illegible] 非黨員 [illegible]		
現有會員：團體：機關或團體			
現有會員：團體：公司行號或工廠			

現在負責人資歷

職別	姓名	資格	略歷	職別	姓名	資格	略歷
理事	何仁傑	本業工人	本業	理事	周茂生	本業工人	本業
	任全生	〃	〃	〃	廖春林	〃	〃
〃	周長生	〃	〃	監事	黄自升	〃	〃
〃	何輝喬	〃	〃	〃	曹自忠	〃	〃
〃	閔清榮	〃	〃	—			

經濟概況	收入 每月常捐約一百元 支出 每月開支預算一百元
工作概況	1. 確定工人工資評定蘆花市價 2. 舉辦防奸聯結 3. 團結工人參加抗建工作 4. 擬組織會員合作社集中採購運銷
備註	
登記日期	三十一年十月一日 填表人 簽名 何仁傑（蓋章）
主管官署審核結果	高儀全

辦理總登記機關

填表須知

1. 本表各欄除備註外，務須切實填寫。
2. 現有會員數一欄須視團體之性質填寫，如該團之會員為個人時，即於個人欄內填註，如其會員為機關或團體以及為公司行號或工廠時，則於各該欄內填註。
3. 職員資格及略歷欄職業團體之職員，必須填資格，社會團體之職員可從簡。
4. 表本應由各該團體負責人填具，並須於填表人欄內簽名蓋章。
5. 主管官署審核結果一欄 [illegible]

人民團體總登記表

團體名稱	長沙市染坊工業同業公會		
地址	長沙市福星街三十六號門牌		
沿革 黨部（政府）許可	民國二十八年十二月十九日證書雄民字第三號	政府備案	民國二十九年七月三日
會名改組經過及其次數與情形	民國十八年成立染業同業公會二十一年改組為染布同業公會二十九年改組為染布工業同業公會三十一年奉令更名為染坊工業同業公會		
最近改選日期及次數	民國三十一年三月二十五日第 次改選		
現有會員數 個人	合計	[illegible]	選舉 非選舉
團體 機關法團體			
團體 公司行號或工廠	八十二家		

現在負責人資歷

職別	姓名	資格	略歷	職別	姓名	資格	略歷
理事長	徐天錫	私塾十年	歷任本會主席市商會委員	常務理事	張伯南	中學畢業	大成布莊代表
常務理事	胡鎮堃	中學畢業	本會上屆常務同濟布莊經理	理事	張吟秋	中學畢業	本會上屆執委大康布莊經理
理事	陳崑煌	中學畢業	永利布莊經理	理事	陶乾三	私塾三年	本會[illegible]經理
理事	向浚文	私塾六年	本會上屆執委達昌布莊經理	監事	鄭緝亭	私塾八年	本會上屆監委元和昌布莊經理
監事	閻錫藩	私塾四年	本會上屆監委庆白布莊經理	監事	周鐵梅	私塾六年	本會上屆監委大昌布莊經理

經濟概況	收入每月五百元 支出相等
工作概況	辦理商會委託事項督促會員努力生產努力徵獻擁護抗戰工作
備註	尚有理事袁柳生中學畢業為萬福染廠經理理事劉三和私塾四年為中和厚染廠經理因上面現在負責人資歷欄限制未載特此補註

登記日期	民國三十一年十一月一日	填表人	簽名 ~~凌海根~~ 徐天錫（蓋章）
主管官署審核結果	陶健全		

辦理總登記機關：

填表須知

1. 本表各欄除備註外，務須切實填寫。
2. 現有會員數一欄，應視團體之性質填寫，如該團體之會員為個人時，即於個人欄內填註，如其會員為機關或團體以及為公司行號或工廠時，則於各該欄內填註。
3. 職員資格及略歷欄職業團體之職員，必須填資格，社會團體之職員可從略。
4. 本表應由各該團體負責人填具，並須於填表人欄內簽名蓋章。
5. 主管官署審核結果一欄，應填對於該團體所審核之斷語。如健全，『應改選』『應整理』『應改組』『應解散』『應加強督導工作』

人民團體總登記表

團體名稱	長沙市鐵器商業同業公會		
地址	長沙市伯陵路[illegible]號		
沿革 黨部許可	民國二十三年七月[illegible]五六號	政府備案	二十三年十一月十五日
曾否改組整理及其次數與情形	本會原係長沙市鍋冶釘業商業同業公會，經黨政許可於民國二十三年十一月十五日成立。二十四年四月八日奉黨部令備案。二十七年文夕大火後經縣黨部依新登記。二十九年九月十日改組經社會部令飭變更名稱。三十一年七月二日呈請市府核定第十一次常務聯席會議決更為今名		
最近改選日期及次數	民國二十九年九月十日第二次改選		
現有會員數 個人	合計　男（黨員／非黨員）　女（黨員／非黨員）		
團體 機關或團體	無		
團體 公司行號或工廠	全市有同業店號計三十二家		

現在負責人資歷

職別	姓名	資格	略歷	職別	姓名	資格	略歷
主席	黃達望	塾學十年	歷經鐵器商業	執行委員	黃利生	高小程度	歷經鐵器商業
常務委員	周谷卅	高小程度	〃	〃	楊為章	〃	〃
〃	張炳南	高小程度	〃	監察委員	黃紹章	〃	〃
執行委員	周富文	塾學五年	〃	〃	陳世昌	〃	〃
〃	袁春圃	初中程度	〃	〃	陳煥新	〃	〃

經濟概況	收入：[illegible] 每月捐約六百元 支出：[illegible] 每月捐用支出約六百元
工作概況	1.推進會務 2.整頓行規 3.承辦黨政對於本業商運工作之推進 3.調解同業糾紛 4.佈置会址 5.辦理戰时各种捐献
備註	1.本會現正籌備依法改組定期選舉。 2.本會原係聘用文書幹事各一人，雇用公丁一人，現因經濟不敷，其文書工作已由集合辦公處兼任之。
登記日期	三十一年十一月三日
填表人	簽名 黃達望（蓋章）
主管官署審核結果	應飭遵

辦理總登記辦法

填表須知
1.本表各欄除備註外務須切實填寫
2.現有会員數一欄應見团体之性質填寫，如系团体之會員為個人者[illegible]公司行號或工廠者則於各該欄內填註
3.職員資格及略歷欄職業团体之職員必須[illegible]社会团体之[illegible]
4.本表应由各該团体負責人填具並須於填表人欄內簽名蓋章
5.主管官署審核結果一欄应填对於該团体所審核之斷語如健全，「应改選」，「应整理」，「应改組」，「应解散」，「应加强督導工作」

人民團體總登記表

團體名稱		長沙市國藥商業同業公會
地址		伯陵路二一九號
沿革	黨部（政府）許可	廿九年九月二十七日 藥字第八二號　政府備案　廿九年九月卅日
	曾否改組整理及其次數與情形	民國三年成立藥業公會十九年改組為長沙藥業同業公會二十二年改為長沙市國藥業同業公會
	最近改選日期及次數	二十九年九月二十七日第四次改選
現有會員數	個人	會員　男 普通 非普通　女 普通 非普通
	團體　機關或團體	
	團體　公司行號或工廠	一百一十家

現在負責人資歷

職別	姓名	資格	略歷	職別	姓名	資格	略歷
理事長	郭厚墀	湖南商藥局總經理	歷任本會商會委員	理事	何瀛生	四怡堂經理	歷任本會委員
常務	勞靖強	勞九芝店主	歷任本會委員	理事	胡玉麐	祥記經理	現任本會財務
常務	張以信	復積經理	〃 〃	理事	張玉堂	同豐泰經理	歷任本會委員
理事	李明軒	東協盛店員	〃 〃	理事	樂肇基	達仁堂經理	〃 〃
理事	余寅生	六也堂經理	〃 〃	監事	劉會文	宏濟堂經理	〃 〃

經濟概況	收入每月約計九百元　支出每月約計九百元
工作概況	1.組織評價會評定各種藥品市價 2.創辦商益小學現因校址被炸尚未開課 3.辦理戰時捐獻工作 4.擬定行規共同遵守 5.協助政府辦理兵役及救護事宜
備註	
登記日期	三十一年十一月三日　填表人 簽名 郭厚墀（蓋章）
主管官署審核結果	應改選

辦理總登記機關：

填表須知

1.本表各欄除備註外，務須切實填寫。
2.現有會員數一欄，應視團體之性質填寫，如該會之會員為個人時，即於個人欄內填註，如其會員為機關或團體以及為公司行號或工廠時，則於各該欄內填註。
3.會員資格及略歷欄，職業團體之職員，必須填資格，社會團體之職員可從略。
4.本表應由各該團體負責人填具，並須於填表人欄內簽名蓋章。
5.主管官署審核結果一欄，應填對於該團體所審核之斷語。如健全，「應改選」「應整理」「應改組」「應解散」「應加強督導工作」

人民團體總登記表

團體名稱		長沙市估衣商業同業公會
地址		軒轅殿西南山莊梅園
沿革	黨部（政府）許可	民國二十六年十月 日 [illegible] 政府備案 民國二十六年十月 日
	最後改組或整理及其次數與情形	於民國二十九年七月四日改組 [illegible] 一次
	最近改選日期及次數	年 月 日第 次改選 未
現有會員數	個人	合計 [illegible]
	團體：機關或團體	
	團體：公司行號或工廠	[illegible] 一百八十六家

職別	姓名	資格	略歷	職別	姓名	資格	略歷
理事長	李松年	私塾五年	[illegible]	理事	陳蔭田	私塾三年	商
常務理事	熊崇謙	私塾三年	商	理事	王龍海	私塾三年	商
〃 〃	陳錫春	私塾五年	商	監事	黄友生	私塾四年	商
理事	王瑞和	私塾三年	商	〃 〃	萬春山	私塾五年	商
〃 〃	陳青田	私塾三年	商	候補監事	鄔樂炳	私塾五年	商

經濟概況	收入 每月約收會員月捐八十餘元 支出 每月開支及商會月捐八十餘元
工作概況	~~增進會員工作效能[illegible]~~ 1.擬定章程 2.覓定會址 3.辦理救災捐獻 4.辦理聯保聯結 5.評定貨價
備考	
登記日期	民三十一年十一月四日　填表人 簽名 李松年 （蓋章）
主管官署審核結果	應改選

辦理總登記機關

填表須知

1. 本表各欄除備考外，務須切實填寫。
2. 現有會員數一欄應視團體之性質填寫，如該團之會員為個人時，即於個人欄內填註，如其會員為機關或團體以及為公司行號或工廠時，則於各該欄內填註。
3. 職員資格及略歷欄，職業團體之職員，以填資格為[illegible]，社會團體之職員可從略。
4. 表本應由各該團體負責人填具，並須於填表人欄內簽名蓋章。
5. 主管官署審核結果一欄，如該團體對於該團體審核之斷語，如應令「應改選」「應整理」「應改組」「應解散」或「加強[illegible]工作」

人民團體總登記表

團體名稱	長沙市圓木業職業工會			
地址	長沙市永慶街第三號			
沿革 黨部許可	二十年十月十二日	被禁	政府備案	二十年十一月十日
沿革 曾否改組整理及其次數與情形	未			
沿革 最近改選日期及次數	三十一年十月五日第八次改選			
現有會員數 個人	合計七十二人 男 黨員 非黨員 無		女 黨員 非黨員	
現有會員數 團體 機關或團體				
現有會員數 團體 公司行號或工廠				

職別	姓名	資格	經歷	職別	姓名	資格	經歷
常務	楊玉堂	曾為本會職員	從事本業	監事	劉菊泉	曾為本會職員	從事本業
理事	彭光裕	〃	〃	〃	周少泉	〃	〃
〃	吴星元	〃	〃	〃	李水生	〃	〃
〃	劉桂芬	〃	〃				
〃	盧三和	〃	〃				

經濟概況	收入 每月會費三十六元 支出 每月文具開支等費三十六元
工作概況	1.失業介紹 2.互相聯絡 3.督促會員參加抗建工作 4.清理會員 詳細調查 5.佈置會址
備註	
登記日期	三十一年十一月五日　填表人簽名 楊玉堂（蓋章）
主管官署審核結果	尚健全

辦理總登記機關

填表須知

1.本表各欄除備註外務須切實填寫
2.現有會員數一欄應視團體之性質填寫如該團之會員為個人請即於個人欄內填寫如其會員為機關或團體以及為公司行號或工廠時則於各該欄內填註
3.職員資格及經歷欄職業團體之職員必須填資格如全團體之職員可從簡
4.本表應由各該團體負責人填具並須於填表人欄內簽名蓋章
5.主管官署審核結果一欄應填對於該團體所審核之結果如健全、應改進、應整理、應改組、應解散、應加強指導之類

人民團體總登記表

團體名稱		長沙市玻璃製造業產業工會
地址		靈官渡八號
沿革	黨部許可	二十九年元月十五日新書組民字二十七號　政府備案　二十八年十月一日
	曾否改組整理及其次數與情形	未
	最近改選日期及次數	二十七年一月十日第二次改選
現有會員數	個人	合計三百二十人　男 黨員 無　非黨員 320人　女 黨員　非黨員
	團體 機關或團體	
	團體 公司行號或工廠	七工廠　藝工友三百二十人

現在負責人資歷

職別	姓名	資格	略歷	職別	姓名	資格	略歷
常務理事	王建生	高中	前任理事	監事	李炳煌	舊學五年	技師
理事	黃梅庭	舊學五年	前任理事	監事	常鴻賓	高小	技師
理事	陽定元	舊學四年	光明廠工程師				
理事	易小陽	舊學五年	前任理事				
理事	胡葵生	初中	麓山工程師				

經濟概況	收入 每月收入約　元 支出 每月支出約五百餘元由各會員分派收入
工作概況	1.~~組織工會~~ 2.制定會員公約 3.办理工人联络办法 4.办理各项战时捐献事宜 ~~執行政府法令矯正~~會員一切弊害
備註	
登記日期	卅一年十一月　日　填表人　簽名 王建生（蓋章）
主管官署審核結果	健全希改進

辦理總登記機關

填表須知

1.本表各欄除備註外務須切實填寫
2.現有會員數一欄應視團體之性質填寫如該團之會員為個人時即於個人欄內填註如其會員為機關或團體以及為公司行號或工廠時則於各該欄內填註
3.職員資格及略歷欄職業團體之職員必須填資格社會團體之職員可從簡
4.本表應由各該團體負責人填具並須於填表人欄內簽名蓋章
5.主管官署審核結果一欄應填對於該團體所審核之斷語如健全「應改進」「應整理」「應改組」「應解散」「應加強指導工作」

长沙市玻璃商业同业公会

人民團體總登記表

團體名稱	長沙市玻璃商業同業公會		
地址	~~西牌樓十五號文夕以前~~ 督孩三王街裕興隆玻璃號		
沿革 黨部（政府）許可	民十四年十月三十日證書民字95號	政府備案	十四年十月三十日
沿革 當否改組整理及其次數與情形	民十四年以前稱玻璃業會；民十五年第一次改組為玻璃公會；民二十年改組為玻璃同業公會；民二十九年第三次改選為玻璃商業同業公會		
沿革 最近改選日期及次數	民二十九年八月二十四日第三次改選		
現有會員數 個人	合計 1131　男：黨員 / 非黨員　女：黨員 / 非黨員		
現有會員數 團體 機關或團體			
現有會員數 團體 公司行號或工廠	工廠七家　店號四十六家		

現在負責人資歷

職別	姓名	資格	略歷	職別	姓名	資格	略歷
理事長	張鼎銘	股東玻璃商	曾任主席	理事	陳澍藩	股東玻璃商	曾任執委
常務理事	王春麓	〃	曾任常務	理事	陳和生	〃	曾任執委
常務理事	伍佑春	〃	曾任常務	理事	易長生 / 王建生	〃	曾任執委
理事	蘇寶松	〃	曾任執委	監事	聶美臣	〃	曾任監委
理事	滕冬生	〃	曾任執委	監事	滕霄華 / 何乾溪	〃	曾任監委

經濟概況	
收入	經常費用以月捐維繫，每月若收壹伯肆拾元　臨時特別費用則臨時捐募
支出	經常每月支出約六百元，故常感入不敷出

工作概況	
	1. ~~在黨部（政府）指導之下率領會員~~遵行政府法令進行會務　2. 協助政府勸募捐獻~~等事宜~~　~~指導會員共同擁求會務之發展~~　3. 製發會証証章　4. 辦理聯係聯絡　5. 制定會員公約共同遵守
備註	

登記日期	三十一年十一月五日	填表人簽名	張鼎銘（蓋章）
主管官署審核結果	應設送		

辦理總登記機關

填表須知

1. 本表各欄除備註外，務須切實填寫。
2. 現有會員數一欄應視團體之性質填寫，如該團之會員為個人時，即於個人欄內填註，如其會員為機關或團體以及為公司行號或工廠時，則於各該欄內填註。
3. 職員資格及略歷欄，職業團體之職員，必須填資格，社會團體之職員可從簡。
4. 表本應由各該團體負責人填具，並須於填表人欄內簽名蓋章。
5. 主管官署審核結果一欄，應填對於該團體所審核之斷語，如："應改選"、"應整理"、"應改組"、"應解散"、"應加強導督工作"

人民團體總登記表

團體名稱		長沙市紙業印刷業職業工會							
地址		古文衷祠八號							
沿革	黨部（政府）許可	二十三年七月九日				政府備案	二十三年七月十日		
	曾否改組整理及其次數與情形	未							
	最近改選日期及次數	三十一年五月十四日第五次改選							
現有會員數	個人	合計二百二十三 男 黨員 非黨員				女 黨員 非黨員			
	團體	機關或團體							
		公司行號或工廠							
現在負責人資歷	職別	姓名	資格	略歷	職別	姓名	資格	略歷	
	常務理事	戴宋祠	紙業工人	從事本業	理事	[illegible]和鈞	紙業工人	從事本業	
	理事	周松销	仝上	仝上	〃	[illegible]家駿	〃	〃	
		[illegible]	〃	〃	監事	[illegible]以北	〃	〃	
	〃	易壽生	〃	〃	〃	[illegible]國斌	〃	〃	
	〃	舒保華	〃	〃					
經濟概況		收入弍百弍拾元 支出弍百叁拾元							
工作概況		1.清理會員 2.製發會證 3.訂立勞資協約 4.購置會址 5.籌備建築會址 6.參加戰時捐獻 7.辦理工人聯絡							
備註									
登記日期		三十一年十一月五日				填表人	戴宋祠（蓋章）		
主管官署審核結果		尚健全							

辦理總登記機關

填表須知

1. 本表各欄除備註外，均須切實填寫。
2. 現有會員數一欄應視團體之性質填寫，如該團之會員為個人時，即於個人欄內填註，如其会员為机關或团体以及公司行號或工廠時，則於各該欄內填註。
3. 職員資格及略歷欄職業團體之職員，以須填資格，社会团体之職員可從簡。
4. 本表應由各該團體負責人填具，並須於填表人欄內簽名蓋章。
5. 主管官署審核結果一欄應填對於該團體組織之斷語，如健全、應改選、應整理、應改組、應解散或加強某種工作。

长沙市缝纫业职业工会

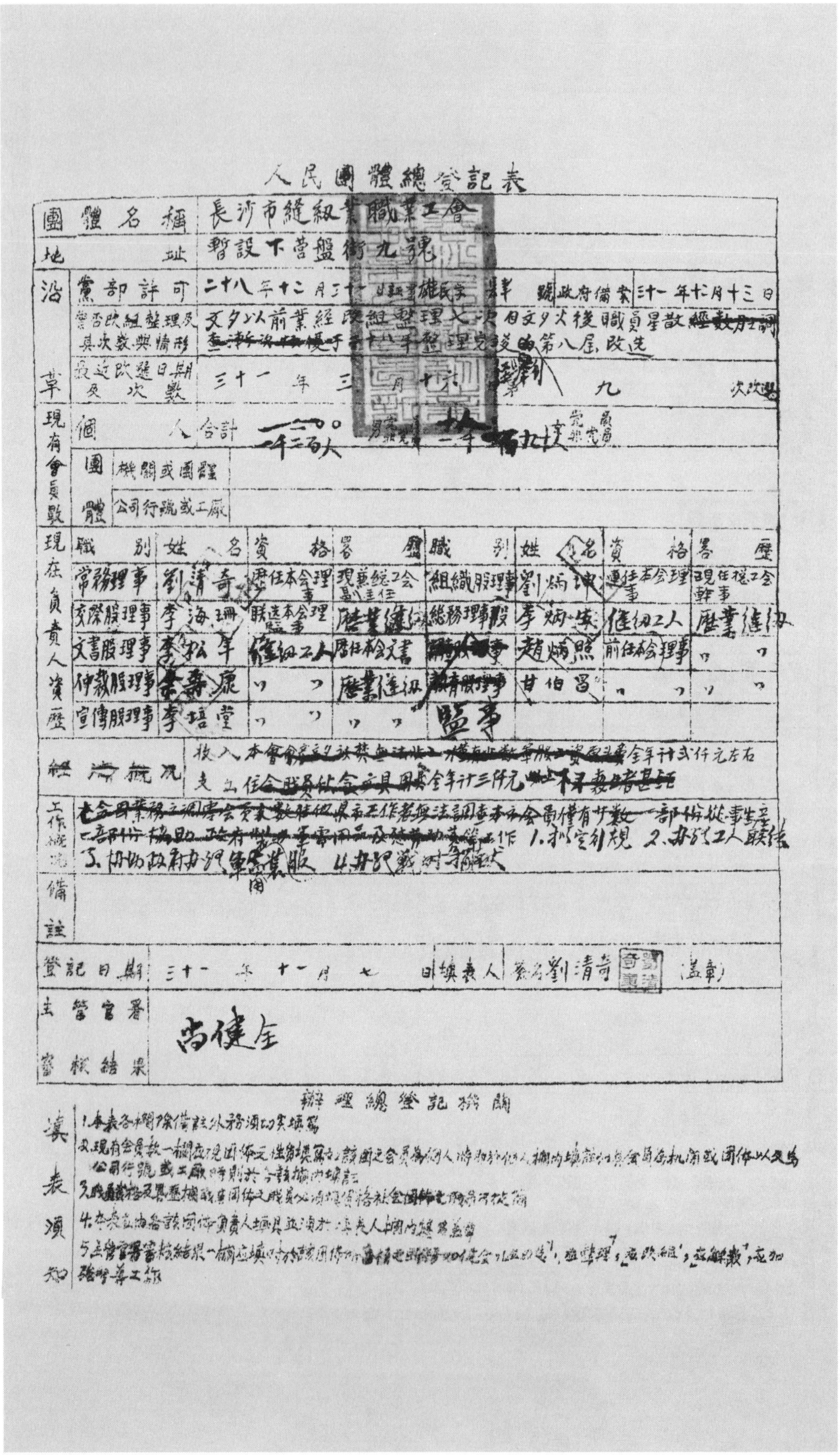

人民團體總登記表

團體名稱	長沙市縫紉業職業工會			
地址	暫設下營盤街九號			
沿革	黨部許可	二十八年十二月三十一日[illegible]雄民字[illegible]號	政府備案	三十一年十二月十三日
	曾否改組整理及其次數與情形	[illegible]以前業經改組整理七次[illegible]後職員星散[illegible]二十八年整理完竣的第八屆改選		
	最近改選日期及次數	三十一年三月十六日第九次改選		
現有會員數	個人	合計 一千二百人	[illegible]	
	團體	機關或團體		
		公司行號或工廠		

現在負責人資歷

職別	姓名	資格	略歷	職別	姓名	資格	略歷
常務理事	劉清奇	歷任本会理事	現兼總工会副主任	組織股理事	劉炳坤	連任本会理事	現任總工会幹事
交際股理事	李海珊	联選本会理監事	歷業縫紉	總務股理事	李炳安	縫紉工人	歷業縫紉
文書股理事	李松年	縫紉工人	歷任本会文書	[illegible]	趙炳照	前任本会理事	〃 〃
仲裁股理事	余壽康	〃 〃	歷業縫紉	~~[illegible]股理事~~	甘伯昌	〃 〃	〃 〃
宣傳股理事	李培堂	〃 〃	〃 〃	監事			

經濟概況	收入 本會~~[illegible]~~全年計貳仟元左右 支出 ~~[illegible]~~全年計三仟元~~[illegible]~~
工作概況	~~[illegible]~~工作 1.擬定會規 2.辦理工人聯誼 3.協助政府辦理軍需被服 4.辦理[illegible]
備註	
登記日期	三十一年十一月七日 填表人 簽名劉清奇（蓋章）
主管官署審核結果	尚健全

辦理總登記機關

填表須知

1.本表各欄除備註外務須切實填寫

2.現有會員數一欄應視團體之性質填寫之，該團之會員為個人時則於個人欄內填註，其會員為機關或團體以及為公司行號或工廠時則於各該欄內填註

3.職員資格及略歷欄職業團體之職員必須填資格社會團體[illegible]

4.本表應由各該團體負責人填具並須於填表人欄內簽名蓋章

5.主管官署審核結果一欄應填明各該團體[illegible]「整理」「改組」「解散」，應加強指導工作

人民團體總登記表

團體名稱	長沙市竹木商業同業公會
地址	西湖馬路十號
沿革 黨部許可	三十年元月十[illegible]日社字第三號
政府備案	三十年六月六日
沿革 當否改組整理及其次數與情形	在民國十九年前為湖南木商公會經農商部立案十九年遵照法令改組為長沙市竹木業同業公會二十七年文夕大火後停頓
沿革 最近改選日期及次數	三十年四月五日第三次改選
現有會員數 個人	合計一百九八名 男 黨員/非黨員 無 女 黨員/非黨員 無
現有會員數 團體 機關或團體	
現有會員數 團體 公司行號或工廠	木號一百零六家其餘行商來去不定

現在負責人資歷

職別	姓名	資格	略歷	職別	姓名	資格	略歷
主席	戴建生	商	曾充湘潭商會委員及本商會主任	執委	董海霖	商	歷營木商
常務	金端福	商	歷營木商	執委	王少卿	商	〃
常務	李尚珍	商	〃	執委	黃兆榮	商	〃
執委	羅楚春	商	〃	執委	唐慶華	商	〃
執委	譚瑞樓	商	〃	監委	李雲山	商	〃

經濟概況	收入 由東南西北中樑五埠營業攤派每月收入約[illegible] 支出 收支相抵
工作概況	~~聯絡同業感情改良營業遵照政府法令協助慈善事件~~ 1.徵求會員 2.[illegible]會址 3.糾正會員 4.[illegible]救濟事業
備註	
登記日期	三十一年十一月十六日
填表人簽名	戴建生（蓋章）
主管官署審核結果	應改進

辦理總登記機關

填表須知

1.本表各欄除備註外務須切實填寫
2.現有會員數一欄應視團體之性質填寫如該團之會員為個人時則於個人欄內填註如其會員為機關或團體以及公司行號或工廠時則於各該欄內填註
3.職員資格及略歷欄職業團體之職員必須填資格社會團體之職員可從簡
4.本表應由各該團體負責人填具並須於填表人欄內簽名蓋章
5.主管官署審核結果一欄應填明對於該團體所審核之結果如准予備案「應改進」「應整理」「應取締」「應解散」「應加強」等工作

人民團體總登記表

團體名稱	長沙市茶麻紙玉片商業同業公會	
地址	暫設大東茅巷四十六號	
沿革	黨部(政府)許可	廿五年五月七日職書社字 號 政府備案 廿五年五月九日
	歷次改組整理及停頓與現況情形	茶麻紙玉片分會民國二十年奉市黨部令改組，奉令各許可證因二十七文夕被焚，二八年重向市黨部登記，其登記證亦已於長沙二次會戰被燬
	最近改選日期及次數	[illegible]年十二月 日第 撤依法改組 次改選
現有會員數	個人	合計 男 黨員 非黨員 女 黨員 非黨員
	團體 機關或團體	
	團體 公司行號或工廠	計十九家

現在負責人資歷

職別	姓名	資格	略歷	職別	姓名	資格	略歷
常務兼主席	孔松筠	歷営本業	均営本業多年	執委	吳德培	〃	均営本業多年
常務	唐爾錢	〃	〃	〃	曾震生	〃	〃
常務	周端麒	〃	〃				
執委	殷尚芝	〃	〃				
〃	黃煥章	〃	〃				

經濟概況	收入	以上款會員月捐約四八十元
	支出	支付本會經常經費 約八十元
工作概況	遵奉政令 [illegible]	1.清查在職会员 2.製發会员证 3.佈置会址整飭会務 4.办理戰後[illegible]
備攷	查本業會員大小營業不旺，關於[illegible]時廢困難	今[illegible]政府[illegible]物價
登記日期	三十一年十一月 日	填表人簽名 孔松筠（蓋章）
主管官署審核結果	應改選	

辦理總登記機關

填表須知

1.本表各欄除備攷外，務須切實填寫

2.現有會員數一欄依規團体之性質填寫，如該團之會員為個人時，即於個人欄內填註，如其会员為机關或團体以及為公司行號或工廠時，則於各該欄內填註

3.職員資格及略歷欄，職業團体之職員，以須填資格，社会團体之職員可從簡

4.表本應由各該團体負責人填具，並須於填表人欄內簽名蓋章

5.主管官署審核結果一欄，應填對於該團体加審核之斷語，如應令「仍改選」「應整理」「應改組」「應解散」或加強領導工作

人民團體總登記表

團體名稱		長沙市糖作業職業工會
地址		長沙市瀏陽門外複興街廣順糖坊
沿革	党部(政府)許可	二十年八月八日證書 字號 ；政府備案 廿八年八月十五日
	改組或整理及其次數與情形	未改組
	最近改選日期及次數	三十一年十月二十九日第八次改選
現有會員數	個人	合計一百零九人 男 党員/非党員 無 女 党員/非党員 無
	團體：機關或團體	無
	團體：公司行號或工廠	無

現在負責人資歷

職別	姓名	資格	略歷	職別	姓名	資格	略歷
常務理事	洗運臣	糖作會員	糖作	理事	李其清	糖作會員	糖作
理事	朱保臣	〃	〃	〃	戚漢湘	〃	〃
〃	常崇漢	〃	〃	常務監事	[illegible]國斌	〃	〃
〃	魯桂生	〃	〃	監事	[illegible]秋生	〃	〃
〃	何正林	〃	〃				

經濟概況	收入每月約一百元 支出每月約一百元
工作概況	1、登记會員 2、订定勞資協約 3、督促會員參加抗建工作 4、办理工人联络 5、办理戰时征募捐献工作
備考	尚健全
登記日期	三十一年十一月　日　填表人 洗運臣（蓋章）
主管官署審核結果	健全

辦理總登記機關

填表須知

1.本表各欄除備考外，務須切實填寫。

2.現有會員數一欄應視團體之性質填寫，如該團之會員為個人時，即於個人欄內填註；如其會員為機關或團體以及公司行號或工廠時，則於各該欄內填註。

3.職員資格及略歷欄職業團體之職員，則須填資格；社會團體之職員可從簡。

4.本表應由各該團體負責人填具，並須於填表人欄內簽名蓋章。

5.主管官署審核結果一欄，應填對於該團體的考核之斷語，如健全、應改選、應整理、應改組、應解散、應加強等等工作。

人民團體總登記表

團體名稱	長沙市煤炭商業同業公會						
地址	~~暫假~~中山大馬路十三號~~為事務所~~						
沿革：黨部許可	廿九年一月　日証書社民字二（新核號）			政府備案	年　月　日		
沿革：曾否改組整理及其次數與情形	於廿九年十二月廿日奉令以煤業炭業兩業合併組織本会籌備会於卅年六月九日正式成立						
沿革：最近改選日期及次數	三十一年五月十六日第一次改選						
現有會員數：個人	合計　男（党員、非党員）　女（党員、非党員）						
現有會員數：團體：機關或團體	~~無~~						
現有會員數：團體：公司行號或工廠	~~廿條~~二九四家						
現在負責人資歷：職別	姓名	資格	略歷	職別	姓名	資格	略歷
主席 常務	陳劍秋 常惺礼	煤業商人	煤業	執委	唐尉霖 蔡柯高	煤業商人	煤業
常務 執委	潘武振 祖富標	同	同		龔石屹 趙葉蓬	同	同
	周其成 魏文永	同	同	監委	彭春生 彭海卿	同	同
	肖海安 任思麒	同	同		戴笙科 梁海慶	同	同
	陳敏隆 鄒智	同	同		李桂生 周玉秋	同	同
經濟概況	收入約二百元 支出約二百元						
工作概況	1、擬定會章　2、徵集会员　3、训练会员　4、努力捐献						
備註	~~[illegible]~~						
登記日期	卅一年十一月　日			填表人	簽名陳劍秋（蓋章）		
主管官署審核結果	應加強尊督工作						

辦理總登記機關

填表須知

1. 本表各欄除備註外務須切實填寫
2. 現有會員數一欄應視團體之性質填寫如該團之會員為個人時即於個人欄內填寫如其會員為機關或團體以及為公司行號或工廠時則於各該欄內填寫
3. 職員資格及略歷欄職業團體之職員必須填寫資格社会團體之職員可從簡
4. 本表應由各該團體負責人填具並須於填表人欄內簽名蓋章
5. 主管官署審核結果一欄應填對於該團體所當有之指導如促令「應改選」「整理」「改組」「應解散」「應加強指導工作」

人民團體總登記表

團體名稱		長沙市柴業職業工會
地址		暫假中山大馬路十三號為事務所
沿革	黨部許可	二十九年四月二十日証書工民字拾號　政府備案　二十九年四月二十八日
	曾否改組整理及其次數與情形	未改組
	最近改選日期及次數	三十年十二月二十一日第四次改選
現有會員數	個人	合計二百十三人　男 黨員 非黨員 無　女 黨員 非黨員 無
	團體　機關或團體	無
	團體　公司行號或工廠	無

現在負責人資歷

職別	姓名	資格	略歷	職別	姓名	資格	略歷
常務理事	陳劍秋	~~會員~~	柴業	監事	周俊廷	~~會員~~ 柴業工人	柴業
理事	易德禮	柴業工人	同	〃	張慶生	同	同
〃	易恩璋	同	同	〃	劉仁福	同	同
〃	黄澤純	同	同				
〃	陳德生	同	同				

經濟概況	收入約八十元　~~支出~~ ~~力求撙節收支平衡~~　支出約八十元
工作概況	~~實行催促~~入會指導會員增加生產及執行法令~~規定事項~~ 1. [illegible]徵求会員　2. 制定章程　3. 覓定会址　4. 繳發会員証及証章　5. 辦理收容郊外[illegible]工人
備註	
登記日期	三十一年十一月　日　填表人簽名　陳劍秋（蓋章）
主管官署審核結果	應改選

辦理總登記機關

填表須知

1. 本表各欄除備註外務須切實填寫
2. 現有會員一欄應視團体之性質填寫如該團之會員為個人時即於個人欄內填註如其會員為機關或團体以及為公司行號或工廠時則於各該欄內填註
3. 職員資格及略歷欄職員團体之職員必須填資格社會團体之職員可從簡
4. 本表應由各該團体負責人填具并須於填表人欄內簽名蓋章
5. 主管官署審核結果一欄應填對於該團体所審核之斷語如「健全」「應改選」「應整理」「應改組」「應解散」「應加強督導工作」

人民團體總登記表

團體名稱	長沙市皂燭工業同業公會
地址	長沙市下城子街六十八號

沿革	黨部許可	二十九年四月二十日證書民字十三號	政府備案	二十九年四月十日
	曾否改組整理及其次數與情形	本會於民國二十四年五月成立設執委[illegible]人監委三人 現改今名組織 如下 惟長沙文夕大火後會員[illegible]至二十九年四月始行改組並加整理		
	最近改選日期及次數	民國三十一年七月三日第二次改選		

現有會員數	個人	合計 二十[illegible]人 男黨員/非黨員 [illegible] 女黨員/非黨員	
	團體	機關或團體	
		公司行號或工廠	一十二廠

現在負責人資歷

職別	姓名	資格	略歷	職別	姓名	資格	略歷
常務理事長	龔壽年	高中肄業	曾任麗山鎮[illegible]長[illegible]	理事	文斌午	初中畢業	經營肥皂八年
常務理事	文亞斌	西江[illegible]講武堂畢業	經營肥皂六年	理事	張鍾麟	高中肄業	曾任司法書記
常務理事	曾業陶	湖南法官養成所畢業	經營肥皂五年	監事	朱邦望	工業專門學校畢業	曾任南京市工務局工程師
理事	廖樹培	速成師範畢業	曾任河西鎮小學教員				
理事	彭榮生	高中畢業	曾任江西永修縣政府會計				

經濟概況	收入 查本會會費原係比例於其[illegible]照章征收每一單位每月繳納三元 現因會員較前減少停業者多且物價日見增高曾經提交本會第六次執監聯席會議 支出 議決每一單位繳納國幣拾元全年收入共約三千元支出共約三仟元之上下
工作概況	訓練會員整理會務改良工業努力生產防止奸偽加強抗戰力量
備註	

登記日期	年 月 日	填表人	簽名 龔壽年（蓋章）
主管官署審核結果	顏健生		

辦理總登記機關

填表須知

1.本表各欄除備註外務須切實填寫

2.現有會員數一欄應視團体之性質填寫如該團之會員為個人時即於個人欄內填註如其會員為機關或團体以及公司行號或工廠時則於各該欄內填註

3.負責人資格及略歷欄職業團体之職員必須填資格社會團体之職員可從[illegible]

4.本表應由各該團体負責人填具並須於填表人欄內簽名蓋章

5.主管官署審核結果一欄應填對於該團体所審核之[illegible]如[illegible]「應整理」「應改組」「應解散」[illegible]加強督導工作

人民團體總登記表

團體名稱	長沙市植物油輸出業同業公會							
地址	暫設太西門上壩灣恒豐油行							
組織經過	成立日期	三十四年十二月十六日	立案日期及機關	卅四年十一月十九日 理濟部 [illegible]				
組織經過	曾否經過改選改組或整理		最後改選改組日期及次數	年 月 日第 次改選組				
現有會員人數	個人	男四十一人 女一人	共計	四十二人				
現有會員人數	團體 團體數		會員代表	人				
現有會員人數	團體 公司行號或工廠數	植物油行七家	會員代表	四十二人				
負責人姓名	職別	姓名	職別	姓名	職別	姓名	職別	姓名
負責人姓名	理事長	閩伏生	理事	閩志一	理事	李嵩祺		
負責人姓名	常務理事	陳宗閩	理事	陳德吾	監事	饒鑫森		
負責人姓名	常務理事	周質存	理事	王兆文	監事	閩鏡清		
負責人姓名	理事	湯紹卿	理事	魯德泉	監事	李叔和		
經濟概況	復員伊始，建設不易，除各單位原有資本經營業務外，多需銀行界援助							
工作概況	本業：對內以疏導農村物資發展農村經濟為工作之鵠的，對外以開拓海外市場爭取國際貿易為工作之依歸。							
登記日期	年 月 日	填表人	兼主任幹事閩志一（簽名蓋章）					
主管官署審核意見								
備註								

辦理總登記機關

第二区针织工业同业公会

人民團體總登記表

團體名稱	第二區針織工業同業公會						
地址	暫設三王街德餘棉織廠內						
組織沿革	成立日期	民二十年四月日		立案日期及機關	民二十年四月日立案		
	曾否經過改選改組或整理	民二十年遵令成立二十三年二十六年兩度依法改選二十七年文夕大賑停頓二十九年十二月遵令改組		最後改選改組日期及次數	民二十九年月日第四次改選		
現有會員人數	個人	男 77 人 女 人		共計	77 人		
	團體	團體數	1	會員代表	3 人		
		公司行號或工廠數	39	會員代表	39 人		
負責人姓名	職別	姓名	職別	姓名	職別	姓名	職別	姓名
	理事長	范興啓	理事	王有餘	理事	黃定山	理事	周友讚
	常務理事	夏宇平	理事	宋賢文	理事	楊兵炎	理事	楊厚莊
	常務理事	王樹德	理事	楊漢民	理事	李滌泉	監事	周任管 嶽作炎 申霖生
經濟概況	二十七年文夕大火前交通便利機器及原料充足本會各廠多採用新式機器[illegible]日新月異實有長足進展惟文夕火後本業損失奇重交通阻滯機器原料無法供用使用土紡及手搖機逐年漸次改進力謀發展以應戰時需要又蒙三四次湘北會戰之重大損失且政府與銀行無貸款援助幾陷於不可復生之境						
工作概況	推行政府頒頁政令提倡工人教育宣傳建國工作整理會務以謀內部團結						
登記日期	三十四年十二月日	填表人	閔超	簽名蓋章			
主管官署審核結果							
備考							

副長任 馮光異

辦理機登記機關

第十一区棉纺织工业同业公会

人民团体总登记表　　　　（式样）

團體名稱	第十一區棉紡織工業同業公會							
地址	前有會址被焚，暫設營盤街喻家巷十七號							
組織沿革	成立日期	三十三年四月一日		立案日期及機關	卅二年三月五日社會部立案			
	曾否整理改選及改組經過			最後改選改組日期及次數	年　月　日第　次改選組			
現有會員人數	個人	男　人	女　人	共計　人				
	團体	團体數		會員代表　人				
		公司行號員工人數		會員代表	四十八人			

負責人姓名	職別	姓名	職別	姓名	職別	姓名	職別	姓名
	理事長	梁國棟	常務理事	鄭[illegible]	理事	鄭增榮	理事	唐佩榮
	常務理事	李自申	理事	朱寅亮		胡庚明		陳崑煌
		馮和生		李國良		黃漢篪		夏仲成
		譚曉洲		吳桂馥		黃定山	常務監事	陳海林

經濟概況	毫無基金，純靠各會員月捐機照費，不敷甚	監事	皮振勳
工作概況	1、指導業務進展　2、調查業務盛衰		易文乾
	3、調整勞資爭執　4、處理會務糾紛		陳會彬
	5、統計原料供需		王顯周

登記日期	三十四年十二月　日	填表人	梁國棟（簽名蓋章）
主管官署審核結果			
備註			

辦理登記機關

（三）长沙市指导人民团体改选、组织总报告表（一九四〇—一九四八年）

长沙市锯木业职业工会

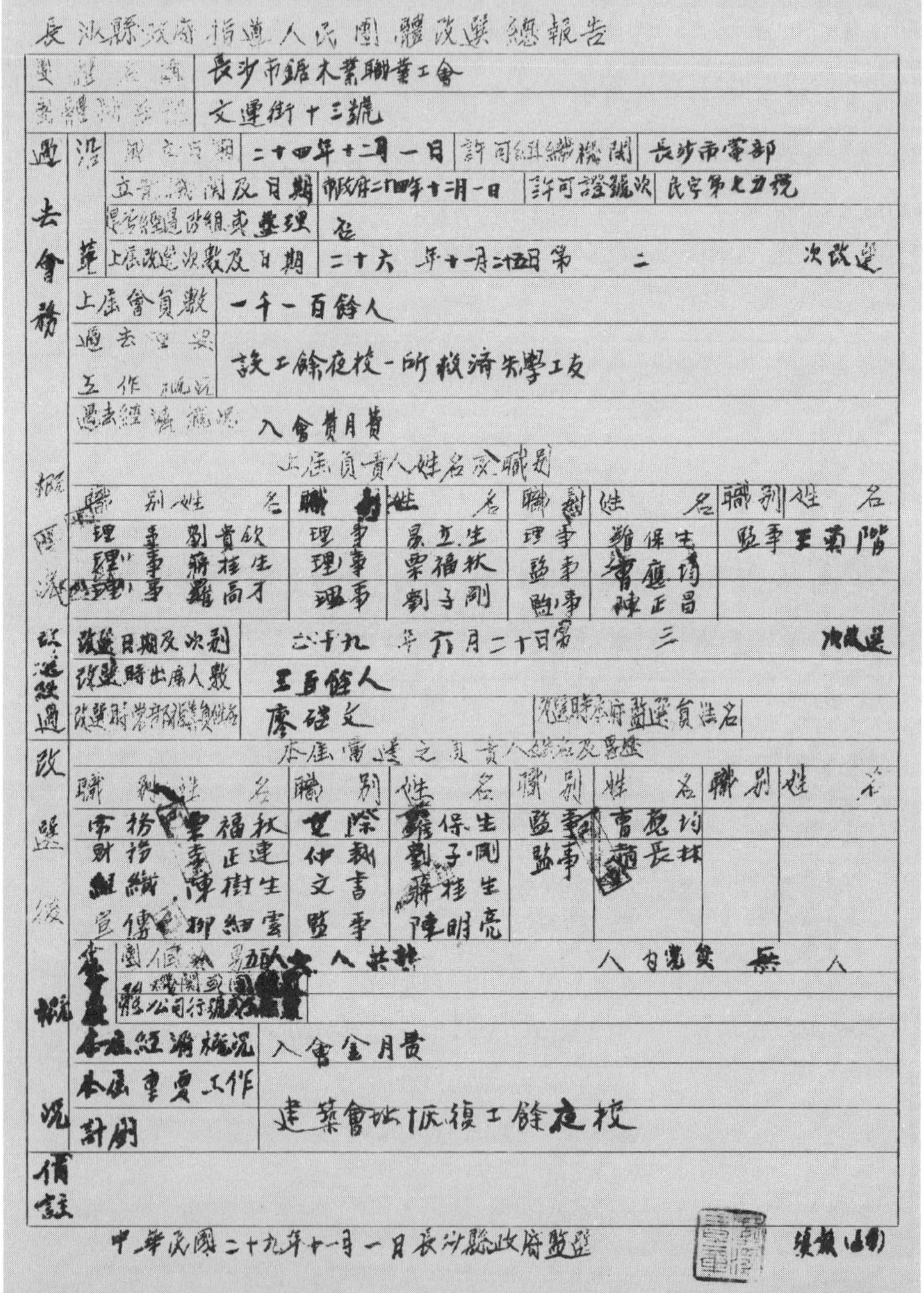

長沙縣政府指導人民團體改選總報告

團體名稱	長沙市鋸木業職業工會		
團體地址	文運街十三號		
成立日期	二十四年十二月一日	許可組織機關	長沙市黨部
立案機關及日期	市政府二十四年十二月一日	許可證號次	民字第七五號
是否經過改組或整理	否		
上屆改選次數及日期	二十六年十一月二十五日第二次改選		
上屆會員數	一千一百餘人		
過去重要工作概況	設工餘夜校一所救濟失學工友		
過去經濟概況	入會費月費		

上屆負責人姓名及職別

職別	姓名	職別	姓名	職別	姓名	職別	姓名
理事	劉貴欽	理事	易立生	理事	羅保生	監事	王菊階
理事	蔣桂生	理事	粟福秋	監事	曹應鈞		
理事	羅高才	理事	劉子剛	監事	陳正昌		

改選日期及次別	二十九年六月二十日第三次改選
改選時出席人數	三百餘人
改選時黨部派監選員姓名	廖磋文
改選時本府監選員姓名	

本屆當選之負責人姓名及職別

職別	姓名	職別	姓名	職別	姓名	職別	姓名
常務	粟福秋	主席	羅保生	監事	曹應鈞		
財務	李正建	仲裁	劉子鳳	監事	蕭長林		
組織	陳樹生	文書	蔣桂生				
宣傳	柳細雲	監事	陳明亮				

會員人數	[illegible]人　共計[illegible]人　內黨員　無　人
機關或團體公司行號 [illegible]	
本屆經濟概況	入會金月費
本屆重要工作計劃	建築會址恢復工餘夜校
備註	

中華民國二十九年十一月一日長沙縣政府監選　張顏（印）

商業人民團體改組(整理)總報告

團體名稱	長沙市醬園工業同業公會
團體所在地	南糖灣德茂隆内
改組(整理)時期	自二十九年十二月 日至三十年三月四日期間經過 四月 日

過去會務概況

原有團體名稱	長沙市酒醬業同業公會		
沿革	前清名為醬園業公所民十九年與酒作業合作奉令改為酒醬業同業公會因意見不一仍改為醬園工業同業公會	活動情形	關于本會同業整理行規調查民二十六年火災損失暨抗戰時期協助政府辦理各項工作

過去負責人姓名及職別

職別	姓名	職別	姓名	職別	姓名	職別	姓名
主席	謝菊生						

改組(整理)經過:本會奉令改組於十二月成立籌備委員會呈請黨政機關備案嗣奉長沙縣政府發給職民組字第十二號許可證一紙並印登記會員擬具章程於三月四日召開會員大會並呈請長沙縣黨部派員幹事及長沙縣政府派員蒞會指導監視依法當選謝菊生等九人執委當選主席王渤先張鼎臣為常務即於是日宣誓就職成立本會

職員姓名及其資歷

職務	姓名	資格或學歷	是否黨員	職務	姓名	資格或學歷	是否黨員
常務理事	謝菊生	已製卡	否	理事	羅澍聲	已製卡	
〃 〃	王渤先		〃	〃 〃	粟樹棠		是
〃 〃	張鼎臣		〃	〃 〃	沈星源		〃
理事	蔣梅仙		〃	〃 〃	李重棠		
〃 〃	葉潤蓀		〃	監事	彭駿三		否

會員人數	男 女 人共計 人	(內黨員 一 人)
會員代表數		人(內黨員 一 人)
公司行號或工廠數	會員代表數	八(內黨員 人)

團體章程	(除呈送當地政府 不必附呈轉遞)
經濟狀況	本會章程依據同工業同業公會法第五十七條准用商業公會法及其施行細則訂定之 本會經費係以所收會費支付如不足時由全體會員負担之
重要工作計劃	關於同業之調查研究及營業上弊害矯正暨協助政府公益及抗戰時期慰勞等事項
備考	

民國三十年三月 十 日改組(或整理)指導員李澤章

(或畧略歷)欄 職業團體必須填加格社會 團體僅可寫畧歷

指導人民團體改選總報告表

團體名稱			長沙市皂燭工業同業公會
團體所在地			長沙市下坡子街六十八號
過去會務狀況	沿革	成立日期	中華民國二十四年五月十日
		立案日期及機關	民國二十九年三月三十日長沙縣党部立案
		曾否經過改組及整理	曾於民國二十九年改組並加整理
		上屆改選日期及次數	民國二十九年七月三十日第二次改選
	過去重要工作概況		訓練會員矯正同業弊害及謀工業之改良與發展

上屆負責人姓名及職別

職別	姓名	職別	姓名	職別	姓名	職別	姓名
常務委員	文曙臨	執行委員	文亮臣	監察委員	朱邦望		
執行委員	文仲梅	執行委員	彭榮生	監察委員	文石峰		
執行委員	唐樹培	監察委員	文石卿				

改選經過	改選日期	民國三十一年八月三日	
	選舉時大會出席人數	二十二人	監選人姓名 馬若麟 董亞樵 陳煥章

改選後會務概況

本屆當選負責人姓名及略歷

職別	姓名	略歷	職別	姓名	略歷
理事長	龔壽年	現任競生肥皂廠副經理	監事	×朱邦望	現任正光肥皂廠經理
常務理事	×彭榮生	現任萬豐肥皂廠協理			
常務理事	曾業陶	現任久大肥皂廠協理			
理事	張鍾麟	現任太極肥皂廠經理			
〃 〃	文斌年	現任元大肥皂廠協理			
〃	陳伯珩	現任裕華肥皂廠協理			
〃	文達初	現任久大肥皂廠副經理			

會員數	個人	男　人	男　人	共計	人
	團體	團體數		會員代表數	人
		公司行號或工廠數	一十二廠	會員代表數	二十二人
經費概狀		照章征收會費			
本屆重要工作計劃		訓練會員整理會務改良工業努力生產防止奸偽加强抗戰力量			

備考

中華民國三十一年　月　日　指導員　填報

长沙市刀剪业职业工会

指导人民团体改选总报告表

团体名称	长沙市刀剪业职业工会		
团体所在地	小吴门外韭菜园六一号	通讯处走马楼二二号	
过去会务概况 — 沿革	成立日期	民国二十七年三月十五日	
	立案日期及机关	二十七年四月	由市政府立案
	曾否经过改组及整理		
	上届改选日期及次数	二十七年二月十五日第一次改选	
过去重要工作概况	登记会员召集会员大会及征募慰劳工作参加各种集会		

上届负责人姓名及职别

职别	姓名	职别	姓名	职别	姓名	职别	姓名
常务理事	陈步云	组织	张海珊	交际	魏盈生		
总务	李慎庚	仲裁	苏保林	常务监事	董福成		
文书	罗启勋	宣传	蒋海棠				

改选经过			
改选日期	三十二年三月二十日		
改选时大会出席人数	五十二	监选人姓名	廖先宗

本届当选负责人姓名及略历

职别	姓名	略历	职别	姓名	略历
常务理事	张海珊	曾任本会理事	宣传	黄克生	从事本业
总务	杨炳刚	从事本业	常务监事	董炳扬	仝上
组织	董福成	曾任本会监事			
交际	陈步云	曾任本会理事			
仲裁	舒海棠	从事本业			
文书	余星廷	仝上			

改选后会务概况				
会员数 — 个人	男一百另一人	女　人	共计一百另一人	
会员数 — 团体	团体数		会员代表数	八人
	公司行号或工厂数		会员代表数	人
经费概况	以入会金及月捐为经常收支两抵			
本届重要工作计划	一训练会员筹设工厂救济失业工人集资开办工人学校等			
备注				

中华民国卅二年三月廿日 长沙市政府委员 [illegible] 填报

长沙市笔墨业职业工会

指導人民團體組織總報告表

團體名稱（全稱）	長沙市筆墨業職業工會
會址	火後街龍森小學校
宗旨	為增强後方生產改進社會藝術技能
發起人數	全團體單位數 十五名合團體二
組織日期	三十一年十一月四日
籌備員推定日期	三十一年十二月四日
籌備員姓名	龍　剛　易君輔　王漢泉　桂少文　馬振聲　李　偉　楊叔藩　李慶生　蘇純荃
呈報章程草案日期	三十一年十二月二十八日
成立會日期及地點	三十二年一月十八日市總工會
到會會員或代表人數	七十名
監選人姓名	長沙市政府社會科科員廖光宗

會員					
個人總數		男		女	
團體	團體數		會員代表數		
	公司行號或工廠數		會員代表數		

職務	姓名	略歷	職務	姓名	略歷
常務理事	黃視旅	現任總工會組織科主任	第三股主任	陳榮貴	從事本業
常務理事	易君輔	墨業	第三股理事	龍　剛	仝上
第一股主任	馬振聲	從事本業	候補理事	李慶生	仝上
第一股理事	鄧毅日	墨業			
第二股主任	黎乘芹	從事本業			
第二股理事	王漢泉	仝上			

主管官署立案日期	長沙市政府三十一年十一月十八日	立案證書字號	社工字第8〇號
經費來源	全體會員攤派征收入會金及會員月捐		
團体事業及計劃述要	增强後方生產改進本會藝術技能	圖記模樣	此處蓋該團體圖記
奉派日期	卅一年十一月一四日	工作經過時間	二個月又十五日
主要指導事項	1.會員遵守會章 2.職員熱心負責		
備致			

中華民國卅二年三月　日組織指導員廖光宗　填報

指導人民團體組織報告表

團體名稱（全稱）長沙市陶畫業職業工會

設立地址 天鵝塘四十二號

發起經過

發起宗旨：實行三民主義加強抗戰工作發展手工業為員工謀福利使其生活適宜以增進工作效能

發起人數或團體單位數：李兆瑞等

許可發起組織日期：卅一年七月十五日

籌備經過

籌備員推定日期：卅一年八月一日

籌備員姓名：李兆瑞、劉尚文、蕭茂松、李國榮、葉錫瓊、李鉅彬、粟伯卿

呈報籌備經過日期：卅一年八月十五日

成立經過

成立會日期及地點：三十一年十一月十七日小西廠坪七號

到會會員或代表人數：五十二人　　當選人姓名：

會員：個人總數 五十二人　男　女

團體：團體數　會員代表數

公司行號或工廠數　會員代表數

職稱	姓名	略歷	職稱	姓名	略歷
理事	葉錫瓊	從事本業	理事	蕭茂生	從事本業
監事	劉尚文	〃		李致雲	〃
	陳冬初	〃		張泰和	〃
	粟伯卿	〃	監事	張錫慶	〃
	李國榮	〃		張揚生	〃
	李聘錢	〃			

主管官署立案日期：卅一年十二月卅日　立案證書字號：建之字48號

經費來源：各會員按月繳納常年會費五元至臨時會費則依募集之

團體事業及計劃述要：在中國國民黨領導之下努力三民主義之實現加強抗戰工作發揚工作技能並改善會員生活故在是項原則下計劃創辦員工消費合作社及其他員工適當之娛樂正籌劃舉辦中

圖記模樣：（印）

指導經過

奉派日期：卅一年九月卅日　工作經過時間：月　日

重要指導事項：

1. 職員負責
2. 會員熱心

備註：

注意：一、凡與工作有關法……二、各人民團體職員略歷須詳填

中華民國卅二年五月　日組織指導員 廖光宗（印）填報

指導人民團體組織總報告表（式樣）

團體名稱		~~（全街）~~長沙市倉庫商業同業公會
設立地址		暫設潮宗街粟木巷大中倉庫內
發起經過	發起宗旨	維持增進同業公共利益及矯正弊害為宗旨
	發起人數或團體單位數	七人
	許可發起組織日期	三十五年八月十二日
籌備經過	籌備員核定日期	三十五年九月二十日
	籌備員姓名	李壽增　黃震里　李滌泉　常承仁　龔錦濤　笠永華　高清和
	籌備結束日期	
成立大會	召開成立大會日期及地點	三十五年十二月九日假長沙市東茅巷瀟湘酒家大禮堂
	出席會員或代表人數	二十七人
	當選人姓名	孟科員士甲
	表決權數	六十五權

會員					
個人總數	二十九人	男	二十九人	女	無
團體數	二十七家	會員代表數	二十九人		
公司行號或工廠	二十七家	會員代表數	二十九人		

組織（職員）

職務	姓名	資格及略歷	職務	姓名	資格及略歷
理事長	李壽增	曾任市商會理事	理事	龔錦濤	曾任衡市湖南省銀行營業主任
常務理事	馮雲漢	曾任廣東市政府秘書	〃〃	彭之乾	曾任文牘秘書等職務
〃〃	李滌泉	曾任長沙市針織業公會理事長	〃〃	胡德彪	曾任國糧運公司副經理
理事	黃震里	曾任堆棧業公會執委	監事	高道和	曾任堆棧業公會監事
〃〃	常承仁	經營花糧業十餘年	〃〃	譚利盛	曾任油鹽花紗業公會理事
〃〃	笠永華	曾任漕運委員會委員	〃〃	蔡丙南	曾任科長主任等職

主管官署立案日期	九月十一日	[illegible]	[illegible]
經費來源	由會員商店分担之		
團體事業及計劃大要	遵守國家法則　協助政府推行各項政令及同業應行改善事件		
指導經過	奉派日期	工作終了日期	
備考			

（右旁批注：[illegible]）

（印章：[illegible]）

日　年　月　指導員　　　　填報

指導人民團體改選總報告表

團體名稱	長沙市鐵器業同業公會	
會址所在地		
沿革	成立日期	22年10月21日
	立案日期及機關	22年10月21日市政府立案
	[illegible]	35年5月3日
	上屆改選日期及次數	35年5月3日第二次改選
[illegible]		
入會概況		

上屆負責人姓名及職別

職別	姓名	職別	姓名	職別	姓名	職別	姓名
理事長	黃惠堂	理事					
常務理事	羅福如						
〃〃	陳執中						

改選日期	年 月 日		
改選大會出席人數		監選人姓名	

本屆當選負責人姓名履歷

職別	姓名	履歷	職別	姓名	履歷

會員	個人 人	團體 人	共計	
會員人數	[illegible]		會員代表數	人
	[illegible]		會員出席數	人
[illegible]				
[illegible]				
[illegible]				
[illegible]				

中華民國 年 月 日 指導員 簽報

长沙市戏剧商业同业公会

指導人民團体改選總報告表

團体名稱	長沙市戲劇商業同業公會
團体所在地	暫設蘇家巷十八號

過去會務概況		
沿革	成立日期	中華民國二十年三月二十五日
	立案日期及機關	二十一年五月實業部日文
	曾否經過改選及整理	二十四年三月市政府日文
	上屆改選日期及次數	二十九年七月十日第三次改選
過去重要工作概況		曾於善正小學內附辦伶人子弟學校一期並編撰《倭奴毒》劇本（惜毀於兵災）又為謀嚴密組織甄別良莠促進戲劇改善藉以匡正風俗辦理藝員總登記

上屆負責人姓名及職別

職別	姓名	職別	姓名	職別	姓名	職別	姓名
理事長	梁月波	理事	李應駱	理事	劉長松	常務監事	胡文同
常務理事	黃元和	〃 〃	陳宗陶	〃 〃	羅裕庭	監事	陶叔和
〃 〃	余屏瀚	〃 〃	賀華光	〃 〃	劉孟堅	〃 〃	陳有雄

改選經過			
改選日期	民國三十五年八月三十日		
改選時大會出席人數	二十人	監選人姓名	孟士甲

改選後會務概況

本屆當選之負責人及略歷

職別	姓名	略歷	職別	姓名	略歷
理事長	梁月波	歷充湘國黃金等戲院經理 現充[illegible]戲院總經理	理事	朱立生	現充國泰大戲院協理
常務理事	蕭揚武	現充銀宮電影院經理	〃 〃	吳兆南	現充銘宮戲院經理
〃 〃	黃元和	歷營本業福壽班班主	〃 〃	馬啟鵬	現充金城電影院經理
理事	陶叔和	現充光華大戲院經理	常務監事	易貞生	現充湘春戲院經理
〃 〃	周文鑫	長沙市商會公斷委員國民戲院協理	監事	朱早雲	現充國民戲院福壽班班主
〃 〃	黃玉山	現充中央戲院經理	〃 〃	沈葆生	現充永光部總務

會員數				
個人	男 人	女 人	共計 人	
團体	團体數	湘劇部永光部二單位	會員代表數	二人
	公司行號或工廠	戲院戲班十四單位	會員代表數	十九人

經費概算	月支經臨各費及商會月捐等約拾陸萬餘元擬照會員資本比例征收會費以收支適合為原則
本屆重要工作計劃	加強組織嚴密防奸救濟失業促進改良戲劇藉以補助社會教育並擬籌辦湘劇科班造就湘劇人才扶植地方戲劇
備註	1）本會遵行收復地區人民團体總登記本年三月十一日複蒙市政府頒發立案証書（2）永光部係皮影戲傀儡戲之集体

中華民國三十五年九月　日　指導員　填報

指導人民團體組織總報告表

團體名稱 長沙市錢商業同業公會

設立地址 下坡子街福祿宮内

發起經過

發起宗旨 以調劑地方金融扶助經濟建設發展合作為宗

發起人數或團體單位數 七人

許可發起組織日期 十一月十九日

籌備經過

籌備員核定日期 十一月二十五日

籌備員姓名					
李壽墉	徐经全	王保南	常徙琍	鄭鶴田
左作霖	刘绍熙			

呈報章程草案日期

成立經過

出席會日期及地點 三十五年十二月[illegible]日假長沙市東茅巷湘湘酒家大禮堂

出席會員代表人數 十七人　監選人姓名 市政府金鍾銘長沙市黨部王祖英

出席權數 十七權

會員					
個人總數	十七人	男	无	女	
團體 團体數	九家	會員代表數	十七人		
公司行號或工廠	九家	會員代表數	十七人		

職員

職務	姓名	資格及略歷	職務	姓名	略歷
理事長	李壽墉		理事	刘绍熙	
常務理事	徐经全		〃	嚴瑞初	
〃	王保南		〃	蕭長高	
理事	常徙琍		监事	黎仲虎	
〃	周催之		〃	黎樹秋	
〃	鄭鶴田		〃	左作霖	

主管官署立案日期 一月十八日　立案證書字號 畢社一字第二〇號

經費來源 由會員商店分担之

團体事業及計劃述要 遵守國家法則協助政府推行各項政令及同業應行改善事件

團記模樣

指導經過

奉派日期　　工作經過日期 自　日

重要指導事項

備註

中華民國　　年　　月　　日組織指導員　　填報

注意：
1. 表現依工作有關之各欄填報
2. 人民團体職員略歷須詳填

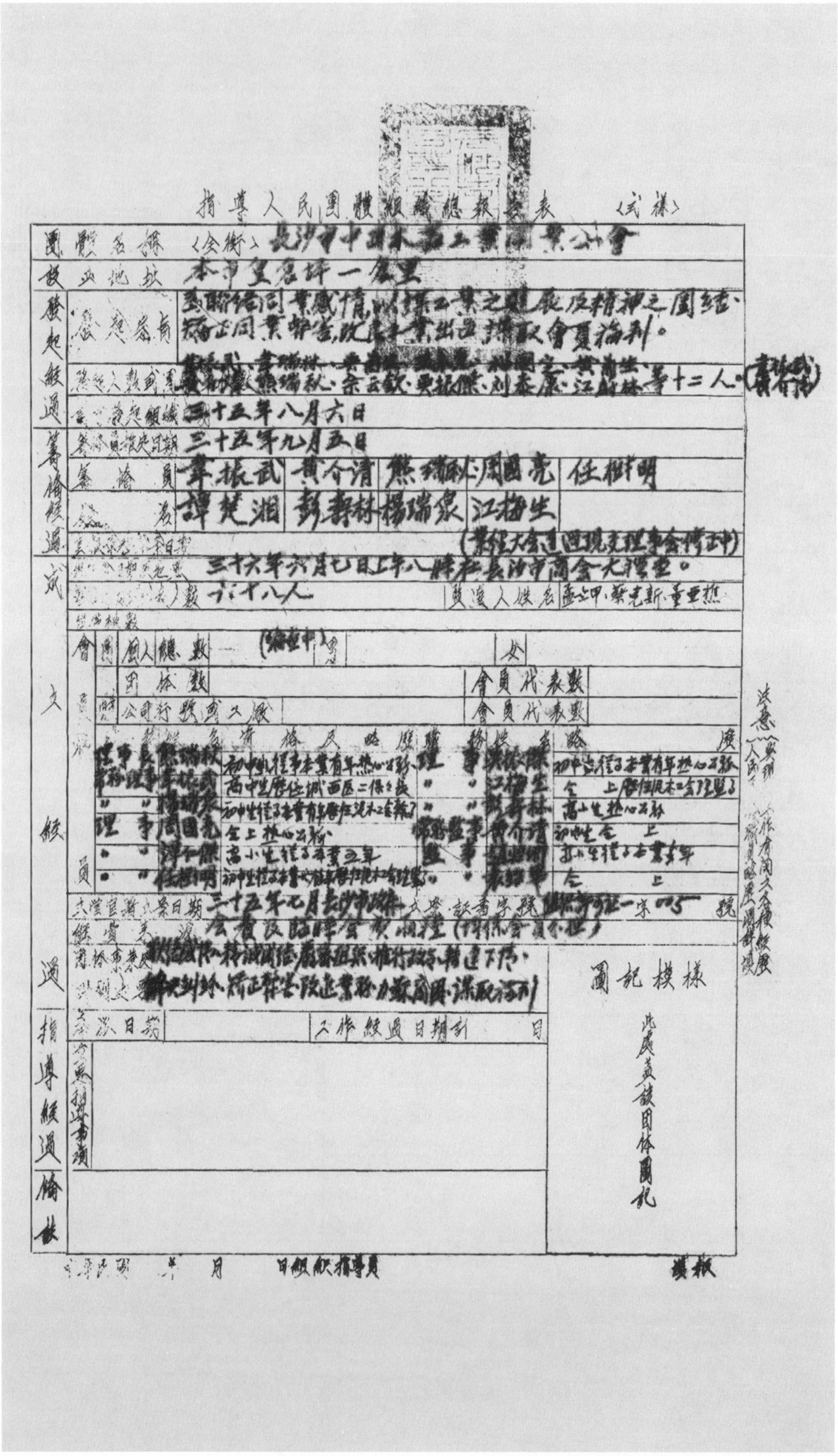

指導人民團體組織總報告表 〈式樣〉

團體名稱（全銜）：長沙市中西木器工業同業公會

會址地址：本市皇倉坪一条里

發起經過：
- 發起宗旨：為聯絡同業感情，以謀工業之發展及精神之團結，矯正同業弊害，改良工業出品，謀取會員福利。
- 發起人數或姓名：龔振武、[illegible]、余[illegible]、[illegible]、[illegible]國亮、黃[illegible]生、[illegible]、熊瑞秋、余云欽、[illegible]、刘泰康、江[illegible]林等十二人。（[illegible]）
- 發起許可日期：三十五年八月六日

籌備經過：
- 籌備員被選日期：三十五年九月五日
- 籌備員：龔振武、黃介清、熊瑞秋、周國亮、任樹明、譚楚湘、彭壽林、楊瑞泉、江梅生
- 成立大會日期：（業經大會選出現在理事會停止中）

成立經過：
- 成立大會時間及地點：三十六年六月七日上午八時在長沙市商會大禮堂。
- 到會人數：六十八人　負責人姓名：孟[illegible]中、蔡光新、[illegible]

會員：
- 個人總數：（編查中）　男　女
- 團体數　會員代表數
- 公司行號或工廠　會員代表數

職員：

職務	姓名	資格及略歷	職務	姓名	略歷
理事長	熊瑞秋	初中畢業從事本業有年熱心公務	理事	[illegible]	初中出從事本業有年热心公務
常務理事	龔振武	高中出身任城西區二保保長	〃	江梅生	仝上[illegible]
〃	楊瑞泉	初中出從事本業有年[illegible]	〃	彭壽林	高小出热心公務
理事	周國亮	仝上热心公務	常務監事	黃介清	初中出仝上
〃	譚[illegible]	高小出從事本業多年	監事	[illegible]	高小出從事本業多年
〃	任樹明	初中出從事本業[illegible]	〃	[illegible]	仝上

立案日期：三十五年七月長沙市政府 文號：社會字號[illegible]第[illegible]0075號

經費來源：会費及臨時会費補助[illegible]

成立會議決案：[illegible]、精誠團結、嚴密組織、推行政令、轉達下情、[illegible]、矯正弊害、改進業務、[illegible]、謀取福利

立案日期　工作經過日期　日

指導經過、備考

圖記模樣：此處蓋該团体圖記

注意：（一）[illegible]（二）[illegible]有關之各種[illegible]、[illegible]略歷[illegible]

中華民國　年　月　日組織指導員　填報

指導人民團體組織……

團体名稱		〈參module〉長沙市機器鋸木工業同業公會 ~~會員聯誼社~~
設立地址		南門外中六铺街穗坊巷二號
發起經過	發起宗旨	本~~同業籌組……會員聯誼……~~ ~~組……會員聯誼社~~ 本同業為紀念復原戡亂建國大計發展工業……結
	發起人數或團体單位數	朱勳 劉鎮鏞 毛榮蓀
	許可發起組織日期	
	籌備員報委日期	

籌備員	朱勳	劉鎮鏞	毛榮蓀		
姓名					

召開成立大會日期	民國卅七年十月十四日
出席會員及地點	民國卅七年十月十四日在省会工人家服務館
出席會員或代表人數	四十二人
出席機關	三十二人

會員						
個人	總數	四十二人	男	四十二人	女	
團体	團体數	十四家			會員代表數	
團体	公司行號或工廠數	統計工廠十四家			會員代表數	

職務	姓名	簡要履歷	職務	姓名	簡要履歷
					四十二人
理事長	朱勳	前市聯合救濟會會計及三期畢業 / 曾充過各長沙市……科長及五任……			
常務理事	王東元				
[illegible]	劉鎮鏞				
	岳祖庠				
	陳英卓				
					另 欄

決議成立大會日期	民國三十七年十月十四日	立案證書字號	
經費來源	由各廠分別負擔		
團体事業計畫	改進工業改良順進發展		
表決日期		工作報送日期	月 日
會議決議要點			

圖記模樣

此處蓋該團体圖記

成立經過 入會人員 備考 … 審核意見 備註

中華民國 年 月 日 指導員 填報

（四）长沙市视察人民团体组织总报告表（一九四三年）

长沙市粉笔业职业工会

視察人民團體組織報告表

團體名稱	長沙市粉筆業職業工會	地址	長沙市白沙井66號
申請日期	三十二年三月九日		
發起人代表姓名	張金生等		
派員視察日期	三十二年三月二十六日		
視察事項	發起人業務及其關係	同屬製造粉筆工人業務技術均有聯繫	
	發起人中有若干黨員	無	
	發起人中資格是否合法	無	
	組織之目的	團結同業改進業務和技術	
	經費之來源	擬收入會金及會員月捐	
	預計會員數	約百餘人	
	會址	白沙井六十六號	
	從前有無該種之組織及概略	無	
	現在有無相同或相類之組織	無	
	有無組織之必要	粉筆為文化事業必需品該業人數既多誠有組織必要	
	其他		
備考	擬請准予組織		
批辦			

中華民國卅二年三月廿九日長沙市政府視察員 廖先宗（印） 填印

視察人民團體組織報告表

團體名稱	長沙市肥皂商業同業公會	地址	北正街乾壹肥皂商店
申請日期	卅二年三月廿五日		
發起人代表姓名	王漢芝沈紹珩等		
派員視察日期	卅二年三月廿九日		

視察事項	發起人業務及其關係	同為販賣肥皂商業關係密切
	發起人中有若干黨員	不詳
	發起人中資格是否合法	尚合
	組織之目的	維持同業權益并協助政府推行政令
	經費之來源	抽收入會金及會員月捐
	預計會員數	約三十多家
	會址	~~玉皇坪之老君殿~~ 未定
	從前有無該種之組織及概畧	無
	現在有無相同或相類之組織	無
	有無組織之必要	為謀貨制該業物價之便利起見亟須組織
	其他	
備考	擬請 准予組織 三、廿九．	
批辦		

中華民國卅二年三月廿九日長沙市政府視察員 廖先宗 填印

长沙市豆腐业职业工会

視察人民團體組織報告表

團體名稱	長沙市豆腐業職業工會	地址	長沙市落棚桥
申請日期	卅二年三月廿五日		
發起人代表姓名	羅有章等		
派員視察日期	卅二年三月卅日		
視察事項	發起人業務及其關係	同係造作各种豆腐及负有同業關係	
	發起人中有若干黨員	無	
	發起人中資格是否合法	合	
	組織之目的	團結同業改進技術發展業務	
	經費之來源	抽收会員入会費及月捐	
	預計會員數	約二百五十餘人	
	會址	玉里坪淮南宫	
	從前有無該種之組織及概容	大火以前原有豆腐業工会之组织	
	現在有無相同或相類之組織	無	
	有無組織之必要	該業人数既多新搽業務亦為重要生活必須品有組織之必要	
	其他		
備考	擬請 准予组織		
批辦			

中華民國卅二年三月卅日長沙市政府視察員 填印

长沙市灯笼业职业工会

视察人民团体组织报告表

团体名称	長沙市燈籠業職業工会	地址	北正中街七一号
申請日期	卅二年三月廿四日		
發起人代表姓名	楊少泉等		
派員視察日期	卅二年四月二日		

視察事項	發起人業務及其關係	同為製作燈籠工人同業関係
	發起人中有若干黨員	無
	發起人中資格是否合法	尚合
	組織之目的	团结同業改良工作救解以謀生活之改進
	經費之來源	抽收会員入会金及月捐
	預計會員数	約七十人
	會址	暫設北正中街七一号
	從前有無該種之組織及概畧	從前有「燈籠工会」之組織大火以後会務停頓
	現在有無相同或相類之組織	無
	有無組織之必要	為澈底管制各業工人起見該業既有相当人数宜有公会組織
	其他	
備攷	擬照准予組織 四、三	
批示		

中華民國三十二，四 三日長沙市政府視察員廖光宗

視察人民團體組織報告表

團體名稱		長沙市造船[illegible]業職業工會	地址	長沙市古楼門11號
申請日期		民國三十二年四月五日		
發起人代表姓名		李翼　蔣漢傑等		
派員視察日期		三十二年四月十二日		
視察事項	發起人業務及其關係	發起人均為造船廠之工人有同業關係		
	發起人中有若干黨員	一人		
	發起人中資格是否合法	合		
	組織之目的	結合同業共謀技術之改進及生活之改善		
	經費之來源	徵收會員入會金及月捐		
	預計會員數	約一百二十人		
	會址	古楼門十一號		
	從前有無該種之組織及概畧	該會係舊有團體大火後未曾活動故尔停頓		
	現在有無相同或相類之組織	無		
	有無組織之必要	船舶製造修理關係戰時交通至為重要該業人數既合法		
	其他	定人數擬准依法組織唯名稱應否改正懇請核示		
備攷		擬請　准予設立　四月[illegible]日　[illegible]		
批辦				

中華民國三十二年四月十五日長沙市政府視察員廖光宗　謹印

視察人民團體組織報告表

團體名稱	長沙市石質文具業職業工會	地址	長沙市永豐倉四號
申請日期	民三十二年四月十五日		
發起人代表姓名	湯炳昌 易柔恒等		
派員視察日期	中華民國三十二年四月十五日		
視察事項	發起人業務及其關係	同屬製造石板石筆硯池之工人	
	發起人中有若干黨員	無	
	發起人中資格是否合法	尚合	
	組織之目的	謀技術之改良及生活之增進	
	經費之來源	徵收會員入會金及月捐	
	預計會員數	約七十人	
	會址	長沙市永豐倉四號	
	從前有無該種之組織及概畧	抗戰以前曾有「硯石業工會」之組織，火後會務停頓	
	現在有無相同或相類之組織	無	
	有無組織之必要	該業從事文具製造關係之事業有組織之必要	
	其他		
備考	擬准組織，名稱擬更為「石質文具製造職業工會」		
批辦			

擬准組織

中華民國三十二年四月十七日長沙市政府視察員廖光宗（印）

长沙市造纸业职业工会

視察人民團體組織報告表

團體名稱	長沙市造紙業職業工會	地址	長沙市白沙井五十九號
申請日期	民三十二年四月二十日		
發起人代表姓名	柳蘿村 鄒滙川等		
派員視察日期	中華民國三十二年四月二十五日		

視察事項		
視察事項	發起人業務及其關係	同屬造紙之廠主及工人同業關係密切
	發起人中有若干黨員	無
	發起人中資格是否合法	合
	組織之目的	共謀技術之改進及生活之增進
	經費之來源	徵收會員入會及月捐
	預計會員數	約壹百餘人
	會址	長沙市白沙井民生造紙廠
	從前有無該種之組織及概略	無
	現在有無相同或相類之組織	無
	有無組織之必要	造紙為本市新興之手工業廠家既多人數亦衆亟宜
	其他	予以組織俾資管理
備攷	1. 工人方面擬准組織職業工會 2. 廠商方面查有工廠五家依照工業同業公會法「重要工業兩家以上得組織公會」之規定擬飭組織工業同業公會	
批辦		

中華民國三十二年四月二六日長沙市政府視察員 廖光宗 填印

視察人民團體組織報告表

團體名稱	長沙市黄泥砂渣業職業工會	地址：長沙市草潮街黄泥碼頭十號
申請日期	四月二十二日	
發起人代表姓名	喻澤湘 莫印生等	
派員視察日期	三十二年四月二十九日	
視察事項	發起人業務及其關係	同屬採掘黄泥及碎石供給市區燃燒及建築應用之工人
	發起人中有若干黨員	無
	發起人中資格是否合法	尚合
	組織之目的	結合同業整頓行規以謀業務之改進及同業生活之改善
	經費之來源	抽收入會費及會員月捐
	預計會員數	約三百人
	會址	草潮街黄泥碼頭十號
	從前有無該種之組織及概畧	遜清以前曾有保𡚒堂之組織隸屬省區慈善總會之下本區需要黄泥須在三十里以外由慈善會購買之黄泥專山中取來。
	現在有無相同或相類之組織	用慈善會供給之專船運至碼頭再行發售批賣銷行市面並以保全市區附郭之墳山以免暴露屍骨殃及市人道德關係衛生用意殊善。
	有無組織之必要	該業人數既多值此非常時期有杜絕奸宄潛蹤該業猶宜施安固有組織者則之必要即為係在附郭美係注黃泥未派延長亦有組織之必要且該業兼營碍
	其他	砂業擬對建築上之必需品亦有組織之可能
備考及批辦	擬請 准予組織 （印）	

中華民國三十二年五月一日長沙市政府視察員 廖光宗（印） 填印

（五）长沙市人民团体调查表（一九四七—一九四八年）

长沙市修造人力车辆职业工会

湖南省長沙市人民团体調查表

团体名称	長沙市修造人力車輛職[redacted]業工會	地址	新坡子街8號	成立日期	民30、4、1.
備案机關	長沙市政府	証書字號	原有証書大火焚燬現[redacted]未領發	備案日期	民35、元、1.

成立宗旨	以調解會務糾紛加強技術檢舉不良份子為宗旨
組織概況	理事長一員理事八員监事三员
沿革	該會成立於民三十年四月[redacted]於民三十四年年底後員児[redacted]呈報市政府備案([redacted]) 全
工作概况	月終招集常會一次互相勉勵

會員	合計	男	女	散佈情形
	40	40		均在本市城厢内外

經濟狀況	以會員入會金月捐作經費

主要負責人	姓名	性別	年齡	籍貫	學歷	經歷
	蕭經防	男	三六	湘潭	初中畢業	歷任輪船公司賬簿職
	錢作貴	〃	51	湖北黄陂	〃	歷任[redacted]車行經理
	袁麗松	〃	29	長沙	〃	歷任[redacted]車行經理
	陳松喬	〃	30	〃	〃	歷任[redacted]車行副理
	卯銘生	〃	38	〃	〃	歷任[redacted]車行經理
	張[redacted]生	〃	25	〃	〃	歷任[redacted]車行經理
	彭光輝	〃	36	〃	〃	歷任[redacted]車行經理
	吴國鈞	〃	38	〃	〃	歷任[redacted]車行經理

中華民國三十六年六月二十九日填报

說明
一、本表式大小及紙張均須依照本式樣（西报紙）
二、各欄均須切实調查詳細填寫
三、一律用毛筆正楷填寫

本會於民國三十六年九月份改選現以吴國鈞為理事長
會址現遷移本街八號

說明
一、本表式大小及紙張均須依照本式樣（西报紙）
二、各欄均須切實調查詳細填寫
三、一律用毛筆正楷填寫

湖南省長沙市人民团体調查表

团体名称	長沙市錢商業同業公會	地址	下坡子街	成立日期	民35.10.1.
備案机關	長沙市政府	証書字號	證書暫在他處無法填寫	備案日期	民35.9.1.

成立宗旨	調劑社會金融為宗旨
組織概況	理事長一名 理事八名 監事三名 幹事一名 附設聖功小學校
沿革	民國紀元前為錢業公所後經調整改為長沙市錢商業同業公會
工作概況	按日會議行情

會員	合計	男	女	分佈情形	
	67家				~~該會現今會員登記個案核准者僅以登記手續未善者計53家[illegible]該會辦事處尚在[illegible]其會員數目故在調查未有填寫~~ 本市

經濟狀況	1、該會原有産業孳息收入 2、會員月捐費收入

主要負責人	姓名	性別	年齡	籍貫	學歷	經歷
	李壽增	男	五七	長沙	私塾六年	歷任長沙市商會委員 現任長沙市商會理事
	徐继笙 王保南	男 男	五二 六二	江西	私塾五年 〃〃〃〃	歷任本會委員
	鄭鶴田	男	五一	長沙	私塾七年	歷任錢莊經理
	周绍之 劉裕熙	男 男	六二 五三	江西 江西	私塾六年 〃〃〃〃	歷任錢莊經理 〃〃〃
	常绍渊 嚴瑞初	男 男	五五 六二	長沙 江西	私塾八年 〃〃〃〃	歷任錢莊經理 〃〃〃
	左作霖 黎鶴秋	男 男	四二 五三	長沙 江西	私塾七年 〃〃〃〃	歷任專員科長 歷任錢莊經理

中華民國三十六年六月二十九日填报

湖南省長沙市人民团体調查表

团体名称	長沙市皂燭業同業公會	地址	小西門正街廿二号 ~~中山西路□□号~~	成立日期	民24.10.1.
備案机關	~~民29.2.1.備案~~ ~~於~~長沙市黨部	証書字号	~~□□□□□~~ 証由本會頒發	備案日期	民29.2.1.

成立宗旨	以謀工業之改良及發展為宗旨
組織概况	理事長一員 常務理事二員 理事四員 監事三員 秘書一員
沿革	該會成立於二十四年十月一日 名稱為長沙市皂燭工業同業公會 嗣經數次調整改組 ~~□名稱再屬如此~~
工作概况	領導全體會員加强手工生產

會員	合計	男	女	散佈情形	
	20	20		散佈本市城廂之內	

經濟狀况	以會養會（入會金月捐作開支）

主要負責人	姓名	性別	年齡	籍貫	學歷	經歷
	文石峰	男	五〇	長沙	舊制中學卒業	前任元大肥皂廠經理
	沈印心	〃	四四	長沙	高中畢業	前任長沙市商會執行委員
	朱邦望	〃	四一	〃 〃	〃 〃	前任南京市政府技正
	文任武	〃	五一	寧鄉	大学畢業	前任湖南財政廳總務科長
	徐梓忠	〃	三五	長沙	中學畢業	前任福光肥皂廠經理
	楊伯群	〃	五〇	長沙	中学畢業	前任本會第一屆執行委員
	曹業陶	〃	五〇	〃 〃	高中畢業	前任寶慶警備司令部軍法官
	沈紹珩	〃	四四	長沙	初中畢業	前任強華肥皂廠經理
	周敏祥	〃	二八	〃 〃	〃	前任富華肥皂廠經理
	文毅初	〃	二八	長沙	初中畢業	前任~~□□□~~鄉公所民政股長

中華民國三十六年六月二十九日填

說明
一、本表式大小及紙張均須依照本式樣（西報紙）
二、各欄須切實調查詳細填寫
三、一律用毛筆正楷填寫

正小西門正街二十二号

四十二号

本表式大小及纸张均须依照本式样（西报纸）调查详细填写

湖南省長沙市人民团体調查表

团体名称	長沙市輪船商業同業公會	地址	唐家灣1子號	成立日期	民36.2.10.
備案机關	長沙市政府	証書字號	羣社一字第壹號	備案日期	民36.1.1.
成立宗旨	該會以保持國家航權發展水上交通維護同業權利增進~~同業~~學術聯絡~~同業~~感情為宗旨				
組織概況	理事長一[redacted]常務理事二[redacted]理事六[redacted]常務監事一[redacted]監事二[redacted]秘書一[redacted]組長三[redacted]幹事弍[redacted]				
沿革	民一二年為湖南航業公會二一年改為長沙輪業公會二七年又改為交通部湖南內河航業聯合辦事處於三六年二月十日呈准市政備案為長沙市輪船商業同業公會				
工作概況	1、調解同業糾紛　2、健全會員機構　3、加強交通發達　4、興辦員工教育及公益事項				
會員	合計：111名	男：111名	女：	散佈情形	該會以船隻為準每船會員一名散佈情形係流動性質
經濟狀況	以會員月捐及入會費為該會經常費				

主要負責人

姓名	性別	年齡	籍貫	學歷	經歷
胡德初	男	五八	安徽合肥	舊制中學畢業	歷任輪船公司經理等職
姜汞忠	男	五一	湖南湘鄉	高等工業學校畢業	〃
朱印	男	四八	浙江	大學畢業	〃
周松介	男	五二	湖南湘鄉	舊式制中學畢業	〃
彭六安	男	三四	湖南湘陰	中學畢業	〃
王毓麟	男	三六	湖南長沙	中學畢業	〃

中華民國三十六年六月二十九日

湖南省長沙市人民团体調查表

团体名称	長沙市輪船旅票商業同業公會	地址	小正街頭六號	成立日期	民前八、2、21、
備案机関	長沙市政府	証書字號	華社字第七零六六號	備案日期	民2、3、1、

成立宗旨：以調解同業糾紛鞏固同業機構服務社會便利旅客為宗旨

組織概況：理事長一[redacted]常務理事二[redacted]理事四[redacted]監事二[redacted]幹事三[redacted]秘書一[redacted]書記一[redacted]

沿革：該會成立於民前八年二月[redacted]為輪船業公所於民二年三月[redacted]呈請湖南省巡警廳備案[redacted]民十五年九月[redacted]呈請湖南省警察廳備案改為長沙市商民協會輪船業分會於民二十二年四月十日呈請長沙市政府轉呈實社兩部備案[redacted]卅五年十二月[redacted]改為現今名稱

工作概況：月終召集全體會員舉行檢討一次互相改善意見共同勉勵

會員	合計	男	女	散佈情形
	51	51		流動者多固定者少

經濟狀況：以會養會

主要負責人

姓名	性別	年齡	籍貫	學歷	經歷
明海泉	男	三〇	沅江	初中肄業	歷任輪業公會理事
楊湘庭	〃	六〇	湘陰	舊學五年	〃 〃
李春樓	〃	六〇	長沙	〃 〃 八年	〃 〃
陳佐卿	〃	五〇	湖北漢陽	〃 四年	〃 〃
王漢卿	〃	四八	湘潭	〃 〃	〃 〃
曾樹卿	〃	四六	湖北漢陽	〃 〃 〃	〃 〃
姚瑞芳	〃	三三	長沙	〃	
江海山	〃	四二	瀏陽	〃 〃	〃 〃
章培仙	〃	五〇	長沙	初小畢業	〃 〃
鄧前生	〃	五五	〃 〃	〃 〃	〃 〃

中華民國三十六年六月二十九日填报

說明
一、本表式大小及紙張均須依照本式樣（西报紙）
二、各欄均須切实調查詳細填寫
三、一律用毛筆正楷填寫

說明

一、本表式大小及紙張均須依照本式樣（西提紙）

二、各欄均須切實調查詳細填寫

三、一律用毛筆正楷填寫

湖南省長沙市人民团体調查表

团体名称	長沙市織染布工業同業公會	地址	福星街63號	成立日期	民36.4.12、
備案机関	長沙市政府	証書字號	肇社商子第1號	備案日期	民36.6.12、

成立宗旨	聯絡會員情感、改進業務、增加生產、安全、政府法令、[redacted]務。
組織概況	[redacted]依[redacted]法選舉[redacted]理事九人監事三人並由理監事內互推理事長一人常務理事二人常務監事一人綜理會務。
沿革	民國十九年成立染布業同業公會民二九年改組為染坊工業同業公會本年四月改組為織染布工業同業公會。
工作概況	傳達 政府法令、指導協助生產、調查統計營業狀況、

會員	合計	男	女	散佈情形
	120人	120		本市各區域

經濟狀況	每月由會員捐助之。

主要負責人

姓名	性別	年齡	籍貫	學歷	經歷
徐天錫	男	68	華浮	私学十年	曾任長沙市商會理事長現任該會理事長 段長沙市黨部委員
馬純生	〃	34	長沙	高中畢業	經營布業十餘年
謝明生	〃	45	〃	〃 〃	仝 上
彭韻笙	〃	56	〃	私塾五年	〃 〃
楊希卿	〃	45	〃	高中畢業	〃 〃
劉三和	〃	56	平江	私塾二年	〃 二十餘〃

中華民國三十六年六月三十日填报

湖南省長沙市人民团体調查表

团体名称	長沙簿摺業職業工會	地址	朝陽巷	成立日期	民二十一年七月	
備案机関	長沙市政府	証書字號	042	備案日期	民二十一年七月十八日	
成立宗旨	為謀發展生產精誠團結加強會務組織為會員謀福利					
組織概況	~~本會遵照政府所頒工會法組織之經總工會規定~~ 理事長一 常務理事二人 幹事三人 ~~[illegible]~~					
沿革	本會自光復後成立 ~~[illegible]~~					
工作概況	籌劃工友各項福利及合作社等組織暨防奸連絡工作					
會員	合計	男	女	散佈情形	~~散佈在~~本市區域	
	76	76	無			
經濟狀況	本會會員月捐作經常開支					
主要負責人	姓名	性别	年齡	籍貫	學歷	經歷
	吴劍秋	男	38	湘陰	高小畢業	現任理事長
	馮慶勳	男	48	湘陰	高小畢業	~~[illegible]~~ 本會常務幹事
	戴美才	男	48	湘陰	初小畢業	~~現任常務幹事~~
	胡見藩	男	56	湘陰	初小畢業	~~現任幹事~~
	黄克賢	男	32	湘陰	初小畢業	~~現任幹事~~
	戴祥生	男	26	湘陰	初小畢業	~~現任幹事~~

中華民國三十六年六月三十日填報

說明
一、本表式大小及紙張均須依照本式樣（西報紙）
二、各欄均須切實調查詳細填寫
三、一律用毛筆正楷填寫

说明
一、本表式大小及纸张均须依照本式样（西报纸）
二、各栏均须切实调查详细填写
三、一律用毛笔正楷填写

湖南省長沙市人民团体調查表

团体名称	長沙市山貨商業同業公會	地址	藩城堤143號	成立日期	民29.1.17.
備案机関	長沙市政府	証書字號	維民字第45號	備案日期	民29.2.11.
成立宗旨	維護同業利益矯正營業弊害				
組織概況	該會組織為理監事會理事長一人常務理事二人理事六人監事三人				
沿革	原成立执行委員會至三十一年改組為理監事會				
工作概況	傳達政府法令指導同業以正當營業調查統計等狀況				
會員	合計：210人	男：210	女：	散佈情形	本市各街巷
經濟狀況	每月徵收會員月費三十二萬元作會務開支				

主要負責人

姓名	性別	年齡	籍貫	學歷	經歷
盛宗武	男	40	長沙	初中畢業	長沙市參議員本會理事長
李茂盛 吴定强	〃	41 40	〃	仝上	歷經商業
李華庭 劉春福	〃	54 54	〃	仝上	〃
孔慶魯 柳漢卿	〃	52 50	〃	仝上	〃
丁長壽 周樹初	〃	48 44	〃	仝上	〃

中華民國三十六年六月廿日填报

长沙市猪鬃整理工业同业公会

湖南省長沙市人民团体調查表

团体名称	長沙市猪鬃整理工業同業公會	地址	藩城堤143號	成立日期	民28.12.12.
備案机関	長沙市政府	証書字號	雄民字第15號	備案日期	民24.4.20.

成立宗旨：維護同業利益 矯正營業弊害

組織概況：該會組織理事長一人常務理事二人理事四人監事一人

沿革：原成立執行委員會於三十五年八月三十日改選爲理監會

工作概况：傳達 政府法令指導同業以正當營業調查統計等狀況

會員	合計	男	女	散佈情形
	30人	30		本市各區域

經濟狀況：每月向各會員捐募十萬元作本會開支

主要負責人 姓名	性別	年齡	籍貫	學歷	經歷
危覺平	男	56	長沙	舊學八年	長沙市商會公斷委員現任本會理事長
何家春	〃	58	仝	仝二年	歷經商
胡飽俊	〃	50			
周羅生	〃	52	〃	舊學二年	同上
熊國泉	〃	30			
李壽生	〃	35	〃	舊學三年	同上
金國斌	〃	52			
陳河清	〃	48	〃	舊学三年	同上
張安峯	〃	58			
				以上	

中華民國三十六年六月三十日填报

說明
一、本表式大小及紙張均須依照本式樣（西报紙）
二、各欄均須切实調查詳細填寫
三、一律用毛筆正楷填寫

长沙市教育用品业同业公会

湖南省長沙市人民团体調查表

說明
一、本表式大小及紙張均須依照本式樣（西报紙）
二、各欄均須依照調查詳細[illegible]填列
三、一律用毛筆正楷填寫

团体名称	長沙市教育用品業同業公會	地址	先鋒廳	成立日期	民19.8.12
備案机関	長沙市政府	証書字號	長社民二字第243號	備案日期	民19.8.20
成立宗旨	團結精神、振興文化業務。				
組織概況	理監事會聯席辦公，理事九人內常務理事三人，理事長一人，監事三人，常務監事一人				
沿革	係由湘鄂聯合節組成				
工作概況	召開各項會議、提倡文化事業				
會員	合計 1210人	男 1210	女	散佈情形	在本市各商店
經濟狀況	本會並無基金，依法徵收月捐作會務開支。				

主要負責人

姓名	性别	年齡	籍貫	學歷	經歷
章蘭生	男	63	長沙	大學畢業	前商務印書館經理現任本會理事長
易嘉炎	〃	45	〃	高中畢業	本會常務理事
李少田	〃	58	湖北	〃 〃	〃 〃
趙善臣	〃	50	衡山	初中肄業	〃 〃
李少先	〃	44	湘陰	〃 〃	〃 〃
吴起鶴	〃	53	寧鄉	〃 〃	〃 〃

中華民國三十六年六月三十日填报

湖南省長沙市人民团体調查表

团体名称	長沙市籮業同業工會	地址	落棚橋19號	成立日期	民35、5、1
備案机関	長沙市政府	証書字號	社工字第6號	備案日期	民31、11、2
成立宗旨	保持與維護工人謀福利。運輸权利				
組織概況	理事會、監事會、理事七人、候補三人、監事三人、候補一人。				
沿革	該會於前清成立籮業息爭所，民初改為籮業總所，後改為長沙市籮業工會、[redacted]。				
工作概況	[redacted]、專員運輸、商人貨物、軍用公物、等工作。				

會員	合計	男	女	散佈情形	
	840人	840		本市沿河各碼頭。	

經濟狀況	遇正當需用由各碼頭攤派。

主要負責人	姓名	性別	年齡	籍貫	學歷	經歷
	何國藩	男	39	長沙	初小畢業	歷任本會理事長長沙市軍運代辦所副所長[redacted]
	龍恒盈	〃	45	〃	〃 〃 〃	歷任本會理事[redacted]自衛[redacted]大隊長 交通服務團一大隊長
	唐塱	〃	40	〃	高中畢業	[redacted]上尉副官[redacted]記者公會常務理事
	張星明	〃	64	〃	私塾肄業四年	本會理事
	劉連生	〃	50	〃	私塾肄業五年	本會理事
	余友連	〃	45	湘陰	私塾肄業四年	本會理事

中華民國三十六年六月三十日填報

說明
一、本表式大小及紙張均須依照本式樣（西報紙）
二、各欄均須切实調查詳細填寫
三、一律用毛筆正楷填寫

长沙腊光油布业职业工会

湖南省長沙市人民团体調查表

团体名称	長沙腊光油布業職業工會	地址	西牌樓	成立日期	民二十二年十月
備案机関	長沙市政府	証書字號	社二字六六號	備案日期	民三十五年三月十八日

成立宗旨	為扶助工友自行發展 ~~[illegible]~~ 手工業 改良技術及 ~~[illegible]~~ 救濟事項為宗旨
組織概況	~~[illegible]~~ 理事長一員 常務理事三員 幹事二員
沿革	本會自三十一年成立 ~~[illegible]~~ 長沙淪陷中各會員 ~~[illegible]~~ 星散 ~~[illegible]~~ 三五年春季復員組織本會
工作概況	籌劃工友各項福利及合作社等組織暨防奸連結工作

會員	合計	男	女	散佈情形	
	58	58	無		~~[illegible]~~ 本市 ~~[illegible]~~

經濟狀況	~~本會~~ 征收 會員月捐 ~~[illegible]~~ 為經常費

主要負責人

姓名	性別	年齡	籍貫	學歷	經歷
吴正仁	男	30	長沙	初中畢業	曾任長沙手工業部幹事 現任本會理事長
黄秀棠	男	41	長沙	高小畢業	現任理事
石春生	男	40	長沙	小學畢業	現任理事
胡祇陵	男	30	長沙	小學畢業	現任理事
熊國華	男	46	長沙	小學畢業	現任常務幹事
李冬生	男	36	長沙	小學畢業	現任幹事

中華民國三十六年七月一日填报

說明
一、本表式大小及紙張均須依照本式樣（西报紙）
二、各欄均須切实調查詳細填寫
三、一律用毛筆正楷填寫

长沙市梳篦业职业工会

長沙市湖南省長沙市人民团体調查表

团体名称	梳篦業職業工會	地址	梟後街 ~~大和祥~~	成立日期	民國三十一年七月十八日
備案机關	長沙市政府	証書字號	華社字011號	備案日期	民三十二年七月

成立宗旨	為謀發展生產精誠團結加強會務組織為會員謀福利
組織概況	~~本會遵照政府法令組織~~設理事長一人常務理事三員幹事二人
沿革	本會自成立迄今數年 ~~[illegible]~~
工作概況	籌劃工友各項福利工作

會員	合計	男	女	散情佈形	
	九十八	九十八人	〇		~~[illegible]~~ 本市

經濟狀況	以月捐收入作會務開支

主要負責人	姓名	性別	年齡	籍貫	學歷	經歷
	李敬齡	男	四十五	長沙	高小畢業	現任理事長
	龔少華	男	五十二	長沙	高小畢業	現任常務理事
	粟春泉	男	二十九	長沙	高小畢業	~~現任常務理事~~ 〃〃事
	黃海濱	男	二十九	長沙	高小畢業	現任幹事
	曹鎮銘	男	四十三	長沙	高小畢業	~~現任幹事~~ 〃〃
	鄒忠起	男	二十九	長沙	初中畢業	~~現任幹事~~ 〃〃

中華民國三十六年七月一日填报

說明
一、本表式大小及紙張均須依照本式樣（西報紙）
二、各欄均須切实調查詳細填寫
三、一律用毛筆正楷填寫

湖南省長沙市人民團体調查表

團体名称	長沙市製革業同業公會	地址	~~毛家橋~~ 南門外仰天湖正街	成立日期	三十四年十月[illegible]日 ~~廿(即古歷十~~
備案机関	長沙市[illegible]	證書字号	府社民二字第02号	備案日期	三十五年三月十一日

成立宗旨	~~分財務常務兩組~~ 依法成立增進技能發達生產
組織概况	~~財務組 常務組~~ 理事長一人常務理事二人 理監事各五人
沿革	民卅四年十月成立迄今
工作概况	製造皮革 ~~[illegible]~~ 供社会需要

會員	合計	男	女	散佈情形
	70	70		~~南門外~~ ~~仰天湖附近~~ 本市南区郊外

經費状况	会員分担

主要負責人

姓名	性别	年龄	籍貫	學歷	經歷
張應祥	男	37	~~湖南長沙~~	小學畢業	曾任保隊附
李希泰	男	48	~~湖南長沙~~	~~小學肄業~~	[illegible]任公會理事長
賀星垣	男	35	~~湖南長沙~~	~~小學~~	財務理事
劉菊華	男	36	~~湖南長沙~~	~~小學~~	常務監事
王樹生	男	50	~~湖南長沙~~	~~小學~~	常務理事
張滿生	男	38	~~湖南長沙~~	~~中學肄業~~	現任[illegible]理事長

中華民國三十六年七月 日填報

說明：一、本表式大小及紙張切須依照本式樣（西报紙）
二、各欄切須切實調查詳細填寫
三、一律用毛筆正楷填寫

长沙造船杂木业工会

湖南省長沙市人民團體調查表

團體名稱	長沙造船雜木業工會	地址	長沙水陸洲	成立日期	民國三十三年三月拾日
備案機關	長沙市政府	證書字號	府頒民字第72號	備案日期	民國三十四年九月
成立宗旨	團結會員增進技能并改善其生活				
組織概況	理事長一常務理事二總務理事一監事一				
沿革	本會自民國三十三年成立至三十四年始備案				
工作概況	本會成立為期甚短且會員不多是以會務未能展開自改組後正在努力加强工作				

會員	合計	男	女	散情	備（術）德
	弍百人		無		

經濟狀況	由各會員月捐作經常開支

主要負責人	姓名	性別	年齡	籍貫	學歷	經歷
	蔣漢傑	男	三七	長沙	初小	現任保長
	羅炳榮	男	五六	長沙	初中	
	楊紹秋	男	四八	長沙	初小	
	羅桂生	男	三四	長沙	初小	

中華民國三十六年　月　日填報

湖南省長沙市人民團體調查表

團體名稱	長沙市薪炭業職業工會	地址	長沙水陸洲	成立日期	民國三十五年四月九日
備案機關	長沙市政府	證書字號	華社民二字第0113號	備案日期	民國三十五年十一月

成立宗旨	會員專以採販為宗旨
組織概況	理事長一常務理事二監事二
沿革	自前清乾隆年間成立為公盛堂於民國二十三年在長沙縣黨部組織為薪炭業於去年重新加強組織
工作概況	現正加強組織吸收會員並謀業務展開

會員	合計	男	女	職業情形
	3803		無	

經濟狀況	會員以常月捐充作本會開支

主要負責人	姓名	性別	年齡	籍貫	學歷	經歷
	汪富貴	男	五七	湘陰	初中畢業	曾任保長副鄉長代理鄉長防護團隊附薪炭工會常務理事現任理事長
	徐壽康	男	四三	長沙	初小畢業	
	羅貴斌	男	三四	長沙	初小畢業	
	龔國斌	男	三五	長沙	初小畢業	
	吳壽雲	男	三五	長沙	初小畢業	
	賀德生	男	三四	長沙	初小畢業	

中華民國三十六年　月　日填報

湖南省长沙市人民团体调查表

<table>
<tr><td>团体名称</td><td>长沙市运输商业同业公会</td><td>地址</td><td>枝厂坪</td><td>成立日期</td><td>民卅五年十一月一日</td></tr>
<tr><td>备案机关</td><td>长沙市政府</td><td>证书字号</td><td>韵社字第0126号</td><td>备案日期</td><td>民卅五年十月二十日</td></tr>
<tr><td>成立宗旨</td><td colspan="5">以维持及增进同业之公共利益及矫正弊害为宗旨</td></tr>
<tr><td>组织概况</td><td colspan="5">设理监会理事长一人 常务理事二人 常务监事一人</td></tr>
<tr><td>沿革</td><td colspan="5">抗战复员始行筹备组织</td></tr>
<tr><td>工作概况</td><td colspan="5">调查及组织本市各运输商行加入本会并办理从业人员加入本会</td></tr>
<tr><td>会员</td><td colspan="5">合计 男 女 散播 全市及粤汉铁路沿线
80家 8021 1 佈形</td></tr>
<tr><td>经济状况</td><td colspan="5">每月收入月费约3000000万元 开工薪5000000万元 办公费及杂支约1000000万元 房租一项尚须另外筹付</td></tr>
</table>

<table>
<tr><td rowspan="6">主要负责人</td><td>姓名</td><td>性别</td><td>年龄</td><td>籍贯</td><td>学历</td><td>经历</td></tr>
<tr><td>熊炯荪</td><td>男</td><td>四二</td><td>长沙</td><td>修业中学</td><td>本会理事长</td></tr>
<tr><td>周桂夫</td><td>男</td><td>四三</td><td>湘乡</td><td>初中</td><td>本会常务理事</td></tr>
<tr><td>周淤非</td><td>男</td><td>四五</td><td>长沙</td><td>私塾</td><td>本会常务理事</td></tr>
<tr><td></td><td></td><td></td><td></td><td></td><td></td></tr>
<tr><td></td><td></td><td></td><td></td><td></td><td></td></tr>
</table>

中华民国37年6月14日填报

说明：一、本表式大小及纸张均须依照本式样（西纸）
二、各栏均须切实和详细填报
三、一律用毛笔正楷填写

湖南省长沙市人民团体调查表

团体名称	长沙市运输商业同业公会	地址	樟树坪	成立日期	卅三年十一月
备案机关	长沙市政府	证书字号	市社团字0116号	备案日期	卅三年十一月
成立宗旨	办理运输交通业务并谋同业福利				
组织概况	设理事会一 常务理事三 理事七 常务监事一 监事二 并聘干事二协助会务				
沿革	本会铁路运输业主前年因[illegible]长沙沦陷运营停顿 迄省会光复 始联合水陆运输重新组织				
工作概况	除加强会员组织外并每年召开会员大会一次 每月召开理监事会议二次研讨有关业务				
会员	合计 50；男 50；女	活动情形	[illegible]流动		
经济状况	会员登记费及牌照费每月并按甲乙丙三等分收月捐作经费开支				

主要负责人

姓名	性别	年龄	籍贯	学历	经历
熊国梁	男	四〇	长沙	专科毕业	华益商行经理
周时非	〃	四〇	〃	〃 〃	裕华公司经理
周桂夫	〃	三九	湘乡	〃 〃	信孚公司协理
曾国舜	〃	四五	衡阳	高中毕业	新华商行经理

中华民国　年　月　日填报

湖南省长沙市人民团体调查表

团体名称	长沙市纸伞业职业工会	地址	南门外上回[illegible]	成立日期	廿一年九月
备案机关	长沙市政府 ~~中央部~~	证书字号	长卅大火被毁	备案日期	廿一年11月

成立宗旨	供应大众需要谋劳工福利
组织概况	依法推选理监事外会内并分设油伞 架伞 背伞 修理四组
沿革	民廿一年九月成立迄今
工作[illegible]	近年营业萧条劳工生计困难亟谋改进

会员	合计	男	女	散布情形
	156	156		

经济状况	会员分担

主要负责人

姓名	性别	年龄	籍贯	学历	经历
王修连	男	50	湘乡	初小程度	历作伞业
郭吉林	〃	26	长沙	〃 〃	〃 〃
陈德梅	〃	28	湘潭	〃 〃	〃 〃
李国华	〃	26	长沙	〃 〃	〃 〃
刘树庭	〃	50	湘阴	〃 〃	〃 〃

中华民国　年　月　日填报

说明：一、本表式大小及印刷纸张均须依照本式样（[illegible]）
二、各栏均须切实调查详细填报
三、一律用毛笔正楷填写

（六）长沙市各同业公会调查册、会员名册（选录）

长沙市油焦煤商业同业公会会员名册（一九四〇年九月十五日）

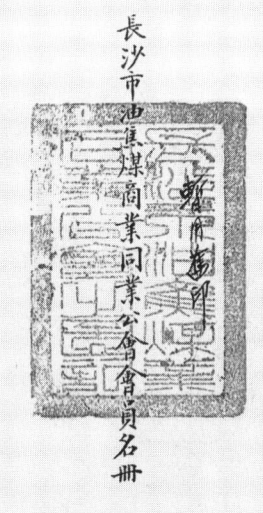

長沙市油焦煤商業同業公會會員名冊

民國二十九年九月十五日填報

公司行號工廠名稱	主體人或經理人姓名	資本額	會費單位	權數	代表人：人數	代表人：姓名	代表人：別號	代表人：性別	代表人：年齡	代表人：籍貫	代表人：營業種類	代表人：在公司行號工廠職務	代表人：教育程度	代表人：是否黨員	公司行號工廠地址	備註
其昌	周其標	2000.	1位	1	1	周其標	錦雲	男	五三	長沙	油焦煤	經理	私塾三年	否	半湘街水道巷	
利昌	常少春	3000.	1位	1	1	常少春	有亮	男	五二	長沙	油焦煤	經理	私塾二年	否	半湘街水道巷	
益湘	蔡柯亭	2000.	1位	[illegible]	1	蔡柯亭	柯亭	男	四八	江陰	油焦煤	經理	高小畢業	否	半湘街	
長發	袁長發	2000.	1位	1	1	袁長發	有春	男	四八	衡陽	油焦煤	經理	私塾四年	否	湘春路	
守一	吳子炳	2000.	1位	1	1	吳子炳	少炎	男	六〇	瀏陽	油焦煤	經理	私塾二年	否	楚湘街	
清溪	周炳麟	2000.	1位	1	1	周炳麟	丙林	男	四七	寧鄉	油焦煤	經理	高中二年	否	寧鄉道林	
慶記	郭梅舫	1,000.	1	1	1	郭梅舫	梅舫	男	五八	益陽	油焦煤	經理	私塾五年	否	坡子街	

紫記	唐紫軒	2,000,	1 1/2	/	/	唐紫軒	芷仙	男	五〇	祁陽	灌煤	經理	私塾二年	否	糖坊巷
榮華	趙榮華	1,000,	/	/	/	趙榮華	雲存	男	五〇	祁陽	灌煤	經理	私塾三年	否	半湘街
新康益	蕭梅卿	2,000,	1 1/2	/	/	蕭梅卿	子美	男	六一	寧鄉	灌煤	經理	私塾四年	否	楚湘街
鴻發	陳金生	1,500,	/	/	/	陳金生	金生	男	四八	湘潭	灌煤	經理	私塾五年	否	半湘街
同春	周松介	1,000,	/	/	/	周松介	松介	男	五二	湘鄉	灌煤	經理	高中畢業	否	福臨街
湘記	李子湘	500,	/	/	/	李子湘	紫香	男	五三	祁陽	灌煤	經理	私塾二年	否	永州碼頭
仁和	周維賓	1,000,	/	/	/	周維賓	維賓	男	四七	寧鄉	灌煤	經理	私塾三年	否	靈官渡
榮茂	趙榮茂	300,	/	/	/	趙榮茂	文華	男	五七	祁陽	灌煤	經理	私塾六年	否	半湘街
漢記	梁漢雲	300,	/	/	/	梁漢雲	子霓	男	五一	長沙	灌煤	經理	私塾七年	否	上六舖街
球記	唐定	1,000,	/	/	/	唐定	子一	男	四六	祁陽	灌煤	經理	私塾三年	否	六舖街

德裕	童正生	500.	/	/	/	童正生	正生	男	四一	湘鄉	澧煤	經理	私塾二年	否	中六鋪街
合義	李長仁	300.	/	/	/	李長仁	長仁	男	六〇	湘陰	澧煤	經理	私塾二年	否	修文街
桂記	許生耀	300.	/	/	/	許星耀	心兆	男	四六	寧鄉	澧煤	經理	私塾三年	否	修文街
迎記	陳迎卿	300.	/	/	/	陳迎卿	迎卿	男	四六	祁陽	澧煤	經理	私塾三年	否	新河街
得軒	唐啓亮	300.	/	/	/	唐啓亮	啓亮	男	五八	寧鄉	澧煤	經理	私塾四年	否	中六鋪街
裕興	羅桂和	300.	/	/	/	羅桂和	桂和	男	五〇	寧鄉	澧煤	經理	私塾四年	否	湘鄉碼頭
壽康福	曾懷禮	300.	/	/	/	曾懷禮	廣華	男	六五	瀏陽	澧煤	經理	私塾五年	否	楚湘街
湘昇福	陳桂生	300.	/	/	/	陳桂生	貴昇	男	五八	長沙	澧煤	經理	私塾六年	否	半湘街
義隆	盧義源	300.	/	/	/	盧義源	毅元	男	四八	江西	澧煤	經理	私塾六年	否	小西門下河街
大公利	謝炳輝	300.	/	/	/	謝炳輝	丙奎	男	四六	長沙	澧煤	經理	私塾五年	否	楚湘街

湘南	王漢雲	300	/	/	/	王漢雲	漢雲	男	五〇	長沙	潐煤	經理	私塾六年	否	南湖港
同安	陳志連	300.	/	/	/	陳志連	志連	男	五四	湘鄉	潐煤	經理	私塾二年	否	湘鄉碼頭
信記	周子桂	300.	/	/	/	周子桂	芷蒼	男	五七	湖北	潐煤	經理	私塾三年	否	靈官渡
基記	周基桂	300.	/	/	/	周基桂	子佩	男	四六	祁陽	潐煤	經理	私塾三年	否	糖坊巷
慶和	陳少梅	300.	/	/	/	陳少梅	紹枚	男	五一	瀏陽	潐煤	經理	私塾四年	否	靈官渡
公和	周東海	300.	/	/	/	周東海	冬澥	男	五四	衡陽	潐煤	經理	私塾四年	否	半湘街
恒茂	馬恒茂	300.	/	/	/	馬恒茂	恒茂	男	五六	長沙	潐煤	經理	私塾五年	否	碧湘街
吉星正	王如志	300.	/	/	/	王如志	于峙	男	五〇	湘鄉	潐煤	經理	私塾五年	否	靈官渡
嘉順	饒吉臣	500.	/	/	/	饒吉臣	吉臣	男	四六	長沙	潐煤	經理	私塾七年	否	西湖橋
利和	周利生	500.	/	/	/	周利生	濟崐	男	四八	湘潭	潐煤	經理	私塾六年	否	小西門下河街

寧一	鄒保庭	300.	/	/	/	鄒保庭	名樂	男	四八	寧鄉	煙煤	經理	私塾五年	否	南湖港	
俊記	邵和生	1,000.	/	/	/	邵和生	荷生	男	四八	湘陰	煙煤	經理	私塾五年	否	半湘街	
裕興公	鄭月樓	500.	/	/	/	鄭月樓	樾安	男	四八	衡山	煙煤	經理	私塾二年	否	楚湘街	
湡記	羅聯俊	1,000.	/	/	/	羅聯俊	賦基	男	四七	寧鄉	煙煤	經理	私塾三年	否	楚湘街	
復記	劉福秋	300	/	/	/	劉福秋	澤生	男	五七	寧鄉	煙煤	經理	私塾二年	否	楚湘街	
漣記	曾上珍	300	/	/	/	曾上珍	宇梁	男	五五	湘鄉	煙煤	經理	私塾二年	否	中六鋪街	
裕記	劉應冬	300	/	/	/	劉應冬	應冬	男	五三	湘鄉	煙煤	經理	私塾一年	否	中六鋪街	
裕鑫	戴肇科	300	/	/	/	戴肇料	迎春	男	五三	長沙	煙煤	經理	私塾六年	否	西湖路十四號	
森記	張祿生	300	/	/	/	張祿生	祿生	男	三八	寧鄉	煙煤	經理	私塾三年	否	楚湘街	
梅記	廖梅生	300	/	/	/	廖梅生	梅生	男	四六	湘鄉	煙煤	經理	私塾四年	否	下六鋪街	

順興	鄧厚卿	300	/	/	/	鄧厚卿	厚卿	男	四八	長沙	運煤	經理	私塾四年	否	吉樓門
鴻記	羅鴻福	300	/	/	/	羅鴻福	鴻福	男	四六	長沙	運煤	經理	私塾四年	否	靈官渡
天然	吳玉田	300	/	/	/	吳玉田	賜福	男	五四	湖北	運煤	經理	私塾四年	否	中牛頭洲三號
義記	鄭紹熙	3000	/五	/	/	鄭紹熙	紹熙	男	六〇	長沙	運煤	經理	私塾四年	否	大西門
寧益	鄧舜庭	300	/	/	/	鄧舜庭	名書	男	六〇	寧鄉	運煤	經理	私塾六年	否	南湖港

长沙市钱业同业公会会员册（一九四六年七月一日）

長沙市錢業同業公會會員册　呈

中民國三十五年七月一日增字第　號　錢業協會

牌名	經理姓名	原設地址	現設地址	成立年月日	停業年月	原有資本	現有資本
裕順長	伍尉沅 伍尉湘	下坡子街	錢業公會對門	前清光緒卅三年九月	廿七年十一月五日	壹拾萬元	貳仟萬元
元興	蔡月輝	織機巷	坡子街66號	二十二年	二十七年文夕	伍萬元	貳仟萬元
德成	李壽增	坡子街	黃興路225號 四怡堂內	二十四年	二十七年文夕	貳萬元	壹仟萬元
敦裕	周煊丞	北正街	南正路228號	廿四年七月	廿七年文夕	貳萬元	貳仟萬元
慎和	沈商農 湯炳榮	大西門	县後街	廿五年七月	廿七年文夕	貳萬元	貳仟萬元
永和	常繼珊	清泰街26號	清泰街26號	二十五年十月	二十七年文夕	壹萬元	壹仟萬元
建成	梁煥九	北正路	福源巷11號	二十五年	二十七年文夕	壹萬元	壹仟萬元
謙和	嚴瑞初	坡子街	樊西巷59號	民前十年一月	二十七年文夕	貳拾萬元	壹億元

乃康	邱明遠	洪家井坡子街101	二十三年五月	二十七年文々	壹拾萬元	壹仟萬元
春茂	徐經笙	洪家井臬後街22號	十七年二月	二十七年文々	壹拾萬元	貳仟萬元
萬裕隆	周維之	洪家井太平街75號	十二年	廿七年文々	壹拾肆萬元	壹仟萬元
宏業	胡伯良	洪家井東茅巷迎新內	廿六年一月	廿七年文々	貳萬元	壹仟萬元
復記	傅雲亭	福勝街15號福勝街15號	廿五年二月十日	廿七年文々	壹拾萬元	貳仟萬元
裕孚	常同生	洪家井福源巷11號	二十年一月	廿七年文々	肆萬元	貳仟萬元
益安	孫常標	樊西巷魚塘街[illegible]號	二十一年二月	廿七年文々	貳萬元	貳仟萬元
厚成	李士青	洪家井33號南正路228號	廿五年二月	廿七年文々	貳萬元	壹仟萬元
景福長	危譜陔	登隆街八角亭華南內	二十二年二月	二十七年文々	貳萬元	貳仟萬元
德福長	譚常愷	坡子街新華路121號				

大吉昌	王保南 蕭東生	坡子街樊西巷中 新内	十八年三月	二十七年文夕	貳萬元	貳仟肆佰万元
豐亨豫	陳海元	坡子街大西門上河街七号	三年二月	廿七年文夕	貳萬壹仟元	壹仟萬元
益源	李振河	上坡子街上坡子街	十五年一月	廿七年文夕	伍拾萬元	伍仟萬元
久記	蕭琉北	坡子街108号坡子街108号	二十年一月	廿七年文夕	弍萬元	壹仟萬元
元記	王荣松	織機巷坡子街26号	二十二年	廿七年文夕	伍萬元	貳仟萬元
銘記	張保卿	坡子街臬後街[illegible]	十八年	廿七年十月	貳萬元	壹仟萬元
敦信	黎鶴秋	洪家井息相街八号	廿四年四月	廿七年文夕	貳萬元	貳仟萬元
德和	周棣荣	洪家井大古道巷6号	廿六年一月	廿七年十一月	貳萬元	壹仟萬元
裕厚德	張厚明	耀道街大西门外4号	廿六年一月	廿七年文夕	壹萬元	伍佰萬元
德泰	王克熙	坡子街85号坡子街85号	廿四年十一月	廿七年文夕	壹萬元	壹仟萬元

恒和	蕭仲三	東茅巷坡子街101	十七年一月	廿七年十一月	肆萬元	貳仟萬元
永豐	夏綗安	坡子街鷄公坡二十六號	廿五年二月	廿七年十一月	貳萬元	壹仟萬元
益大	李席儒	洪家井路邊井照武公	廿六年一月	廿七年十一月	貳萬元	壹仟萬元
福大	許競三	社壇街東茅巷	十八年一月	廿七年九月	壹萬元	壹仟萬元
裕康	陳曉春	坡子街福星街福如內	廿六年十一月	廿七年十一月	壹拾萬元	貳仟萬元
永裕	黃楊忠	中山西路西牌樓太平里	二十六年十一月	廿七年九月	貳萬元	貳仟萬元
謙信長	沈仲賢	魚塘街臬後街	十六年八月	廿七年九月	貳萬元	貳仟萬元
永和豐	何伯庸	蘇家巷八角亭九如內	二十年四月	廿六年七月	伍萬元	貳仟萬元
滙和福	龍鴻標	湘春街營盤街鹽業園外	十年二月	廿七年十月	壹萬元	壹仟萬元
復順長	常石奇	清泰街大小益仝上	二十一年二月	二十七年十一月	壹萬元	壹仟萬元

同興裕	鄢錫齡	湘春路	西牌樓太平里	十一年一月	廿七年九月	貳萬元	貳仟萬元
乾恒泰	常雨蘇	清泰街33号	靖太子[illegible]	九年一月	廿七年文夕	貳萬元	貳仟萬元
同信昌	王樹蘇	中山西路	坡子街45号	廿四年一月	廿七年十月	壹萬元	貳仟萬元
正和	王保南	太平街	魚塘街3号	廿六年一月	廿七年文夕	貳萬元	貳仟萬元
大亨	張炯祥	洪家井	太平街7号	廿六年一月	廿七年文夕	貳萬元	貳仟萬元
慶昌福	汪義昌	大西门	太平街9号	十九年二月	廿七年文夕	壹萬元	壹仟萬元
裕厚隆	鄢錫齡 黃棉忠	北中正街	西牌樓太平里	廿六年一月	廿七年九月	貳万元	貳仟萬元
華通	王覲光	大西门	西牌樓廿八號	十六年一月	廿七年文夕	貳万元	貳仟萬元
聚信	周觀芳	東茅巷	白馬巷卅二號	廿五年	廿七年文夕	貳万元	貳仟萬元
鴻盛	鄒泉源	洪家井	朝陽巷馮湘記	廿六年一月	廿七年文夕	壹万元	壹仟貳百万元

中亞	黎湘琪	息相街?号	合 上	廿四年八月	廿七年五月	壹萬元	壹仟萬元
永源長	黃維新	福勝街	新河廿号	八年一月	廿六年九月	貳万元	壹仟萬元
福隆	朱仲澤 沈仲賢	藥王街	八角亭三友內	廿六年一月	廿七年五月	貳万元	貳仟萬元
福星祥	廖達明	蘇家巷	永豐倉	廿一年一月	廿七年八月	壹万元	貳仟萬元
旬品	宗玉麟	南正街	中木橋十九号	九年	廿七年	伍仟元	伍百萬元
信和	鍾德鑲	小西门	新街口十二號	廿六年一月	廿七年五月	貳萬元	貳仟萬元
朱長記	朱長松	朝陽巷	大西门四十二号	十一年六月	廿七年五月	貳萬元	貳仟萬元
德孚	張德生	樊西巷	中正路11号	十七年一月	廿七年臘月	貳萬元	貳仟萬元
福豐	王叔湘	坡子街	下列	廿二年	廿七年五月	貳萬元	
義成	徐保生	大西门二十三号	西牌樓	廿二年一月	廿七年十一月	貳萬元	貳仟萬元

阜品	曾勵行	中正路	太平街四十八号	廿一年一月	廿七年十月	貳萬元	貳仟萬元
廣湘興	劉鶴皋	臬後街	西牌樓廿八號	廿六年二月	廿七年文又	壹万伍仟元	壹仟伍佰万元
和記	曾富榜	蘇家巷六号	仝上	廿八年一月	廿七年文夕	伍仟元	伍佰萬元
仁〃記	馮炳榮	大西门外五十三号	福源巷倒脫靴五号	十三年一月	廿七年十月	貳萬元	貳仟萬元
豫生祥	傅滋生	洪家井二十四号	桐蔭里十號	十六年	廿八年		
鴻記	蕭長嵩	坡子街	西長街十三號	廿三年	廿七年	叁万元	貳仟萬元
謹記	何春亭	魚塘街	三興街22申泰〔?〕号	十六年八月	廿七年九月	壹万陆仟元	貳仟萬元
湘	左學謙 左俊森	理問街	臬後街	廿一年三月	廿六年十一月	伍萬元	伍仟萬元
萬咸祥							

长沙市瓦货商业同业公会会员名册（一九四六年八月）

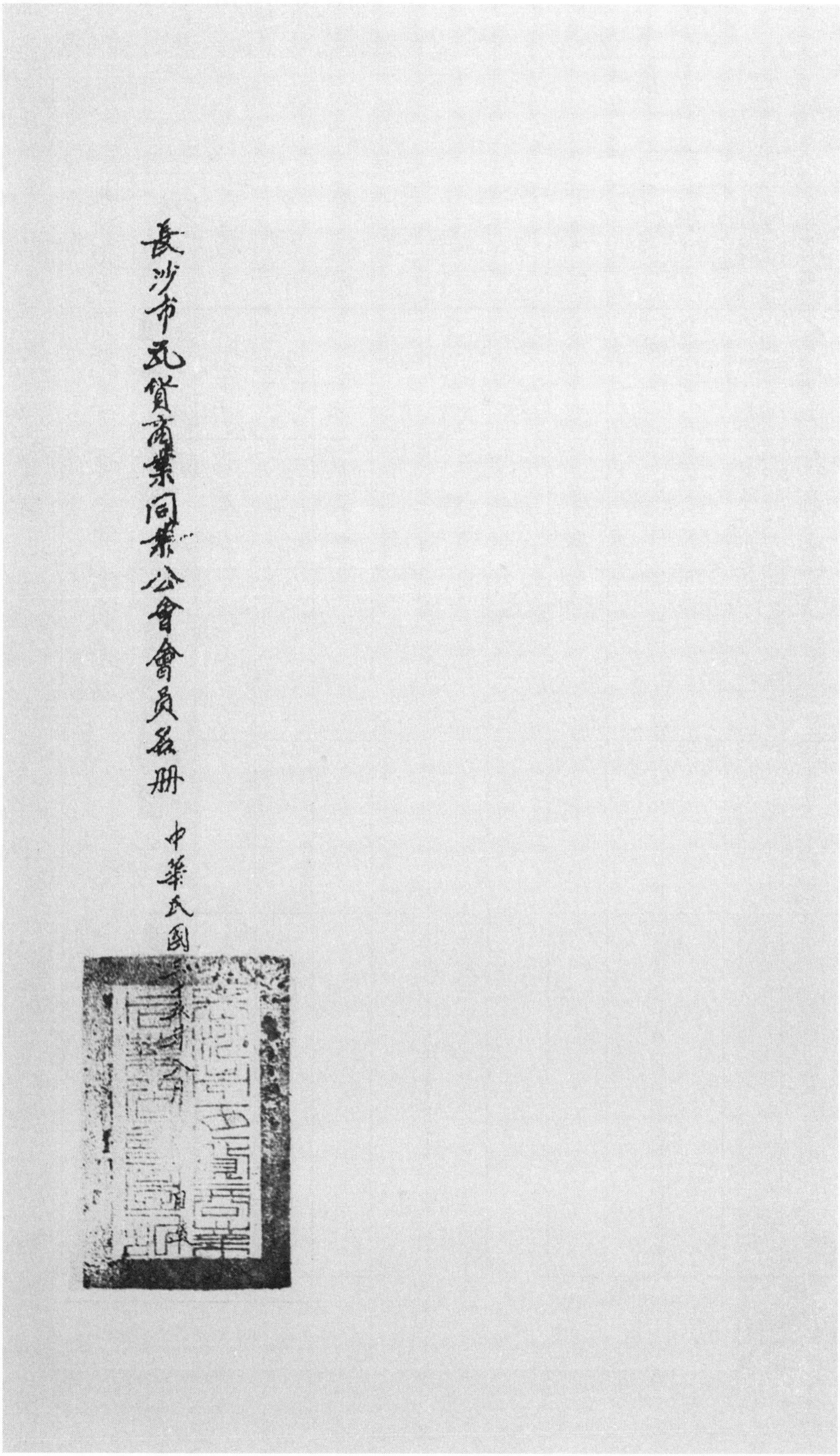

長沙市瓦貨商業同業公會會員名冊

中華民國三十五年八月

長沙市瓦貨商業同業公會會員名冊

中華民國三十五年八月　日造

店名	經理人姓名	營業所在地	資本總額	每年營業數	備考
戴慶湘	戴慶湘	長慶街			
沈恒順	沈鏡吾	藥王街			
蘇復泰	蘇長生	潮宗街			
郭祥泰	郭得勝	楚湘街			
黃同順	黃紹湖	瀏河街			
李玉順	李玉棠	中山路			
黃義成	黃弟發	福星街			
余鎮昌	余少熙	湘春街			
雷同茂	雷韻伯	修文街			
黃鄰泰	黃克斌	路邊井			
朱錦昌	朱福生	湘春街			

朱萬盛	朱福初	盟道街			
沈裕順	沈菊廷	湘春街			
丁復順	丁杏初	黄興街			
沈祥順	沈瑞廷	大西門正牆灣			廖宇之號
李祥順	李谷祥	大碼頭			
梁宏發	梁漢清	大碼頭			
談祥順	談亦華	碧湘碼頭			
梁益順	梁桂秋	招商碼頭			
周義順	周緝希	劉碼頭			
杜裕豐	杜海湖	賢達坡			
言漢興	言漢臣	三公祠			
史興祥	史銀生	仝			
銅官號	鄒春林	水風井			

周寶興	周福生	興漢門			
董永泰	董枚生	東站路			
松茂祥	柳桂林	鉄道旁			
雍福興	雍桂生	韮菜園			
彭新盛	彭新盛	鉄道旁			
彭義鑫	彭義鑫	燕子嶺			
言盛恒	言萬發	社坛街			
言俊兴	言子道	惜陰街			
九和隆	王福生	碧湘街			
張恒茂	張桂林	西湖橋			
張恒泰	張和生	學宮街			
周永泰	周桂生	天心馬路			
謝萬順	謝華生	小西門			

福興祥	楊古昆	小西門			
曾興泰	曾銀生	寫壽街			
長中興	周海清	長治路			
李洪泰	李華林	城南街			
黃裕泰	黃運鴻	縣正街			
張萬茂	張孫生	織機巷			
吳長茂	吳紹前	登隆街			
談祥順	談福桃	柑子園			
同豐泰	周林生	黃泥街			
譚宏發	譚炳生	文運街			
毛興祥	毛宏舜	北二馬路			
袁萬泰	袁桂生	臬後街			
涂泰和	涂保和	三王街			

劉玉泰	劉玉棠	福星門
龍裕勝	龍裕盛	劉正街
裕記	譚，剛裕	上木橋
曼杏祥	瞿天錫	城南路
福和祥	李福生	〃
張福興	張金雲	草潮門
李煜興	李庶陶	砲坪巷
侯公興	侯雲愷	書院坪
曾復泰	曾光中	大碼頭
李德興	李炳芳	義碼頭
[illegible]新	文枚生	火碼頭
蔣同興	蔣煥章	碧湘碼頭
周興長	陳樹雲	東興碼頭

合利長	黄俊林	瀏陽碼頭			
李馥泰	李長林				
茂興祥	梁維壽	碧湘街			
劉啟泰	劉萬興	西湖橋			
劉順泰	劉松林	楚湘街			
涂杰記	涂俊卿	樂古道巷			
盛茂祥	李順保	社壇嶺			
吳萬昌	吳羅生	上碧湘街			
合森記	張合林	社壇街			
洪桂生	洪萬泰	鉄鋪碼頭			

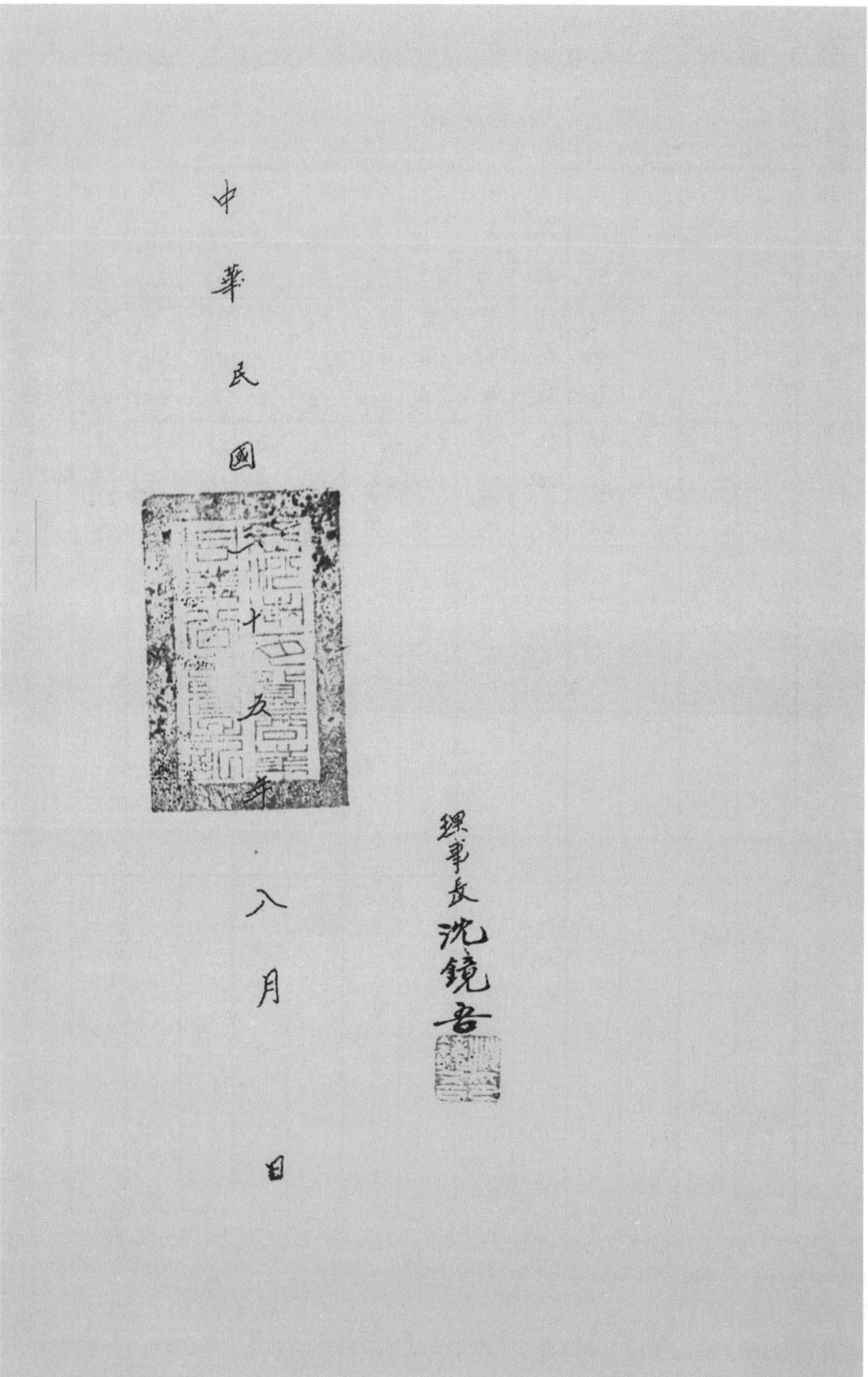

理事長沈鏡吾

中華民國[illegible]十五年八月　日

长沙市鱼行商业同业公会会员名册（一九四六年八月）

長沙市魚行商業同業公會會員名冊

中華民國三十五年八月　日

商行牌名	負責人姓名	資本額	行址	備攷
新廣泰	萬海涵	一千萬元	鹽運坡	
豐泰長	李崇煥	二千萬元	大西門上河街	
升泰	唐銘初	一千萬元	鹽運坡	
合記益泰	唐堯階	一千萬元	鹽運坡	
合盛興	張壽誠	一千萬元	半湘街	
裕源泰	向年斌	一千萬元	半湘街	
萬盛昌	向素生	一千萬元	半湘街	
信泰厚	陳德生	一千萬元	大西門義碼頭	

復昌	陳敦元	一千萬元	大西門外正街
萬協泰	歐陽慰先	六百萬元	半湘街
萬大順	彭春華	六百萬元	半湘街
萬泰	陳照熙	六百萬元	鹽運坡
逢元生	鄒蘭陔	六百萬元	半湘街

长沙市玻璃商业同业公会为报告选举结果并赍呈职员名册及会员代表名册致长沙市商会的函（一九四六年十二月十一日）

交秘書名冊交統計科彙造
[illegible] 十二、十六

長沙市商會 收文 天字1795號 35 12 11日

為報告選舉結果並賫呈職員名冊及會員代表名冊仰祈
鑒核事竊屬會遵于十二月十日依法改選當經選舉王春篪伍佑春
張楚材周炳陽劉曉春蘇寶松易長生吳祥生李灼華九人為理事
丁星彬彭滌清周長云為候補理事並互選王春篪為理事長伍
佑春張楚材為常務理事張鼎銘楊春生楊榮卿為監事陳韓庭
為候補監事並互選張鼎銘為常務監事理合造冊賫呈
貴會伏乞
鑒核准予備查謹呈
長沙市商會

長沙市玻璃商業同業公會理事長王春篪

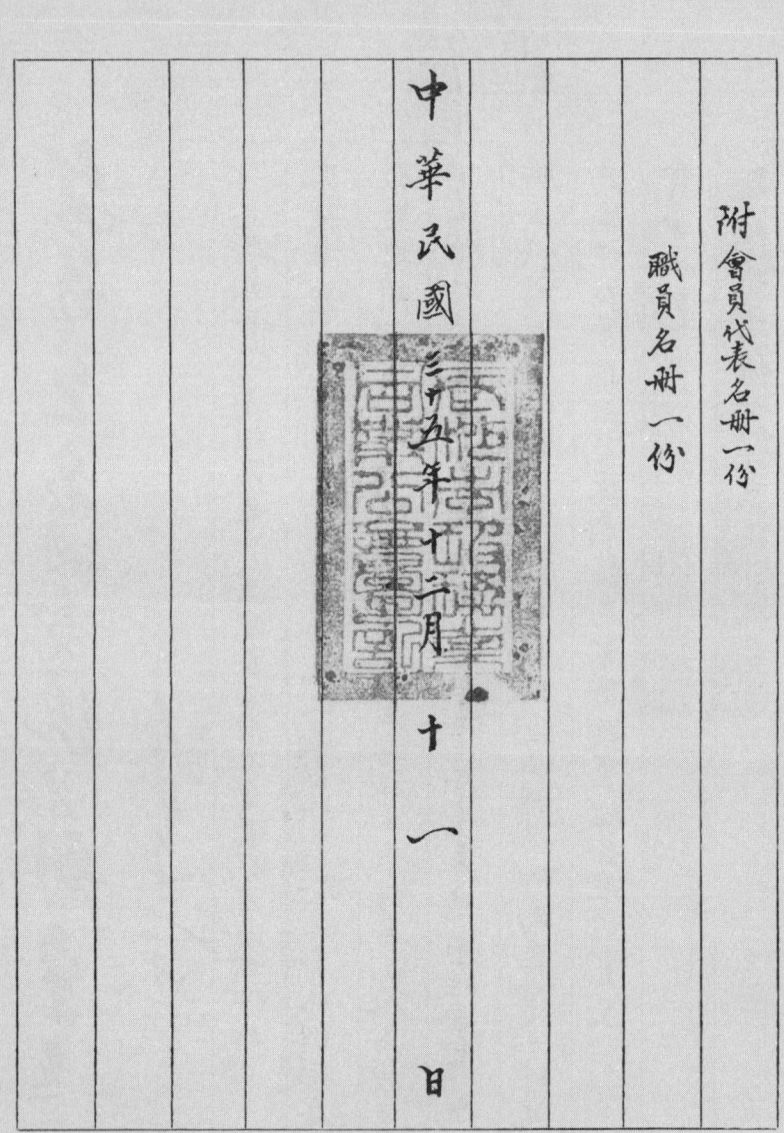

附會員代表名册一份

職員名册一份

中華民國三十五年十二月十一日

附（一）：长沙市玻璃业商业同业公会会员名册（一九四六年九月）

長沙市玻璃業商業同業公會會員名冊

中華民國三十五年九月 日造

長沙市玻璃業商業同業公會會員名冊

中華民國三十五年九月　日造

店名	經理人姓名	營業所在地	資本總額	每年營業數量	備
美興隆	蔣瑾臣	三興街			
榮生福	龍伯福	仝右			
彭復泰	彭滌清	三泰街			
祥記雲霞	伍鎮海	三王街			
恩和祥	楊常卿	仝右			
同利長	方吉安	三興街			
永新	洪驚奇	仝右			
順興祥	陳李氏	三泰街			
瑞隆	吉卜三	潘城堤			
福泰長	陳輝庭	三泰街			
興華	趙雲青	道正街			

美利	杜國純	接貴街		
中華阜	謝壽文	三泰街		
和順	曹德慶	三興街		
源盛祥	許昌鐘	仝右		
華麗	王祝封	藥王街		
義和昌	王春篪	三王街		
大聯成	楊春生	仝右		
新九福	蔣春生	三泰街		
裕盛長	何乾綬	仝右		
錦星祥	閻星兆	仝右		
福華	張紹潘	三泰街		
謝錦昌	謝錦燦	三泰街		
大福昌	劉遐齡	接貴街		

[illegible]記玻璃工廠	[illegible]強	南門外下仁街			
新利長	毛必祿	三泰街			
湘泰長	張楚材	三王街			
興記慶雲	宋漢民	藩城堤			
永光玻璃廠	吳安錦	南門外同仁街			
廖記麓山玻璃工廠	汪靜湖	南門外六鋪街			
鴻記晉湘玻璃工廠	伍佑春	朝陽巷			
光明玻璃廠	曾帶生	南門外中六鋪街			
漢昌	孫漢臣	藩城堤			
裕興隆	張鼎銘	三王街			
新彩霞	李灼華	三興街			
丁記	丁星彩	又春街			
正記森茂	李運鴻	三興街			

萬順長	彭性黄	中西門正街			
新麓山	李長林	坡子街			
玉記	劉玉泉	天心閣			

理事長張鼎銘

中華民國三十五年九月

附（二）：长沙市玻璃商业同业公会会员代表名册（一九四六年十二月十日）

長沙市玻璃商業同業公會會員代表名册

長沙市玻璃商業同業公會會員名冊

中華民國三十五年十二月十日填造

公司行號工廠名稱	主體人或經理人姓名	資本額	會費單位	權數	代表人人數	代表人姓名	號別	性別	年齡	籍貫	營業類別	在公司行號或工廠職務	教育程度	是否黨員	公司行號工廠地址	備註
錦宮	謝錦燦					謝錦燦		男	三六	長沙	玻璃	店主	三年		清泰街	
源盛祥	龍滌源					龍滌源		〃	二八	湘陰	〃	〃	〃		三興街	
新九福	劉曉春					劉曉春		〃	二八	〃	〃	〃	五年		三泰街	
福泰長	陳輝廷					陳輝廷		〃	五〇	湘潭	〃	〃	〃		〃	
新華利	劉宗文					劉宗文		〃	四〇	長沙	〃	〃	〃		〃	
湘泰長	張楚材					張楚材		〃	三八	〃	〃	〃	〃		三王街	
鼎新昌	周炳揚					周炳揚		〃	三六	湘陰	〃	〃	〃		〃	
和順	易長生					易長生		〃	五〇	長沙	〃	〃	〃		三興街	
新彩霞	李灼華					李灼華		〃	三五	湘陰	〃	〃	〃		〃	
新麓山	李長林					李長林		〃	三二	湘潭	〃	〃	〃		坡子街	

記樹

和記萬順長	鄔三和				鄔三和		男	三六	長沙	玻璃	店主	二年		三興街	
順興祥	李國安				李國安		〃	二六	〃	〃	〃	〃		三興街	
王興泰	王應登				王應登		〃	四〇	〃	〃	〃	〃		三泰街	
中華阜	謝壽文				謝壽文		〃	五〇	〃	〃	〃	〃		〃	
望明	董澤鈞				董澤鈞		〃	四〇	〃	〃	〃	〃		〃	
森茂	周長云				周長云			三〇	〃	〃	〃	〃		三興街	
永光	吳吉錦				吳吉錦			四六	〃	〃	〃	〃		同仁街	
光明	曾榮生				曾榮生			五〇	〃	〃	〃	〃		六鋪街	
國華	胡葵生				胡葵生			三二	〃	〃	〃	〃		半湘街	
永盛隆	吳梓生				吳梓生			三三	〃	〃	〃	〃		碧湘街	
萬順長	彭杏生				彭杏生			四六	〃	〃	〃	〃		小西門正街	
建華	范繼陶				范繼陶			四三	〃	〃	〃	〃		小西門河街	
義和昌	王繼槐				王繼槐			五〇	〃	〃	〃	〃		三王街	

長沙市玻璃商業同業公會會員名冊

中華民國三十五年十二月十日填造

公司行號工廠名稱	主体人或經理人姓名	資本額	會員單位	權數	代表人數	代表人姓名	號別	性別	年齡	籍貫	營業類別	在公司行號工廠職務	教育程度	是否黨員	公司行號工廠地址	備註
裕興隆	張鼎銘					張鼎銘		男	四八	湘陰	玻璃	店主	六年		三王街	
惠和祥	楊崇卿					楊崇卿		〃	五八	湘潭	〃	〃	三年		〃	
美利	杜國純					杜國純		〃	三〇	長沙	〃	〃	〃		接貴街	
寶湘	伍佑春					伍佑春		〃	四五	〃	〃	〃	五年		朝陽巷	
新華	王春麓					王春麓		〃	四二	〃	〃	〃	六年		三王街	
裕華	劉玉泉					劉玉泉		〃	五六	〃	〃	〃	二年		南門口	
雲霞	蘇賓松					蘇賓松		〃	四一	〃	〃	〃	〃		三王街	
王謙泰	王運成					王運成		〃	三五	〃	〃	〃	〃		柑子園	
祥生	周德生					周德生		〃	二六	〃	〃	〃	〃		中山路	
新光	黃興贊					黃興贊		〃	三二	〃	〃	〃	〃		三泰街	

敬記	楊敬中	楊敬中	男	三0	長沙	玻	璃店	主	二年	三泰街	
信昌祥	譚振梅	譚振梅	〃	二八	〃	〃	〃	〃	〃	藩城堤	
孫漢昌	孫漢臣	孫漢臣	〃	六0	湖北	〃	〃	〃		〃	
順興隆	周松泉	周松泉	〃	六	湘陰	〃	〃	〃		〃	
瑞隆	黃兆熊	黃兆熊	〃	五二	長沙	〃	〃	〃		〃	
丁祥興	丁星彩	丁星彩	〃	四八	湘鄉	〃	〃	〃		三泰街	
介福昌	謝曠生	謝曠生	〃	四0	長沙	〃	〃	〃		〃	
新利長	毛必祿	毛必祿	〃	五二	〃	〃	〃	〃		〃	
振興	周鵬飛	周鵬飛	〃	三二	〃	〃	〃	〃		〃	
裕盛長	何乾綏	何乾綏	〃	二八	湘陰	〃	〃	〃		〃	
大聯成	楊春生	楊春生	〃	四八	湘潭	〃	〃	〃		三王街	
華順	洪鶩奇	洪鶩奇	〃	三二	長沙	〃	〃	〃		三興街	
美裕隆	陳樹藩	陳樹藩	〃	三八	湘潭	〃	〃	〃		三泰街	

長沙市玻璃商業同業公會會員名冊

中華民國三十五年十二月十日填造

公司行號工廠名稱	主体人或經理人姓名	資本額	會費單位	權數	代表人數	代表 姓名	代表 別號	代表 性別	代表 年齡	代表 籍貫	代表 營業類別	代表 在公司行號工廠職務	代表 教育程度	代表 是否黨員	公司行號工廠地址	備註
中興	張庚生					張庚生		男	五八	長沙	玻璃	店主	二年		三興街	
大華	鄧文斌					鄧文斌		〃	二八	〃	〃	〃	〃		〃	
同利長	方吉安					方吉安		〃	三四	〃	〃	〃	〃		〃	
彭復泰	彭滌清					彭滌清		〃	三〇	〃	〃	〃	〃		〃	
九隆	周洪肖					周洪肖		〃	三〇	〃	〃	〃	〃		伯陵路	
麓山	李炳皇					李炳皇		〃	三四	〃	〃	〃	〃		六鋪街	
華興	王值三					王值三		〃	四八	〃	〃	〃	〃		藥王街	
福華	李建遠					李建遠		〃	二六	〃	〃	〃	〃		三泰街	
錦記	歐見明					歐見明		〃	二三	〃	〃	〃	〃		北正街	

理事長 王春麓

中華民國三十五年十二月十 日

长沙市瓷业同业公会会员名册（一九四七年五月三十日）

長沙市瓷業商業同業公會會員名冊 民國三十六年五月三十日

商號名稱	詳細地址	負責人名	資本額	等級	備攷
九江	黄興路	王啟聰	叁百萬元	甲一	
王再興	老照壁	王紹欽	貳百廿萬元	甲一	
景瓷	中正路	董光欽	叁百萬元	甲一	
榮昌	三興街	譚全生	叁百萬元	甲二	
淥江	永丰倉	羅毓文	弍百萬元	甲二	
黄萬盛	黄興路	黄炳坤	四拾萬元	乙一	
潤潤	中正路	黄梅生	壹百萬元	乙一	
公記	三太街	劉佐湘	五拾萬元	乙一	
湘盛	半湘街	廖大旺	四十五萬元	乙一	

葉九和	長春街	葉九和	叁拾萬元	乙二
同和祐	皇倉街	張翼云	叁拾萬元	乙二
長記	三太街	聶九成	四拾萬元	乙二
熊楚湘	三太街	熊壽鴻	叁拾萬元	丙一
瑞和	中山東路	黃紹華	四拾萬元	丙一
馬順興	小西正街	馬復初	壹拾五萬元	丙一
蔣恒興	永丰倉	蔣玉成	貳拾萬元	丙一
祥興	社坛街	胡東明	叁拾萬元	丙一
華美	湘春街	楊振球	叁拾萬元	丙一
湘瓷	城南路	黃德華	壹拾萬元	丙一
王寶記	社坛街	王寶芝	壹拾萬元	丙一

附註：一、本表應由各該業同業公會加蓋圖記
二、本表應由公會理事長及常務理事或理事簽章
三、等級分甲乙丙丁戊五級

長沙市茶商業會員名册　民國三十六年　月　日

商號名稱	詳細地址	負責人姓名	資本額	等級	備考
利達	楚湘街	程炳炎	壹拾萬元	丙一	
致中和	永丰倉	羅訓田	壹拾萬元	丙一	
華中	皇倉街	甯申夫	壹拾萬元	丙一	
裕榮昌	三太街	王永梅	貳拾萬元	丙一	
萬興昌	中木橋	張漢成	壹拾萬元	丙二	
鎮興祥	楚湘街	馮復生	壹拾萬元	丙二	
新華麗	長春街	曹硒彬	五拾萬元	丙二	
陳佑記	皇倉街	陳佑云	壹拾萬元	丙二	
錦記	北正街	謝敦云	四拾萬元	丙二	

義豐	皇倉街	李梅生	唐梧禹元	丙二	
裕華					停業
同正記					空
合太勝					空
福和祥					空
裕豐					空
永興福					空
益興					空
義記					空
暢記					空
双和盛					空

長沙市茶商業公會會員名册　民國三十六年　月　日

商號名稱	詳細地址	負責人姓名	資本額	等級	備考
國瓷					停業
太康					仝
怡中					仝
順記					仝
怡之和					仝
四而					仝
雲記					仝
戴庆湘					仝
陳鎮記					仝

求精					停業
美麗					仝
樹懋與					仝
德和					仝
德裕					仝
永丰					仝
阜和					仝
南中					仝
慶丰昌					仝
復利					仝

附註：1、本表應由各該業同業公會加蓋圖記

2、本表應由各該業理事長及常務理事簽名負責

3、等級分甲乙丙丁戊五級

长沙市机器锯木工业同业公会会员名册（一九四八年十月十四日）

長沙市機器鋸木工業同業公會會員名冊

長沙市機器鋸木業同業公會

工廠名稱	中南機器鋸木廠
獨資或合夥或股份有限公司	合夥
主持人或經理人姓名	朱勲
製品種類	各種板料
生產工具	36匹蒸汽馬力一座
出品數量	每日能鋸毛板料八十方
工人數額	男工 三二人；女工 ；童工 ；合計 三十二人
設址	南門外中大鋪街
創立年月	三六年七月

會員代表

姓名	性別	年歲	籍貫	出身	現任本廠何職務	住址
朱勲	男	四〇	湘鄉	高中畢業 需校計三期	經理	長沙南門外糖坊巷二號
符雨蘭	男	四八	湘潭	私塾五年	副經理	本廠
張潤泉	男	四四	長沙	私塾五年	營業主任	〃
鄧玉衡	男	四〇	長沙	私塾七年	會計	〃
朱劍雄	男	三六	湘鄉	軍校軍訓班三期	庶務	〃

長沙市機器鋸木工業同業公會會員名冊

工廠名称	興業機器鋸木廠
厰址	南门外大椿橋積坊巷一号
組織（獨資或合夥或公司）	合夥
創办年月	三十二年四月
主持人或經理人姓名	劉鎮鏞
製品種類	各種分寸杉板门窗门架鉋光企口
生產工具	50匹柴汽馬力一座之鋸机四座 鉋光机一座 企口机一座 栽樹机一座
出品數量	每日能鋸毛板本方壹百廿方
工人數額	鋸工三人；小工四十人；学徒六人

公會代表

姓名	性別	年齡	籍貫	出身	在本廠所任職務	住址
王保臣	男	四八	長沙	師範学校	董事長	本廠
劉鎮鏞	男	四〇	長沙	机械專门学校（上海福特汽車公司）	經理	
柳嚴初	男	四七	瀏陽	会計学校畢業	出納	
余自廉	男	四七	長沙	工業学校（乙種）	營業主任	
王芝倫	男	三〇	長沙	會計学校畢業	會計	

長沙市機器鋸木業同業公會會員名冊

公司行號名稱	東華機器鋸木廠	設立地址	南門外中六鋪街
組織（獨資、合資、公司）	合夥	創設年月	三十六年九月
負責人姓名	總經理唐叔沆		
製造品種類	各種木板		
使用機器及工具	蒸汽馬力一座圓鋸機器貳座		
出品數量	每日能出木板八十方		
工人數額	男 工技工四人、工友二十人	合計	二十四人

代表

姓名	性別	籍貫	年齡	出身	在本業所任職務	住址
唐叔沆	男	東安	五二	高中畢業	總經理	南門外中六鋪街
陳福生	男	長沙	五四	私塾三年	經理	南門外中六鋪街
周克斌	男	東安	五二	初中畢業	營業主任兼會計	南門外中六鋪街

長沙市機器鋸木工業同業公會會員名冊

民國三十[illegible]年[illegible]月十三日

廠名	湘東實業公司環球鋸木廠
廠址	楚湘街[illegible]
組織或公司	股份有限公司
創業年月	三十年四月
負責人或經理人姓名	總經理王秉丞經理凃延生朱桂馨
製品種類	分寸板片各種方枕等木板
使用工具	鋸鐘馬力鋸片
出品數量	每日出毛板八十方
工人數額	技士四人；工友十人

公司代表

姓名	性別	年齡	籍貫	出身	現在本廠所任職務	住址
王秉丞	男	五三	湘潭	政界	總經理	大兩廠坪九號
凃延生	〃	五〇	益陽	商界	經理	鵝公坡硝廠巷
朱桂馨	〃	四二	湘鄉	商界	經理	仝右
康襄	〃	三三	新化	政界	工廠管理	本廠
吳宗伯	〃	二四	長沙	政界	會計兼出納	仝右

長沙市機器鋸木工業同業公會會員名冊

工廠名稱	一大木廠
廠址	湘春路一九三號
獨資、合資或股份公司	合股
創辦年月	民國三十六年九月
主持人或經理人姓名	毛榮孫
業務種類	機器鋸製木材
生產工具	鋸木機兩部、鉋木機壹部
出品數量	每天出品杉木樓地板貳拾市方丈
工人數額	男工貳拾人；女工叁人；童工 /；合計貳拾叁人

會員代表

姓名	性別	年齡	籍貫	出身	現在工廠所任之職務	住址
毛榮孫	男	三一	江西	大学	经理	湘春路一九三號
王君璧	〃	四三	浙江	中学	廠長	仝上
唐祖濟	〃	三〇	湖南	中学	副经理	仝上
羅家祺	〃	三〇	湖北	中学	材料主任	仝上
毛瑞闿	〃	二八	江西	中学	會計	仝上

長沙市機器鋸木工業同業公會會員名册

工廠名稱	新華機器鋸木廠		
廠址	長沙天心路76號	創辦年月	三十五年六月
組織（獨資或合夥或公司）	合夥		
主持人或經理人姓名	向悳		
製品種類	木板		
生產工具	煤氣發動機一座　双鋸床圓鋸機一座　刨木盒機一座		
出品數量	每日五十市方丈		
工人數額	男工 十四人	女工 無	童工 無
	合計 十四人		

會員代表						
姓名	性別	年齡	籍貫	出身	現任本廠職務	住址
向悳	男	四七	衡山	湖南大學畢業	經理	廠内
陳哲明	男	二八	長沙	初中肄業	業務員	廠内
向恭興	男	二〇	衡山	高中畢業	業務員	廠内

長沙市機器鋸木工業同業公會會員名册

工廠名稱	公記華湘機器鋸木廠
廠址	晴佳巷
組織（獨資合夥或公司）	合夥
創設年月	民國三十七年九月一日
主持人或經理人姓名	楊岳忠
製品種類	板料
生產工具	圓鋸　排鋸
出品數量	
工人數額	男工 十五人；女工；童工；合計 十五人

會員代表

姓名	性別	年齡	籍貫	出身	在本廠所任之職務	住址
楊岳忠	男	三五	長沙	公輸工木科	經理	文星里二號
張英卓	男	三六	長沙	甲工机械科	副理	上營盤街三十三號
閔士林	男	二九	長沙	學生會計學校	會計	晴佳巷本廠

長沙市機器鋸木工業同業公會會員名册

工廠名稱	讓受益鋸木廠
地址	下大鋪街三十七號
組織（獨資或合夥或股份公司）	獨資
成立年次	民國三十六年九月
負責人或經理人姓名	袁成章
製品種類	杉板
生産工具	汽車機器
出品數量	貳拾餘方
工人數額 男工	十壹個
女工	
童工	三個
合計	拾肆人

會員代表								
姓名	性別	年齡	籍貫	出身	在工廠所任之職務	住址	登記年月日	備考
廖華桂	男	三十六	長沙	高中畢業後從事木業	營業主任	本廠		

長沙市機器鋸木工業同業公會會員名冊

工廠名稱	盛昌
獨資或合夥或公司	合夥
負責人或經理人姓名	曾自立
製品種類	
使用工具	
出品數量	
工人數額 男工	
工人數額 女工	
工人數額 童工	
工人數額 合計	
廠址	西湖橋路
開業年月	三十七年二月開業

長沙盛昌電機鋸木廠 西湖橋路（印章）

會員代表

姓名	性別	年齡	籍貫	出身	在本廠所任之職務	住址
曾自立	男	三四	長沙	商	總經理	西湖橋路190號

長沙市機器鋸木工業同業公會會員名册

工廠名稱	金城鋸木
工廠地址	吳漢门
組織（獨資、合夥或公司）	合夥
創業年月	卅七·七·壹
業主或經理姓名	周之民
製品種類	分寸杉板
生產工具	煤氣引擎
出品數量	十方
工人數額	男工 / 女工 / 童工 / 合計 八名

會員代表姓名	性別	年齡	籍貫	出身	現在本工廠所任之職務
周之民	男	五二			
周樂	男				
戚柏瑞	男				
徐家克	男				
劉潤生	男				

長沙市織品縫紉業同業公會會員名册

工廠名稱	雲泰和机器鋸木廠
廠址	湘春路
組織（獨資或合夥或公司）	合夥
創辦年月	卅七年四月
主持人或經理姓名	周雲
製品種類	
工廠工具	
出品數量	
工人數額	男工八名
	女工
	學徒
	合計
會員代表姓名	龍世勛
性別	男
年齡	30
籍貫	長沙
出身	商
職務	主任
住址	湘春路21號

长沙市機器鋸木工業同業公會會員名冊

工廠名稱	聯合機器鋸木廠	徽號	
組織類別（獨資或合夥或公司）	合夥	開設年月	
負責人或經理人姓名	丁瑞虎		
製品種類	杉板		
原料來源	機器之鋸		
出品數量	每日三十余方		

工人數額	男工	女工	童工	總計
	三〇			三〇

會員代表			
姓名	左宗杰	吳榮興	吳春金
性別	男	男	女
年齡	三七	二四	二二
籍貫	長沙	江蘇	江蘇
出身	湖南省立第一職業學校畢	江蘇武進中學	江蘇崇明甲中
曾在何機關任何職或經歷	工程師	營業主任	會計
[illegible]	下樑而[illegible]	仝右	〃 〃

長沙市機器鋸木業同業公會會員名冊

工廠名稱	新生機器鋸木廠
廠址	靈官渡廿六號
組織（獨資合夥或公司）	合夥
創設年月	三十六年六月一日
主持人或代表人姓名	經理黃俊華 副經理黃周維
製造品種類	各種板片木器傢具
動力機具	汽車馬力盤鋸機砂輪
出品數量	日產六十市方丈
工人數額	男工：十八人；女工：；童工：；合計：

會員代表

姓名	性別	年齡	籍貫	學歷	職務	住址
黃俊華	男	三一	湘潭	大學	經理	靈官渡本廠
黃周維	〃	四三	〃	中學	協理	同
王先覺	男	三八	湘潭	中學	營業員	同
謝紹南	男	三四	衡山	小學	工務員	同
李蔭庭	男	三三	衡山	小學	鋸工	同

長沙市機器鋸木業同業公会会員名册

工廠名稱	民大機器鋸木廠
組織（獨資或合夥或公司）	民國大學生產事業管理處
主體人或經理人姓名	曾鏡清
製品種類	鋸板片
生產名具	
出品數量	五十五方

工人數額	男工	女工	童工	合計	總計
	二十五人	一人	四人	三十人	三十人

会員代表

姓名	性別	年齡	籍貫	出身	在工廠所任之職務	住址
顏味根	男	三七	寧鄉		会計	係城堤
黄俊傑	〃	二七	〃		業務	係城堤
郭本源	〃	二一	靖縣		出納	係城堤

理事長朱勳

中華民國三十七年十月十四日

长沙市戏剧商业同业公会现有影院及剧场调查表（一九四八年）

長沙市戲劇商業同業公會現有影院及劇場調查表

民國三十七年　月　日

影劇院名稱	所在地	容量	官辦自建或私辦或租用	院主姓名	目前主演何種戲劇	對於軍人抹用何種優待辦法	備考
銀宮電影院	中山東路	880	私辦 租用	蕭揚武	電影	星期日場招待	
遠東電影院	寶南街	708	仝右 租地自建	劉良才	仝右	〃 〃	
泰山電影院	順星橋	769	〃 〃 租地自建	楊樹人	〃 〃	〃 〃	
國泰大戲院	倉後街	720	〃 〃 租用	王乃鼎	〃 〃	〃 〃	
銀星電影院	藥王街	784	〃 〃 租地自建	蔣壽世	〃 〃	〃 〃	
新新電影院	育嬰街	786	〃 〃 租用	王乃鼎	〃 〃	〃 〃	
光明電影院	蘇家巷	456	〃 〃 〃 〃 自建	劉炳炎	〃 〃	〃 〃	
黃金大戲院	織機巷	680	〃 〃 租地自建	梁月波	平劇	〃 〃	

長沙大戲院	登隆街	700	私辦	私人租用	張培鑫	平劇	星期日場招待
湘春園大戲院	高井街	660	仝右	仝右	易寅生	湘劇	〃
金城大戲院	皇倉灣	630	〃	租用	楊文廣	平劇	〃
楚南大戲院	西牌樓	420	〃	租地自建	黃玉山	湘劇	〃
美琪大戲院	黃泥街	356	〃	租用	賀燊	楚劇	〃
民衆大戲院	中山西路	30	〃	租用	周福生	話劇	〃
綠蘋書場	藥王街	280	〃	租用	周福生	楚劇	〃
雪園劇場	倉後街	360	〃	〃	楊鎮凱	話劇	〃

长沙市仓库商业同业公会商业登记调查总表（一九四八年）

倉庫同業公會商業登記調查總表

商號名稱	經理人姓名	獨資或合夥（公司）	資本額	營業所在地	登記證字號	登記年月日	備攷
大中倉庫	李滌水	合股	[illegible]	潮宗街 [illegible]			
通安〃〃	李壽增	獨資	[illegible]	〃			
久安〃〃	李良瀚	合股	[illegible]	福星街			
泰安〃〃	陶丁	獨資	[illegible]	中山西路			
太和〃	魏伯鵬	〃	[illegible]	草外河街			
福來	高遠和	〃	[illegible]	高陞巷			
太平	何喜亭	合股	[illegible]	太平街			

德豐長分	龔錦濤	合股	男	雷長街				
裕豐	李仲仙	合股	男	大西門正街				
複興號行 長沙倉庫	劉漢卿	根據本行為特殊	上[illegible]頭	南門外吉祥庵				
錦豐	龔錦濤	獨資	男	福星街				
利盛	譚伯海	獨資	男	潮宗街				
協安	李建[illegible]	獨資	男	敦仁巷				

註：（一）未經登記之商號則不填登記証字號兩欄
（二）商號名稱欄必將其牌號全行填具
（三）須將本同業名稱填入如旅棧業同業公會
（四）各欄須用正楷詳細填載

长沙市油盐棉花纱商业同业公会会员名册（一九四九年一月）

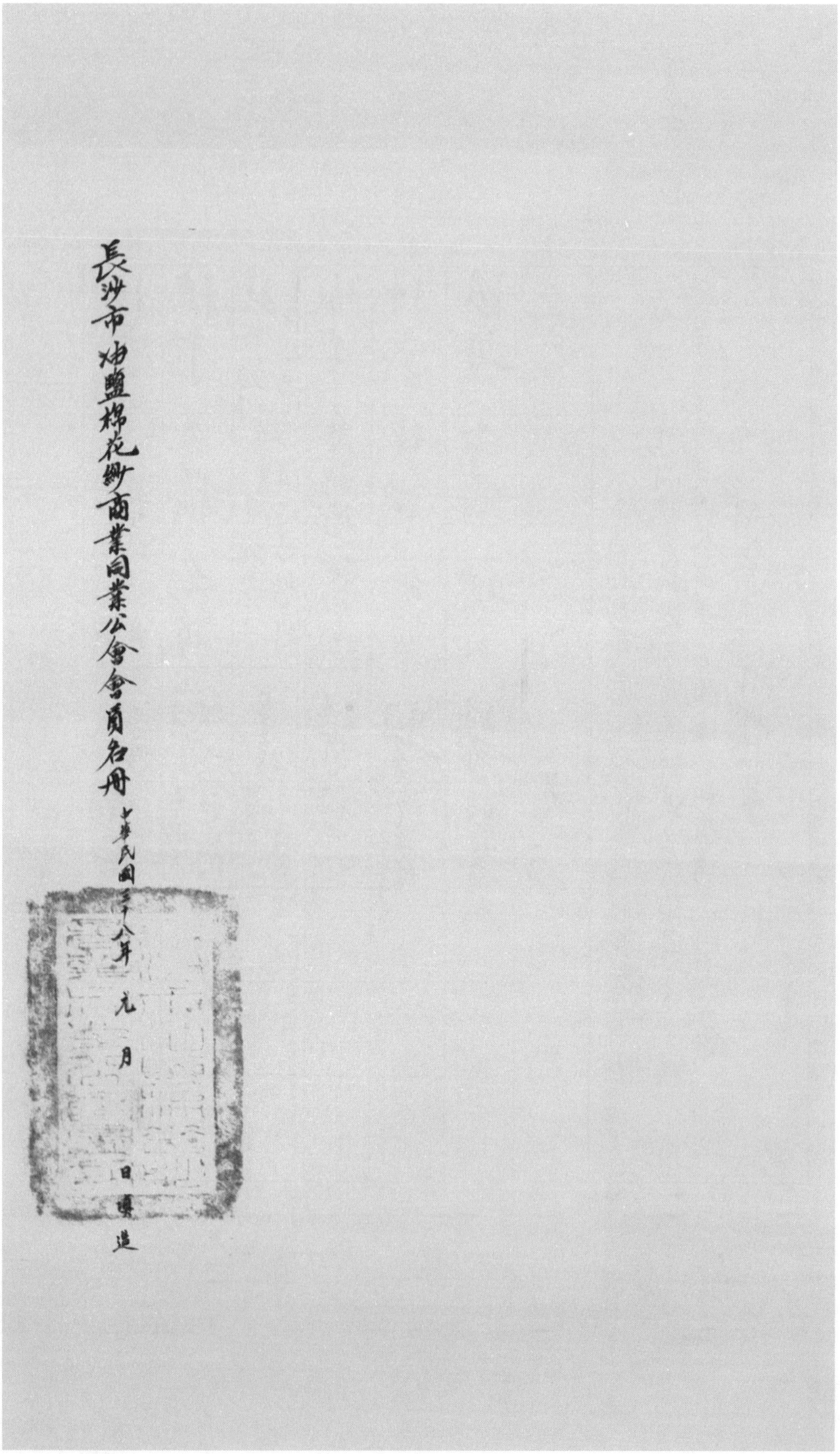
長沙市油鹽棉花紗商業同業公會會員名冊

中華民國三十八年 元 月 日填造

長沙市油蔴棉花紗商業同業公會會員名冊

公司行號名稱	負責人或經理人姓名	資本額	會費單位	權數	代表人數	代表姓名	別號	性別	年齡	籍貫	職業	職別	教育程度	地址	備考
美大恆	陳德香	∧叁〇〇〇〇	∧久	三	三	陳德香		男	四九	長沙	煤油	經理	初中	大西門正街	
						周稷蘇		〃	三三	〃		店員	〃		
						鄧永椿		〃	久八	〃		〃	〃		
大福記	謝文中	∧叁〇〇〇〇	∧久	三	三	謝文中		〃	三五	〃	煤油	經理	高中	大西門正街	
						秦參武		〃	久八	寧鄉		〃	〃		
						謝稷甫		〃	四〇	長沙		店員	私塾		
福利	姚壽華	∧叁〇〇〇〇	∧久	三	三	姚壽華		〃	貳八	〃	油蔴花紗	經理	〃	大西門正街	

民國三十八年九月　日造

福利	陳炳琨	男	四〇	長沙	副理	高中	
	張壽齡	〃	四七	〃	店員	私塾	
步 步李靖陶 八 叁〇〇〇 八 二 三 三	李靖陶	〃	六〇	〃	油業經理	私塾	大西門正街
	鄔道之	〃	三八	東江	副理	初中	
	吴建卿	〃	二六	長沙	店員	〃	
三 美陳希禹 八 叁〇〇〇 八 二 三 三	陳希禹	〃	三八	湘陰	油業經理	〃	大西門正街
	周炳文	〃	三七	〃	店員	〃	
	易伯叙	〃	三五	長沙	〃	私塾	
怡 裕吴陶凱 八 叁〇〇〇 八 二 三 三	吴陶凱	〃	三五	〃	油業 花紗 經理	大學	大西門正街
	楊靜初	〃	[illegible]	[illegible]	副理	私塾	
	吴荷蓀	[illegible]	[illegible]	[illegible]	[illegible]	[illegible]	

裕	袁泰仲仙	六〇〇〇	一八	三	三	袁泰仲仙	[illegible]	[illegible]	大西门[illegible]街
						何子俊	〃二五〇[illegible]	[illegible]	
						曹瑞锜	〃四八 长沙	刘[illegible] 〃	
源	吴芝修斋	六〇〇〇	一八	三	三	吴芝修斋	〃二八 湘乡	湘乡[illegible] 〃	大西门[illegible]街
						杨笑氏	〃三六 长沙	刘[illegible] 〃	
						胡步庆	〃三八 〃	店员 〃	
长	赵贵仲文	八〇〇〇	九七	六	六	贵仲文	〃二〇 湘乡	湘乡[illegible] 〃	大西门正街
						袁炎松	〃三六 长沙	刘[illegible] 〃	
火	火米裕光	八〇〇〇〇	九七	六	六	米裕光	〃二四 〃	湘乡[illegible]甫中	大西门[illegible]街
						张合庵	〃四五 〃	店员 〃	
万	万郭裕林	六〇〇〇	五	八	八	郭裕林	〃四九 〃	湘乡[illegible]私塾	大西门[illegible]街

信裕	錫壽岐	八〇〇〇〇	九十	六	六	錫壽岐		男	貳八	長沙	油漆	[illegible]	私塾	大西門正街
						余良敏		〃	三六	〃		廣貨	初中	
允孟	陳濟泰	八〇〇〇〇	九十	六	六	陳濟泰		〃	三五	〃	油漆	[illegible]	英國留學	大西門正街
						劉濟泰		〃	四六	湘潭		廣貨	高中	
新盛	曾子良	八〇〇〇〇	九十	六	六	曾子良		〃	三八	江西泰和	油漆	[illegible]	私塾	大西門正街
						周振欽		〃	六八	長沙		[illegible]	〃	
楊昌	劉榮松	八〇〇〇	八十	六	六	劉榮松		〃	三六	〃	油漆	[illegible]	〃	大西門正街
						蔣國鋒		〃	三四	〃		廣貨	高小	
裕美	毛秀麟	八〇〇〇	八十	六	六	毛秀麟		〃	四〇	〃	油漆	[illegible]	〃	大西門正街
						余保臣		〃	四八	〃		廣貨	〃	
今利	何壽山	八〇〇〇	六	八	八	何壽山		〃	三六	〃	油漆	[illegible]	[illegible]	大西門正街

火 吕	倚春山	六〇〇〇〇	八分	六	六	倚春山	男	[illegible]	[illegible]	油炭 棉花	[illegible]	[illegible]	大西门 长街
						余锡道	〃	三五	〃		[illegible]	中学	
德 晏	麟香勋	六〇〇〇〇	八分	六	六	麟香勋	一	三九	〃	油炭 棉花	经理	大学	大西门 长街
						陈修云	〃	四〇	〃		副理	中学	
万 源	朱树涛	四〇〇〇〇	七	六	六	朱树涛	〃	三八	〃	油炭 棉花	经理	〃	大西门 长街
						黄剑英	〃	二五	〃		店员	〃	
充 火	吴顺发	八五〇〇〇	八	六	三	吴顺发	〃	四九	〃	棉纱	经理	高中	西长街
						邹菊夏	〃	四五	〃		副理	初中	
						鲁楚钧	〃	三四	〃		店员	〃	
充 火	汤永刚	八五〇〇〇	八八	五	六	汤永刚	〃	三四	浙江 紫[illegible]	煤油	经理	〃	西长街
						罗送金	〃	四〇	长沙		店员	〃	

介湘	王又曹	一叁〇〇〇	一二	三	三	王又曹		男	六四	長沙	綿紗	經理	中學	西長街
						饒軒舞		〃	五四	〃		店員	私塾	
						金春舞		〃	五五	〃		〃	〃	
協和	周少璧	一叁〇〇〇	一二	三	三	周少璧		〃	四八	〃	綿紗	經理	〃	西長街
						彭錫施		〃	四〇	〃		店員	〃	
						余倫氏		〃	五〇	〃		〃	〃	
中大	陶壽鶴	一叁〇〇〇	一二	三	三	陶壽鶴		〃	五四	〃	黄	經理	舊中	西長街
						譚兆鳴		〃	五四	〃		店員	私塾	
						徐少游		〃	五〇	湘陰		〃	中學	
永盛	王長	一叁〇〇〇	一一	三	二	王長		〃	五〇	廣東	茲	經理	大學	西長街
						胡春芳		〃	一九	湘潭		店員	中學	

乾仁昌	戴宪鸿	一吞〇〇〇一二三三	戴宪鸿	男	四六	常德	棉纱经理	私塾	西長街
			易厚菴	〃	六八	湘陰	店員	〃	
			吳劍純	〃	二八	長沙	〃	中學	
中國安業公司門市部	王名榮	一吞〇〇〇一二三三	王名榮	〃	四〇	醴陵	董、經理	大學	西長街
			李梅仙	〃	四八	長沙	店員	私塾	
			周貴賢	〃	三五	〃	〃	〃	
森泰	王潤之	一吞〇〇〇一二三三	王潤之	〃	三四	〃	棉纱經理	中學	西長街
			王漢襄	〃	四四	〃	〃	〃	
			劉少珍	〃	五八	〃	店員	私塾	
大豐	毛源生	一〇〇〇〇九五二二	毛源生	〃	三六	〃	棉纱經理	中學	西長街
			楊華春	〃	三六	〃	店員	〃	

新中	蔡布白	一〇〇〇〇〇	九十	二八	二八	蔡布白		男四八	江蘇無錫	英	經理	大學	西長街
						李漢清		〃四四	湘潭		店員	私塾	
怡成	蕭德昭	一五〇〇〇〇	一一	三	三	蕭德昭		〃五四	江西泰和	英	經理	〃	西長街
						王季祥		〃四六	〃		店員	〃	
						楊定民		〃四〇	長沙		〃	〃	
允康	湯和生	一三〇〇〇〇	一一	三	三	湯和生		〃四〇	〃	棉紗	經理	〃	西長街
						周鴻勝		〃三六	〃		店員	〃	
						邢海濤		〃三八	〃		〃	中學	
濟民	劉甘德	一三〇〇〇〇	一一	三	三	劉甘德		〃三六	貴州	油鹽棉花	經理	〃	西長街
						鄒德輝		〃四〇	長沙		[illegible]	〃	
						楊長貴		〃[illegible]	[illegible]		[illegible]	〃	

順記總豐	彭琳崑	〨0000	九十	二	二	彭琳崑		男	三六	長沙	棉紗	經理	初中	南長街
						張鐵候		〃	四〇	〃		店員	〃	
永吉	余季志	〦0000	八十	二	二	余季志		〃	四六	〃	棉紗	經理	〃	南長街
						繆炎發		〃	四三	〃		副理	〃	
慎豐	熊克剛	〨000	三	〨	〨	熊克剛		〃	三六	湘潭	油鹽 棉花	經理	〃	南長街
祥泰	唐錫生	〨000	三	〨	〨	顧錫生		〃	三〇	長沙	〃	店員	私塾	〃
利生	粟兆永	〨〥00	〨二	三	三	粟兆永		〃	三〇	〃	〃	經理	〃	小東茅街
						胡奉舲		〃	三七	〃		副理	中學	
						曾繼材		〃	二三	〃		店員	〃	
三和祥	余柏楷	〨0000	九十	二	二	余柏楷		〃	三六	平江	油鹽 棉花	經理	高中	小東茅街
						劉壽怡		〃	三八	長沙		店員	中學	

九興	楊炎林	八叁〇〇〇	八二	三三	三三	楊炎林		男	五四	長沙	棉紗	經理	私塾	下太平街
						楊振基		〃	三〇	〃		店員	〃	
						常積堂		〃	二九	〃		〃	〃	
永義	劉晴清	八叁〇〇〇	八二	三三	三三	劉晴清		〃	五〇	〃	棉紗	經理	〃	下太平街
						陳清靜		〃	五四	湘陰		店員	〃	
						尹榮前		〃	二五	長沙		〃	中學	
永大	張海瀾	八叁〇〇〇	八二	三三	三三	張海瀾		〃	四八	〃	油號 棉花	經理	私塾	下太平街
						易文八		〃	五〇	〃		董事	〃	
						鄭根武		〃	三九	〃		店員	高小	
新裕	何继俊	八〇〇〇〇	九十	六	二六	何继俊		〃	[illegible]	〃	油號 花紗	經理	私塾	下太平街
						何伯仲	继文	[illegible]	[illegible]	[illegible]	[illegible]	店員	[illegible]	

吴大和	陈石渠	八〇〇〇〇	八八	三	三	陈石渠		男	四九	长沙	油盐棉花	经理	私塾	下太平街
						余青生		〃	四八	浏阳		副理	〃	
						袁静敏		〃	四八	长沙		〃	〃	
复和	袁梓楨	八〇〇〇〇	八八	三	三	袁梓楨		〃	四八	浏阳	棉纱	经理	〃	下太平街
						陈来伯		〃	三〇	长沙		店员	〃	
						黄自明		〃	三〇	湘阴		〃	〃	
德和	周荣富	八〇〇〇〇	八八	三	三	周荣富		〃	五〇	长沙	棉纱	经理	〃	下太平街
						陈模南		〃	四〇	〃		店员	〃	
						王润文		〃	四〇	〃		〃	〃	
美安	徐子章	四〇〇〇〇	七	三	三	徐子章		〃	四四	湘潭	油盐棉花	经理	〃	下太平街
						沈清泉		〃	三八	浏阳		学徒	初中	

長記德宜	尹長生	[illegible]	八八	〣	〣〢	尹長生		男	〥〇	長沙	[illegible]	經理	私塾	下太平街
						余鵠鳴		〃	〢〩	〃		店員	高小	
						段潤誠		〃	〢八	〃		〃	〃	
德大	任慶宜	〣〇〇〇〇	八八	〣	〣	任慶宜		〃	〣〥	〃	棉紗	經理	私塾	下太平街
						任春陽		〃	〢〦	〃		店員	中學	
						任霖襄		〃	〦〣	〃		〃	〃	
允裕	張應秋	〣〇〇〇〇	八八	〣	〣	張應秋	行三	〃	〥〇	〃	棉紗	經理	私塾	下太平街
						廖克和		〃	〤〇	〃		店員	〃	
						廖建成		〃	〢七	〃		〃	〃	
聚勝	黎壽八	〤〇〇〇	八〣	〣	〣	黎壽八		〃	〣〦	湘陰	棉紗	經理	高中	〣〤[illegible]街
						羅文新		〃	〢〢	[illegible]	[illegible]	店員	初中	

时利和	赵保真	合资〇〇〇〇	八九	三	三	赵保真	男	五八	湘乡	经理	[illegible]	[illegible]街
						赵步云	〃	五〇	〃	店员	〃	
						袁绪堂	〃	四六	〃	〃	〃	
永和	邓福湘	合资〇〇〇〇	八八	三	三	邓福湘	〃	三五	长沙	荒货经理	中学	坡子街
						吴美盛	〃	四七	湘阴	店员	私塾	
						陈德明	〃	四五	长沙	〃	〃	
裕康	周鹤龄	合资〇〇〇	八	三	三	谢开卿	〃	三八	湘乡	[illegible]副理	〃	福胜街
						胡良卿	〃	四六	江苏	[illegible]	高中	
						陈元森	〃	四八	湘乡	店员	私塾	
福成	贵叔和	合资〇〇〇〇	九七	三	三	黄叔和	〃	四〇	长沙	经理	初中	[illegible]
						胡觉先	〃	四六	〃	店员		

永義			長城			華豐		建業		
周佑泉			王萱棠			黄岭峰		朱友濱		
〃三〇〇〇			〃三〇〇〇			〃〇〇〇〇		〃三〇〇〇		
〃〃			〃〃			九七		〃〃		
三			三			六		三		
三			三			六		三		
周佑泉	王锡新	[illegible]	王萱棠	郭[illegible]	李德先	黄岭峰	金[illegible]川	朱友濱	[illegible]	[illegible]
男	〃	〃	〃	〃	〃	〃	〃	〃	〃	〃
六四	四八	四〇	五四	三八	三四	三六	三二	五〇	五〇	五〇
長沙	〃	〃	〃	〃	〃	〃	〃	〃	[illegible]	[illegible]
棉紗			棉紗			棉紗		棉紗		
經理	資	〃	經理	[illegible]	資	經理	資	經理	資	[illegible]
私塾	〃	〃	〃	大學	中學	〃	〃	私塾	〃	[illegible]
太平街			大西門大倫庄			大西門大德馆	〃	药王街		

永成	朱剑农	六〇〇〇〇	八八	五	五	朱剑农	男	三五	长沙	棉纱[illegible]
						[illegible]	〃	四八	〃	[illegible]
						周廷明	〃	三六	〃	贾 〃
复华	郁裕泉	六〇〇〇〇	八八	五	三	郁裕泉	〃	四〇	〃	[illegible] 西长[illegible]街
						[illegible]	〃	三八	〃	[illegible] 〃
						杨光明	〃	三六	〃	〃 〃
濂成	易源钦	六〇〇〇〇	九七	六	六	易源钦	〃	四二	〃	[illegible] 私塾 [illegible]街
						周锡钦	〃	三〇	〃	贾 〃
春发	张清沅	六〇〇〇〇	九七	六	八	张清沅	〃	三八	江西	棉纱 [illegible] 坡子街
华中	黄[illegible]良	六〇〇〇〇	九七	六	八	黄[illegible]良	〃	五〇	湖北汉阳	[illegible] 〃 中山西路
						张子夫	〃	四九	长沙	贾 〃

東成	毛瑞富	六0000	八十	[illegible]	[illegible]	毛瑞富		男	四八	江西	棉紗	經理	中學	登隆街
						汪福光		〃	三五	〃		店員	〃	
志成	汪[illegible]德	六0000	八十	[illegible]	[illegible]	汪[illegible]德		〃	四八	江西	棉紗	經理	西中	[illegible]街
						劉[illegible]		〃	三0	〃		[illegible]	〃	
太平	龍[illegible]	六0000	八十	[illegible]	[illegible]	龍[illegible]	[illegible]瀛	〃	三七	長沙	[illegible]	[illegible]	〃	中山路
						易[illegible]夫		〃	三四	〃		店員	[illegible]	
國光	徐[illegible]	六0000	八十	[illegible]	[illegible]	徐[illegible]		〃	三0	浙江	棉紗	[illegible]	〃	[illegible]巷
						毛[illegible]亮		〃	四四	長沙		店員	〃	
國大	貴春元	四0000	七	[illegible]	[illegible]	貴春元		〃	三0	四川	鐵	[illegible]	中學	大西門大河街
						劉雨樹		[illegible]	[illegible]	[illegible]		[illegible]	〃	
[illegible]	[illegible]	六0000	五	八	八	袁[illegible]泉		[illegible]	[illegible]	[illegible]	[illegible]	[illegible]	[illegible]	[illegible]

忠信	黄典明	叁000	六	三	三	黄典明		男	三八	浏阳	油盐	经理	初中	[illegible]青街
						刘厚吾		〃	四三	湘潭		[illegible]	〃	
復興	常[illegible]章	叁0000	五	八	八	常[illegible]章		〃	三九	长沙	油盐	经理	高中	中[illegible]路
利興	易福生	八000	三	八	八	易福生		〃	四〇	〃	〃	〃	高小	〃
兵興隆	刘[illegible]	八000	三	八	八	刘[illegible]		〃	三三	〃	〃	〃	中学	〃
怡豐興	王[illegible]	八000	三	八	八	黄[illegible]华		〃	二八	〃	油盐南货	[illegible]	〃	〃
東利	刘[illegible]	叁000	三	八	八	刘[illegible]		〃	四八	〃	油盐	经理	高小	〃
厚餘	刘汉文	叁000	八	八	八	刘汉文		〃	六九	〃	〃	〃	〃	〃
恒大	王子才	八000	三	八	八	王子才		〃	三八	〃	〃	〃	〃	湘[illegible]街
恒利	曾[illegible]	八000	三	八	八	沈建荣		〃	六〇	〃	〃	店员	私塾	〃
湘兵大	丁惠卿	八000	三	八	八	[illegible]梓楼		〃	三〇	〃	油盐南货	〃	〃	中太桥

利成	譚伯海	八〇〇〇	三	八	八	譚伯海		男	四十	長沙	油簍	經理	私塾	湘宗街	
鴻業	張伏龍	八〇〇〇	三	八	八	張伏龍	虓	〃	二三	〃	〃	〃	初中	〃	
茂記	鮑久安	八〇〇〇	三	八	八	鮑久安		〃	四三	浙江寧波	〃	〃	〃	外湘春街	
乾裕	曾菊文	八〇〇〇	三	八	八	曾菊文	棠枝	〃	三六	長沙	〃	〃	〃	〃	
北福記	王漢章	六〇〇〇	八	八	八	王漢章		〃	二八	湖北漢陽	〃	〃	〃	〃	
慎泰	劉國參	八〇〇〇	三	八	八	劉錦坤		〃	五〇	長沙	〃	店員	私塾	東慶街	
德厚	黃石剛	八〇〇〇	三	八	八	黃石剛		〃	四八	瀏陽	油簍木	經理	〃	蔡鍔路	
衡昌	何養昌	叄〇〇〇	六	八	八	何養昌		〃	三八	衡山	油簍	〃	〃	南門口	
乾利	曾啟藩	六〇〇〇	八	八	八	曾啟藩		〃	三六	長沙	〃	〃	〃	湘春街	
乾昌	易椿先	六〇〇〇	八	八	八	易椿先		〃	三六	〃	〃	〃	〃	〃	
振興	周金華	六〇〇〇	八	八	八	周金華	炎生	〃	五四	湘潭	〃	〃	〃	河正街	

长沙市茶食商业同业公会会员名册（一九四九年二月）

長沙市茶食商業同業公會會員名冊

長沙市茶食商業同業公會會員名冊

民國三十八年六月　造

公司行號名稱	公司負責人 行號經理人 姓名	資本額	會費單位數	權數	代表人數	代表姓名	別號	性別	年齡	籍貫	營業類別	在同行經歷	教育程度	公司行號地址	備註
西湖春	黄福成	四〇〇〇、	四	一	一	黄福成		男	四〇	長沙	茶食	五年	私塾	西湖橋	
大順茂	文養吾	六〇〇〇、	二	〃	〃	文養吾		〃	三八	〃	〃	〃	〃	西湖路	
廣仁茂	黄幹成	四〇〇〇、	四	〃	〃	黄幹成		〃	三九	〃	〃	〃	〃	新街	
謝美春	黄幹成	〃	〃	〃	〃	黄幹成		〃	〃	〃	〃	〃	〃	新街口	
興湘春	李耀生	〃	〃	〃	〃	李耀生		〃	三七	〃	〃	捌年	〃	[illegible]街	
黄興泰	黄子清	〃	五	〃	〃	黄子清		〃	四二	〃	〃	五年	〃	大[illegible]橋	
裕湘茂	劉碌慶	〃	〃	〃	〃	劉碌慶		〃	四四	〃	〃	〃	〃	金盆	

义南[illegible]	廖[illegible]会	二〇〇〇	二	一	一	廖[illegible]会		男	四〇	长沙	茶食	业	私塾	[illegible]街	
华溪园	[illegible]	〃	〃	〃	〃	[illegible]		〃	三[illegible]	〃	〃	[illegible]	〃	[illegible]	
[illegible]	[illegible]锦林	〃	〃	〃	〃	[illegible]锦林		〃	[illegible]	〃	〃	[illegible]	〃	[illegible]街	
集成楼	王海春	四〇〇〇	四	一	一	王海春		〃	三九	〃	〃	〃	〃	草潮门	
顺[illegible]楼	李福顺	〃	四	〃	〃	李福顺		〃	四〇	〃	〃	〃	〃	[illegible]街	
新庆园	曾冬生	四〇〇〇	二	〃	〃	曾冬生		〃	三八	〃	〃	〃	〃	[illegible]街	
[illegible]园	吴菊生	〃	〃	〃	〃	吴菊生		〃	四[illegible]	〃	〃	〃	〃	西湖路	
江乐园	唐[illegible]泉	四〇〇〇	〃	〃	〃	唐[illegible]泉		〃	四[illegible]	〃	〃	〃		[illegible]街	
[illegible]	[illegible]	四〇〇〇	〃		〃	[illegible]		〃	五[illegible]	〃	〃	[illegible]	〃	[illegible]口	
南[illegible]楼	张庆宜	〃			〃	张庆宜		〃	三[illegible]	〃	〃	[illegible]	〃	[illegible]	

興隆園	沈福民	一〇〇〇、	二	一	一	沈福民		男	三二	長沙	茶食	店夥	私塾	織機街	
慶華樓	黃有慶	一〇〇〇、	二	一	一	黃有慶		男	五四	善化	〃	〃	〃	〃	
湯興園	陳錫欽	四〇〇、	二	一	一	陳錫欽		〃	五六	〃	〃	〃	〃	〃	
是園	孔是生	一〇〇〇、	二	〃	〃	孔是生		〃	三八	〃	〃	〃	〃	天鵝塘	
榮耀園	劉玄祿	一〇〇〇、	〃	〃	〃	劉玄祿		〃	三七	〃	〃	〃	〃	馬[illegible]巷	
芙湘春	張冀藩	一〇〇〇、	〃	〃	〃	張冀藩		〃	四〇	〃	〃	〃	〃	燕子嶺正街	
是泉	黃是泉	一〇〇〇、	〃	〃	〃	黃是泉		〃	三五	〃	〃	〃	〃	南大路	
望湘園	陳介平	四〇〇〇、	四	一	一	陳介平		〃	三九	〃	〃	〃	〃	南大路	
東湘樓	陳德華	二〇〇〇、	二	〇一	一	陳德華		〃	五二	〃	〃	〃	〃	天心路	
湘中飯鋪	楊勛	六〇〇〇、	六	一	一	楊勛		〃	四五	〃	〃	書記	大學	天心閣	

順華園	吳菊生	三〇〇	六	一	一	吳菊生		〃	四一	〃〃	〃〃	〃〃	[illegible]	[illegible]	
湘利	唐雲錦	三〇〇	二	一	一	唐雲錦		〃	三八	〃〃	〃〃	〃〃	〃〃	[illegible]	
[illegible]園	[illegible]華春	四〇〇、	四	一	一	[illegible]華春		〃	三五	〃〃	〃〃	〃〃	〃〃	[illegible]	
[illegible]	曾月桂	二〇〇、	二	一	一	曾月桂		〃	四三	〃〃	〃〃	〃〃	〃〃	[illegible]	
東順樓	言祥順	四〇〇、	四	一	一	言祥順		〃	四四	〃〃	〃	〃〃	〃〃	[illegible]	
豐華園	楊桂海	四〇〇、	四	一	一	楊桂海		〃	四六	〃〃	〃〃	[illegible]	〃〃	[illegible]	
榆[illegible]果	榆[illegible]英	六〇〇、	二	一	一	榆[illegible]英		〃	四一	〃〃	〃〃	[illegible]	〃	[illegible]	
蘇沛	徐實	四〇〇、	四	一	一	徐實		〃	四[illegible]	〃〃	〃〃	〃〃	〃〃	[illegible]	
新華齋	李德華	二〇〇	二	一	一	李德華		〃	四[illegible]	〃〃	〃〃	〃〃	〃〃	[illegible]	
東[illegible]樓	黃菊文	四〇〇、	四	一	一	黃菊文		〃	四一	〃〃	〃〃	〃〃	〃〃	[illegible]	

東方紅	孔瑞卿	四〇〇、	四	一	一孔瑞卿		男	四四	長沙	〃〃	〃〃	〃〃	瀏城外	
三星樓	唐鐵生	三〇〇、	二	一	一唐鐵生		〃	三二	長沙	〃〃	〃〃	〃〃	中山路	
福興園	彭年生	二〇〇、	二	一	一彭年生		〃	四〇	〃〃	〃〃	〃〃	〃〃	中正路	
大湘南	萬[illegible]	四〇〇、	四	一	一萬[illegible]		〃	三九	〃〃	〃〃	〃〃	〃〃	東慶街	
金湘園	李金發	四〇〇、	四	一	一李金發		〃	四一	〃〃	〃〃	〃〃	〃〃	[illegible]街	
興潤	陳壽[illegible]	六〇〇、	六	一	一陳壽[illegible]		〃	四五	〃〃	〃〃	〃〃	〃〃	半湘街	
陶雙興	陶根林	五〇〇	五	一	一陶根林		〃	四三	〃〃	〃〃	〃〃	〃〃	周家街	
合慶長	李春林	〃〃	〃	一	一李春林		〃	五八	〃〃	〃〃	[illegible]	〃〃	南正街	
勝利樓	彭光南	四〇〇	四	一	一彭光南		〃	三九	〃〃	〃〃	〃〃	〃〃	太平巷	
廣興樓	李慶[illegible]	四〇〇、	六	一	一李慶[illegible]		〃	五九	〃〃	〃〃	[illegible]	〃〃	黄興路	

大芳斋	陈锦元	四〇〇、	四	一	一陈锦元		〃	三八	〃〃	〃〃	唐立	刘盛	[illegible]街	
湘阳阁	李寿松	四〇〇、	〃	一	一李寿松		〃	三九	〃〃	〃〃	〃〃	〃	〃寿星巷	
和记福园	萬秦文	八〇〇、	八	一	一萬秦文		〃	四五	〃〃	〃〃	编取	〃	〃高升巷	
新华	张鹏生	六〇〇、	六	一	一张鹏生		〃	四〇	〃〃	〃〃	〃〃	〃	〃黄兴街	
明月楼	常金贵	八〇〇、	八	一	一常金贵		〃	四一	〃〃	〃〃	〃〃	〃	〃浏阳街	
玲南阁	肖松林	四〇〇、	四	一	一肖松林		〃	四〇	〃〃	〃〃	〃〃	〃	〃道门口	
常华楼	易菊云	四〇〇、	四	一	一易菊云		〃	四一	〃〃	〃〃	〃〃	〃	〃吉庆街	
遐龄阁	李遐龄	〃〃	〃	一	一李遐龄		〃	三八	〃〃	〃〃	〃〃	〃	〃织机巷	
大沅东	赵桂生	二〇〇、	二	一	一赵桂生		〃	三七	〃〃	〃〃	〃〃	〃	〃吉庆街	
仁兴楼	龙楼钦	四〇〇、	四	一	一陈春葆		〃	三九	〃〃	〃〃	〃〃	〃	〃古潭街	

美珍	李叔元	四〇〇	四	一	一	李叔元		男	四〇	長沙	茶食	廣貨	松桂		
寶汾樓	廖福成	四〇〇	〃	一	一	廖福成		〃	三八	〃〃	〃〃	〃〃	大西門		
福錦園	楊偉林	六〇〇、	六	一	一	楊偉林		〃	三七	〃〃	〃〃	〃	黃道門		
集雅樓	黎秉華	八〇〇、	八	一	一	黎子華		〃	三九	〃〃	〃〃	〃	三王街		
醉仙園	吳濟欽	四〇〇、	四	一	一	吳濟欽		〃	四〇	〃〃	〃〃	〃〃	黃道門		
慶豐樓	劉慶華	二〇〇、	二	一	一	劉慶華		〃	三七	〃〃	〃〃	〃〃	大西門		
正興樓	李福義	四〇〇、	四	一	一	李福義		〃	三八	〃〃	〃〃	〃〃	臬司井		
福民樓	周長興	四〇〇、	四	一	一	周長興		〃	三八	〃〃	〃〃	〃〃	〃		
清樂閣	廖健由	四〇〇、	四	一	一	廖健由		〃	四〇	〃〃	〃〃	〃〃	落星城		
永樂園	黃安穩	〃〃	〃	〃	〃	黃安穩		〃	三七	〃〃	〃〃	〃〃	青石井		

五福園	覃湘英	四〇〇〇、	四	一	一	五福[illegible]		〃	三五	〃〃	〃〃	〃[illegible]西巷
綠陽春	李德滋	二〇〇〇、	二	一	一	李德滋		〃	五六	〃〃	〃〃	〃〃
槐峰園	常梓福	六〇〇〇、	六	一	一	常梓福		〃	三九	〃〃	〃〃	〃[illegible]正街
長峰園	周長森	六〇〇〇、	六	一	一	周長森		〃	四〇	〃〃	〃〃	〃中山西路
吟鳳樓	趙昌霞	二〇〇〇、	五	一	一	趙昌霞		〃	三九	〃〃	〃〃	〃[illegible]坡
榮華樓	陳樸秋	六〇〇〇、	六	一	一	陳樸秋		〃	三六	〃〃	〃〃	〃瀏陽[illegible]
新華齋	聶菊生	四〇〇〇	四	一	一	聶菊生		〃	三八	〃〃	〃〃	〃碧湘街
瀟湘樓	徐漢仙	六〇〇〇	六	一	一	徐漢仙		〃	三三	〃〃	〃〃	〃樓[illegible]街
瀏庭春	熊慶生	八〇〇〇	八	一	一	熊慶生		〃	四〇	〃〃	〃〃	[illegible]西牌樓
萬壽亭	馬看香	二〇〇〇、	二	一	一	馬看香		〃	三九	〃〃	〃〃	[illegible]永豐倉

慈湘雅記	望岳樓	大明樓	恆興樓	三六九	五湖春	顯美齋	新華園	小桃源	大東茶園
譚福生	聶菊秋	張玄仙	楊少良	吳秋棠	吳葛氏	饒桂華	黃松桃	薛光玉	曾佩章
四〇〇〇、	〃	二〇〇〇、	二〇〇〇	二〇〇〇、	二〇〇〇、	四〇〇〇	二〇〇〇、	六〇〇〇、	八〇〇〇、
四	〃	二	二	二	二	四	二	六	八
一	〃	一	一	一	一	〃	〃	一	一
一	〃	一	一	一	一	〃	〃	一	一
章德發	聶菊秋	張玄仙	楊少良	吳秋榮	吳葛氏	饒桂華	黃松桃	薛光玉	曾佩章
男	〃	〃	〃	〃	女	男	〃	〃	〃
三九	四二	四五	四六	四三	四八	四〇	四二	四三	四五
長沙	〃	〃	〃	〃	〃	〃	〃	〃	〃
茶食	〃	〃	〃	〃	〃	〃	〃	〃	〃
經理	堂倌	〃	〃	經理	堂倌	〃	〃	經理	〃
松熟	〃	〃	〃	〃	〃	〃	〃	〃	〃
大西門上河街	育嬰街	倉後街	康福路	伯陵路	〃	東牌樓	白馬巷	中正路	走馬樓

正興樓	吴友懷	廿000、	二	一	一 吴友懷		〃	四〇	〃 〃	〃 〃	店東	〃 〃	高寿街
永樂园	马香荣	四000、	四	一	一 马香荣		〃	四一	〃 〃	〃 〃	〃 〃	夥 〃	皇倉街
徐清泉	徐彭坤	二000、	二	一	一 徐彭坤		〃	四三	〃 〃	〃 〃	經理	〃 〃	藩城堤
清雅园	陳福田	〃 〃	〃	〃	〃 陳福田		〃	三九	〃 〃	〃 〃	店東	〃 〃	樟樹街
双品香	徐文成	四000、	四	一	一 徐文成		〃	三二	〃 〃	〃 〃	〃 〃	〃 〃	瀏陽街
大來香	彭海清	八000、	八	一	一 彭海清		〃	五二	〃 〃	〃 〃	經理	〃 〃	新街口
徐松泉	徐劉氏	廿000、	二	一	一 徐劉氏		女	四六	〃 〃	〃 〃	店東	〃 卜	長康路
大鴻樓	黃春生	四000	四	一	一 黃春生		〃	四七	〃 〃	〃 〃	經理	〃 〃	中山西路
新雅园	郭瑞庠	〃 〃	〃	〃	〃 郭瑞庠		〃	四四	〃 〃	〃 〃	店東	〃 〃	〃 〃
中華樓	劉漢云	〃 〃	〃	〃	〃 劉漢云		〃	四八	〃 〃	〃 〃	〃 〃	〃 〃	中山東路

美新	劉楚云	四〇〇〇、	四	一	一	劉楚云		男	四〇	長沙	茶食	店東	柏製	四美堂路
中和樓	胡福晴	〃	〃	〃	〃	胡福晴		〃	四八	〃	〃	經理	〃	〃
德益	聶岱俊	二〇〇〇、	二	一	一	聶岱俊		〃	四三	〃	〃	店東	〃	小吳門
新新	朱興國	四〇〇〇、	四	一	一	朱興国		〃	三八	〃	〃	〃	〃	鐵路傍
五福	黃仲文	〃	〃	〃	〃	黃仲文		〃	四五	〃	〃	〃	〃	中山東路
華湘春	鄧子亮	〃	〃	一	一	鄧子亮		〃	三七	〃	〃	〃	〃	湯武路
漢華園	張漢斌	二〇〇〇、	二	一	一	張漢斌		〃	三九	〃	〃	〃	〃	〃
健園社	魏健勛	四〇〇〇、	四	一	一	魏健勛		〃	四〇	〃	〃	〃	〃	小吳门
大集樓	龔禹闌	八〇〇〇、	八	一	一	龔禹闌		〃	三二	〃	〃	〃	〃	中山東路
介湘南	蔡鴻卿	六〇〇〇、	六	〃	〃	蔡鴻卿		〃	三六	〃	〃	〃	〃	中山西路

黄松泉	柳福庚	八〇〇、	八	一	〃	黄福庚	〃	四〇	〃〃	〃〃	〃〃	〃〃	福光街
腾园	柳春生	四〇〇、	四	一	一	柳春生	〃	三八	〃〃	〃〃	〃〃	〃〃	潮宗街
林盛园	郑海根	二〇〇、	二	〃	一	郑海根	〃	三六	〃〃	〃〃	〃〃	〃〃	〃〃
湘华斋	吴正球	四〇〇、	四	一	〃	吴正球	〃	三九	〃〃	〃〃	〃〃	〃〃	北正街
粤会胜	萧少华	〃	〃	〃	〃	萧少华	〃	四〇	〃〃	〃〃	〃〃	〃〃	八角亭
万雅吮	黄芹生	〃〃	〃	〃	〃	黄芹生	〃	三八	〃〃	〃〃	〃〃	〃〃	通太街
盛雅吮	黄春生	〃〃	〃〃	〃	〃	黄春生	〃	三九	〃〃	〃〃	〃〃	〃〃	長春街
湘泉	李仲元	〃〃	〃	〃	〃	李仲元	〃	四〇	〃〃	〃〃	〃〃	〃〃	長春街
新湘楼	刘楚云	〃〃	〃	〃	〃	刘楚云	〃	三六	〃〃	〃〃	〃〃	〃〃	湘春街
镇湘楼	吴振湘	二〇〇〇、	二	一	一	吴振湘	〃	三七	〃〃	〃〃	〃〃	〃〃	通太街

普天春	王義臣	四〇〇、	四	一	以	王義臣		男	五六	長沙	茶食	店手	私塾	[illegible]漢汀
德園	葉茂生	〃 〃	〃	〃	〃	葉茂生		〃	四〇	〃 〃	〃 〃	〃 〃	〃 〃	荷花池
永盛園	駱菊庭	〃 〃	〃	〃	〃	駱菊庭		〃	四二	〃 〃	〃 〃	〃 〃	〃 〃	三公祠
林盛園	黃新林	〃 〃	〃	〃	〃	黃新林		〃	三八	〃 〃	〃 〃	〃 〃	〃 〃	山桃源
祥華園	楊菊明	〃 〃	〃	〃	〃	楊菊明		〃	四三	〃 〃	〃 〃	〃 〃	〃 〃	北萬路
福樓春	任福生	〃 〃	〃	〃	〃	任福生		〃	四八	〃 〃	〃 〃	〃 〃	〃 〃	外湘春街
福興	孔順成	二〇〇、	二	一	一	孔順成		〃	四一	〃 〃	〃 〃	〃 〃	〃 〃	〃
湘雅園	田海清	四〇〇、	四	〃	〃	田海清		〃	四九	〃 〃	〃 〃	〃 〃	〃 〃	北二路
興春園	饒菊生	二〇〇、	二	〃	〃	饒菊生		〃	五八	〃 〃	〃 〃	〃 〃	〃 〃	〃
福壽園	許梅生	〃 〃	〃	〃	〃	許梅生		〃	三六	〃 〃	〃 〃	〃 〃	〃 〃	福壽橋

新增美	彭福成	四〇〇	二	〃	〃	彭福成		〃	四〇	〃	〃	〃	〃	新河街	
齊春曉	楊漢卿	〃	〃	〃	〃	楊漢卿		〃	四二	〃	〃	〃	〃	〃	
大勝園	凌覓僧	〃	〃	〃	〃	凌覓僧		〃	〃	〃	〃	〃	〃	鶴鳴山	
楊裕樓	劉福生	〃	〃	〃	〃	劉福生		〃	三七	〃	〃	〃	〃	北門口	
天津	張福凌	四〇〇〇	二	一	一	張福凌		〃	四三	〃	〃	〃		鶴鳴山	
粵漢樓	譚桂林	〃	〃	〃	〃	譚桂林		〃	三六	〃	〃	〃	〃	紅牆街	
怡心社	劉怡心			〃	〃	劉怡心		〃	四三					湘雅路	
孫叔棣	孫叔棣	三〇〇〇	二	一	一	孫叔棣		〃	三七	〃	〃	〃	〃	八[illegible]橋	
裕泰園	柯少武	〃		〃	〃	柯少武		〃	三六		〃	〃		沙河街	
恩宏號	李盛生	〃	〃	〃	〃	李盛生		〃	三九	〃	〃	〃	〃	光龍街	

中渼樓	楊漢卿	二〇〇、	二	一	一	楊漢卿		男	三八	長沙	茶食	店東	私塾	白沙井	
南峰樓	陳德生	〃	〃	〃	〃	陳德生		〃	四〇	〃	〃	〃	〃	連化港	
國華園	常國華	〃	〃	〃	〃	常國華		〃	三九	〃	〃	〃	〃	林子冲	
鎮昌樓	朱和生	〃	〃	〃	〃	朱和生		〃	四一	〃	〃	〃	〃	荆大路	
大觀樓	羅啟盛	〃	〃	〃	〃	羅啟盛		〃	四二	〃	〃	〃	〃	鐵路邊	
福春樓	周福堂	〃	〃	〃	〃	周福堂		〃	四〇	〃	〃	〃	〃	仝上	
三湘居	文忠熙	〃	〃	〃	〃	文忠熙		〃	三八	〃	〃	〃	〃	城南路	
明星樓	殷廣生	〃	〃	〃	〃	殷廣生		〃	三九	〃	〃	〃	〃	落星田	
合興園	劉懷清	〃	〃	〃	〃	劉懷清		〃	四三	〃	〃	〃	〃	瀏正街	
勝利園	劉儀模	〃	〃	〃	〃	劉儀模		〃	四五	〃	〃	〃	〃	藥王街	

復興園	蘇光鑫	〃	〃	〃	〃	蘇光鑫		男	四四	長沙	茶食	店東	私塾	新安巷	
榮興樓	馬楹順	〃	〃	〃	〃	馬楹順		〃	三九	〃	〃	〃	〃	中山大西路	
勝湘園	黃福堂	〃	〃	〃	〃	黃福堂		〃	三八	〃	〃	〃	〃	瀏城橋	
良友樓	劉慶華	〃	〃	〃	〃	劉慶華		〃	四〇	〃	〃	〃	〃	小古道巷	
仁榮園	唐海泉	〃	〃	〃	〃	唐海泉		〃	四二	〃	〃	〃	〃	黃興路	
新泉園	彭湘庭	〃	〃	〃	〃	彭湘庭		〃	四一	〃	〃	〃	〃	路邊井	
九如園	謝玉良	〃	〃	〃	〃	謝玉良		〃	三六	〃	〃	〃	〃	蔡鍔路	
德華園	余壽堂	〃	〃	〃	〃	余壽堂		〃	三七	〃	〃	〃	〃	[illegible]	
德福樓	易穀生	〃	〃	〃	〃	易穀生		〃	四〇	〃	〃	〃	〃	[illegible]	
錦林齋	曾福祥	〃	〃	〃	〃	曾福祥		〃	三八	〃	〃	〃	〃	下太平街	

新寿楼	范德方	二〇〇〇、	五	一	一	范德方		男	五二	長沙	茶食	店主	松案	都正街	
新華園	陳新貴	〃	〃	〃	〃	陳新貴		〃	四	〃	〃	〃	〃	蔡鍔路	
開泰園	張耀云	四〇〇〇、	四	一	一	張耀生		〃	三八	〃	〃	〃	〃	[illegible]	
中和樓	胡福曉	二〇〇〇、	二	一	一	胡福曉		〃	四三	〃	〃	〃	〃	中山路	
青雲樓	馬福興	〃	〃	〃	〃	馬福興		〃	四三	〃	〃	〃	〃	中山路	
金鵬園	張林生	〃	〃	〃	〃	張林生		〃	三九	〃	〃	〃	〃	繹武路	
振華樓	姚春生	〃	〃	〃	〃	姚春生		〃	三六	〃	〃	〃	〃	坡子街	
德和園	胡致和	〃	〃	〃	〃	胡致和		〃	三七	〃	〃	〃	〃	北二路	
西雅樓	李炳坤	〃	〃	〃	〃	李炳坤		〃	四五	〃	〃	〃	〃	潮宗街	
大順棧	曹述森	〃	〃	〃	〃	曹述森		〃	四口	〃	〃	〃	〃	樊家山	

合興園	莫菊生	二〇〇〇、	为	一	一	莫菊生		、	三八	長沙	茶館	店主	私塾	理氣路	
鶴華南	楊右圃	〃	〃	〃	〃	楊右圃		〃	三五	〃	〃	〃	〃	馬福街	
慶仙樓	李慶仙	〃	〃	〃	〃	李慶仙		〃	四〇				〃	小吳門	
六和園	曾東甫	〃	〃	〃	〃	曾東甫		〃	三六				〃	南門外	
湘東香	鄒星源		〃	〃	〃	鄒星源			三九	〃	〃	〃	〃	[illegible]園	
海華樓	黃申海	〃	〃	〃	〃	黃申海		〃	三五	〃	〃	〃	〃	犁頭街	
明華園	盛明彰	〃	〃	〃	〃	盛明彰		〃	四〇	〃	〃	〃	〃	北站	
湘沙園	吳炳文	〃	〃	〃	〃	吳炳文		〃	四六	〃	〃	〃	〃	半湘街	
東華園	范梯山	〃	〃	〃	〃	范梯山		〃	三八	〃	〃	〃	〃	馬王街	
成影閣	易庶棠	〃	〃	〃	〃	易庶棠		〃	四一	〃	〃	〃	〃	福星街	

東嶽樓	王一民	六〇〇	五	一	一	王一民		男	四〇	長沙	茶食	店主	私塾	小吴门
祥云樓	王振祥	〃〃	〃	〃	〃	王振祥		男	三八	〃	〃	〃	〃	北站
大美斋	蘇陽生	四〇〇、	四	〃	〃	蘇陽生		男	四三	〃	〃	〃	〃	中山東路

长沙市国药商业同业公会会员名册（一九四九年八月二十七日）

長沙市國藥商業同業公會々員名冊

卅八年八月廿七日造

長沙市國藥商業同業公會會員名冊

牌名	地址	負責人	備攷
勞九芝堂	上坡子街	勞勤睦	
湖南商藥局	中山東路	郭學塾	
李四怡堂	黃興路	李壽增	
東協盛	下坡子街	崔頻甫	
信記永	黃興路	杜蒲生	
興盛祥	路邊井	傅崇興	
裕隆恒	下坡子街	陳敬齋	
中華國藥局	黃興路	劉兆祺	

中山東路大信精印

王吉太	太平街	王龍章
北協盛	北正街	張德文
養天和	八角亭	黄亮軒
吴濟南	清泰街	凌樹梅
太和	小西門正街	呂國珍
西協盛	坡子街	劉仲德
宏濟堂	登隆街	劉會文
懷昌	坡子街	謝伯芸
慶記	小西門正街	張慶雲
怡康堂	中山東路	梁國漢

順記	路邊井	陳元先
湖南國藥局	小吳門口	吳佑祺
中國公藥局	東長路	周鼎彝
新湖南商藥局	東長路	楊灝湘
同義長	路邊井	鄭楚雄
長湘裕	路邊井	張定文
達仁堂	黃興路	班子英
鄒復興	中山西路	鄒伯劉
濟生號	大西門正街	陳梅魁
保太和	黃興路	佘慎松

中山東路大信精印

聶常記	下坡子街	聶季常	
年昌	坡子街	曾振平	
忠信	坡子街	熊梅軒	
楊萬鑑堂	中正路	楊桂臣	
永順祥	路邊井	劉明齋	
二釜堂	小西門正街	鄭自榮	
永壽	福星街	王少祺	
復德順	路邊井	周紹邦	
懷安堂	小西門正街	陳宋氏	
六也堂	社壇街	常葳元	

公記	黃興路	朱鼎煌
南協盛	社坛街	蔣漢松
長沙	黃興路	楊燮勳
福記	路邊井	
中和	黃興路	譚俊喜
作濤堂	黃興北路	孫洪楚
太平	黃興路	余寅生
補天壽	北正街	范泮生
宏福	中山西路	易居白
長康	中山馬路	毛鴻鈞

中山東路大信精印

同康福	北二馬路	熊春苔	
馬德壽	紅牆街	馬德昌	
王柏壽	馬王街	王致祥	
長豐棧	司禁灣甬道巷	潘漢彬	
恒源	黄興路	張周瑞	
松齡	黄興北路		
元昌	中正街	戴傑三	
自福	南正路	何紹昆	
精益豐	藥王街	高寧遠	
熊萬和	中山馬路	熊藻芹	

華南	蔡鍔北路	王祥生
福臨堂	東慶街	羅健輝
怡和堂	福星街	梁春茂
陳力新	東長街	陳蘭徵
楊發順	楚湘街	楊裕民
森記	党部西街	柳森嚴
健康	草潮門正街	常壽春
同和堂	北正街	張峻峰
新中華	湘春路	魏瑞廷
陳源裕	中山西路	陳壽仁

中山東路大信精印

養太和	中山東路	譚漢霞
臨安堂	社坛街	周筱湖
萬生利	社坛街	宋庚元
萬盛利	社坛街	宋近喜
久康	萬慶街	吳廉生
永康	皇倉街	雷長富
永福堂	中山馬路	熊義臣
國安	中山馬路	郭雨初
黄厚康	韭菜園	黄常松
壽康堂	南元宮	章建生

精誠	分路口	周尚岐
成春堂	復興街	謝菊階
建成堂	〃〃	李承基
永安堂	瀏城橋	鄧東成
康源堂	瀏正街	周叔仁
華齡堂	〃〃	熊發生
永和堂	〃〃	敖海濤
皮柏齡	吉慶街	皮柏齡
濟安堂	中正路	鄧蓮艇
普濟堂	東牌樓	

中山東路大信精印

南松堂	東長路	
中央	〃〃〃	譚瑞霞
四知堂	〃〃〃	王蔭寰
福華	〃〃〃	陳華欽
復康	織机巷	黃華欽
培芝堂	禮賢街	譚俊喜
福昌	惜陰街	周筱華
福和	〃〃〃	黃福成
和平	杜家山	劉慎先
四順堂	惜陰街	劉希球

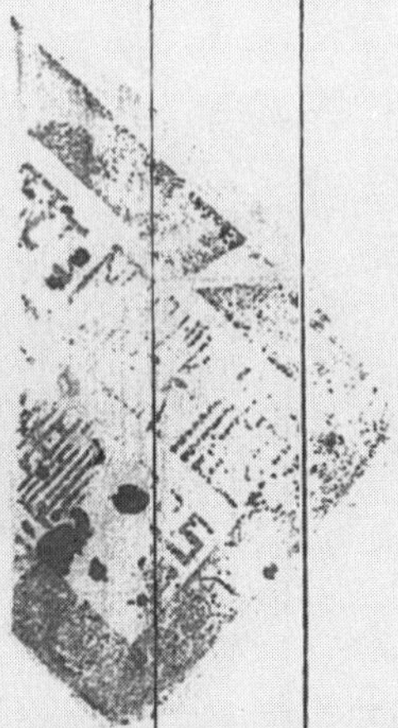

恒康堂	書院坪	劉召南
人地堂	大椿橋	楊裕如
楊崇仁堂	〃〃〃	楊詠清
長齡堂	上六舖街	陳柏林
湖南藥局	〃〃〃	柳逸群
陳順昌	六舖街	陳泉生
張頤榮	西湖橋	張勝林
豫和春	古潭街	周紹适
葛廣泰	〃〃〃	葛曉臣
永盛長	半湘街	梁明漢

中山東路大信精印

德義長	豆豉園	辛德臣
廖濟春	蔡家坡	廖春[illegible]
太華堂	南大馬路	連詠雩
天德堂	南大路	周敦厚
神農堂	〃〃	李海凡
松壽堂	老龍潭	鄒瑞春
老協盛	坡子街	邱炎峰
鄭大有	〃〃〃	鄭務庸
生美堂	小西門河街上	陳樹霖
養和堂	半湘街	周震雲

永康福	半湘街	
湖南醫藥局	路邊井	劉麗峰
益康藥酒店	小西門	崔大明
曾保和	福勝街	曾金樹
李裕民	太平街	李明軒
協成永	〃〃〃	梁炳寶
益世堂	大西門河街	饒立中
種德堂	西長街	周慶雲
西南	〃〃〃	亦仲篪
胡天芝	瀏陽河街	胡春和

中山東路大信精印

曾雨相堂	永豐倉	曾春林
宏興	紫荊街	彭和生
益壽	道正街	杜慕陵
楊阜康	福興街	楊振韜
天仁堂	北正街	鄔冀高
慶餘堂	〃〃〃	黃暢烜
大中南	湘春街	魏桂華
韓康	北城口	陳福清
同盛永	北外街	王少宣
杏林春	福壽橋	岳南軒

竟成堂	福壽橋	毛宏安
寧康堂	湘雅路	蔣鳳生
太華	興漢門	陶繼君
佑春堂	紅墻街	
中國商藥局	經武路	鄒岳森
啟黄堂	紅墻街	聶炳林
宏德	水風井	董樹德
豫興久	南正路	侯立均
豫源長	藩城堤	皇甫世英
百福堂	小吳門	李勳爵

中山東路大信精印

姜濟南	蔡鍔北路
福康	大椿橋
顔風、雲	康樂園
濟民	鹽運坡

长沙市织染布工业同业公会会员工厂调查表（一九四九年八月）

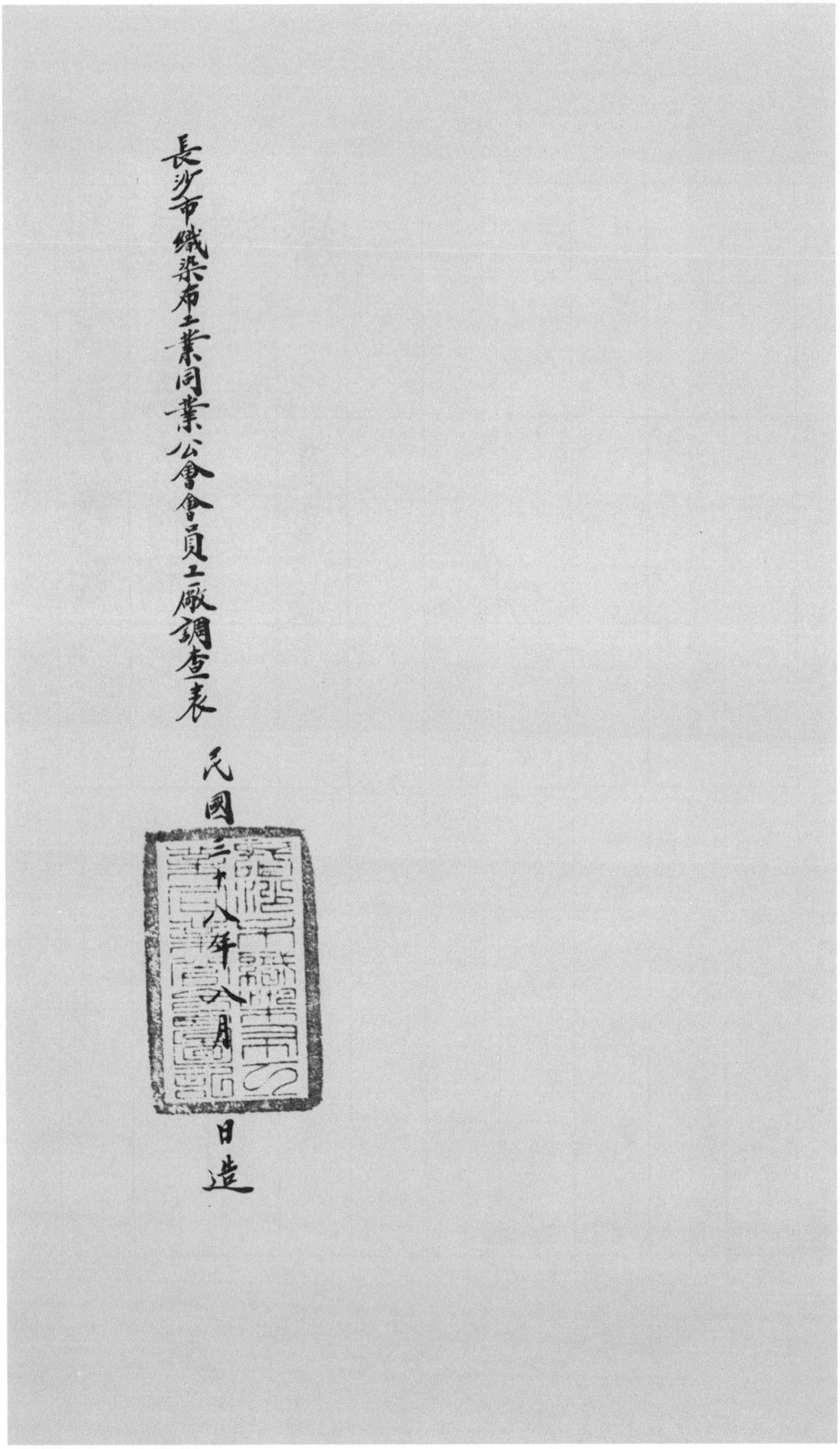

長沙市織染布工業同業公會會員工廠調查表

民國三十八年八月 日造

長沙市織染布工業同業公會會員工廠調查表

牌名	負責人姓名	發行所	廠址	原有生產工具 織機	原有生產工具 碌石	現有[illegible]	[illegible]	
德湘	劉漢云	福星街	潆湾磡	三○張	三○座	無	無	
福隆	丘麟桂	〃〃〃						無大廠
恒昌	朱云仙	〃〃〃	〃〃	三七張	二四座	六張	八○座、	另有二廠八八張、六○大座
中和厚	劉三和	〃〃〃	〃〃	一八六張	一六座	未	四座	
利湘	葉雖明	〃〃〃	仝上	二八張	二六座	未	六座	
協隆	李運英 燽佩棠	〃〃〃	〃〃	有 十台	有 十八座	有 未	有 未	停業、生產工具未詳
大康	張壽庭	〃〃〃	〃〃	〃	〃	〃	〃	停業、已退會 仝
福盛	繆治民	〃〃〃	〃〃	〃	〃	〃	〃	無人在店 仝

聯大	驊[illegible] 李燦斌	福星街	新河	十八號	丨叁	未	二叁	
聯友	新東魁	〃〃〃	〃〃	有	有	有	有	停業 已退会 生產工具未詳
福昌	陳世南	〃〃〃						無工厰
萬源	楊寒香	〃〃〃	東鄉	一五號	已叁	四號	二叁	實無工厰
德華	侯幼梅	〃〃〃						無工厰
乃來	王子君	〃〃〃						同
慶華長	文子蘭	〃〃〃						已退會
鼎茂	馬之斌	〃〃〃						已退会
永丰	吳作林	〃〃潤	仝上	成號	大叁	未	未	
謙達	黃少謙	〃〃丨						

生裕	黄靄[illegible]	福庆街	同上	罷	[illegible]	未	未	[illegible]
永茂	周賡颺	〃〃〃						
福大	黎桂松	〃〃〃	同上	無	有	無	有	停業 工具不詳
恒利	劉[illegible]泰	永豐倉	同上	二五	一四叁	未	未	[illegible]八在廠
同餘	劉漢云	連陞街						已退会 無工廠
介湘	莫幼林	〃〃〃	同上	有	有	有	有	工人在廠 生產工具不詳
湘華	周戴楊	史家巷	同上	五	一天	〃	〃	停業 仝右
永華	黎光前	高床街	荷池路	無	一〇叁	無	未	有[illegible]未行
昌記	汪維亮	三太街						無工廠
華丰	胡金喜	走馬樓	同上	無	六公叁	無	未	有[illegible]

同济	向定甫	南長街	新河	四〇八帐	二〇套	二〇帐	五套	
大成	馬純生	〃〃〃	〃〃	二四帐	二四套	未	六套	
益華	陈𫍽明	〃〃〃	同上	帐	一〇套	帐	二套	有吊機織
廣大	鄧濟美	〃〃〃	〃〃	五帐	六套	一帐	未	
大明	李梓材	〃〃〃	福寿桥	一二帐	八套	五帐	五套	
協义長	刘揆元	太平街	同上	帐	八十套	帐	五套	有業步机
大昌	張伯南	〃〃〃	滁湾街	一九帐	一五套	有	有	又厰設八角亭
順昌	廖順庭	〃〃〃	同上	四帐	四套	未	一套	
聯济	彭韻笙	〃〃〃	〃〃	二〇帐	一六套	四帐	四套	
萬福	袁柳生	〃〃〃	〃〃	一六帐	一六套	未	未	

鎮湘	黃梓健	太平街	新河	一号	一台	〇	未	
福裕昌	胡福建	潮湯巷	〃	〃	四号	一台	来 四台	
震湘	李獻庭	新河	〃	〃	共 四台	共	未	有号共二個
鼎丰	謝勝庭	路边井	同上	〃	八台	〃	三台	〃 〃
大倫	顧雨其	坡子街						共二厰
綸昌	任錫麟	〃 〃						停 歇業 廢
怡康長	柳廷石	〃 〃	同上	[illegible]	六台	共	有	有号共六個
同丰	范樹覺	〃 〃	福居縣	〃	南巷	〃	六台	〃 〃
光華	湊雅侯	〃 〃	錢存釜	〃	[illegible]	〃	[illegible]	停業 工具未詳
光中	張甦天	育庇村	同上	共	八台	共	三台	有号共二個

聚泰	肖本源	黄兴路	同上	二房	八套	二房	三套	
恒厚	徐瑞林	当铺巷	同上	共	套	共	套（未）	停業 工具未詳
淡石	李立德	社壇街	同上	共	二套	共	六套	有架坊停
大华	蒋樊生	〃〃〃	燕子嶺	無	八套	無	二套	共五廠
僉記	饒庆和	〃〃〃	同上	共	六套	共	二套	有架坊停
鍾丰年	萬和麟	〃〃〃	同上	共	六套	共	三套	有架坊停
益大	尋禮和	書院坪	同上	〃	〃	〃	三套	〃〃
滙丰	胡述安	藥王街						共一六廠
新福兴	王耀彩	〃〃〃	新河	共	八二套	共	未	有業未詳
聚兴昌	刘潘楚	〃〃〃						

中平庆	胡金吾	中正路	同上	五元	八名	廿	未	
同人锺	徐国平	〃〃〃	〃〃	〃	一百名	〃	八名	
永和	苏寿武	〃〃〃	〃〃	二份	二名	〃	未	实用机动力织
利源兴	刘正才	〃〃〃	湖迹渡	共	七名	共	四名	[illegible]
乾升太	陈慎微	〃〃〃	同上	共	三名	共	未	仝左
源丰	朱文广	新河	同上	〃	有	〃	有	工厂廿八间长 工具未详
光汉	何子叶	〃〃	〃〃	〃	〃	〃	〃	〃同左
德生	周启东	中山路	西长街	七名	六名	未	未	
华丰	王庚波	〃〃	〃同上	廿	二名	廿	一名	[illegible]
大隆	周楚卢	东牌楼						共工一厂

新湘	袁君山	西牌楼	经武门	坊	一二叁	坊来	有歇业
鼎大	谢荣顛	〃〃〃					歇工厰
又兴长	刘瑞林	〃〃〃					停业第二厰
福裕长	叶世全	〃〃〃	同上	五号	一二叁〇	未	实有歇业
万隆	罗炳森	〃〃〃	新河	坊	一六叁	坊来	有歇业
万新	汤润廉	〃〃〃	湘潭市	五号	一百叁	禾末	
盛昌	陈保湘	〃〃〃	〃〃	〃主号	一五叁	〃三叁	
裕申	蒋逢秋	〃〃〃	同上	坊	一百叁	坊来	有歇业
伟新	陈英华	〃〃〃					
大昌	罗祥生	〃〃〃					[illegible]

老鼎大	張玉書	西牌樓						
瑞康	胡瑞朝	〃〃〃	新河	蒸	有	蒸	度	厰房人負責 工具未詳
大椿	鄧振楙	〃〃〃	樂道巷	四吋惰	三叁	未	四叁	
和記	丁堯坤	〃〃〃	早谷坊 牛豆洲	六吋惰	三二叁	未	未	
旭華	戴康甸	〃〃〃	新河	蒸	一八叁	蒸	未	有帶克鈎
華興	鄧長錫	〃〃〃	學宮门	〃	八叁	〃	三叁	实有机動力
永豐	鄧德秋	〃〃〃	瀏陽	蒸	四叁	蒸	四叁	实[illegible] 蒸之工厰
益豐	馬益良	〃〃〃	东鄉	〃	〃	〃	〃	仝右
利記	饒壽松	〃〃〃						老工厰
金華	劉金初	〃〃〃						[illegible]

鸿記	周鸿年	永兴街		已退会
海記	胡海洲	〃〃〃	同上 六號一八參未天	停業
永隆	周長保	〃〃〃		停業做工厰
億華	梁鉄誠	〃〃〃		做工厰
大安	凌海根	〃〃〃	南城外 六號二參 〇 〇	実做工厰
大美	曹朗清	中山路		停業做厰
諭怡和	陳炳堃	〃〃〃	同上 做二參費七參	[illegible]
協成	向春棠	水風井	蔡鍔路 八號六參未未	
永康福	朱有勝	司馬橋	同上 九號八參二號二參	
恒源	饒金棠	王皇坪	同上 三號五參 [illegible]	

福綸	林雨田	永興街						
協義	胡學初	西牌樓						同右停業
同茂	張南山	北正街						同右
鼎霞	王孟先	〃〃〃	同上	廿	一六叁	款	未	有無營業 已退會
彩霞	彭旭岑	〃〃〃	〃〃〃		一百叁	款	未	同右
介濱	周蔚生	〃〃〃	〃〃〃		一百叁	〃	燾	停業 工具不詳
裕華	劉漢初	〃〃〃						歇工廠
同和丰	程先紀	〃〃〃						仝右
大章	劉東漢	濮湾市	同上	八錢	十合	味	香	廠歇業 負責人 遠離
鶴申	黃瑞珍	〃〃〃	〃〃	〃	〃	〃	〃	仝右 已退會 真離

東盛	楊梵燕	戥子桥	新河	六八号	十三岁	未	未	出傳業
同裕	向復文	〃〃〃	乡村	0	四岁	一0号	三岁	实業工廠
厚福	陈桂和	〃〃〃						同右
華商	任敦廣	〃〃〃						同右
長益	李甫全	〃〃〃						同右
長康	向自樂	局關祠	乡村	0	四岁	0号	二岁	同右
長湘	尹長生	〃〃〃						同右 傳業 出道会
渡新	舒鑑明	〃〃〃						出工廠
福丰	董寿欽	〃〃〃						同右
鼎和	汪元愷	〃〃〃						

聚丰	江壽鵬	〃 〃 〃						
華昌	劉傳佐	望城縣	同上	有	有	有	有	[illegible]
大同	瞿特平	〃 〃 〃	〃 〃	〃	〃	〃	〃	仝右
介福	毛杏生	〃 〃 〃	〃 〃	〃	〃	〃	〃	〃 〃
西福記	罗世珊	〃 〃 〃	〃 〃	〃	〃	〃	〃	〃 〃
大成丰	罗福欽	〃 〃 〃	〃 〃	〃	〃	〃	〃	〃 〃
慶陝	符志遠	〃 〃 〃	〃 〃	〃	〃	〃	〃	〃 〃
裕華	谷長順	〃 〃 〃	〃 〃	〃	〃	〃	〃	〃 〃
義和祥	潘明仕	〃 〃 〃	〃 〃	〃	〃	〃	〃	〃 〃
義生祥	曹傳威	〃 〃 〃	〃 〃	〃	〃	〃	〃	〃 〃

彭乾記	彭保林	新河凤嘴	〃	〃	言張	西層	未	未

长沙市宴席商业同业公会会员调查册（一九四九年十月二日）

長沙市燕席商業同業公會會員調查册

長沙市酒席商業同業公會會員調查册

公元一九四九年十月二日

區別	牌名	負責人姓名	年齡	籍貫	住址	開業年月日	隸屬分所	許可證字號	備攷
長沙市城東區	瀟湘酒店	何錫賢	五九	長沙	大東茅巷本店	民國卅五年二月七日		民國卅七年五月育政字六號	
〃	新怡園酒家	劉福芝	四七	長沙	大東茅巷本店	民國卅四年十月十日		〃育政字十八號	
〃	怡園酒家	周詠森	四五	衡山	育嬰街本店	民國卅五年八月一日		〃育政字二號	
〃	天然酒店	羅鳳樓	五四	瀏陽	解放路本店	民國卅五年十月一日		〃育政字四號	該店於解放前停業
〃	譙瓊園酒家	言三和	五四	長沙	新街口本店	民國卅六年七月十六日		〃育政字號	
〃	玉樓東酒家	余文炳	六三	長沙	大東茅巷本店	民國卅五年二月十日		〃育政字十九號	
〃	奇珍閣酒家	周秉乾	六五	長沙	解放路本店	民國卅五年八月廿日		〃育政字號	
長沙市城北區	挹爽酒樓	胡雨秋	四七	長沙	尙家巷本店	民國卅四年九月八日		〃育政字廿三號	

長沙市北城區	青年館餐廳	舒鳳翔	五十	長沙	又一村本館	民國卅六年二月十日		無	該店於解放後停業
〃	萬盛園酒樓	潘紹雲	四九	長沙	中山西路本店	民國卅五年二月二日		民國卅七年五月省政字號	該店於解放後改為飯館
〃	國際餐廳	周萬清	五七	長沙	上營盤街本店	民國卅七年九月一日		無	該店於解放後停業正計劃復業
長沙市城南區	德園酒家	廖菊階	五七	長沙	黃興路本店	民國卅五年二月十日		民國卅七年五月省政字號	
長沙市城東區	萬利春菜社	李從心	六二	長沙	蔡鍔中路本店	民國卅七年三月廿日		省政字一號〃	該店於解放後停業
〃	營養餐廳	蕭名朋	六一	長沙	落星田本店	民國卅七年二月六日		省政字號〃	該店於解放前停業
〃	老天津館	張文煥	三四	河北寧津	解放路本店	民國卅五年三月十日		省政字號〃	該店於解放後九月九日停業
〃	上海酒樓	許文才	四六	浙江寧波	解放路本店	民國卅七年八月廿日		省政字卅一號〃	
長沙市城北區	新天津館	李景生	四九	河北	中山東路本店	民國卅四年九月十日		省政字廿一號〃	
長沙市城西區	老徐長興	徐家麟	四六	江蘇南京	圜墻背本店	民國卅五年三月十日		省政字十一號〃	

長沙市城西區	醒園酒家	何鼎山	四九	長沙	火後街本店	民國廿七年二月八日		民國卅七年五月肖政字八號	
〃	李合盛	李德生	五五	益陽	三興街本店	民國卅四年十月八日		〃 肖字 號	該店於解放後改為田民食堂
城南區	福華酒店	揚錫成	五一	長沙	黄興路本店	民國卅五年二月十日		〃 肖字 號	
〃	石三勝酒家	石東生	五四	長沙	黄興路本店	民國卅五年二月十日		〃 肖字 號	該店於最近改為飯館
長沙市城西區	青年會餐廳	周子慎	五十	長沙	大四方塘本店	民國卅七年九月十日		無	該店於解放後停業收東
長沙市城北區	大成酒家	譚壽眉	四五	湘鄉	中山東路本店	民國廿七年二月十五日		〃 肖字 號	該店於解放後停業
長沙市城南區	一品香酒樓	張宗藩	七一	長沙	南門口本店	民國廿五年三月十三日		〃 肖政字廿六號	
長沙市城西區	味腴川菜社	龐福田	五五	四川成都	樓貴街本店	民國卅七年七月十一日		〃 肖字 號	該店於解放後停業收東
長沙市城東區	南國酒家	胡壽松	五二	長沙	端正街本店	民國卅五年二月十日		〃 肖字廿號	該店最近收東
長沙市城北區	粤珍酒家	禤式而	六二	廣東	中山西路本店	民國卅五年十月六日		〃 肖字 號	該店於九月一日收東

長沙市城東區	天佑咖啡館	周澤民	四十	長沙	蔡鍔中路本店	民國卅六年一月五日		〃 [illegible]

長沙市讌席商業同業公會理事長劉福芝

公元一九四九年十月二

长沙市仓库商业同业公会会员情况调查表（一九四九年十月二十五日）

長沙市倉庫商業同業公會會員情況調查表

時間 / 店號名稱	三十六年度		三十七年度		三十八年度		備註（過去繼續情況）
	1—6月	7—12月	1—6月	7—12月	解放前	解放後	
錦隆	未營業	營業	〃	〃	〃	〃	係租賃倉庫以住家方式守屋
志康	仝上	〃	〃	停業一月	停業	復業	仝上
興中	仝上	〃	〃	〃	停業	復業	〃 〃
湖南省銀行第一倉庫	仝上	〃	〃	〃	〃	接收	解放後交人民銀行接收
民安	仝上	營業三月	停業	〃	〃	〃	因無業務停業
積農	仝上	營業	〃	停業三月	停業	〃	〃 〃
永和	仝上	營業三月	營業	停業二月	停業	復業	無貨堆存即停業有貨存放即復業
一元	仝上	營業二月	營業	〃	〃	〃	〃 〃
公信	仝上	營業二月	營業	停業	〃	〃	〃 〃
信孚	仝上	〃 〃	營業	停業	〃	〃	〃 〃
順昌	仝上	營業一月	營業	〃	〃	火燒停業	解放後房屋失火被焚停業
大成	仝上	仝上	營業	停業二月	〃	復業	因無貨物存放故停業有貨存放又復業
永賚	仝上	〃	營業	停業八月	停業	〃	〃 〃
集成	仝上	〃	營業四月	營業	停業	改業	因無業務故改業
志和	仝上	〃	營業三月	營業	〃	〃	自有房屋以住家式守屋
大業	仝上	〃	仝上	營業六月	〃	〃	〃 〃
安陵	仝上	〃	仝上	停業三月	停業	倒閉	因負債過多虧累停業
順安	仝上	〃	仝上	仝上	仝上	改業	因無業務故改業
孟華	仝上	〃	〃	營業	停業	〃	無有貨放故停業倘有貨物存放仍可復業
裕民	仝上	〃	〃	營業	停業	復業	〃 〃
阜成	仝上	〃	〃	營業四月	營業三月	停業	〃 〃
有餘	仝上	〃	〃	仝上	仝上	仝上	〃 〃
美成	仝上	〃	〃	營業三月	營業	〃	係自有倉庫以住家式守屋
協茂	仝上	〃	〃	仝上	仝上	仝上	無業務即停業有業務又復業
大安	仝上	〃	〃	營業二月	仝上	仝上	〃 〃
豐懋	仝上	〃	〃	營業一月	停業	停業	〃 〃
勤業	仝上	〃	〃	仝上	仝上	復業	〃 〃
福馨	仝上	〃	〃	仝上	停業二月	停業	〃 〃
鼎泰	仝上	〃	〃	仝上	停業三月	倒閉	因負債過多虧累倒閉
合計							

說明：一、本要查於收購即入業務維持得最重以作參考致。過去繼續情況如查表內寫不下時請自由將表格放大或另附一紙於表底

公元1949年10月25日　填表人倉庫業公會（蓋章）

长沙市图书教育用品商业同业公会会员名册（一九四九年）

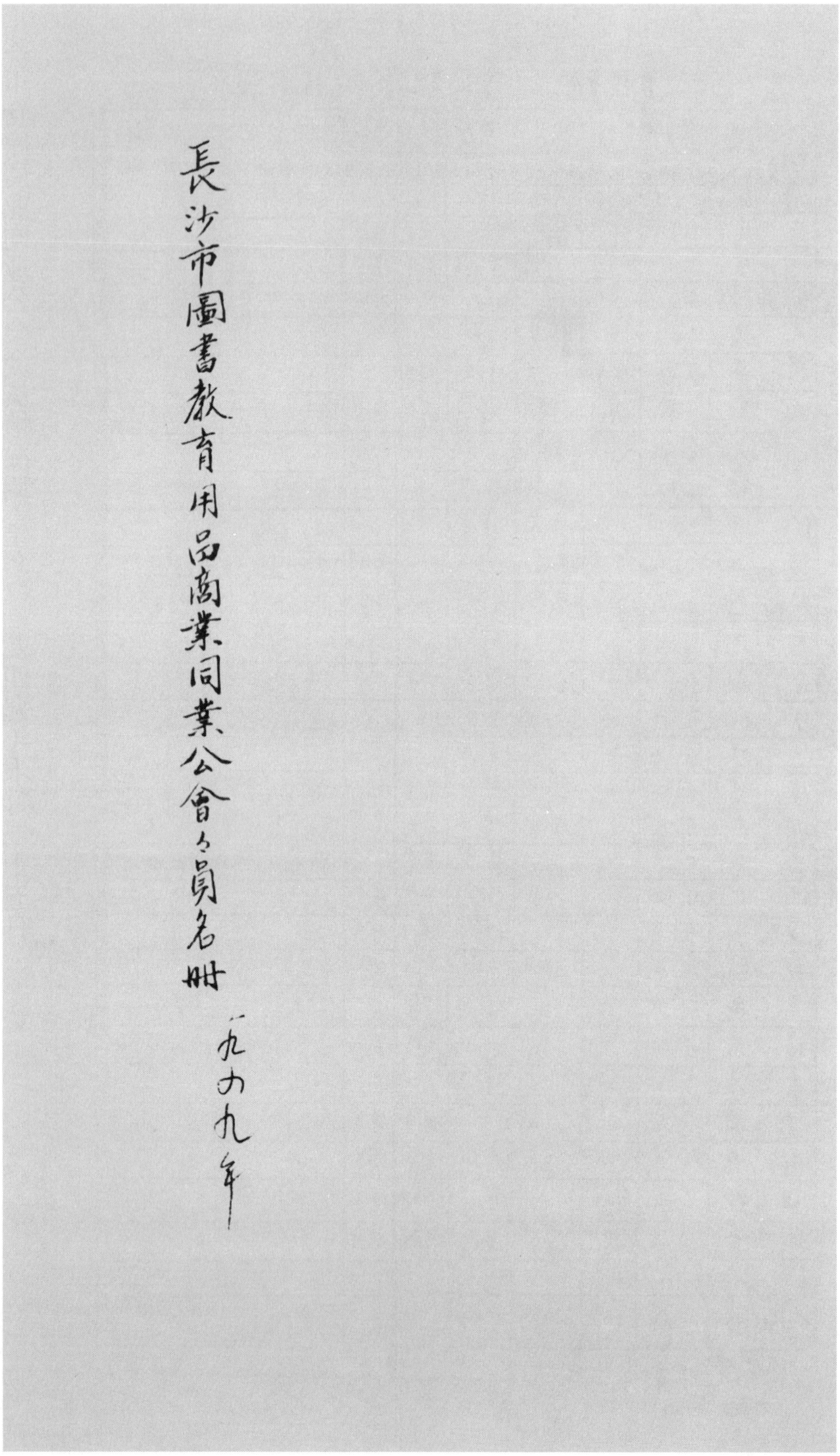
長沙市圖書教育用品商業同業公會々員名冊
一九四九年

會員牌名	負責人姓名	開設地点	開業時間	備註
商務印書館	李少田	黄興路		
中華書局	沈松茂	府正街		
世界書局	翁稚堂	南陽街		年前令接管
大東書局	郭蔭陞	南陽街		
開明書店	章士歆	府正街		
湘芬書局	吳起鶴	府正街		
續續書局	李培元	府正街		
力行書店	易嘉猷	南陽街		
春明書店	樊慶緒	南陽街		

宇宙書局	梁志超	府正街	
群益書局	張海珊	南陽街	
大公書局	鄭励新	蔡鍔路	
交通書局	華宗澄，	走馬樓	
新文書局	張百清 章蘭生	黃興路	
興華書局	袁冠芳	南陽街	
桥記求知書局	龍良臣	蔡鍔路	
友聯書局	陳明庶	府正街	一九四八年 解放前開業
琴莊儀器圖書	趙東維	黃興北路	
崇正書局	胡崇堯	南陽街	

分豐館	曹非	織機巷		
學餘編印社	董培心	營盤街		
中西書店	翁玄修	蔡鍔路		
新中门書局	李雨民	老照壁		歇業
中南書店	馮蔭南	黄興北路		
學生書局	龍成雲	蔡鍔路		
龍门書局	嚴紹瑜	府正街		
公益印書館	顧成生	天灯巷		已由印刷业转移
業勤書局	周兆濬	中山東路		歇业
欧亞圖書局	彭錫華	老照壁		

天下書局	姚志鵬	南湯街		
滾光鋼筆行	應少華	中正路	一九四八年上期開業	
長沙書局	易俊庚	長春街	一九四八年下期開業	一九四九年十月停業
國光書局	劉讓泉	中山東路		
洛新書局	車仲英	〃		
文滙球廠	陳炳非	老照壁		
退会 致力文化社	錢江塘	走馬樓		已由印刷業評統
星星鋼筆行	唐	藝蔡鍔路		
大偉鋼筆行	楊先前	〃		
時代鋼筆行	曾先祥	〃		

上海風琴廠	周志明	府正街			
古今書局	趙善臣	〃			
知源書局（停）	李光鋼	蔡鍔路			
明明書店	石岱觀	南陽街			
建中書局	胡華清	〃			
強華球廠	陳敦永	府正街			
文海書局	許海如	〃			
大雅書局	譚俊庭	〃			
忠文書局	鄒河漢	〃			
大民書紙局	曹治民	老照壁			

徐求知書店	徐立堅	走馬樓
李集古書局	李少先	府正街
謙善書局	譚國材	〃
啟明書局	車鴻影 魏鶴軒	〃
廣益新書局	譚利生	南陽街
文文書局	文大浩	〃
廣文書局	魏鶴軒	府正街
益雅書局	蘇時松	老照壁
廣雅書局	何得華	府正街
瑞文書局	袁瑞生	北正街

大中書局	任德明	蔡鍔路		
亞新書局	劉梅卿	蔡鍔路		
維新書局	田元洪	社壇街		
華興書局	劉作霖	〃		一九四九年十一月停业 暫停
至善書局	秦炳南	禮賢街		
白沙書店	熊潤成	蔡鍔路		
守誠書局	朱敬熹	玉泉街		
益新圖書社	張平生	〃		
富有書局	陳希濤	〃		
經順書局	朱定安	〃		

停

文雅書局	鄢華蓀	玉泉街		一九四九年十一月停叶 暫停
文成書局	周文斌	南陽街		
興昌書局	黃玉成	府正街		
生花文具館	吳宏興	〃		
昌文書局	黃涵臣	萬福街		
崇善書局	趙仲梅	南陽街		
新民文具店	黎伭厚	府正街		
激流書局	張伯賢	〃	一九四八年上期開叶	
上海雜誌公司	周玉書	〃	一九四八年下期開叶	
漢華文具行	錢敏（湧）明	萬福街	一九四九年解放前開叶	

合記國華鋼筆行	劉開陽	蔡鍔中路	一九四九年九月一日開業
良友鋼筆行	劉哲夫	〃	一九四九年九月廿日開業
新星鋼筆行	許得潤	黄興北路	一九四九年二月一日開業
中國鋼筆行	柳國文	中山東路	一九四九年八月開業
新華文具行	唐仁齋	蔡鍔路	一九四九年十一月一日開業
学習書店	向畏羅	〃	一九四九年五月開業
華勝鋼筆行	戴紹雲	〃	一九四九年五月一日開業
忠記鋼筆行	劉思	長春街	一九四九年八月一日開業
利華鋼筆行	萬鈞	中山東路	一九四九年十一月一日開業
文合鋼筆行	吴保生	湘春街	一九四九年八月廿日開業

松援教育用品社	蒋松生	黄兴北路	一九五〇年元月開业
嶽麓書店	劉新漢	嶽麓山	一九四九年十月開
一新文具店	涂漢鼎	蔡锷中路	一九四九年十一月開
湘联書店	黄海霖	府正街	一九五〇年元月廿二日開业
華新工具工藝社	郭慶涛	悦铺巷	一九五〇年二月
联合書店	石振楪	黄兴北路	一九五〇年元月
中南鋼笔行	曹绍雄	中山东路	一九五〇年三月
联合文具行	邹鸿達	蔡锷中路	一九五〇年四月
新生文具社	陳炯娥	〃	〃
文光鋼笔行	章克明	黄兴南路	〃

捷新鋼筆行	朱裕[illegible]	長春街	一九四九年十月三日開業	五十年十一月廿九日停業
國利鋼筆行	陳雪霖	南陽街	一九四九年十一月三日開業	
華英鋼筆文具行	沈培基	中山東路	一九四九年十月開業	
世界鋼筆行	唐炳炎	蔡鍔北路	一九四九年七月十二日開業	
民主書店	陶亞周	蔡鍔路	一九四九年九月一日開業	
讀者書店	戴德齋	〃	一九四九年九月廿五日開業	
南方書店	吳啟農	黃興北路湘清里鶴莊	一九四九年十一月廿日開業	
文獻服務社	彭應環	府正街	一九四九年十一月一日開業	
馬煥記書局	馬文匡	〃	一九四九年十月復業	
集成文具社	蔡桂軒	〃	一九五〇年九月復業	

长沙市各卷烟厂组织一览表（一九四九年）

長沙市各捲菸煙廠組織一覽表

廠名	經理人姓名	捲機種類	捲機數量	資本額	組織狀況	工人數量（包括職員）	其他	廠址
歐亞	黃志新	大型	四部	卅五年四月時值舊幣兩億元	股份有限公司	二百餘人		碧湘街
利豐	揚啟忠 黃政業 駱男生	大型	五部		〃	二百餘人	現已搭走捲机三部運貴陽	出入足门
聯興	彭瑞璣	大型	三部		〃	一百餘人		上黎家坡
美孚	楊冬生	大型	二部		〃	一百餘人		北门外肉脯街
華中	揚振初	大小型	各二部	·	〃	一百餘人	捲菸業公會理事長揚振初係該廠股東之一	北门外大王家巷
大業	賓岳森	大型	二部	卅七年十一月時值金元貳拾萬元	〃	一百餘人		出入足门
大德	彭錢生	小型	四部	卅八年一月時值金元伍拾萬元	〃	二百餘人		碧湘碼头
裕豐	易仁熾	小型	二部	卅七年十二月時值金元叁拾萬元	〃	五十餘人		半湘街

福和	劉紹海	小型二部	卅八年元月時值金元卅萬元[illegible]	〃	二十餘人		社壇山嶺
洞庭	陳海龍	小型一部	卅七年十二月值金元十八萬元	〃	三十餘人		碧湘街
民生	凌亞琳	小型一部	銀洋四千元	〃	三十餘人		里仁坡
新中	王道宣	大型一部	卅七年十二月值金元一百萬元	〃	五十餘人		南门外藤園塘
億豐	白海波	小型一部	卅七年九月值金元貳百萬元	〃		停工已久	千佛林
美豐	李春生	小型一部	卅七年十月值金元三千元	〃		停工已久	

各同业公会停业相关文件

长沙市织染布工业同业公会为造具本业倒闭停业停账之各会员厂店清册致长沙市商会的呈（一九四九年五月二十三日）

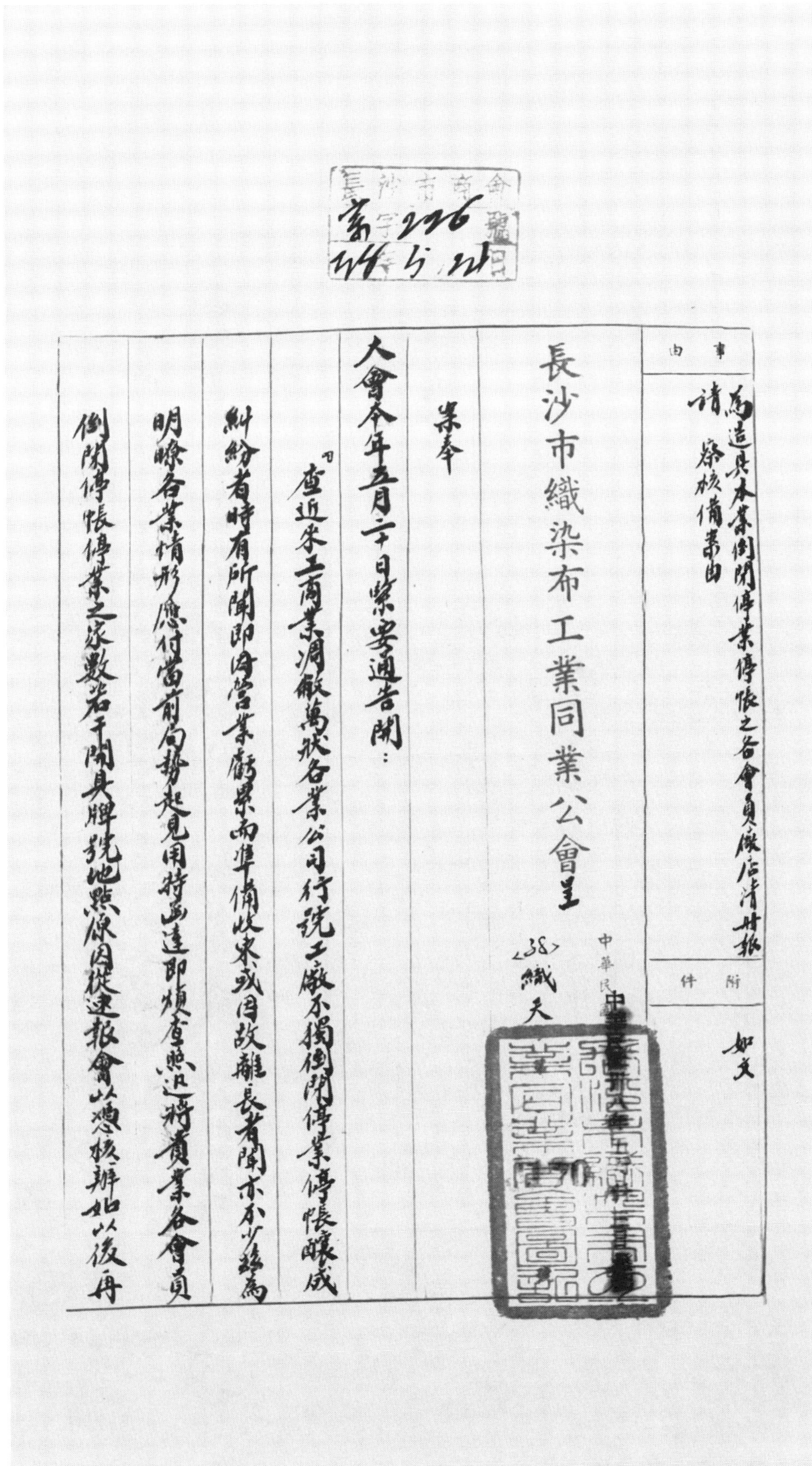
長沙市商會
收字226號
38年5月24日

事由：為造具本業倒閉停業停帳之各會員廠店清册報請察核備案由

附件：如文

長沙市織染布工業同業公會呈

〈38〉織天

案奉

大會本年五月二十日緊要通告開：查近來工商業凋敝萬狀，各業公司行號工廠不獨倒閉停業停帳釀成糾紛者時有所聞，即照常營業虧累而準備收束或因故離長者聞亦不少。茲為明瞭各業情形，應付當前局勢起見，用特函達，即煩查照，迅將貴業各會員倒閉停帳停業之家數若干，開具牌號、地點、原因，從速報會，以憑核辦。如以後再

有同類情事並希隨時具報事關重大幸勿延擱是為至要！此

等因到會自應遵辦茲將本業最近倒閉停業停帳之會員廠店造册附呈伏乞

察核備案為禱！！

謹呈

長沙市商會

附清册一份

長沙市織染布工業同業公會理事長徐大賜

附：长沙市织染布工业同业公会倒闭停业会员厂店名册（一九四九年五月）

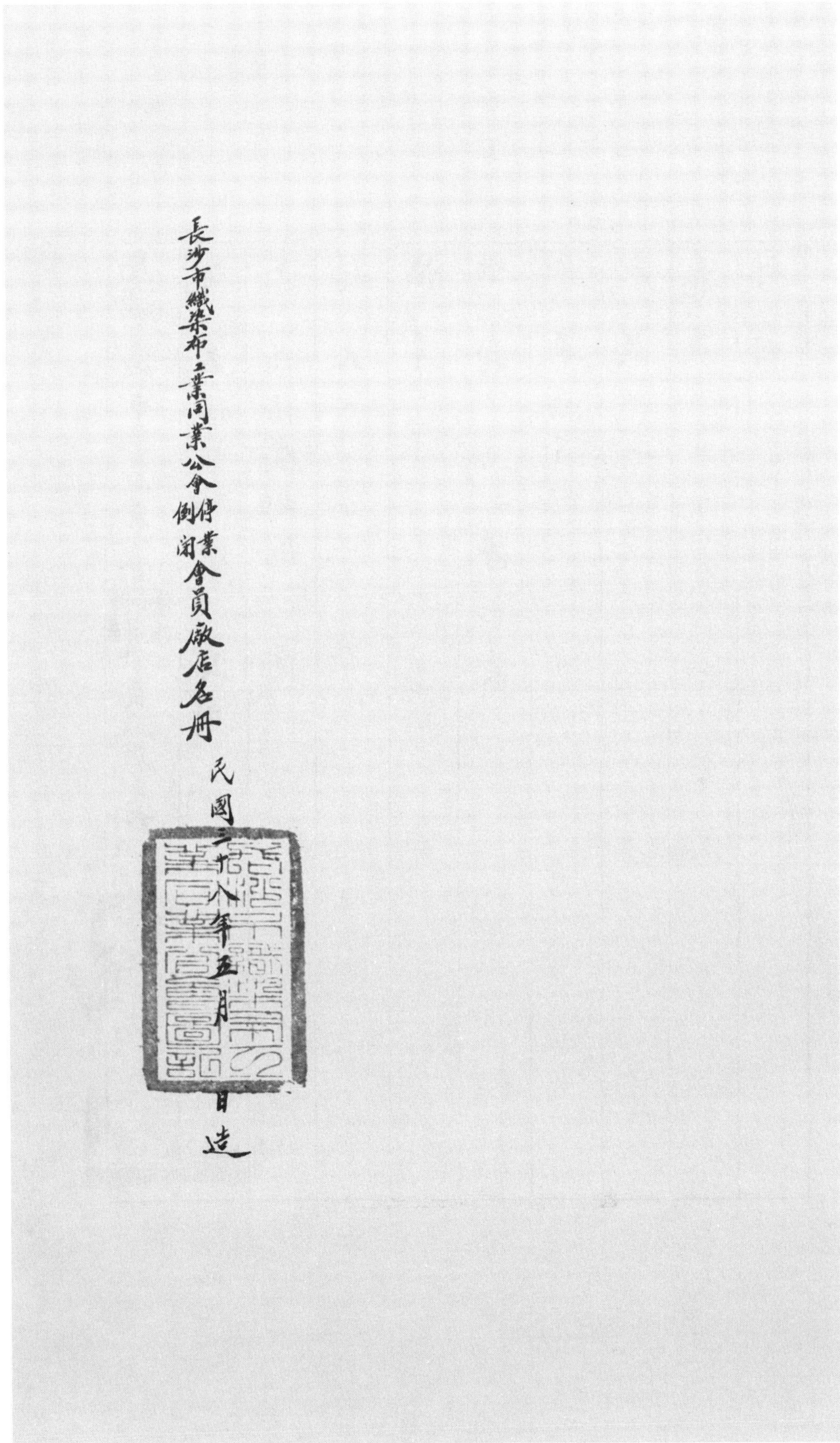
長沙市織染布工業同業公會倒閉停業會員廠店名冊
民國三十八年五月　日造

長沙市織染布工業同業公會停業倒閉停頓會員廠店名冊

牌名	住址	原因	附
大衆	福慶街	倒閉	
福大	〃	〃	
怡丰	〃	〃	
恒利	〃	停業	
介華	福星街	〃	
永茂	〃	〃	
鼎茂	〃	〃	
利湘	〃	〃	

民國三十八年五月 日

厚昌	福星街	倒闭
同餘	滦湾市	停业
鼎源裕	〃	〃
海記	永興街	〃
瑞記	〃	〃
福綸	〃	〃
東興	〃	倒闭
義成	〃	〃
大安	〃	〃
溥源	道正街	〃

集成	西長街	〃 〃
福申	〃 〃 〃	停業
厚丰	太平街	倒閉
萬福	〃 〃 〃	停業
襄湘	新河	〃 〃
光中	〃 〃 〃	〃 〃
復源	西牌樓	〃 〃
華興	〃 〃 〃	〃 〃
源丰	新河	〃 〃
湘民	高井街	〃 〃

光華	坡子街	停業
光中	百花村	〃
新福興	黄興路	〃
協康	天星閣	〃
大美	中山路	〃
協成	水風井	倒閉
介霞	北正街	〃
大福	局關祠	〃
福丰	〃	停業
長康	〃	〃

裕丰	戥子橋	〃	〃
長益	〃 〃 〃	〃	〃
同裕	〃 〃 〃	〃	〃
華商	〃 〃 〃	〃	〃
瀾隆	〃 〃 〃	倒閉	
裕綸	向潤祠	〃	〃
永康祥	馬王塘	停業	
恒源	玉皇坪	〃	〃
湅福興	福墙湾	〃	〃
合計	倒閉一五家 停業三二家	總共四十七家	

长沙市旅馆商业同业公会为营业惨败无法维持恳请免缴税捐致长沙市政府的代电（一九四九年五月二十六日）

函市府為旅館停業呈報停業請呈免徵一切稅收由

長沙市商會收文 富字2591號

長沙市旅館商業同業公會代電

十萬火急

長沙市政府市長陳長沙市商會理事長陳鈞鑒據本會同業鴻慶等
四十三户呈報前來以營業慘敗無法維持業已先後停止營業懇予免除
一切捐稅復據東站路北站瀠灣市經武路寶南街小西門河街西長街小學宫街
上下學宫街柑子園馬王街東門捷徑城南路北二馬路等處同業百有餘户
紛紛報稱以軍隊駐驛門禁森嚴無法營業群懇轉呈政府免繳一切稅
捐等情據此經查屬實理合電請鈞座鑒准予邀免不勝迫切待命之至長
沙市旅館商業同業公會理事長朱章其叩寢印

附：长沙市旅馆商业同业公会停止营业店号名册

附：停止營業店號名册一份

長沙市旅館商業同業公會停止營業店牌名冊

牌名　地址　牌名　地址　牌名　地址

鑫發　落星田　贛萍　興隆巷　榮昇　六堆子

嘉賓，，泰和，，榮記　經武路

忠愛　寶南街　萬和　小西門　純安　望麓園

湘中　府後街　萃莊　馬家巷　湘東　局關祠

德記　東站路　湘岳公　太平門　鎰泰　新運街

泉英，，羅湘　高井街　衡山　北站

九星　藩正街　同華，，福祿　天心路

福興　里仁坡　長安　新安巷　眾星　東站路

鴻慶 伍家井華安東站路倫敦東站路

安莊 永遠街慶湘太平門太和紅牆巷

榮順 連陞街利狩瀠灣市

合計 三二戶

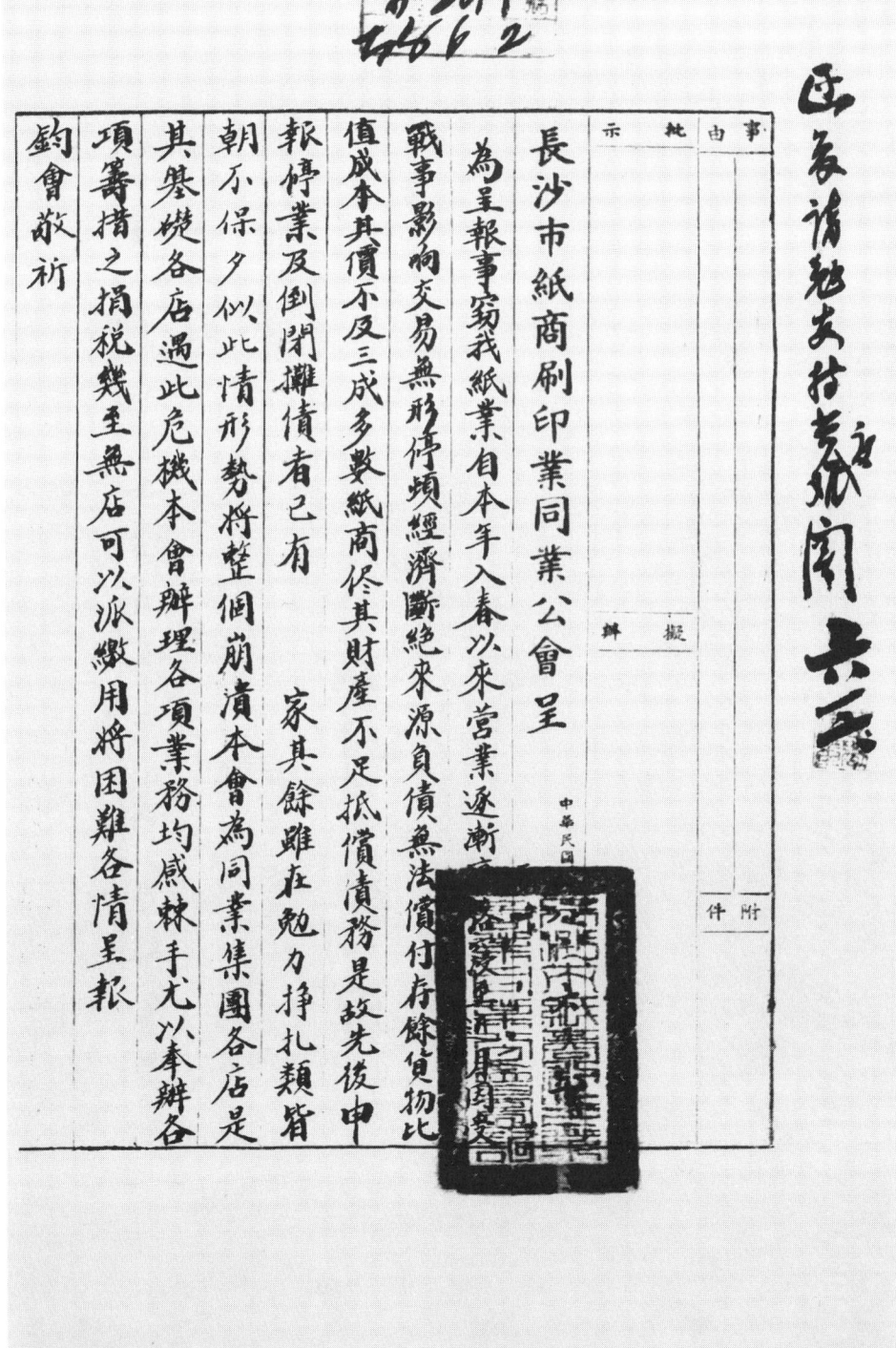

长沙市纸商刷印业同业公会为营业衰落恳请减少税款以免筹措维艰致长沙市商会的呈（一九四九年六月二日）

函復請勉支持[illegible] 六三

事由
批示
擬辦
附件

長沙市紙商刷印業同業公會呈

為呈報事竊我紙業自本年入春以來营業逐漸衰落戰事影响交易無形停頓經濟斷絕來源負債無法償付存餘貨物比值成本其價不及三成多數紙商侭其財產不足抵償債務是故先後申報停業及倒閉攤債者已有　家其餘雖在勉力掙扎類皆朝不保夕似此情形勢將整個崩潰本會為同業集團各店是其整體各店遇此危機本會辦理各項業務均感棘手尤以奉辦各項籌措之捐稅幾至無店可以派繳用將困難各情呈報

鈞會敬祈

中華民國

鑒核對於分派本業各種款項按照原額減少俾免籌措維艱是

為感禱謹呈

長沙市商會

理事長柳和初

附各店停業及倒閉牌名

附：长沙市纸商刷印业同业公会会员停业册（一九四九年六月二日）

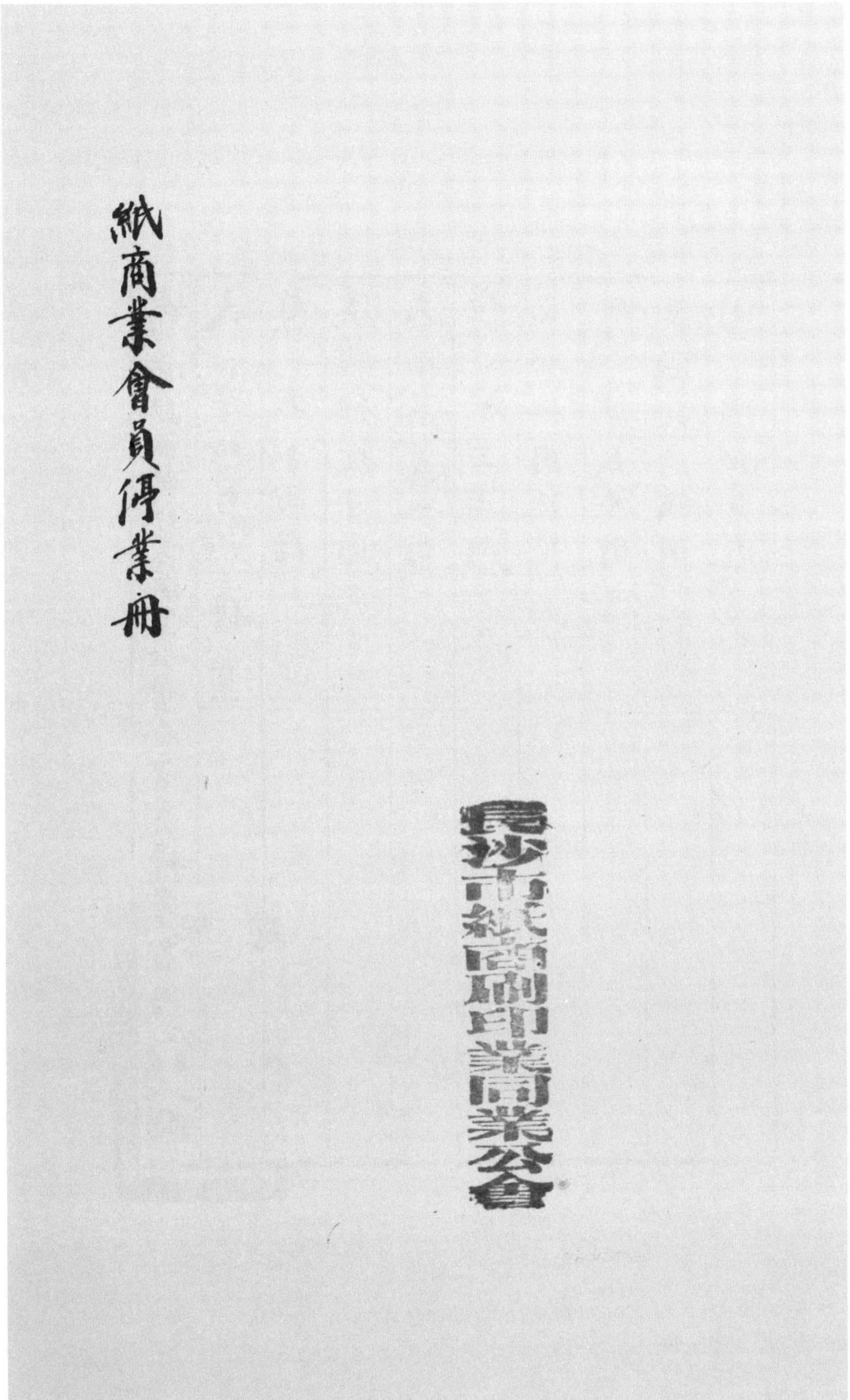

紙商業會員停業册

長沙市紙商刷印業同業公會

長沙市紙商刷印業同業公會各會員停業名冊

大華	路邊井源泉別徑	停業
集大	小西門	〃
漢新和	坡子街	〃
大信昌	茨山街	〃
恒康	三王街	〃
正春和	同仁里	〃
厚誠	太平街	〃
王海記	府後街	〃
同德	如意街	〃

三十八年六月廿日

同記	興隆巷	停業
聚誠	長冶路新安巷	〃
永成	樊西巷	〃
大祜	〃	虧本結束
義隆	上黎家坡条一巷	停業
大吉昌	福勝街	〃
師古齋	〃	〃
瑞記	上黎家坡	〃
義利長	下黎家坡	〃
阜大	化龍池	〃

永孚	高井街	〃	
成記	路边井	〃	
厚生福	一倉里	〃	
阜益	白菓园	〃	
彩華	湘春街	〃	
福申長	〃	〃	
福成	太平街	〃	
國益	蔡鍔北路	〃	
南中	〃	〃	
錦華長	湘春街	〃	

慎記	紫荊街	停業
華湘	南陽街	倒閉
鑫記	大古道巷	停業
億意	坡子街	〃
怡和豐	福源巷	〃
福利	半湘街	〃
謙裕	古壇街	〃
郎湘	下黎家坡	〃
同益	六鋪街	〃
同和	半湘街	〃

同泰	半湘街	〃
大志	府正街	〃
振興	碧湘街	〃
同福	半湘街	〃
福大	吴官渡	〃
以上共四拾四家		

长沙市猪行商业同业公会为送本会停业商店一览表致长沙市商会的公缄（一九四九年六月三日）

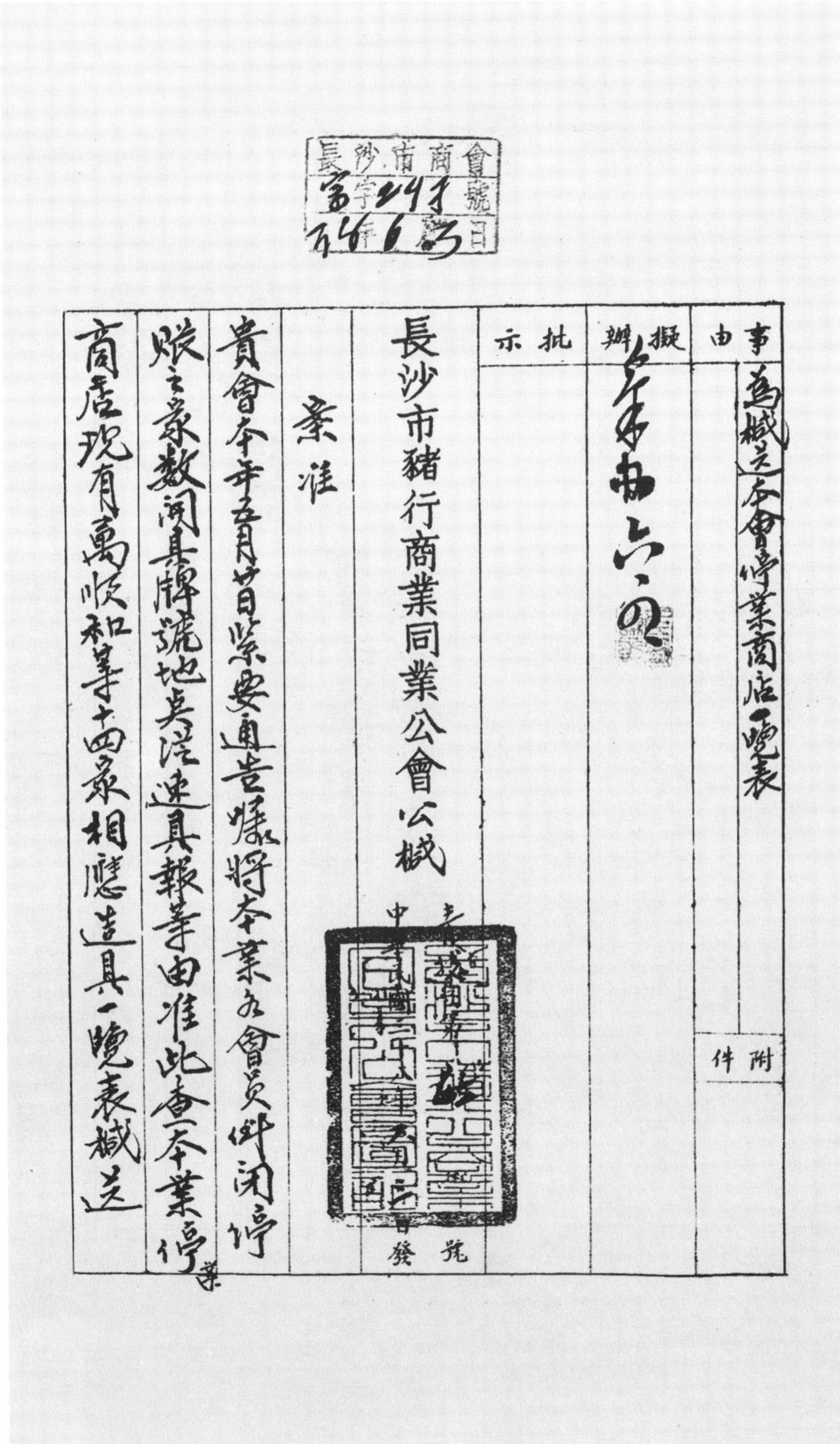
長沙市商會收字第2141號
事由：為緘送本會停業商店一覽表
擬辦：存查 六、四
批示：
附件：
長沙市豬行商業同業公會公緘
中華民國三十八年六月 日發 號

案准
貴會本年五月廿日柬要迅查填將本業各會員倒閉停業之家數開具牌號地點從速具報等由准此查本業停業商店現有萬順和等十四家相應造具一覽表緘送

贵会印希
查照此致
长沙市商会

附本会停业商店表一份

理事长王曼青因病请假
常务理事易菊生代行

附：长沙市猪行商业同业公会商店停业一览表

長沙市猪行商業同業公會商店停業一覽表

牌號	地址	備攷
萬順和	北门外盐仓街	營業不振停業
大興長	草潮门沿河路	仝右
華興	仝右	仝右
同和	草潮门下牆湾	仝右
中和	通太门外沿河路	仝右
公利長	盐運坡	仝右
大順	外湘春路	仝右
正太	通太门	仝右

益太　仝　右　仝　右

公益長　中山路沿河路　仝　右

大盛　仝　右　仝　右

大信　仝　右　仝　右

利豐　藍仓亍　負債停業

合記長　外湘春路　仝　右

以上共八十四家

长沙市石灰砖瓦商业同业公会为时局趋紧建筑事业无形停顿本会会员停业致长沙市商会的代电（一九四九年六月八日）

事由	為時局趨緊建築事業無形停頓本會會員停業電請鑒核由
批示	
擬辦	
附件	會員停業清册一份

長沙市石灰磚瓦商業同業公會代電

鑛營字

中華民國三十八年六月八日

長沙市市商會理事長陳鈞鑒：目今時局日緊，各業肯條，建築工程無形停頓，本業營業係屬建築所需，值此局勢，當前誰作修飾，多數會員紛紛報會宣告停業，慘狀不堪目睹。今特造具會員停業清册一份（計七十九家），電請鈞會轉呈層峯備查。為禱。長沙市石灰磚瓦業商業公會理事長郭宗鑛〈38〉巳齊印

附：长沙市石灰砖瓦业商业同业公会会员停业清册（一九四九年六月八日）

市石灰磚瓦業商業同業公會々員停業册

長沙市磨房碓米業商業同業公會會員停業清冊

中華民國三

周祥盛	北门口
同豐厚	中山西路
復恒祥	柑子园
朱新泰	藜铁北路
郭萬盛	東牌楼
義昌恒	北门头卡
周乾順	府正街
周復昌	長治路

吴達昌	萬慶街
同順和	潮正街
鴻泰興	中和街
正和福	臭塘街
羅永泰	藥王街
正泰	中山東路
劉安記	上黎家坡
郭鴻發	福星街
阜豐	灵官渡
德興	長康路

鼎申	外修文街
必安勝	永遠街
同興長	沙河街
大盛	炭扒街
鼎昌	通泰街
張裕昇	永豐倉
復興	福興街
郭瑞記	碧湘街
協泰	晏家塘
同興福	皇倉灣

七星	吉祥巷
合興	永思街
集成	炮坪巷
仁興	摟男街
同新發	化龍池
湲記	太平門河街
利和厚	中山西路
鼎豐厚	黎家坡
李富記	南門口 下木橋
正昌	瀏城橋

彭鼎昇　倉後街
昇昌福　何家巷
新福記　里仁坡
合盛祥　犂头街
順興長　中山馬路
合利盛　西湖路
伍順長　半湘街
蔣利盛　古潭街
建華　社壇嶺
新記泰順和　樊西巷

李福鑫 糧道街

振乾福 尚德街

順興福 湘春路

李興茂 姚家巷

周心記 上丰湘街

廣大 西湖路

廣厚 碧湘街

大興長 古家巷

曹福湘 向家灣

利興長 西湖橋

福泰祥　藩汝街

三興泰　鳳凰台

勝利長　天心路

鼎新庆　六鋪街

裕泰祥　碧湘街

殷復泰　蔡鍔北路

義和祥　營盤街

葉恒發　落心田

禮和謙　大古道巷

天順長　南大十字路

吴懋顺 太平里
義豐 樊西巷
新盛 織機巷
僉記 萬福街
郭升泰 老照壁
亞東 北大馬路
彭裕泰 鹽運使
郭萬昌 三泰街
仁記 西湖路
謙和 黃泥街
湊和 府東街

长沙市仓库商业同业公会为告知所属会员业已全部停业致长沙市商会的代电（一九四九年六月十四日）

長沙市商會 字 590 號 6月16日

事由	為本業會員業已全部停業電請查照備核由
擬辦	
批示	轉報市府 六、十五
附件	附停業會員名冊一份
備考	

長沙市倉庫商業同業公會代電

庫總字第 號

中華民國三十八年六月十四日

長沙市商會理事長陳鈞鑒案據本業會員正豐建成民德永華久安元亨萃吉成仁豐協茂德安等各倉庫先後報稱「竊屬經營倉庫業務純係供人堆積盡信託保管之責收取微薄倉租自經營以來營業素感不振且去歲遭重水災收成歉薄以至寄存倉穀寥若晨星近以時局動蕩商場冷落來源中斷關於倉

字第 號

庫業務完全停業清理以至入數不敷出虧累甚鉅實無力支持為特報請備案自
即日起停業並懇免派一切捐稅為荷此致」等情過會查各會員等所辦各節業經
本會調查確係十室十空且有多數倉庫均已成駐軍之所並有沿河一帶倉庫目前
尚受水災查此實際情形確已無法支持且目前市面財源枯澀商場倒閉之際確
難維持現狀更遭連年水災農村破產軍糧民食尚感不敷何有餘糧儲存倉庫
勢逼停業除將各停業會員造冊呈送外關於本會會員均已停業會費無法
收取一切會務同時亦難推展決自即日起暫時停止辦公為特電請鑒核備查並祈
免派一切捐稅為禱長沙市倉庫商業同業公會理事長李壽增（假）常務理事李滌
（代）叩〈38〉〈巳〉〈寒〉印　附停業會員名冊一份

附：长沙市仓库商业同业公会停业会员姓名清册（一九四九年六月十四日）

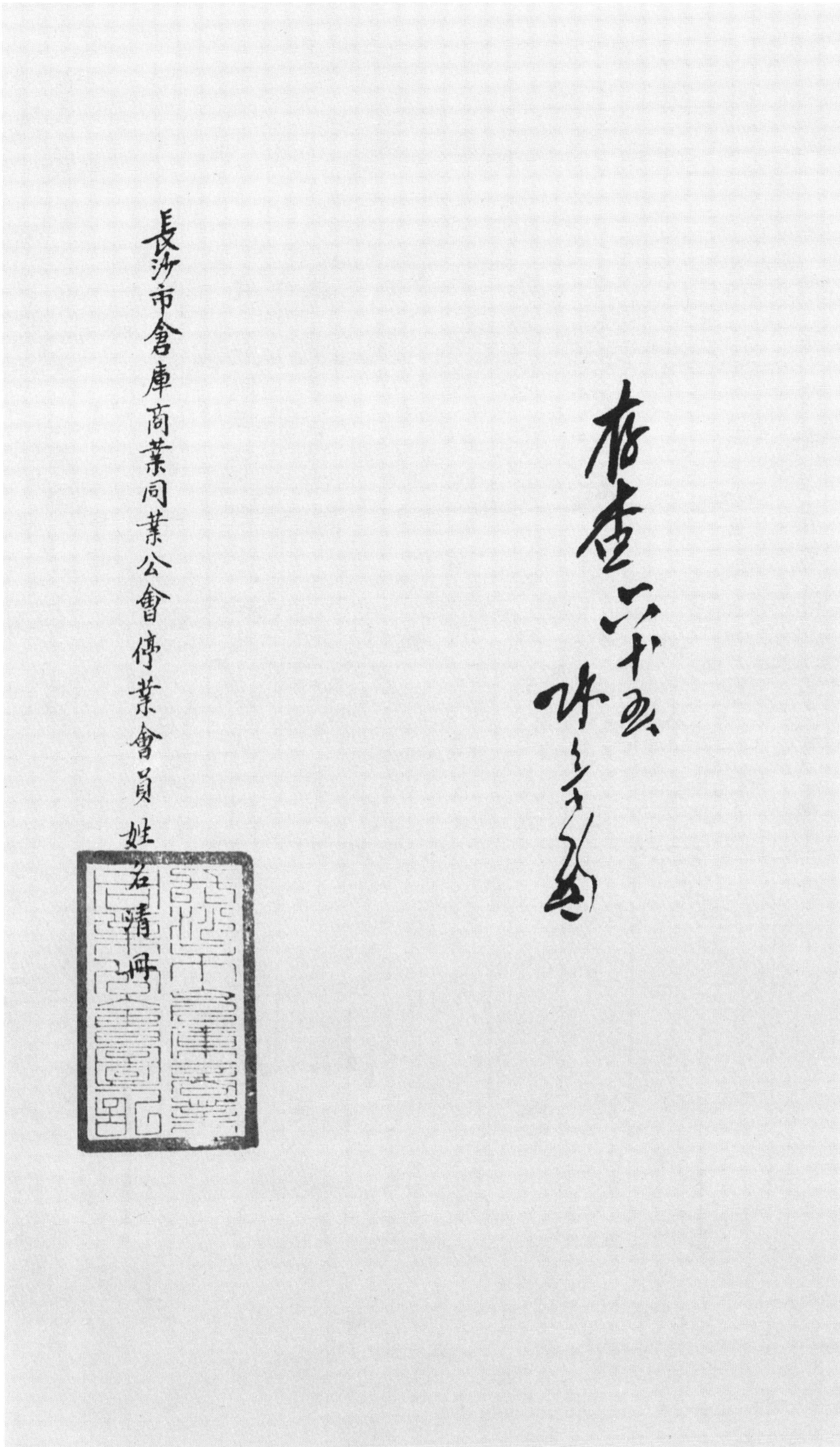
長沙市倉庫商業同業公會停業會員姓名清冊

存查 六、十五

長沙市倉庫商業同業公會停業會員清冊

牌名	經理姓名	開設地點	停業日期	備註
德安	李壽增	潮宗街	三十八年五月底	
永華	坒永華	大西門外河街	三十八年三月底	
泰安	陶動平	中山西路	三十八年三月底	
德豐	龔錦濤	西長街	三十八年三月底	
久安	李良瀚	福興街	三十八年二月底	
元	周鑑泉	碧湘街	三十八年元月底	
太和	熊伯鵬	草外河街	三十八年三月底	
太平	何喜亭	上太平街	三十八年五月底	

豊懋	蔣菊猶	草上河街	三十八年元月底
建成	黄兆祥	潮宗街	三十七年十一月底
正豊	譚恭壽	〃	三十七年十月底
民德	殷德忱	〃	三十八年二月底
美成	郭富亭	西長街	三十八年五月底
東成	謝式安	中山西路	三十八年三月底
協茂	李穎森	范山街	三十八年五月底
阜成	范新發	潮宗街	三十八年五月底
安陵	孔繁禔	半湘街	三十八年三月底
興中	李湘衡	上半湘街	三十八年四月底

勤業	姜為良	草外河街	三十八年五月底
仁豐	常承仁	〃〃〃	三十八年五月底
吉成	陳瑞麒	〃〃〃	三十八年五月底
國豐	區仲箎	草外正街	三十八年五月底
楚順	彭俊軒	碧灣街	三十八年五月底
福豐	潘松華	〃〃〃	三十八年四月半
益華	任裕煌	潮宗街	三十八年三月半
永和	高仁和	〃〃〃	三十八年五月底
協成	李福初	〃〃〃	三十八年四月半
友餘	王友生	〃〃〃	三十八年五月底

鼎泰	黃春泉	上半湘街	三十八年四月底
裕民	馮雲漢	中山西路	三十八年五月底
順安	聶鴻圖	落棚橋	三十八年三月底
天安	曹海觀	大西門下墻灣	三十八年四月底
稷農	楊連城	通泰街	三十八年四月底
有餘	陳曙東	楚湘街	三十八年五月底
利盛	譚伯海	潮宗街	三十八年五月底
裕豐	李仲仙	大西門正街	三十八年五月底
永賚	王培慶	中山西路	三十八年三月底
若記	秦落駟	吉福街	三十八年四月底

附註：本業共計會員四十二家業已停業三十八家

中華民國三十八年六月十四日

长沙市织染布工业同业公会会员第二次停业厂店清册（一九四九年六月）

送呈
市商會備查

長沙市織染布工業同業公會會員第二次停業廠店清冊

牌名	住址	停業原因	附註
協義長	太平街	資金虧折清理帳目暫停營業	
萬淦	西牌樓	同右	
咸昌	〃〃〃	同右	現改為員工勞資合作青布廠
義興長	〃〃〃	生意蕭條停業	
滙丰	藥王街	時局影响營業不振暫停營業	
鼎丰	路边井	資金虧折清理帳目停業	
綸昌	坡子街	營業不振資本虧損停業	
聚泰	黄興路	資本虧損清理帳目停業	

三十八年六月　日

鎮湘	太平街	資本亏折，無法繼續營業，正式收束停業	
華丰	走馬樓	時局受重，來源困難，經濟枯窘，無法生產停業	現由唐君增資合作營業
聯友	福星街	資本亏折停業	
益華	西長街	賬項損失亏累停業	
鼎和	局關祠	營業不振，經濟枯萎停業	
永康福	司馬桥	仝右	
大康	福星街	資金亏蝕过重，無法繼續營業，正式停業	
萬源	〃〃	仝右	
德湘	〃〃	資金亏損，清理賬項，暫停營業	
聯大	〃〃	外帳倒閉，資金亏蝕，無法繼續營業	

大昌	西牌樓	營業不振虧累過鉅停業
乾升泰	中正路	營業蕭條停業
大倫	垻子街	資金虧折生意蕭條停業
怡康長	〃〃	仝右
長淵	局同祠	仝右
東盛	戥子橋	仝右
永華（永）	高井街	仝右
永隆	永興街	賬項損失過大設法營業

附录

工商業同業公會

（共四十九份）

社會團體調查表 1950年7月19

附註：（一）表内如有未列[illegible]可另[illegible]填寫之。（二）[illegible]内如有表格不[illegible]敷[illegible]寫另紙說明。（三）此表[illegible]份[illegible]可[illegible]調查[illegible]份。

名稱	長沙市鉄器工業同業工會　所在地：順星橋三号
目的	團結精誠
事業	矯正同業弊害謀同業之發展
沿革	民二十二年組織成立
活動地區	長沙市區　業務範圍：冶鑄鍋業釘鉄刀剪

主要負責人：

姓名	性別	年齡	籍貫	住址	職業及社會活動 過去	職業及社會活動 現在	政派關係 過去	政派關係 現在
黄達智	男	六五	長沙	蔡鍔中路三〇八号			無党派	推行政令

組織情況：本會由鍋冶釘铁刀剪三部合組，各部各組選出四人负責，現在聽候政府指示改組

（組織數目：總會、分會；會員人數：總會、分會；會址；負責人、簡歷）

經濟狀況：

動產	不動產	主要經費來源	收支概況	有無附屬機構及情況
無	無	伙係月捐	平衡	無

解放后的活動情況（是否已向政府申請登記）：已向長沙市人民政府工商局登记

備考：

说明：一、本表内如有未列事项而须填写者可另纸附填写之。二、表内所需要求该会之职员表列表须加有未列者须填写并加说明。八、此表就当地现有社会团体与八个团体作分别调查八份。

社會團體調查表　1950年7月19日

名称	長沙市汽車商業同業公會	所在地	長沙城南路89号
目的	發展推進汽車公路交通業務		
事業	汽車事業		
沿革	正在遵照新民主主義政策推進		
活動地區	長沙市	業務範圍	擬發展至全省

主要負責人

姓名	性别	年齡	籍貫	住址	職業及社會活動 過去	職業及社會活動 現在	政派關係 過去	政派關係 現在
葉震	男	四三	江蘇武進	長沙城南路三九号	服务公路交通二十年	經營汽材料業务	無党無派	仝左

組織情況

組織	職員數目 總会	職員數目 分会	会員人數 總会	会員人數 分会
合組汽車運輸、汽車油料、汽車材料三部門	長沙市	暂無 会址 — 負责人姓名 —	六十七户	無

經濟狀況

動產	不動產	主要經費來源	收支概況	有無附屬机構及情況
無	無	捐助向各會員	平	無

已否向政府申请登记，解放后的活动情况	因本會主管時常辭職及改選以致毫無活動已向政府登记
備考	

社會團體調查表　　50年3月19日

名称	长沙市戏剧商业同业公会						所在地	织机巷		
目的	适合革命要求加强戏剧同业联系，发展社会文化教育宣传，为[illegible]服务大众									
事業	文化教育									
沿革	本会系由长沙市京剧、湘剧、楚剧、电影各戏院组织的一个团体，于民国廿[illegible]年三月由罗[illegible]波等发起组织成立。[illegible]长沙大火以后沦陷时期本会无形停顿，光复后本会始予恢复。卅五年八月廿日重新改组，推选罗[illegible]波为理事长，[illegible]常务理事[illegible]、理事六人、监事三人，公同组织之。新公会筹备[illegible]，刻正由工商联筹备办理中。									
活動地區	长沙市				業務範圍	包括电影、京剧、湘剧、楚剧、歌舞、话剧等[illegible]				
主要負責人	姓名	性别	年齡	籍貫	住址	職業及社會活動 過去	職業及社會活動 現在	黨派關係 過去	黨派關係 現在	
	罗[illegible]波	男	六〇	长沙	[illegible]	[illegible]	[illegible]	[illegible]	无	
組織情況	本会设理事长一人，常务理事二人，理事六人，监事三人组织之		職員數目 總會	二人	職員數目 分會	/	會員人數 總會	14户	會員人數 分會	/
					會址					
					負責人姓名					
經濟狀況	動產	不動產	主要經費來源	收支概況	有無附屬機構及情況					
	无		由各会员按公会[illegible]收[illegible]会费以资维持	本会每月开支常[illegible]，[illegible]收入不敷支出	无					
已否向政府申請登記及解放后的活動情況	1. 解放后本会活动约计 ①、发动同业支前运动 ②、完成同业工商登记 ③、完成同业1949年及50年春季工商税 ④、发动同业认购完成胜利折实公债4746分（工商联配额为3770分）[illegible] ⑤、发动同业[illegible] ⑥、发动同业[illegible] 2. 已于1949年10月于长市人民政府申请登记新公会筹备委员会[illegible]，已[illegible]由长市工商联组织委员会审核中									
備改										

說明：一、本表內所有未列事項而須填寫者另[illegible]填寫之。二、內容[illegible]說明。三、此表[illegible]一式八份。

社會團體調查表　1950年7月20日

說明：（一）表內如有未列事項，而該項又可另爲補填寫之。（二）內業務未詳盡，則須另紙附填寫並希說明。（三）此表就地現有社會團體每一個團體填附調查一份。

名稱	長沙市鈕扣工業同業公會籌備委員會	所在地	長沙市北二馬路21号
目的	發展生產繁榮經濟換取外匯爲群众謀福利富強國家		
事業	輕便手工業而可直接生產		
沿革	我業在過去純以手工機製鈕扣，現在亦有少較利用電力馬達者，嗣後更謀改善之策		
活動地區	長沙市區	業務範圍	同業在職權範圍內

主要負責人

姓名	性別	年齡	籍貫	住址	職業及社會活動·過去	職業及社會活動·現在	政派關係·過去	政派關係·現在
王友三	男	三七	湖北漢口	長沙毛家橋四号	工作廿餘年，從事工業鈕扣	原業鈕扣	不發生關係	亦無關係

組織情況

組織概況：我業過去無何組織，於本年奉市政府指示組織籌委會，奉准委員九人（內主委一人副主委二人），目前因經費無着，僅聘用秘書一人，办事人力深感缺乏，此爲組織概況。

職員數目·總會	職員數目·分會	會員人數·總會	會員人數·分會
籌委九人（正副主委在內）秘書一人共爲十人	會址： 負責人簡歷：	現有四百二十餘人，正办理会員入會登記，如有增	無分會

經濟狀況

動產	不動產	主要經費來源	收支概況	有無附屬機構及情況
無	無	約支特殊節，共致十萬元開，有會員月費，次費用就員原，本會籌办理	尚感不敷，收支兩比	無

解放后的活動情況（是否已向政府申請登記）：解放後沒有會員組織向工商局登記，該現本會於七月十三日成立，新增會員由會調查集結，申請登記中

備考：本會於七月十三日成立，正現積極籌備一切事宜

社會團體調查表　1950年7月20日

說明：
一、本表內如有未列事項而擬填寫者可另闢欄填寫之。
二、內容各項不詳之處須另加詳細，有未列之項填寫另紙說明。
三、此表就本地現有社會團體每個團體須分別填表八份。

名稱	長沙市枯餅商业同业公會	所在地	下黎湘街恒茂枯行内卅號
目的	為同业服務		
章案			
沿革	民國廿七年九月十七日成立		
活動地區	城南區下黎湘街 嶽麓區灤灣市	業務範圍	枯餅肥料豆類穀米

主要負責人

姓名	性別	年齡	籍貫	住址	職業及社會活動（過去）	職業及社會活動（現在）	政派關係（過去）	政派關係（現在）
王碧江	男	四七	長沙	下黎湘街卅號	上承政府推行法令及各項救務下為同业服敘一切請求	全右		

組織情況

	職員數目（總會）	職員數目（分會）	會員人數（總會）	會員人數（分會）
推行一切會务 請嘗向临業成立 以同业會員中	僅幹事一名	無 會址 下黎湘街恒茂 負責人周慮 純碎商人		

經濟狀況

動產	不動產	主要經費來源	收支概況	有無附屬机構及情況
無	無	取款臨時向同業視事之需要	實報實销	無

已否向政府申請登記及解放后的活動情況	已於一九五〇年一月申請工商登記給證
備考	

社會團體調查表

50年3月20日

说明：一、表内如有未列事项而须填写者可另附纸填写之。二、内容要求详尽确实，表列各项如有未列者可附纸填写并说明之。三、此表就当地现有社会团体每一个团体作成调查一份。

名称	长沙市大箩碗荒货业同业公会	所在地	[illegible]20号
目的	团结会员发展营业		
事业			
沿革	本会原由箩盏碗三业合併组成，箩盏荒货业公会成立于同治年间，但系最早，大箩业公会创立于乾隆年间，碗业成立居后，民国35年5月3业同人因上箩盏碗三业业务相同营业范围毫无差异，遂合併组织成为一会，借以求团结一致，会务推行极为顺利		
活动地区	本市城厢内外均为活动地区，或设摊店或沿户兑换收买，四乡外埠亦间有之	业务范围	主营荒货兼营估衣[illegible]

主要负责人

姓名	性别	年龄	籍贯	住址	职业及社会活动 过去	职业及社会活动 现在	政派关系 过去	政派关系 现在
黄德钻	男	四十岁	长沙		纯係经营荒货业，社会活动	由会员大会推举为本会临时代表	无	无

組織情況

	职员数目 总会	职员数目 分会	会员人数 总会	会员人数 分会
本会于民国35年由箩大箩碗荒货三個同业公会合併组织成立	临时代表三人，又候补一人	会址；负责人姓名	担会员五十人，摊户会员一百卅六人	

經濟状况

动产	不动产	主要经费来源	收支概况	有无附属机构及情况
无	房屋四小栋，月收租米三石	房租收入以外另收会费月捐	每月开支约需米三石五斗，房租收米式石，不敷之数由会员分摊。	

解放后的活动情况（已否向政府申请登记）：本会解放以前设理事会，钱锦先任理事长，解放后由吴世康代理，本年七月以理事多场不负责，吴代理事长因事离职，由会员大会推举代表五人组织临时代表会，推黄德钻为总代表处理会务，本会摊户会员均已向工商局申请登记，摊担会员俟新公会成立时再行补办登记。

备考：

长沙市小贸杂货业工商登记委员会

社會團體調查表　　50年7月20日

名稱	長沙市小贸杂货业工商登记委员会	所在地	小瀛洲27号（徐细居）
目的	是为着联合同业组织并教育一般自己劳动的小商人向新民主社會前进并协助政府团结教育群众服务。		
事業	引导同业学习马克思主义及毛泽东思想，拥护共产党的领导组织。		
沿革	我业在旧社会里，向无团体组织，自解放后，我业同仁，为适应新社会的发展，于1950年元月，呈请長沙市人民政府工商局，成立了長沙市小贸杂货业工商登记委员会开始办理登记手续。		
活動地區	長沙市。	業務範圍	经营各种土产杂货等类。

主要負責人

姓名	性別	年齡	籍貫	住址	職業及社會活動：過去	職業及社會活動：現在	政治關係：過去	政治關係：現在
[illegible]	[illegible]	[illegible]	[illegible]	[illegible]	[illegible]	主委	[illegible]	[illegible]

組織情況

	職員數目：總會	職員數目：分會	會員人數：總會	會員人數：分會
我登记委员会创于1950年元月份，会址设主委一人，付主委二人，财务一人，委员十人，分为东南西北四区，每区设区委一人，代表一人，评议员二人，区以下设组，每组有组长一人，付组长一人，组评议员一人（或二人）		會址： 負責人姓名：	720人	

經濟狀況

動產	不動產	主要經費來源	收支概況	有無附屬機構及情況
	无	係依靠各会员多少数的月捐为我会经费之来源。	每月可收人民币约八十万元，仅够开支	无

解放后的活動情況、已否向政府申請登記	我會是解放后新成立的一个机构，先系合开办的，已向政府申请登记，正拟改为筹备委员会
備攷	

說明：一、本表內如有不列事項而須填寫者可另用紙填寫之。二、內容務求詳實，所需表列有未列者須補行填寫並加說明。三、此表就當地現有社會團體每一個團體須分別填表一份。

社會團體調查表

50年7月20日

名称	长沙市槟榔叶工商联合筹委会	所在地	黄兴南路129号[illegible]
目的	服膺毛主席新民主主义推行政务政策团结会员互助生产达到劳资两利公私兼顾		
业务	解放后完成了三次工商税及公债其他文化政治宣传等工作		
沿革	本业在未解放前有槟榔职工会有商业同业公会，职业会员七十余户商业九户，现已将业四五户于两个月之前已由双方负责人协商合并办理，现将协共划成十个小组计共会员101户，但税务各项仍分两方面负担，现已呈请工商局工商联及机关确定本业性质后确定后再行筹组成立。		
活动地区	长沙市	业务范围	不是商行商，是商候事由产地採办，是本市销商即纯系一般小资本，以三五斤槟榔加工制成品于本市批发於本市。

主要负责人

姓名	性别	年龄	籍贯	住址	职业及社会活动（过去）	职业及社会活动（现在）	党派关系（过去）	党派关系（现在）
萧甘熙	男	四八	长沙	槟榔街中樵子巷	手工业 槟榔叶 作坊	〃	无	仝

组织情况

本会除筹备主任一人付主任二人，公务文书干事各一人以外及分十个小组

职员数目（总会）	职员数目（分会）	会员人数（总会）	会员人数（分会）
共六人	会址： 负责人姓名：	101人	

经济状况

动产	不动产	主要经费来源	收支概况	有无附属机构及情况
无		由本会会员缴纳会费所余补之并无其他开支，在会负责人全係同业会员协助义务	无	仝

解放后的活动情况（已否向政府申请登记）

解放后因名称未能确定故未便向政府申请登记，现已呈文本市人民政府工商局及工商联恳求筹备

备考

本业范围狭小，同业公会一直到1949年3月才成立，成立后并无向外募捐亦无向会员征收月费，故无动产及不动产

说明：一、本表内所有各列事项两项，以有法填写之。二、内容务求详尽、确实，表列各项如有未列者，可另纸填写并详说明。三、此表系各种现有社会团体每一个团体须附调查八份。

社會團體調查表

50年7月20日

说明 一、本表内如有未列事项而须填写者须另附纸填写之。二、内容务求详尽确实，表列各项如有未列者须另纸详为说明。三、此表就本地现有社会团体每一个团体须分别调查一份。

名称	长沙市钱商业同业公会	所在地	下坡子街118号
目的	掌握本市钱庄业务，活跃地方金融，为大众人民服务为目的。		
事业	金融业务以扶助工商业调剂社会金融培养社会教育。		
沿革	本业沿革纯以社会习惯对人以信用为主，每一钱庄之组织健全，本会成立于前清光绪年间，会址在福源巷，主持会务者[illegible]，旋后迁址于坡子街，民卅四年毁于中日战役，卅六年复员后重建本会，本会创办之坚功学校迄卅余年。		
活动地区	省外上海、汉口、广州。省内常德、邵阳、衡阳。	业务范围	钱庄业务是以存放、汇兑业务为主要业务。

主要负责人

姓名	性别	年龄	籍贯	住址	职业及社会活动 过去	职业及社会活动 现在	政派关系 过去	政派关系 现在
张[illegible]	男	五四	醴陵	联大钱庄[illegible]	[illegible]	联大钱庄经理		

组织情况

组织	职员数目 总会	职员数目 分会	会员人数 总会	会员人数 分会
前清以前为值年制 民国以后为委员制 现在为代表制	干事一人	会址 负责人姓名		

经济状况

动产	不动产	主要经费来源	收支概况	有无附属机构及情况
会员月捐收入	本会会址二、花厅铺屋	租出房租为经常收入，会员月捐为经常会费。	经常收支经费学校开支，本会收支出自月捐	本会附办坚功小学，广州王[illegible]（[illegible]校长）

解放后的活动情况 已否向政府申请登记	经报请省金融处核备在案，所有本业钱庄，均停发营业执照及工商局登记执照。
备考	

社會團體調查表

50年7月20日

名稱	长沙市炒坊业同业公会	所在地	湘春街89号
目的	团结同业以期达到努力生产繁荣经济为目的		
事業	协助政府推行有关本业各项政策法令		
沿革	本业于1936年由同业发起组织长沙市炒坊业同业公会，迄至1949年8月解放后，由各区小组推派代表联合呈请人民政府民政局，后于1950年元月呈请办理工商登记。		
活動地區	长沙市	業務範圍	传达政策法令，反映群众意见。

主要負責人

姓名	性別	年齡	籍貫	住址	職業及社會活動：過去	職業及社會活動：現在	政派關係：過去	政派關係：現在
樊德昌	男	四二	湘乡	湘春街89号	经营商业，炒坊业理事长	仝	无	〃

組織情況

組織	職員數目：總會	職員數目：分會	會員人數：總會	會員人數：分會
本业现分十二小组，每组设组长一人，分区推选代表三十人，公会设常务一人，理事长一人	二人	會址： 負責人姓名：	316人	无

經濟狀況

動產	不動產	主要經費來源	收支概況	有無附屬機構及情況
	无	由会员自愿捐助	每月收支约三十万元，系职工薪资及文具杂支等开支	

解放后的活動情況（已否向政府申請登記）	本业自解放后，不久即经税务局指示办理秋季（一九四九）两季工商业税，一九五〇年元月奉工商局指示并派员来会协助本会办理工商登记，同年三月推销公债，又继办1950年春季工商税及调整组编时重估营业税工作，现已办理夏季工商业税，并申报各户在市工商局登记，又已选举筹委会提名单，经组织委员会圈定，即可着手筹备召开成立大会。
備考	

說明：一、表内如有未列事项而须填写者，可另附栏填写之。二、内容务求详尽、确实，表列各栏如有未能填写者，并予以说明。三、此表就本地现有社会团体每一个团体填写调查一份。

社會團體調查表　1950年7月20日

說明：（一）表內如有未列事項而須填寫者可另欄填寫之；（二）內容如求詳盡，可另表列，如有未詳須寫者亦應說明；（三）此表就當地現有社會團體每個團體須詳調查一份。

名稱	長沙市柴業公會	所在地	臨時地點社壇街五十一號
目的	目的是期望新公會成立使組織團體健全		
事業	商業服務　協力生產		
沿革	本業創始於乾隆年間至今數百載，對前清政府報効担任火神祠場柴薪，并自建南北二鄉柴碼頭請求核准自排自運，推直至總理推倒滿清創始革命担任軍柴，於民廿八年起日寇侵犯我國三十三年三湘淪陷担任抗日軍柴，本業會員劉德乾等奉命包辦軍柴，為國捐軀光復後前省政府市長王東原獎狀，上述係本業簡單略歷		
活動地區	長沙市區	業務範圍	專營桐炭柴薪

主要負責人

姓名	性別	年齡	籍貫	住址	職業及社會活動（過去）	職業及社會活動（現在）	政派關係（過去）	政派關係（現在）
黃金生	男	三十六歲	長沙	長沙市南門外社壇街五十一號	祖傳柴業	柴	無	無

組織情況

組織情況	機構數目：總會	機構數目：分會	會員人數：總會	會員人數：分會
新公會成立以後分南北分會下分大小組	臨時地點社壇街五十一號	數目　無；會址　地；負責人簡歷		

經濟狀況

動產	不動產	主要經費來源	收支概況	有無附屬機構及情況
無	柴碼頭 長沙市北區	由會員自動樂捐	收支平衡 實報實銷	待命

解放后的活動情況（包括已否向政府申請登記）	解放後向市總工會請求恢復原有柴工會之組織，并報市人民政府社會科備查，經市總工會李凱異同志謂本業雖屬獨立勞動而兼商性，可向工商聯登記申請登記加入同業公會，又向工商局申請工商登記，對業務營業情形及逃漏稅征情況曾經貢獻九次意見，此係解放後之活動
備考	

社會團體調查表

1950年7月20日

說明：一、本表內如有未列事項而須填寫者可另開欄填寫之。二、內容需求詳盡，難實表列者，須加附件，如有未列者須填寫並予說明。三、此表就市地現有社會團體每一個團體依行調查一份。

名稱	長沙市茶食業同業公會（現改茶点學習會）	所在地	本市走馬樓大東茶社
目的	團結同業共同發展業務		
事業	社會事業		
沿革	1.本會原為茶居工會之前身，創自前清嘉慶年間。2.本會1927年大革命時代改組為長沙商民協會茶食分會，是時因時局變更停止活動。在這一時代係由我業革命先烈徐亮未所領導，馬日事變，徐同志殉難，我會亦告終結。3.抗戰時期一九四〇年我會為響應團結禦侮，組織會員為長沙市茶食同業公會，加入長沙市商會為会員。至現在仍在長沙市工商联領導下為會員。4.本会解放後經工商联停止活動，申請登記。工商联奉令恢復活動，我會遂改為茶点同業學習會，展開學習。		
活動地區	長沙市區	業務範圍	專營茶點

主要負責人

姓名	性別	年齡	籍貫	住址	職業及社會活動（過去）	職業及社會活動（現在）	黨派關係（過去）	黨派關係（現在）
易德淼	男	五〇	長沙	福兴街九號	茶居工人	本會學習會主任	無	無

組織情況

組織	職員數目（總會）	職員數目（分會）	會員人數（總會）	會員人數（分會）
學委員設主任一人，副主任二人，宣教委員一人，組織委員一人，調解委員一人，總務委員一人。會員編分十二學習小組，每組設組長一人，學習委員一人。	主任一人，副主任二人，委員四人，駐會幹事一人，組長十二人，學委十二人，共三十二人	會址；負責人；備應	現有會員一百五十七人	

經濟狀況

動產	不動產	主要經費來源	收支概況	有無附屬機構及情況
無	基地一方，二層房屋，計值人民幣叁百五拾萬元	會費，征收會員每月	每月會員月費可收叁拾五萬元，經常支出薪俸及幹事，各类支出五六萬元，如遇臨時事故需用則臨時籌措。	無

已否向政府申請登記，解放后的活動情況	本會活動完全屬工商联合會，一切活動情況只報告工商联合會。本會現在的學委會曾報告工商局、公安局、稅務局，未向人民政府申請登記。
備考	

社會團體調查表　1950年7月20日

名稱	長沙市魚行商業同業公會	所在地	鹽道坡新廣泰魚行內
目的	矯正同業弊害增進同業福利繁榮市場發展生產		
事業	同上		
沿革	成立於民國十六年照令六月改組		
活動地區	長沙市行政區域內	業務範圍	會員業務純係代客買賣

主要負責人	姓名	性別	年齡	籍貫	住址	職業及社會活動		政治關係	
						過去	現在	過去	現在
	高炳南	男	四二	長沙	鹽道坡廣太魚行	經營廣太魚行及擔任本會理事	仝前	無	群眾關係

組織情況	職員數目		會員人數	
	總會	分會	總會	分會
由會員大會選舉理事七人組織理事會，監事三人組織監事會，均執行會員大會議決案	12人	無	19户	無

經濟狀況	動產	不動產	主要經費來源	收支概況	有無附屬機構及情況
	無	無	徵收会費及[illegible]募[illegible]	實報實銷收支平衡	無

解放後的活動情況及曾否向政府申請登記	協助政府工商登記、衛生登記、公債、稅務、支援解放戰爭、辦理勞資協商等工作。未向政府登記，參加工商聯合會
備考	

社會團體調查表

1950年7月20日

名稱	長沙市油盐棉花纱商业同业公會	所在地	本市大西门吉福街#36
目的	增進同业公共利益，矯正弊害為目的		
事業	本會係油盐花纱业工商业群众团体组织，沒有其他事业		
沿革	本业起源於公元一八〇〇年以前，首由黄三益、刘吉生等经营食油食盐棉花棉布等，因营业发展，经营是项业务者益多，至一九〇〇年始有"同乐永庆"的组织，沿用总会值年制，一九〇五年洋油（煤油）洋纱（棉纱）行销本市，本业以经营便利，获利优厚，获得事业发展，一九二〇年成立"長沙市油盐花纱业同业公會"，一九二六年改组為"長沙市商民協會油盐花纱业分會"，一九三一年商民協會改组，同年四月十五日成立了本會（長沙市油盐棉花纱商业同业公會）		
活動地區	長沙市區	業務範圍	指導會員营业，劃一物价，傳達和推行政府政令，调解纠纷等事宜。

主要負責人	姓名	性別	年齡	籍貫	住址	經歷及社會活動：過去	經歷及社會活動：現在	政治關係：過去	政治關係：現在
	陳紹琨	男	三九	長沙	大西门正街福利盐号	從事本业	工作二十年	無	無

組織情況	聯合數目：總會	聯合數目：分會	會員人數：總會	會員人數：分會
1. 以本市经营油盐花纱业務之商店為會員 2. 由會員群众中选举理事九人、監事三人，再由理事九人中推出常務理事三人，推行一切會務		會址： 負責人簽名：	一百零七户	

經濟狀況	動產	不動產	主要經費來源	收支概況	有無依靠或資助情況
	無	會場一所（係基地）	月捐兩項。計分入會費与月捐，視會員经营範圍大小分級負担	開支均实報实銷，与工商联月捐等及雇用职工薪給，公文具茶水薪炭等项，收入作本會办事以入會費月捐兩	無

解放後向政府申請登記及活動情況	1. 登記情形：遵照市軍管會社字第四號佈告頒布"長沙市社會团体登記暫行辦法"規定，於一九四九年十一月十九日以工會字第大十七号呈文呈請長沙市人民政府審查備案，迄未奉指復。 2. 活動情形：參加迎解支前等運動，及完成一九四九年秋冬季和一九五〇年春季工商税与購買一九五〇年第一期人民勝利折实公債等任務。
備考	

説明：一、此表就當地現有社會團体每一個團体供可能調查一份。二、内容務求詳盡，調查表列各項如有未能填寫者亦注明。三、表内如有表列事項而須填寫者可另紙填寫之。

社會團體調查表

1950年7月20日

名稱	長沙市民船商業同業公會	所在地	長沙市楠木廳馬號一號
目的	無條件替船民服務剷除中間剝削份子使船民在運價上得到實惠由個体經濟走入集体經濟做到公私兼顧勞資		
事業	組織民船統一運輸并作船民與公商物資間的交通橋樑		
沿革	本會係由湘資沅澧四大水系及外省籍船隻組合而成會內各級基層辦事人員均係船民出身採取民主選舉制度在未解放以前船民因受資方之壓低運價及投標方式之低落運輸經過分層剝削使船民生產力量無法抬頭走上破產沒落的道路解放後本會未奉活動故資方仍採取投另以分散間離手段壟斷運輸船民在航運立場仍未走上平等實惠地位以至勞資糾紛層出不窮尤望　政府大力扶持使全民船業組織使船民走上發展生產道路		
活動地區	湘、資、沅、澧、四大水系及長江上下游各埠水上運輸	業務範圍	組織船民担任水上公商物資運輸

主要負責人								
姓名	性別	年齡	籍貫	住址	職業及社會活動		政治關係	
					過去	現在	過去	現在
鄧富德	男	五一	湖南瀏陽	長沙瀏陽碼頭十二號	理事長 負民船公會 父實實蒹 經理瀏陽船	同下	無	無

組織情況	職員數目		會員人數	
	總會	分會	總會	分會
由湘資沅澧四水及外省籍船民組織而成	暫設五人 現在未奉活動 過去設十二人	三人至五人；會地：本市沿河各地；負責人簡歷：百分之九十五為船民	七萬餘人	各分會會員均由總會統一辦理

經濟狀況				
動產	不動產	主要經費來源	收支概況	有無附屬機構及情況
無	無	辦公費用由船民合法担負以實報實銷	按月將收支情形公佈分會轉船民查閱	無

解放後的活動情況已否向政府申請登記	解放後即停止活動至解放大西南的時候我業同人奉湖南省支前司令部命令組織民船業支前調配處運送了數萬噸前方急需軍品大西南全部解放贏得了上級嘉勉以前方偉大勝利和你們積極支援是不分開的錦標題贈。本會在初解放時已向政府申請登記
備考	

明說

一、此表就當地現有社會團體每一個團体儘可能調查一份。

二、內容務求詳尽確實表列各項如有未能填寫者希註明。

三、表內如有表列事項兩項填寫者可另闢欄填寫之

社會團體調查表

1950年7月20日

名稱	長沙市捲菸業同業公會	所在地	西牌樓四十一號內
目的	保障合理的利益推進產銷合作協助政府推行政策法令反映同業實際情況		
事業	本着公私兼顧勞資兩利發展生產繁榮經濟的根本方針聯合一致共同計劃經濟配合產銷合理發展		
沿革	本會成立於一九二〇年在一九三八年及一九四三年日寇陷長會務中經一度停頓一九四五年光復同業增多特集資購築會址		
活動地區	長沙市區範圍	業務範圍	處理日常事務及工資問題生產紀律問題勞資關係問題

主要負責人

姓名	性別	年齡	籍貫	住址	職業及社會活動：過去	職業及社會活動：現在	政治關係：過去	政治關係：現在
蕭岳森	男	三八	衡山	大業煙廠	經營中興煙行任經理	大業煙廠經理工商聯財務委員		

組織情況

	職員數目：總會	職員數目：分會	會員人數：總會	會員人數：分會
本會委員定為二十四人由產銷代表協商產生之並由委員中推選主任委員一人副主任委員二人	21	會址；負責人簡歷	267	

經濟狀況

動產	不動產	主要經費來源	收支概況	有無附屬事業情況
	本會會址房屋一棟	經費由會員按公平合理的負担政策自動負担	一切財政收支注意節約禁止浪費隨時將賬目公開樹立廉潔的作風	

解放後的活動情況已否向政府申請登記

曾於一九四九年九月二十七日向民政局及工商聯委會申請登記，除本身工作逐項推展外並響應政府號召辦理交下的任務(1)協助辦理支前借款(2)新年慰勞及擁軍運動，(3)協助辦理商業登記，(4)推銷一九五〇年第一期人民勝利折實公債銷商超額完成(5)協助辦理稅務民主評議，(6)訂立勞資集體合同(7)成立勞資協商會議。

備考

长沙市绸布商业同业公会筹备委员会

社會團體調查表

1950年7月20日

名稱	長沙市綢布商業同業公會籌備委員會	所在地	本市白馬巷（暫由有石井出入）
目的	組織全體同業加強團結力量防止投機倒把矯正一切弊害以發展工商繁榮經濟為目的		
事業	商業團體		
沿革	我會在滿清以前名綢布公所民初更名長沙市綢布疋頭商業同業公會至卅一年偽經濟部指令將綢布兩字劃分為絲綢呢絨商業及布商業兩公會但其業務範圍與綢布疋頭商業同業公會並無兩異為免虛立名目故當有請求[illegible]建制之議。解放後奉令廢止舊制根據工商聯指示於一九五〇年六月二十六日成立長沙市綢布商業同業公會籌備委員會		
活動地區	長沙市區以內	業務範圍	辦理會員資格之審查登記異動情況及其他有關資料之搜集與統計研究有關政策法令調整公私關係規劃關于改善經營方向及業務推進等事項

主要負責人

姓名	性別	年齡	籍貫	住址	職業及社會活動（過去）	職業及社會活動（現在）	政派關係（過去）	政派關係（現在）
鄭增榮	男	57	長沙	尚德街五一號	從事綢布商四十餘年參加商業團体活動二十年	仍繼續營綢布業務參加商業團体活動	曾被[illegible]民選參議員並曾被選為國民黨[illegible]未參加任何政治活動	長沙市各界人民代表會代表工商聯副主委本会籌委會主任委員

組織情況

組織	職員數目（總會）	職員數目（分會）	會員人數（總會）	會員人數（分會）
本會由工商聯聘任籌委十一人選舉主任一人副主任二人下設總務、組織、調查登記、收款、調處等五組辦理籌備事宜	不支薪秘書一人駐會幹事二人臨時幹事八人工友三人	會址：／ 負責人簡歷：／	工商登記時一百户現除、歇業並開業共六十二户	無

經濟狀況

動產	不動產	主要經費來源	收支概況	有無附屬機構及情況
無	本會辦公會址房屋一棟面積一畝八分二厘七	根據實際需要列具預算依會員資金額平均計算攤負按月收取	收支平衡每三個月公佈賬目一次	無

是否向政府申請登記 解放後的活動情況	解放後除號召同業加強學習瞭解政策外並完成這次工商稅評議工作且在推銷第一期公債中為表現積極爭取超額以如期超額完成任務獲得市推委會[illegible]予獎光榮錦旗一面、繼續推動完成了行業性和個別店號成立勞資協商會議機構的任務。並在新民主主義工商政策領導下當盡力推行有關政策法令願全心全意為人民服務而努力。本會成立籌委會後已呈請工商聯轉呈上級備案。
備考	

社會團體調查表

一九五〇年六月廿日

名稱	長沙市顏料商業同業公會籌備委員會	所在地	長沙市上太平街四一號
目的	依法成立長沙市顏料商業同業公會，現正加緊籌備中		
事業	傳達政府法令，調查會員情況，辦理會員登記入會，及會務進行。		
沿革	本會在解放前，係於一九二七年成立長沙市顏料業同業公會，先後經五次改組，在解放之初，仍為同業公會，於一九五〇年五月，奉長沙市工商業聯合會籌備委員會通知，於五月廿八日依法成立長沙市顏料商業同業公會籌備委員會。		
活動地區	長沙市區	業務範圍	長沙市顏料業全業會員商店關於會務應興應革事項。

主要負責人

姓名	性別	年齡	籍貫	住址	職業及社會活動（過去）	職業及社會活動（現在）	政派關係（過去）	政派關係（現在）
湛橘波	男	三十九歲	湘陰	長沙市藥王街惠康號	經營顏料商業	經營顏料業，現任籌委會主任委員。	無	無

組織情況

	職員數目（總會）	職員數目（分會）	會員人數（總會）	會員人數（分會）
由長沙市經營顏料業商店加入本會為會員，依商業公會籌委會組織通則成立本籌委會，并加入長沙市工商業聯合會籌委會。	二人	無 會地 負責人簡歷	三十七家	

經濟狀況

動產	不動產	主要經費來源	收支概況	有無附屬機構及情況
無	無	會員月捐	計算本會每月一切正當開支，以會員現有活動金額比率分攤征收	無

向何政府請准登記；解放後的活動情況	於一九五〇年五月二十八日，依照長沙市同業公會籌備委員會組織通則成立長沙市顏料商業同業公會籌備委員會，經由長沙市工商業聯合會籌委會呈報長沙市人民政府工商局登記。
備考	

社會團體調查表　一九五〇年七月二十日

名稱	中西衣莊皮貨同業公會	所在地	萬慶街四十七號
目的			
事業			
沿革	自一九三九年成立以來經過三次改組多係原有負責人連任		
活動地區	長沙市	業務範圍	應辦事項及政府行政記評議稅務水理工商登記發動會員

主要負責人

姓名	性別	年齡	籍貫	住址	職業及社會活動 過去	職業及社會活動 現在	政治關係 過去	政治關係 現在
左學謹	男	七五	長沙	蘇家巷				

組織情況

組織	職員數目 總會	職員數目 分會	會員人數 總會	會員人數 分會
係由全体會員選舉組織	二人	會址　負責人簡歷	一五〇人	

經濟狀況

動產	不動產	主要經費來源	收支概況	有無從屬機關及其情況
	會場基地及會場壹所	純係由各會員樂助	按月或按季樂助之費作為會內一切經常支出	

向政府申請登記解放後活動情況	尚未申請登記
備考	

註：一、此表凡當地機關社會團體每一團體均可能調查之。二、此表務求詳盡按照表列各項如有不能填寫者亦註明。三、表內如有表外事項必須填寫者可另用紙填寫之。

社會團體調查表　1950年7月21日

說明：一、表內如有某列事項不夠填寫可另用紙填寫。二、內容務求詳盡，務求分別填寫，如有未詳填寫者，必須說明。三、此表需多份，現有社會團體每一個團體須繕呈調查表一份。

名稱	長沙市土布工業同业公會	所在地	明月街38号
目的	發展生產繁榮經濟		
事業	為供國民生日用必需的一种社會事業		
沿革	我織造廠方式原係手抛梭織機民初始改良為手扯梭機，六年湖南甲种工业學校校長蔡湘呈請將本业組織為染織工业，當時挑選優秀工人設立学校教授機織法，令通手学惠近织製圖等技術，後來出品日漸精良，銷場茂達，至抗戰八年中我织出品推銷到西南各省，遠近馳名，淪陷後奉令改組為土布工业		
活動地區	本家工廠設於長沙市區，所有產品銷售於本市、西南各縣、西南各省	業務範圍	手工織造各種布疋

主要負責人

姓名	性別	年齡	籍貫	住址	職業及社會活動：過去	職業及社會活動：現在	政派關係：過去	政派關係：現在
劉俊仁	男	二十八	長沙	福慶街三〇号	無	參加過工商業同业公會的代表工作	無	無

組織情况

由全体會員選举理監事負責執行會務

職員數目：總會	職員數目：分會	會員人數：總會	會員人數：分會
理事十五人 監事五人	無 會佃：無 負責人簡歷：無	四百二十七人	無

經濟狀况

動產	不動產	主要經費來源	收支概况	有無附屬機構及情况
無	會址房屋一所	捐征收會費月捐	月捐征收月預算開支	無

解放後的活動情况（是否已向政府申請登記）

解放後繼續織造工作，四百二十七人會員中有一百五十餘人係轉來參加我业為會員，各家會員工廠均已向長沙市人民政府工商局申請登記，領有營業証案。

備　改

社會團體調查表 1950年7月21日

名稱	長沙市照相商業同業公會籌備委員會	所在地	府正街八號
目的	辦理本业會員登記進行成立正式同業公會		
事業	工商業		
沿革	本业照相始於清末，當僅有南華、容素等四五家，至1924年增至十二三家，並即成立公會，由杜端卿、顧湘全、朱廣濤、梁友然等先後主持會務。至1930年會員擴展達二十四五家，業務相當繁盛。惜因毀於1938年文夕大火，因此元氣喪盡，一蹶不振。1939年後多由職工聯合組織小型店舖藉維生活。迨1946年抗戰勝利，本市照相業應時復業，組織恢復公會，由梁兆然、陳本昌先後担任理事長。		
活動地區	長沙市之區以內	業務範圍	照相暨照相材料

主要負責人

姓名	性别	年齡	籍貫	住址	職業及社會活動（過去）	職業及社會活動（現在）	政治關係（過去）	政治關係（現在）
楊莊六	男	三四	長沙	蔡鍔路二三九号				

組織情况

組織情況	職員數目（總會）	職員數目（分會）	會員人數（總會）	會員人數（分會）
會員中聘任之委員若干人，均就組設之別主任委一，及調查等五組，組織調查登記委一，會內分總務，選定之別主委，籌委員五人，由本會議等	幹事1人	会址 負責人姓名	36人	

經濟狀况

動產	不動產	主要經費來源	收支概况	有無附屬機構及情况
無	無	由各會員逐月收集		無

已否向政府申請登記 解放后的活動情况	解放後會務一度停頓，至本年七月十五日始正式成立籌委會，報請本市工商業聯合會籌備委員會備案
備攷	

說明：一、本表內所有未列事項而須填寫者可另紙填寫之。二、內容務求詳盡、確實，表列各項如有未列者請填寫並予說明。三、此表[illegible]每一現有社會團體[illegible]八份

社會團體調查表

1950年7月21日

名稱	長沙市豬行商業同業公會	所在地	長沙市草河街五十五號
目的	增進同業之公共利益，互相研討學習，團結一致，以群衆力量來發展業務，改進業務。		
事業	為農民服務，促進城鄉物資交流，發展豬行業務，繁榮市場。		
沿革	本會於民國十五年奉偽政府之命令成立長沙市豬行業同業公會，會員僅五户，以後漸有增加，主持負責人改選有六屆，均係由偽政府之命令實施。		
活動地區	長沙市區以內	業務範圍	1. 協助政府推行法令 2. 了解會員情况隨時向上級反映 3. 調處會員間一切問題 4. 解決會員間之一切困難

主要負責人

姓名	性别	年齡	籍貫	住址	職業及社會活動（過去）	職業及社會活動（現在）	政治關係（過去）	政治關係（現在）
王晉壽	男	卅二歲	長沙	草河街五十五號	長豬行經營公益	兼任本會理事長，長豬行經營公益	無	無

組織情况

本會係由在市區内從事豬行業之資方組織而成，每一行户即為本會之會員，遵照政府法令成立本會，由全體會員公開投票選舉理事五人，候補理事一人，監事一人，候補監事一人，並由理監事會議推選常務理事三人，以一人兼任理事長，處理本會日常事務，常務理事協助之。

職員數目（僱員）	職員數目（分會）	會員人數（團體）	會員人數（個人）
工友一人，幹事一人，秘書一人	無；分會地址：；負責人簡歷：	31户	無

經濟狀况

動產	不動產	主要經費來源	收支概况	有無附屬機構及情况
無	現有房屋一棟，為○二八七號市土地證，在本市草潮門内	會員月捐（按營業情形分别負担）	靠會員月捐，以支出部分緊縮開支	無

解放後的活動情况（已否向政府申請登記）

1. 解放前因受反動政府之摧殘及封建剝削之影響，多數停業，解放後遵照政府發展保護工商業，促進城鄉物資交流之指示，號召動員各會員復業，積極經營，以繁榮市場。
2. 本會為改造會員思想，學習了解政府之新政策起見，特將本會劃分五個學習小組，分別檢討學習，以改進業務及革除過去舊社會之惡習，而向新社會之大道前進。
3. 本會遵照人民政府之指示，協助主管機關及領導全體會員推行各項工作，如辦理行棧代扣臨時商業稅及評議各季工商稅，推銷1950年第一期人民折實勝利公債，以及政府臨時交辦事項。
4. 替會員解決一切問題及處理臨時發生的事件。
5. 本會遵照政府法令及市工商聯籌備會之指示，正準備籌劃組織新公會，具擬各單由各會員送達工商聯核备，並暫未向政府申請登記。

備考

說明：(一)表内如有未列事項而須填寫者可另闢欄填寫之。(二)内容務求詳盡，如表列不須填寫而有未能填寫者應說明。(三)此表就當地現有社會團體每個團體須填調查表一份。

长沙市水果杂货业临时代表会

社會團體調查表　50年7月21日

名稱	長沙市水菓雜貨業臨時代表會	所在地	[illegible]辦公
目的	城鄉互相物資交流。		
事業	發展農村副業繁榮城市工商。		
沿革	我業純係半城半鄉一群勞苦工農無產階級，在封建統治下為生活掙扎互助合作之共營業組先要組織，中經無數次反壓迫反剝削，反權勢之艱苦鬥爭始得脫離其掌握與把持，於一九四〇年十月一日正式成立公會。解放後遵照政府佈告停止活動，民主產生代表組織臨時代表會，為政府與人民間之橋樑，代行過渡時期之會務。現正遵奉指示選出籌委著手新公會籌備事宜中。		
活動地區	長沙市區範圍內。	業務範圍	零趸批發。

主要負責人

姓名	性別	年齡	籍貫	住址	職業及社會活動（過去）	職業及社會活動（現在）	政派關係（過去）	政派關係（現在）
黃中苍	男	三三	湖南長沙	老[illegible]鋪	水菓雜貨業，無社會活動。	同左	無	無

組織情況

	職員數目（總會）	職員數目（分會）	會員人數（總會）	會員人數（分會）
我業從無勞資區別，無論鋪戶散戶均為會員，純係一群半城半鄉之無產階級混合組成。	全權代表一人，代表十四人，幹事一人，工友一人。	會址： 負責人姓名：	鋪戶十九人，散戶九十四人	

經濟狀況

動產	不動產	主要經費來源	收支概況	有無附屬機構及情況
無	無收入。業已無房，我業從前雜貨業有[illegible]	月需職工薪資及辦公費用共約壹三佰元左右，純靠會員自捐為開支。	勉强平衡，其有不敷由負責人籌墊。	無

解放后的活動情況（已否向政府申請登記）	我業原公會解放後即已停止活動，其對政府與人民間之橋樑係由臨時代表會替任，除執行支援解放戰爭任務外，別無活動，並經呈報各有關當局核備有案。
備考	我業散戶會員原有三百人左右，解放後向我會登記者，亦即現在繼續營業者只九十四人，餘擬新公會籌備成立時再行公告登記並徵求新會員。

說明：一、本表內如有未列事項而須填寫者可另紙填寫之。二、內容務求詳實，確實，表列各項如有未列者請填寫並於說明。三、此表就本地現有社會團體每一個團體各份開調查一份。

社會團體調查表

1950年7月21日

名稱	長沙市土果雜貨行商業同業公會	所在地	長沙市太平門下河街二十八號恒大行内
目的	協助政府推行各項政策法令，團結同業，增進同業之公共利益，及矯正弊害。		
事業	辦理人民政府及工商聯交辦事項，及反映會員之實際情況。		
沿革	本會前與南貨土果業公會合併，至一九四六年因鑒於南貨業與本業相類，業務各異，且會員增多，始從南貨土果業公會分出，成立土果雜貨行業公會，以迄今日。		
活動地區	長沙市行政區域以内	業務範圍	有關會員營業之指導、研究、調查、調處、證明。及反映會員之實際情況並提供各種建議。

主要負責人

姓名	性別	年齡	籍貫	住址	職業及社會活動：過去	職業及社會活動：現在	政治關係：過去	政治關係：現在
王世傳	男	四二	江西安福	太平門下河街二十八號恒大行	連繫會員，指導營業，調處會員間一切糾紛。	遵照人民政府法令及工商聯交辦各種事項。	無	無

組織情況

本會設理事會與監事會，理事九人內常務理事三人，理事長一人，監事三人內常務監事一人，其中理事與監事，多因轉業或死亡，亟待改組，以臻健全。

職員數目：總會	職員數目：分會	會員人數：總會	會員人數：分會
六人（現有常務理事二人，理事二人，常務監事一人，監事一人，均無給職）	無	~~十九戶~~ 十八戶	無
	會址：		
	負責人簡歷：		

經濟狀況

動產	不動產	主要經費來源	收支概況	有無附屬機構及情況
無	無	由會員按月繳納事務費	每月約可收事務費工薪單位三百個，可供工薪及一切事務費用支出。	無

解放後的活動情況已否向政府申請登記

1. 解放後因推行政府法令，及交辦事項，業務日繁，專僱幹事一人，工友一人，經常駐會辦理一切事務，較解放前活動。
2. 未曾向政府申請登記。

備考

1. 本會所在地，係借用辦公。
2. 本會主要負責人（理事長）係常務理事代理

長沙市山貨商業同業公會圖章

社會團體調查表 1950年7月21日

名稱	山貨牛皮五金麻袋商業公會	所在地	藩城堤162號
目的	本會以發展同業生產謀同業之公共福利及矯正弊害為宗旨		
事業	協助政府辦理稅務事項、推行政令、解除同業痛苦		
沿革	本會在民元以前大概是以舊衣古玩荒貨與磁器買賣出現市區後就有廢五金棉花香肥骨角之類的推銷營業並不過鋪戶亦不過十餘家至一九二〇年以後海禁開放國內工業落後外人在中國爭闊市場收買大批工業原料本業的業務亦漸漸的發展所轄的範圍亦已增廣包括有牛皮骨角豬鬃腸衣雞鴨毛雜皮麻袋等類而與舊衣古玩磁器漸漸脫節故有正式山貨牛皮業公會的組織		
活動地區	長沙市	業務範圍	皮毛骨角五金廢鐵麻袋

主要負責人	姓名	性別	年齡	籍貫	住址	職業及社會活動 過去	職業及社會活動 現在	政派關係 過去	政派關係 現在
	盛宗武	男	四五	長沙	藩城堤後街	以本身業務為範圍	仝上	與各黨派歷無關係	仝上

組織情況		職員數目 總會	職員數目 分會	會員人數 總會	會員人數 分會
	本會因新會尚未成立還是依據前商業同業公會法及商業同業公會法施行細則與人民團體組織法設執行委員九人監察委員三人成立執監委員會由執監會推選一人負會務總責	幹事一人 通訊員一人	會地： 負責人簡歷：	261	

經濟狀況	動產	不動產	主要經費來源	收支概況	有無附屬機構及情況
	無	自有會址一所並基地房屋	由本會會員自動捐助	收：由本會會員捐助 開支：除繳納長沙市工商聯合會經常費捐款外餘係本會辦公費用與幹事辦公交通全體負責人均無辦公費	無

解放後的活動情況已否向政府申請登記	1、自解放後成立五個學習小組全體會員分組學習 2、已向政府申請登記
備考	

社會團體調查表

1950年7月21日

名稱	鞋料番線業同業公會	所在地	登隆街六十二號
目的	發展同業業務、增加生產、繁榮經濟為目的		
事業	協助政府稽征税款、推行政策、傳達政府政令、整理同業規則		
沿革	民國卅年組織長沙市鞋料業同業公會先后改選三次		
活動地區	長沙市	業務範圍	主營 鞋料零件 兼營 製革原料

主要負責人

姓名	性別	年齡	籍貫	住址	職業及社會經歷 過去	職業及社會經歷 現在	政治關係 過去	政治關係 現在
張春華	男	四八	長沙	登隆街六十二号	業經營靴鞋	業經營皮料，活動血料，其他料		

組織情況

	職員數目	會員人數
解放后組織臨時代表會協助政府推行一切工作新公會尚未成立	二人	現有會員十四户

經濟狀況

動產	不動產	主要經費來源	收支概況	有無補助機構及情況
		征收會员月费	每月收月费米二石作職员津貼工商联月费文具房張等開支	

解放後活動情形及最近向政府申請登記

1. 推行人民勝利折實公債 2. 办理一九四九年及一九五〇年春季工商税 3. 夏季工商税正在办理營叶申报表 4. 全体會员向工商局办理工商登記

備考：本業籌委會尚未成立 惟籌委候聘人業已提名聽候聘定

說明

一、本表係以每個社會團体為單位，每個團体仲盡可能調查一份。

二、內容務求詳盡確實，表列各項如有未能填寫者希註明。

三、表內如有未列事項而須填寫者可另闢欄填寫之。

长沙市南货土果商业同业公会

社會團體調查表　　1950年7月21日

名稱	長沙市南貨土果商業同業公會	所在地	皇倉坪35號
目的	維持增進同業之公共福利，矯正弊害，在勞資兩利原則下共謀發展業務，繁榮經濟。		
事業			
沿革	我會係1932年3月組織成立，全業會員單位，原區分為行、號、舖、店四大部份。抗戰時期長沙淪陷後無形解散，直至1945年本市光復，始恢復組織。1946年行家部份另組土果糧貨行同業公會，故我業現有會員單位，僅號、舖、店三部份，計自成立迄今，先後經過五次改組改選。		
活動地區	長沙市區	業務範圍	擁護人民政府政策，遵守稅法遵辦主管机関及工商聯合會總工會委辦事件，辦理同業店號應辦事件，矯正会員營業上弊害事件，及營業必要時之維持事件。

主要負責人

姓名	性別	年齡	籍貫	住地	職業及社會活動（過去）	職業及社會活動（現在）	政派關係（過去）	政派關係（現在）
李申晉	男	三九	湖南長沙	道正街玉茂(?)號	南貨業理事	南貨業理事長		
朱季梅	〃	五六	〃	太平街太昌	〃 〃	〃 〃常務理事		
張澍蓉	〃	四二	〃	大西門街慎昌	〃 〃	〃 〃		
王維翰	〃	四六	〃	中山東路怡豐興	南貨業理事長	〃 〃		
王竹蕃	〃	三八	〃	紫荊街南路同風	南貨業理事	〃 〃		

組織情況

組織	職員數目（總會）	職員數目（分會）	會員人數（總會）	會員人數（分會）
就各会員單位推出代表，再由代表中票選理事長一人、理事八人、監事三人組成之，並由理監会推選四人為常務理事。	秘書一、幹事一、工友一	会址；負责人簡歷	会员單位八十七户	

經濟狀況

動產	不動產	主要經費來源	收支概況	有無附屬机構及情況
	本市永豐倉舖面兩所，每月佃米三石六斗	由各会員單位按月樂捐	本会所需之工薪資，及办公费房租费、電灯费、文具費、事業费、工商聯合会月捐等項費用，除以佃米收入支付外，不足之數由各会员單位按月樂捐担负	

解放後的活動情況、已否向政府申請登記	1、响应人民政府一切號召及办理政府委办事項，並在政策指示下推動所屬会員商店搞好勞資関係，繁榮業務。 2、我会係舊有組織，已於1949年10月1日依照軍管会指示向長沙市人民政府申請登记。
備考	

社會團體調查表　　1950年7月21日

名稱	長沙市製革工業同業公會	所在地	本市金魚塘北塘五十一號
目的	我業出品係供給軍需教育工業及生日用必需品各種皮革原料服務社會需要抵制外貨為目的		
事業	製革		
沿革	自一九二七年加入本市皮箱皮業公會後至一九二九年自行呈准成立皮業公會至一九四四年加入商工業公會正式成立製革工業同業公會		
活動地區	本市	業務範圍	我業成品銷售於本市及湘江上游衡陽諸株州零陵等處

主要負責人

姓名	性別	年齡	籍貫	住址	職業及社會活動 過去	職業及社會活動 現在	政派關係 過去	政派關係 現在
張浦生	男	四一	長沙	本市金盆嶺把總巷一號	無	健全會務 推行登記改組 會成立促進 組織籌委	不執行會務 業會領導 商會及省工 未入黨團在	在工業發展 領導事務 聯合委員會 在商會工商

組織情況	職員人數 總會	職員人數 分會	會員人數 總會	會員人數 分會
本會組織由會員大會票選理事九人監事三人，由理事互選常務理事三人，互推一人為理事長，候補理事二人，常務監事一人，候補監事一人，成立理監會執行會務	一三人	無（會所／負責人簡歷）	一二三人	無

經濟狀況

動產	不動產	主要經費來源	收支概況	有無附屬機構及情況
無	無	本會經常開支均向會員視其營業大小收取月捐以為幹事薪工及辦公費等用，並無其他收費	節省浪費以會養會收支平衡	無

解放後的活動情況（已否向政府申請登記）	我業各廠坊於一九四九年十二月已全部申請工商登記各領有營業證
備考	我業有同一業務之職工會其會員成份純係資方組合勞資互混並待併入我會用符法定程序

社會團體調查表　1952年7月21日

名稱	長沙市五金電料商業同業公會	所在地	魚塘街正义里3号
目的	團結同業發展業務謀求會員福利		
事業	承办政府委下的事如稅收等		
沿革	抗战前本市五金与电料为两個同業公會，國為存乎商同時，五金與電料有兹因相依，二會關係故合併為五金電料公會，已改組二次		
活動地區	本市	業務範圍	經營五金電料承裝水電工程

主要負責人

姓名	性別	年齡	籍貫	住地	職業及社會活動·過去	職業及社會活動·現在	政治關係·過去	政治關係·現在
沈金鑑	男	三十六歲	湘鄉	蔡鍔中路	五金業理事長	仝	无	无

組織情況

本會在未成立新公會籌委會以前，仍以前長沙市商會所領導之組織，理事十一人，監事五人，雇設幹事、通訊員各一人駐會办事。

職員數目·總會	職員數目·分會	會員人數·總會	會員人數·分會
幹事一人，通訊員一人	會址　負責人籍歷	170户	无

經濟狀況

動產	不動產	主要經費來源	收支概況	有無依靠機關情況
	有地基二千八分，約值千余万元	补助、自動樂捐及各會員捐收月費	理監事系兼職，其他私人開支費頂，員工薪資及其伙食文具公雜月費外，其除做伙工资	无

解放後的活動情況已否向人民政府申請登記	於一九四九年十月向市人民政府民政局登記
備考	

説明：一、此表照當地現有社會團體每一個團體依可能調查一份。二、此表各欄務求詳盡填寫，表列各項如有未能照寫者亦須註明。三、表如有表式不敷填寫者可另紙照填寫之。

社會團體調查表 1950年7月21日

名稱	長沙市印刷工業同業公會	所在地	府正街九號
目的	共同謀工商業之發展以達成繁榮經濟努力生產并增進公共利益糾正同業弊害為目的		
事業	在各級政府及長沙市工商聯籌委會領導下執行政府政策法令并分區組織同業會員分組加緊學習		
沿革	本業於1910年與紙商公會聯合成立1919年單獨成立印刷公會至1930年劃分工商改名為印刷工業同業公會1943年業務發達分區管理本市應轄第四區1944年日寇陷湘一度停止活動迨抗戰勝利於1946年重行改組直至解放以後秉遵人民政府政策和指示領導同業加緊學習共同研討以發展業務搞好生產		
活動地區	長沙市區	業務範圍	本省各市縣

主要負責人

姓名	性別	年齡	籍貫	住址	職業及社會活動：過去	職業及社會活動：現在	政治關係：過去	政治關係：現在
梁志超	男	37	湖南湘鄉	府正街九號	從事文化教育事業	現從事留書局及守留印刷廠經理	無	無

組織情形

由同業各廠商為會員產生會員代表選舉理事十五人監事五人再由理事公推常務理事五人并就常務理事中公推理事長一人組織理事會監事中公推常務監事一人組織監事會并合組為理監事聯席會

職員數目：總會	職員數目：分會	會員人數：總會	會員人數：分會
幹事一人 工友一人	會地 1 負責人顧應	141人	

經濟狀況

動產	不動產	主要經費來源	收支概況	有無附屬機構及情況
無	無	依據會員營業狀况先經評議由理監事會議評定等級按月收繳會費如有特殊事項臨時募集之	每月收繳會費約計食米八石開支工友幹事各一人工薪會址房租辦公及紙張費用及其他臨時用費	1.工商登記委員會 2.工商業稅民主評議委員會 3.勞資協商會議 4.推銷勝利公債委會 5.從業人員學習會

解放後活動情況（已否向政府申請登記）

1.分區組織学習小組定期学習搞好勞資關係發展生產改進思想傾向積極經營
2.遵照人民政府指示成立各種委員會辦理本業各廠戶工商登記稅務評議及簽訂勞資集体合同經常調解勞資爭議
3.傳達政府政策法令并領導同業各會員遵守
4.已於1949年12月14日向長沙市人民政府民政局辦理社團登記
5.現正籌組新公會即將成立籌委會籌委選人名單提送工商聯籌委會

備攷	

明說

一、此表就當地現有社會團体每个個團体儘可能調查一份
二、內容務求詳盡確實表列各項如有未能填寫者希註明
三、表內如有未列事項而須填寫者可另闢欄填寫之

社會團體調查表

1950年7月22日

名稱	原名長沙市靴鞋工業同業公會					所在地	药王街高家巷五號（臨時辦公）			
目的	推行政策，傳達政府法令，團結同業，發展生產為目的									
事業										
沿革	民國十三年成立迄今，其中改選八次									
活動地區	長沙市區					業務範圍	產銷在本市，批發銷各縣，產銷皮鞋、靴鞋、油鞋、木屐等、			
主要負責人	姓名	性別	年齡	籍貫	住址	職業及社會活動 過去	職業及社會活動 現在	政治關係 過去	政治關係 現在	
	張廿華	男	五〇	長沙	药王街高家巷五號	靴鞋業，參加市工商聯籌備會委員	仝左	無	無	
組織情況	會員小組，推代表組織代表會，但正式成立公會之籌備員理監事由會員大會票選之。				職員數目 總會：三人	職員數目 分會：會址 ——；負責人姓名 ——	會員人數 總會：一六三戶	會員人數 分會：——		
經濟狀況	動產	不動產	主要經費來源		收支概況		有無從屬機構及其情況			
	無	無	根據會員營業情況，按大、中、小分別負擔會費		每月收會費九二米約五石，以作職員房租文具紙張等開支		無			
解放後向政府申請登記及活動情況	一、推行人民勝利折實公債 二、辦理一九四九年冬及一九五〇年春季工商稅 三、夏季工商稅，正在辦理申報營業數額 四、已於一九四九冬在工商局民政局申請工商登記 五、現時在工商聯領導之下籌組新公會。									
備考	一、本業籌委員尚未成立，惟籌委會候聘人業已提名，總候國定成立新公會籌委會									

說明：
一、此表凡當地現有社會團體每一個團體須填調查一份。
二、此表各欄務求詳盡，依照表列各項，如有未能填寫者亦註明。
三、表內如有表外事項而須填寫者，可另紙繕填寫之。

社會團體調查表 1950年7月25日

說明：一、本表內如有未列事項而須填寫者另開欄填寫之。二、內容要求詳盡確實，表列各項如有未列者均須填寫，並詳說明之。三、此表就各地現有社會團體每一個團體依式詳細填寫一份。

名稱	長沙市鐘表業同業公會	所在地	
目的	為維護增進本會全體會員福利在勞資兩利原則上共謀業務之發展		
事業	擁護政令遵守紀法遵辦主管機關及商會交办事件辦理同業公共應辦事宜		
沿革	本會創始於遜清咸豐年間成立鐘表業公會		
活動地區	湖南長沙行政區域	業務範圍	鐘表及修理兼營表帶水筆

主要負責人

姓名	性別	年齡	籍貫	住址	職業及社會活動 過去	職業及社會活動 現在	黨派關係 過去	黨派關係 現在
朱朗勳	男	五二	湘陰	黃興南路一四〇号	從事鐘表業	仝右	無	〃

組織情況

組織	職員數目 總會	職員數目 分會	會員人數 總會	會員人數 分會
理事長一人 常務理事二人 理事五人 財務一人 監事（理事兼）三人	12人	無 會地：無 負責人姓名：無	284人	無

經濟狀況

動產	不動產	主要經費來源	收支概況	有無附屬機構及情況
無	荒地一塊 0.99	本會經常費係向各會員每月收取月捐	每月約收月費米三石，雇用長工一人，每月需伙食薪津米二石五斗，開會茶烟及文具紙張等約米二斗正	無

解放后的活動情況已否向政府申請登記	已於1949年12月7日向長沙市人民政府申請登記
備考	

社會團體調查表

年 7 月 25 日

说明
一、表内如有未列事项而须填写者可另辟栏填写之。
二、内容务求详尽，如表列各项如有未列者请填写并于备注说明。
三、此表就当地现有社会团体每一个团体须分别调查一份。

名稱	長沙市浴堂同业公会	所在地	小西门下河街18号
目的	团结会员		
事業	替社会服务，保持人群身体健康，研究卫生。		
沿革			
活動地區	新公会筹备未组织，停止活动。	業務範圍	長沙市區

主要負責人

姓名	性別	年齡	籍貫	住址	職業及社會活動 過去	職業及社會活動 現在	政派關係 過去	政派關係 現在
刘莘庭	男	五二	湘阴	南门外长康巷第[illegible]号	广东湘汉等地工作	在城西区自营浴堂工作。		

組織情況：过以旧公会名义，新公会筹备尚未组织。

職員數目 總會	職員數目 分會	會員人數 總會	會員人數 分會
一人	會址： 負責人姓名：	七人	無

經濟狀況

動產	不動產	主要經費來源	收支概況	有無附屬機構及情況
没有	〃	收临时月费，平时向同业商户，临时需款向同业七家	平衡收支	

解放後的活動情況已否向政府申請登記：解放后曾经过工商局、公安局、卫生局申请登记会员七家，但该业公会尚未向政府申请登记。

備考：向以旧公会名义，改为代表会，旧公会停止活动。

社會團體調查表

50年[illegible]月27日

名稱	長沙市腳踏車业同业公会					所在地	長沙市湘春路130号		
目的	同上								
事業	發揚和遵守同业改進生產技術及調節同业經營，繁荣經濟，協和各業事業。								
沿革	本会原於民國十五年，斯时本市有車行十餘家，行业初具雛形，由同业等本着團結精神故組而組織之。								
活動地區	長沙市					業務範圍	協助政府推行各种政策和法令，維護同业合法利益，研究技術，增加生產。		
主要負責人	姓名	性別	年齡	籍貫	住址	職業及社會活動（過去）	職業及社會活動（現在）	黨派關係（過去）	黨派關係（現在）
	鄧克[illegible]	男	四[illegible]	長沙	湘春路一二六号	經營車业	仝	無	無
組織情況	設理事九人，監事三人，由理事互選常務理事三人，由常務理事互選理事長一人，主持會務。	職員數目（總會）	十人	職員數目（分會）	/	會址 /	負責人姓名 /	會員人數（總会） 70户	會員人數（分会） 無
經濟狀況	動產	不動產	主要經費來源		收支概況		有無附屬机構及情況		
	無	無	入会金與月捐		平衡		無		
解放後的活動情況（已否向政府申請登記）	解放後已向長沙市人民政府申請登記，迎接解放及抗美援朝支援前線等運動。								
備考									

說明：
一、表內如有未列事項而須填寫者可另紙填寫之。
二、表內各項要求詳盡，各欄如有未列者可另紙填寫並詳細說明。
三、此表照各地現有社會團體每一個團體均須詳細調查一份。

长沙市石灰砖瓦同业公会

社會團體調查表　　50年7月27日

說明：一、本表內如有未列事項而須填寫者，可另附紙填寫之。二、本表內容務求詳盡確實，表列各項如有未能填寫者，亦須說明。三、此表係為普查現有社會團體，每一個團體須填調查表一份。

名稱	长沙市石灰砖瓦同业公会	所在地	永兴街18号
目的	团结会员扩展营业		
事業	发展农村经济供应城市物资		
沿革	本会自民国初年成立迄今卅余年，并无多大变化。		
活動地區	长沙市	業務範圍	执行政府法令调节同业纠纷。

主要負責人

姓名	性別	年齡	籍貫	住址	職業及社會活動 過去	職業及社會活動 現在	政治關係 過去	政治關係 現在
郭崇德	男	四十	长沙	美福街24	石灰砖瓦营业	仝	无	无

組織情況

組織	職員數目 總會	職員數目 分會	會員人數 總會	會員人數 分會
设理事九人，内互推一人为理事长，互推二人为常务理事，监事三人内推一人为常务监事。	三人	會址： 負責人姓名：	94人	

經濟狀況

動產	不動產	主要經費來源	收支概況	有無附屬機構及情況
无	自有会址房屋	会员逐月乐捐	入不敷出	无

已否向政府申請登記 解放后的活動情況：解放以后，因新公会未成立，会务暂由原理事长郭崇德负责主持，全体会员已遵令前往工商登记，目前新公会正在由筹委会积极进行筹备，不久当可成立。

備考：本年因各个会员营业欠旺，月费不能按月收齐，以致本会工作人员之薪资未得如期发给，造成入不敷出之现象。

长沙市仓库商业同业公会

社會團體調查表 1950年7月28日

名稱	長沙市倉庫商業同業公會	所在地	城西區[illegible]街十七號內
目的	[illegible]同業會員[illegible]以繁榮市場[illegible]為目的		
事業	[illegible]一切工作		
沿革	1.[illegible]政府一切[illegible]一切事項 2.[illegible]同業會員[illegible]市場 3.調劑金融便利儲運		
活動地區	本市	業務範圍	信託保管

主要負責人

姓名	性別	年齡	籍貫	住址	職業及社會活動		政治關係	
李[illegible]泉	男	五十六岁	湖南長沙	[illegible]巷八號	[illegible]公会理事	本会理事長	無	無

組織情況

	職員數目		會員人數	
	總會	分會	總會	分會
以[illegible]理事九人監事三人共同組成	陸人	會址 負責人簡歷	原有會員五十餘戶 現在會員八十[illegible]戶	無

經濟狀況

動產	不動產	主要經費來源	收支概況	有無附屬機構及情況
無	[illegible]房屋租出給人[illegible]基地三十餘方	補助經費由[illegible]會員勸出一點[illegible]地租外再[illegible]	收支不衡特別節約	無

解放前後向政府申請登記情況

1.本會解放以前已向政府登記

2.解放後已向政府接洽正在辦理中

備考

1.一九四九年底因会方事務過[illegible]經会員大会公議加推[illegible]為常務代表[illegible]為常務委員協助会務

2.我会僱用幹事一人工友一人合計兩人負責会办理一切經常会務

社會團体調查表　1950年7月28日

名稱	長沙市紙商刷印业同业公會				所在地	縣正街小蔡家巷三號			
目的	以增進會員技能，提倡生產，謀大众利益，矯正弊害，協助政府推行政令為宗旨。								
事業	對於會員營業上各事項之興革改善和指導研究調查統計等。								
沿革	成立於民國元年，當時名為紙業公所，於一九四一年七月更名為紙業公會，後因長沙淪陷會務一度停頓，抗戰勝利後又經前偽市府核准恢復組織。								
區域	長沙市區				業務範圍	紙商刷印。			
主要負責人	姓名	性別	年齡	籍貫	住址	職業及社會關係		政治關係	
						過去	現在	過去	現在
	鄒秋初	男	四九	長沙	縣正街柳周巷六號	舊商會理事及舊紙公會理事長。	工商聯委員及紙公會臨時會務代表。	〇	〇
組織情況	[illegible]				職員數目		會員人數		
					總會	分會	總會	分會	
					除理監事外雇用幹事一人工友一人。	/ 會址 / 負責人簡歷 /	一二四户	/	
經濟狀況	動產	不動產	主要經費來源		收支概況	結餘及債務情況			
		縣正街小蔡家巷本會會員會址房屋一棟	由本會各會員樂捐補助月費。		量入為出	無			
已否向政府申請登記及其活動情況	已向市人民政府民政局申請登記。								
備考									

社會團體調查表　1950年7月31日

說明：
一、本表內有未列事項而須填寫者可另附紙填寫之。
二、內容務求詳盡確實，表列各項如有未列時須填寫並說明。
三、此表系各地現有社會團體每一個團體須分別調查一份。

名稱	長沙市輪船商業同業公會籌委會	所在地	小西門下河街十五號
目的	以發展運輸事業維護水上交通聯絡同業感情提高同業政治認識及協助政府推行一切政令政策為目的		
事業	交通運輸事業		
沿革	在反動政府時代曾有湖南航業公會，继後又成立湖南內河航業聯合辦事處，卅六年改為長沙市輪船商業同業公會。自本年五月廿三日起本會奉令籌備成立，所有舊公會文卷檔案財產器具及庫存現金由本會分別正式接管		
活動地區	長沙市轄區範圍以內	業務範圍	1. 接管原有舊公會處理日常事務 2. 舉辦會員登記 3. 進行本業調查統計工作 4. 成立各種協商會議推動集體合同之訂立 5. 擬草同業公會組織章程等草案 6. 辦理政府交辦聯系事項 7. 溝通會員關系並協助政府推行各種政策法令 8. 反映會員意見傳達政府意見並作建議 9. 督導會員執行公會決議辦理其他有關事項

主要負責人

姓名	性別	年齡	籍貫	住址	職業及社會活動 過去	職業及社會活動 現在	政派關係 過去	政派關係 現在
彭六安	男	37	湖南湘潭	下黎家坡[illegible]	任業輪船業	市工商聯副主委兼代表會代表		
婁信濤	〃	38	四川	南正街[illegible]	〃	文界代表會代表		
朱部	〃	50	浙江	福勝街廿五	〃			

組織情況：本會於本年五月廿三日正式成立，遵照工商聯時決組織通則，在籌備時間暫設一室大組，計劃秘書室經營組、組織文教調查研究組、調查運務各組，設正副主任各一人，常務籌委會主任委員，理事該組有關事項。

職員數目 總會	職員數目 分會	會員人數 總會	會員人數 分會
秘書一人 幹事三人 通訊員一人	無 會址：無 負責人姓名：無		

經濟狀況

動產	不動產	主要經費來源	收支概況	有無附屬機構及情況
無	無	向各會員公司單位收取月費	收支可拉近平衡	無附屬機構

解放後的活動情況（已否向政府申請登記）：

1. 前舊公會自去年解放後即遵長沙市人民政府民政局指示停止活動，除辦理政府交辦任務如支前、民主評議、辦理輪船業商業登記、推銷勝利折實公債、暨協助航政主管機關搜集各項有關資料呈轉人民政府一切有關政令外，對內僅與各同業間因業務上發生聯系，但對外任何活動概行停止。
2. 本籌委會自五月廿三日成立，其活動情況詳見本表“業務範圍”欄。

備考：

长沙市营造工业登记委员会

社会团体调查表 1950年7月 日

<table>
<tr><td>名称</td><td colspan="6">長沙市營造工業登記委員會</td><td colspan="2">所在地</td><td colspan="3">富雅坪四号</td></tr>
<tr><td>目的</td><td colspan="11">辦理營造業登記遵照政府法令營業並準備籌組公會</td></tr>
<tr><td>事業</td><td colspan="11">專办營造業工商登記</td></tr>
<tr><td>沿革</td><td colspan="11">自一九五〇年元月份起本市人民政府建設局暨工商行令及指導召集本市原有營造廠負責人舉行群众大會選舉登記委員廿八人成立登記委會</td></tr>
<tr><td>活動地區</td><td colspan="6">長沙市行政區域内</td><td>業務範圍</td><td colspan="4">办理營造工業工商行号登記事宜</td></tr>
<tr><td rowspan="3">主要負責人</td><td rowspan="2">姓名</td><td rowspan="2">性別</td><td rowspan="2">年齡</td><td rowspan="2">籍貫</td><td rowspan="2">住址</td><td colspan="3">職業及社會活動</td><td colspan="3">政派關係</td></tr>
<tr><td>過去</td><td colspan="2">現在</td><td colspan="2">過去</td><td>現在</td></tr>
<tr><td>袁绍棠</td><td>男</td><td>六〇</td><td>長沙</td><td>富雅坪四号</td><td>長沙市營造業同業工會理事長</td><td colspan="2">任事營造業求已達建工程及本市營業登記</td><td colspan="2">未加入何政党</td><td>無</td></tr>
<tr><td rowspan="3">組織情況</td><td rowspan="3" colspan="4">登記委員廿八人
設主任委員一人
副主任委員三人</td><td colspan="4">職員數目</td><td colspan="3">会員人數</td></tr>
<tr><td colspan="2">總会</td><td colspan="2">分会</td><td colspan="2">總会</td><td>分会</td></tr>
<tr><td colspan="2">委員廿八人
職員三人</td><td colspan="2">会址：
負責人姓名：</td><td colspan="2">現已登記共計一百〇五家</td><td></td></tr>
<tr><td rowspan="2">經濟狀況</td><td>動產</td><td>不動產</td><td colspan="3">主要經費來源</td><td colspan="3">收支概況</td><td colspan="3">有無附屬机構及情況</td></tr>
<tr><td>無</td><td>無</td><td colspan="3">未定式收之团体 僅收登記办公費作文具紙張等用</td><td colspan="3">收支平衡</td><td colspan="3">無</td></tr>
<tr><td>解放后的活動情況（已否向政府申請登記）</td><td colspan="11">已呈市人民政府建設局備案</td></tr>
<tr><td>備考</td><td colspan="11"></td></tr>
</table>

說明：一、本表内如有未列事項而須填寫者，可另闢欄填寫之。二、内容務求詳實，表列各欄如有未列項填寫者，并須說明。三、此表就當地現有社會團体每一個團体作分析調查一份。

社會團體調查表　1950年7月　日

名稱	長沙市銀行商业同业公会	所在地	蔡鍔中路21号
目的	本会以維持與增進同业之公共利益及矯正弊害為宗旨		
事業	對于会員營业之務之推進及改善與会員營业之指導研究調查統計等事項		
沿革	本会在抗战以前即已成立 旋因長沙淪陷会務停頓 抗战勝利後呈請前市政府核准恢復組織 並給証件並呈報上級備案		
活動地區	本市	业務範圍	除本業之務事項外餘均秉承工商聯指示辦理

主要負責人

姓名	性別	年齡	籍貫	住址	職业及社会活動 過去	職业及社会活動 現在	政派関係 過去	政派関係 現在
楊先鐸	男	40	長沙	新華銀行	銀行從业員	仝左	無	無
鄒振聲	〃	46	江西吉安	聚興誠銀行	〃	〃	〃	〃
楊塗昌	〃	34	重慶	和成銀行	〃	〃	〃	〃
許邁十	〃	43	長沙	金城銀行	〃	〃	〃	〃
曹汝金	〃	52	江苏江都	上海銀行	〃	〃	〃	〃

組織情況

組織情況	職員數目 總会	職員數目 分会	会員人數 總会	会員人數 分会
本会原設理事九人組織理事会執行会務 監事三人組織監事会監察及稽核理事會理之会務及事務.	除理監事外僱用幹事一人	0 会址 0 負責人簡歷 0	五家	0

經濟狀況

動產	不動產	主要經費來源	收支概況	有無附屬機構及情況
無	租前湖南省銀行地皮自建会址一所	向會員行按預繳攤收	量入為出	無

解放後的活動情況已否向政府申請登記	1949年10月已向長沙市人民政府民政局登記
備考	

长沙市图书教育用品商业同业公会筹备委员会

社會團體調查表 公元一九五[illegible]

名稱	長沙市圖書教育用品商業同業公會籌備委員會	所在地	[illegible]書局內
目的事業	團結同業推行政府文化教育政策法令暨維持同業公共福利及協調勞資關係		
沿革	本會創設於前清末年名曰文昌會於一九一五年改名為書業公會一九四四年日寇犯湘時期一度停止活動至抗戰勝利後一九四六年始重行恢復改組成立一九四八年作第二屆改選本年七月奉長沙市工商聯籌備會指示改組於七月二十四日成立籌備委員會		
活動地區	長沙市	業務範圍	一、舉辦會員登記 二、進行本業調查統計工作 三、推行集体合同之訂立 四、協助政府推行各種政令法令 五、調處勞資關係 六、舉辦會員集体學習等業務

主要負責人

姓名	性別	年齡	籍貫	住址	職業及社會活動（過去）	職業及社會活動（現在）	政治關係（過去）	政治關係（現在）
何興羅	男	三五	湖南平江	長沙蔡鍔中路擎宇書店	曾任鉄路局專員秘書等職	長沙市人民代表圖書教育用品业同业公會籌委會主任委員	曾參加革命工作	新民主主義研究會

組織情况

	職員數目（總會）	職員數目（分會）	會員人數（總會）	會員人數（分會）
依照長沙市各业同业公會籌備委員會組織規程暫行通則由市工商聯籌委會聘任籌備委員十一人組織之。下設総務、組織、文教、調查研究、調處等五組	三五人	無	一〇五户	無

經濟狀况

動產	不動產	主要經費來源	收支概况	有無附屬機構及情况
無	本市新安巷基地11.7方丈	以會員月費為主要經費來源	每月收支約一四〇萬元收支平衡	無

解放後的活動情况 政府申請登記已否向	自解放後本會在各級政府及市工商聯籌備會領導之下督促會員推行政令，如發動會員拒用銀元，積繳支前借款以及響應各次擁軍慰勞運動，辦理全业會員工商登記，調處勞資爭議組織全体會員集体學習，至繳納稅款和推銷勝利折實公債兩項曾奉長沙市人民政府稅務局本年四月十九日稅一字第一六四二號通知以本業各季工商稅款如期完成傳令嘉奬並奉長沙市人民勝利折實公債推銷委員會本年五月七日通知給予「帶頭完成推銷公債任務是人民無上的光榮」奬旗一面，這些都是解放後的活動情形。
備攷	

附录二　相关法规

商业登记法（一九四三年六月九日）

商業登記法　三十二年六月九日部令公佈

第一條　商業登記除法律另有規定外依本法之規定行之

第二條　商業登記由當事人向營業所在地之主管官署為之前項官署在縣為縣政府在市為市政府

第三條　左列各種營業稱為商業

（一）買賣業（二）賃貸業（三）製造或加工業（四）印刷業（五）出版業（六）技術業（七）兌換金銀業或貸金業（八）担承信託業（九）作勞或勞務之承攬業（十）設場屋以集客之業（十一）倉庫業（十二）典當業（十三）運送業及承攬運送業（十四）行紀業（十五）居間業（十六）代辦業

第四條　凡營業雖不屬於前條列舉之範圍而本法呈請登記者亦視為商業

第五條　凡沿門沿路及臨時買賣物品或營手工範圍內製造業加工業及其他小規模營業者不適用本法關於登記及商業賬簿之規定

第六條　限制行為能力人經法定代理人之允許獨立營業或為無限責任股

承者應向主管官署聲請登記

法定代理人如發覺前項行為有不勝任情形撤銷其允許或加以限

制者應將其事由聲請主管官署登記

第七條　法定代理人為無行為能力人或限制行為能力人經營商業者應向

主管官署聲請登記

第八條　經理人或代辦商之選任解任及其經理權或代辦權消滅時本人應於十五

日內向營業所在地之主管官署聲請登記

第九條　經營商業之合夥應將合夥之姓名住所出資之種類數額向主管官署

聲請登記

合夥已依前項規定為登記其約定出資而未登記為該合夥之合夥

人者視為隱名合夥人適用民法關於隱名合夥之規定

第十條　登記事項有變更或消滅時當事人應於十五日為變更或消滅之登記

第十一條　關於本法所應登記之事項於其店所在地所應登記但非證明在本

店所在地已經登記後不得爲之

第十二條　已登記之事項登記官署應公告之

第十三條　應登記之事項非經登記及公告後不得對抗善意第三人應於支店所在地登記之事項而未登記及公告者前項規定於支店所爲之行爲適用之

第十四條　公告與登記不符者以登記爲準但非經更正公告後不得對抗善意第三人

第十五條　利害關係人得向登記官署請求查閱登記簿及其附屬文件並得聲請交付證明登記事項無變更或該事項未經登記之證明書

當事人或利害關係人得向登記官署請求交付登記簿及其附屬文件之繕本或節本

第十六條　商業應備日記賬分類簿損益計算書財產目錄及資產負債表以務證明賬之方法用通行之文字依商業性質或當地習慣記載之劄賬

二

簿封存之日起保存期間為十年其關於商業上各種書信應連綴成册自停連綴之日起保存其間亦同

第十七條　商號得以本人姓名或其他名稱充非經登記不得對抗善意第三人商號以營業上用特別印章時應聲敘其印鑑於登記官署

第十八條　商號非依公司組織不得用公司字樣其承受公司商業而不照公司組織繼續營業者亦同

第十九條　已登記之商號其廢止變更或轉讓非經登記不得對抗善意第三人

前項登記應於十五日內向該管登記官署為之

第二十條　商號之廢止及變更或轉讓不向主管官署聲請登記者利害關係人得聲請主管官署撤銷其登記

第二十一條　在同一縣市不得用他人已登記之商號名稱為同一營業之登記

添設支店於他人已登記同一商號之縣市者當聲請登記時應於其商號附加足以表示係支店之字樣

第十二條　前條已登記之商號如有他人冒用或以類似之商號為不正當之競爭者該商號之當事人得請求停止其使用如有損害并得請求賠償
於同一縣市使用他人已登記之商號而營同一之業者推定其為不正當之競爭

第十三條　已登記之商號本人死亡後由繼承人繼承之但應由繼承人將繼承商號之事聲請登記

第十四條　商號應與商業同時轉讓但讓與人與受讓人訂有特別契約者不在此限

第十五條　經受讓他人之商號對讓與人於轉讓前用該商號所負之債務不負轉讓契約所定以外責任

第十六條　違反第十八條之規定者處五十元以下之罰鍰

第十七條　違反第六七十十八十九二十一二十二二十三條之規定者處二百元以下之罰鍰

第十八條　本法施行細則由實業部定之

第十九條　本法自公佈日施行

商业登记法施行细则（一九四三年六月九日）

商業登記法施行細則　三十二年六月九日 部令公佈

第一條　本施行細則依商業登記法（以下簡稱本法）第三八條之規定制定之

第二條　所營商業有依法令須經主管該事之機關核准者應於核准後聲請登記并附呈核准之證件

第三條　本法第二條之主管官署在隸屬行政院之市為社會局

第四條　主管官署得因特殊情形呈准上級或依上級機關之命令限制某商業非先經核准登記不得創設變更轉讓或廢業

第五條　商業登記之聲請得由合夥中之一人或代理人為之但應附具委託書

第六條　依本法第四條視為商業之營業以不背於公共秩序善良風俗者為限

第七條　本辦法第五條所稱小規模營業以資本不滿三百元者為限

第八條　商業登記期限除本法規定者外應於十日內為之

第九條　一、商業登記之聲請書應載明左列各款由當事人或代理人簽名蓋印

一　當事人姓名住址由代理人聲請者其姓名住址

二、登記之目的及其事項
三、登記費
四、登記機關（即主管官署）
五、年　月　日

第十條　商業創設之登記其登記事項如左
一、商號之名稱
二、營業
三、資本
四、獨資或合夥
五、所在地
支店創設之登記應叙明本店所在地並附送本店登記證之正本或抄本

第十一條　商店創設以外其他事項之登記以該事項所應詳確叙明者爲登記事項

第十二條　為本辦法第六條第一項之登記者應加具法定代理人允許之證件

第十三條　為本辦法第七條之登記者應加具代理資格之證件

第十四條　經理人或代辦商之登記除本細則第九條之規定各款外須載明商號名稱營業及營業所在地選任時并須有所受權限之證明

第十五條　合夥登記除本法第九條第一項規定外并附送合夥契約之正本或抄本其變更時亦同

第十六條　代辦商或合夥本法施行前未經登記者應於本細則施行後三個月內補行登記

第十七條　為商業轉讓之登記者應由讓受雙方聯名聲請并附送轉讓契約正本或抄本

第十八條　為商業繼承之登記者應加具證明繼承之文件

第十九條　前二條之登記應附繳登記證聲請換給商業或商號變更時亦同

第二十條　商業遷移於原登記官署之管轄區域以外時應向原主管官署聲請

第六條　撤銷登記并向遷移區域之主管官署聲請為商業創設之登記
主管官署接受登記聲請書後應於一星期內登記事項辦理完竣除依法公告外其創設之登記發給登記證其變更轉讓繼承之登記換發登記證

第七條　商業登記之聲請有違反法令者主管官署應予分令更正後始行登記

第八條　主管官署應依式備置左列各登記簿記載登記事項（登記簿式另附）
一、商業登記簿
二、限制行為能力人登記簿
三、法定代理人登記簿
四、經理人或代商登記簿

第九條　主管官署應將商業登記案每月分別編表二份呈報上級主管機關并轉報經濟部備案

第十條　主管官署對於同一當事人以數商號聲請登記應就各商號分別登記

第二六條 當事人於登記後確知其登記事項有錯誤或遺漏時得具請主管官署更正

第二七條 商業登記後廢止其營業時應繳還登記證聲請撤銷登記

第二八條 主管官署對於撤銷登記之聲請應繳銷其登記證並公告之

第二九條 凡因行政處分或法院判決禁止營業或破產者經處分之官署或法院通知後主管官署應撤銷其登記

第三十條 商業登記費依照下列規定辦理

一、商業創設登記費

五千元以下	一百五十元
一萬元以下	三百元
三萬元以下	四百五十元
五萬元以下	六百元
十萬元以下	七百五十元

三十萬元以下　九百元
五十萬元以下　一千二百元
八十萬元以下　一千五百元
百萬元以下　一千八百元
一百五十萬元以下　二千二百五十元
二百萬元以下　三千元
三百萬元以下　三千七百五十元
四百萬元以下　四千五百元
四百萬元以上每多一百萬元加收七百五十元其不滿一百萬元者亦按一百萬元計算

二、創設登記以外之其他登記事項登記費每件八十元

三、補發登記証費每件十元

第三十八條　登記証由主管官署依部定格式自行印製登記証式附後

第三二條　凡向主管官署請求查閱登記簿及附屬各件每次應繳納查閱費法幣十元如須抄錄者每千字應繳抄錄費五元

第三三條　他人登記前業經使用之商號不受本法第二八條第二九條之限制但須有創設在前之證明

第三四條　主管官署辦理商業登記有違反法令者當事人得依法提起訴願

第三五條　本法施行前依法令註冊之商業除依本細則第十六條應補行登記者外有與依本法登記同一之效力

第三六條　本細則自公佈之日施行

商業同業公會章程準則

中華民國三十四年三月抄錄

商業同業公會章程準則

第一章 總則

第一條 本章程依據商業同業公會法及商業同業公會法施行細則訂定之

第二條 本會定名為○○縣市商業同業公會

第三條 本會以維持增進同業之公共利益及矯正弊害為宗旨

第四條 本會以○○縣市政行區域為區域事務所設於○○○

第二章 任務

第五條 本會之任務如左

一、關於會員商品之共同購入保管運輸及其他必要之設施

二、關於會員營業之統制

三、関於會員營業之指導研究調查及統計

四、办理合於第五條所揭宗旨之其他事項

興办前項第一款事業時應擬定計劃書經全体會員三分二以上之同意呈請縣市政府核准其變更時亦同

第一項第二款之統制須經全体會員三分二以上之同意呈由主管官署核准後方得施行

第三章 會員

第六條 凡在本區域内經營○○商業之公司行號或工廠所設售賣場所不論公營民營除関係國防之公營事業或法令規定之國家專賣事業外均為本會會員

前項會員推派代表出席本會稱為會員代表

第七條 本會每一會員推派代表一人其担負會費滿五單位者得加派代表一人以後每增十單

位加派一人担至多不得过七人以经理人主体人或店员为限
第八條　本會會員代表以有中華民國國籍年在二十歲以上者為限
第九條　有左列各款情事之一者不得為本會會員代表
一、背叛國民政府經判決確定或在通緝中者
二、曾服公務而有貪污行為經判決確定或在通緝中者
三、褫奪公权者
四、受破產之宣告尚未復权者
五、無行為能力者
六、吸食鴉片或其他用品者
第十條　會員舉派代表時應給以委託書並通知本會撤換時亦同但已當選為本會職員者

非有依法應解任之事由不得撤换

第十一條 會員代表均有表決权选举权及被选举权

會員代表因事不能出席會員大會時得以書面委託他會員代表代理之

第十二條 會員非遷移其他區域或廢業或受永久停業之處分者不得退會

第十三條 會員代表有不正當行為致妨害本會名譽信用者得以會員大會之議決通知原推派之會員撤换之

第十四條 公司行號不依法加入本會或不缴納會費或違反章程及决議者得經執行委員會之議决予以警告警告無效時得按情節輕重依照商業同業公會法第二十六條規定之程序為左列之處分：

一、一〇〇元以下之違約金

二、有時間之停業

三、永久停業

前項第二款第三款之處分非经主管官署之核准不得為之

第四章 組織及職權

第十五條 本會設執行委員會〇〇人組織執行委員會監察委員〇〇人組織監察委員會均由會員大會就代表中用無記名連選法選任之

選舉前項執行委員監察委員時應另選候補執行委員〇人候補監察委員〇人遇有缺額依次遞補以補足前任任期為限未遞補前不得列席會議

第十六條 當選委員及候補委員之名次依得票多寡為序票數相同時以抽籤定之

第十七條 執行委員會設常務委員〇人由執行委員會就執行委員中用無記名連選法互選之

以得票最多數者為當選常務委員有缺額時由執行委員會補選之其任期以補
足前任任期為限

第十八條　執行委員會就當選之常務委員中用無記名單記法選任主席一人以得票滿投
票人之半數者當選若一次不能選出時應就得票最數多之二人決選之

第十九條　執行委員會之職权如左
一、執行會員大會決議案
二、召集會員大會
三、執行法令及本章程所規定之任務

第二十條　常務委員之職權如左
一、執行執行委員會議決案

二、處理日常事務

第二十一條　監察委員會之職權如左

一、監察執行委員會執行會員大會之决議

二、審查執行委員會處理之會務

三、稽核執行委員會之財政出入

第二十二條　執行委員及監察委員之任期均為四年每二年改選半數不得連任

前項第一節之改选以抽籤定之但委員人數為奇數時留任者之人數較改选者多一人

第二十三條　委員有左列情事之一者應即解任

一、會員代表資格喪失者

二、因不得已事故經會員大會議決准其辭職者
三、依商業同業公會法第四十三條解職者

第二十四條 本會委員均為名譽職

第二十五條 本會事務所設辦事員○○人得分科辦事其辦事規則另定之

第五章 會議

第二十六條 本會會員大會定期會議及臨時會議兩種均由執行委員會召集之
定期會議每年開會○次臨時會議於執行委員會議認為必要或經會員代表十分之一以上之請求或監察委員會函請召集時召集之

第二十七條 召集會員大會應於十五日前通知但有商業同業公會法第二十五條第二十六條之情形或因緊急事項召集臨時會議者不在此限

第二十八條　本會會員大會開會時由常務委員組織主席團輪流主席

第二十九條　本會會員大會之決議以會員代表過半數之出席出席代表過半數之同意行之

出席代表不滿過半數者得行假決議在三日內將其結果通告各代表於一星期後二星期內重行召集會員大會以出席代表過半數之同意對假決議行其決議

第三十條　左列各款事項之決議以會員代表三分二以上之出席出席代表三分二以上之同意

行之出席代表不滿三分二者得以出席代表三分二以上之同意行假決議在三日內將其結果通告各代表於一星期後二星期內重行召集會員大會以出席代表三分二以上之同意對假決議行其決議

一、變更章程

二、會員之處分

三、會員之解職

四、清算人之選任及關於清算事項

第三十一條　本會會員代表人數超過三百人以上時會員大會得就地域之便利先期開分預備會

按會員代表人數比例推選代表或合開代表大會行使會員大會之職權

第三十二條　本會執行委員會每月至少開會一次監察委員會每兩月至少開會一次

第三十三條　執行委員會開會時須有委員過半數之出席出席委員過半數之同意方能決議可否

同數取決於主席

第三十四條　監察委員開會時須有監察委員過半數之出席臨時互推一人為主席以出席委員

過半數之同意決議一切事項

第三十五條　執行委員監察委員開會不得委託代表出席

第六章 經費及會計

第三十六條 本會經費分會費及事業費兩種

第三十七條 會員會費比例於其資本額繳納之每一單位定為國幣〇〇元

第三十八條 會員退會時會費概不退還

第三十九條 本會會費之預算決算於每年年度終了一個月以內編製表報告書提出會
會通過呈報主管官署刊布之

第四十條 會計年度以每年一月一日始至同年十二月三十一日止

第四十一條 事業費之分担每一會員至少一股至多不得超過五十股但因必要時經會員大
會之議決增加之事業費總額及每股數額應由會員大會決議呈經主管官
署核准

第四十二條 前條之事業費會員非退會時不得請求退還其請求並須於年度終了時為止

前項請求之事業費其結算應以退股時本會事業之財產狀況為準

請求退還之事業費不問原出資之種類均可以金錢抵還

退还事業費時関於本會所興办事業内之事務有未了結者於了結後計算並分派其盈虧

第四十三條 本會會員對於本會興办事業之責任得依興办之決議於担任股額外另負定額之保証責任

依前條退還事業費之會員對於前項之保証責任於退还事業費後經過二年始得解除

第四十四條　本會事業費之預算決算依本章程第三十九條之程序办理

第四十五條　本會事業費總額及每股金額之變更保証責任之規定或本會事業之停止均應依法決議後呈報主管官署

事業停止後所營事業之財產應依法办理清算

第七章　附則

第四十六條　本章程未規定事項悉依商業同業公會法商業同業公會法施行細則办理之

第四十七條　本章程如有未盡事宜經會員大會決議呈准〇〇縣市政府修改之並逐級轉報中央社會部及經濟部備案

第四十八條　本章程經會員大會決議呈准〇〇縣市党部及〇〇縣市政府備案施行並逐級

轉報中央社會部及經濟部備案

說明

一、本準則係供各地党部指導各該地商業同業公會定立章程時參考之用

二、各地商業同業公會訂立章程應參照本準則並按照各該地方實際情形根據法令規定之

三、區鎮商業同業公會依照本準則訂立章程其名稱訂為〇〇縣〇〇區鎮〇〇商業同業公會其區域應訂為以〇〇縣〇〇區鎮區域為區域

四、本準則第六條所稱「經營〇〇商業之公司行號」例如經營米業之公司行號均應為米商業同業公會會員

五、執監委員候補執監委員人數可根據各該公會實際情形遵照法令明白予

以規定並應注意執行委員至多不得逾十五人監察委員至多不得逾七人候補執監委員不逾委員名額之半常務委員不得逾執行委員額三分之一常務委員不滿三人時不設主席

六、各商業同業公會會員分担會費办法依照本準則第三十七條之規定計算如附表

七、未經經濟部指定之商業組織商業同業公會時本準則第五條各款改為一、関於主管官署及商會委办事項二、関於同業之調查研究事項三、関於興办同業勞工教育及公益事項四、関於會員營業上弊害之矯正事項五、関於會員營業必要時之維持事項六、办理合於第三條所揭宗旨之其他事項第六條第一項改為凡在本區域内經營〇〇商業之公司行號均得為本會會員第十二條及第十四條刪第三十條各款改為一、變更章程二、會員或會員代表之除名三、職員之退職四、清算人之選任及関於清算

事項之決議第四十一條第四十五條刪

△商業同業公會會費單位會員代表及權數計算表

資本額	會費單位	會員代表	表決選舉被選舉權	
一千元以下	一單位	一人	一權	
逾一千元至三千元	一單位又二分之一	一人	一權	
逾三千元至五千元	二單位	一人	一權	
逾五千元至一萬元	三單位	一人	一權	
逾一萬元至一萬五千元	四單位	一人	一權	
逾一萬五千元至二萬元	五單位	二人	二權	以上資本每增五千元加一會費單位每增十單位加一代表由五單位至十四單位代表均為二人
逾六萬五千元至七萬元	十五單位	三人	三權	由十五單位至二十四單位代表均為三人
逾十一萬五千元至十二萬元	二十五單位	四人	四權	由二十五單位至三十四單位代表均為四人
逾十六萬五千元至十七萬元	三十五單位	五人	五權	由三十五單位至四十四單位代表均為五人

逾廿一萬五千元至二十二萬元	四十五單位	六人	六權	由四十五單位至五十四單位代表均為六人
逾廿六萬五千元至二十七萬元	五十五單位	七人	七權	以下會費單位仍照資本額遞增但代表人數不得逾七人

商業同業公會法

第一章 通則

第一條 商業同業公会以維持增進其同業之共同利益及矯正弊害為宗旨

第二條 凡重要商業之公司行號在同一区域内有同業三家以上时应依本法组織商業同業公會

第三條 兩類以上之重要商業在同一区域内其公司行號合记滿三家时得因必要承主管官署或依主管官署之命令合组商業同業公会其会内各業不得单独组織商業同業公会

長沙城守營巷師古齋[illegible]

第四條　依前二條成立之商業同業公会得呈請主管官署或依主管官署之命令合併或劃分之

第五條　依前三條成立之商業同業公会在同一區域内以一会爲限

第六條　商業同業公会爲法人

第七條　商業同業公会之任務於左

一、關於会員商品之共同購入保管運輸及其他必要之設施

二、關於会員營業之統制

三、關於会員營業之指導研究調查及統計

第八條 商業同業公會之區域以縣市之行政區域為區域但繁盛市區鎮亦得設立商業同業公會其分屬同有或不同有兩縣市之區鎮得呈准實業部合併設立之

第二章 設立

第九條 商業同業公會之設立應由發起之公司行號造具當地同業公司行號名冊擬定名集成立大會之日期地點呈由縣市政府公告之

第十條 發起人召集成立大會應訂立章程選舉職員呈請主管官署核准登記

長沙坡子街老[illegible]

第十一條　商業同業公会章程应載明左列各款事項
一、名称　二、区域　三、事務所在地　四、事業
五、職員名額及其選舉任解任　六、限制会員資格
及其限制　七、会議　八、经费及会计
九、会員違章之違約金
第三章　会員
第十二條　同一区域内之商業同業公司行號不論公營或民
營除關係國防之公營事業或法令規定之國家
專營事業外均应为商業同業公会会員其兼
營兩類以上商業者均应分别为该業公會會員

兩類以上商業合組商業同業公会員，但在商業繁盛之區，具資本未滿三百元或五百元，經会章定限制入会者，不在此限

第十三條　每一公司行號之会員代表得派一人，其負担会費滿五單位者，得加派代表一人，以後每十單位加派一人，至多不得過七人，以經理人、主體或店員為限

第十四條　会員代表以中華民國之籍，年滿二十歲以上者為限

第十五條　有左列情事之一者，不得為会員代表

一、背叛國民政府，經判決確定或在通緝中者

二、曾服公務而有貪污行為，經判決確定或在通緝中者

三、褫奪公權者
四、受破產之宣告尚未復權者
五、無行為能力者
六、吸食鴉片或其代用品者
第十六條 会员代表喪失國籍或發生前條各款情事之一時
原派之会员應撤換之
第十七條 会员代表均有表決權選舉權及被選舉權
第四章 職員
第十八條 商業同業公会設执行委员監察委員均由会员
大会就会员代表互選之 其人數执行委员至多不

得逾十五人監察委员至多不得逾七人

第十九條 执行委员及監察委员之任期均为四年每二年改選半數不得連任

第二〇條 執行委员及監察委员均为名誉职

第二一條 委员有左列各款情事之一者应即解任

一、会员代表資格丧失者

二、因不得已事故经会员大会議决准其辞职者

三、依本法第十三條解職者

第五章 會議

第廿二條 会员大会分定期会議及臨时会議兩種均由执行

長沙坡子街老師古齋[illegible]

委员会召集之

第廿三條　前條之定期会議每年至少開会一次

第廿四條　召集会員大会应於十五日前通知之但有第廿五條第廿六條情形或國際急了項召集臨时会議者不在此限

第廿五條　会員大会之决議以会员代表過半数之出席出席代表過半数同意行之出席代表不滿過半数者得行假决议在三日内將其结果通告各代表於一星期後二星期内重行召集会員大会以出席代表過半数之同意對假决议行其决议

第廿六條 左列各款各項之決議以会員代表三分二以上之出席出席代表三分二以上之同意行之 出席代表不滿三分二時得以出席代表三分二以上之同意行假決議在三日内將其結果通告各代表於一星期後二星期内重行召集会員大会以出席代表三分二以上之同意對假決議行其決議

一、變更章程 二、会員之處分 三、委員之解職

四、清算人之選任及關於清算各項之決議

第二七條 本法第七條第二三兩項規定各項之決議会員代表非全數出席時得依前條行假決議並議定限期

長沙坡子街老師古齋製

在三日内通告未出席之代表依限以書面表示贊

否逾期不表示者視為同意

第廿八條 商業同業公会会員代表人数超過三百人以上時会员

大会得就地域之便利先期分開預備会依各預備

会之会员代表人数比例推選代表合開代表大会行使

会员大会之職權

第廿九條 執行委员会每月至少開会一次監察委员会每

兩月至少開会一次

第六章 經費及会計

第卅條 商業同業公会之經費分為二种

一、会费　因执行第七條第一項第二三两款任务之费用属之
二、營業费　因興辦第七條第一項第一款營業之出資属之

第廿一條　会員会费比例於其資本額繳納之資本額在一千元以下者所納会费額為一單位逾一千元至三千元者為一單位又二分之一逾三千元至五千元者為二單位超過五千元者每增五千元加一單位但本会對於資本最低額有規定之商業依其最低額為一單位資本每增一最低額時加一單位

第廿二條　一公司行號因兼營他業同時加入两公会以上者其会费之担負得依加入一公会时所应負担之最高數繳納

平均分繳於各公會

第卅三條　公司分號依據法令登記資本額者依其登記之額其未登記資本額之分號及工廠所設之售賣場所應將資本額報告所屬之商業同業公會

第卅四條　營業費之分擔每一會員至少一股

第卅五條　會員之責任除會費外對於第七條第一項第一款之營業以所擔之股額為限但得依照前時之決議於擔任股額外另負定額之保証責任

第卅六條　商業同業公會之預算決算每年須編輯報告書提出會員大會通過呈報主管官署備案并刊

備之

第卅七條　商業同業公會興辦第七條第一項第一款之事業應

另立預算決議並依前條之程序為之

第卅八條　本法第七條第一項第一款之事業得依本法第卅七條

規定之程序由會員大會決議停止

第七章　清算

第卅九條　商業同業公會解散時得依決議選任清算人如選

任時有缺員若更不補選清算人不能選任時由法院

指定之

第四〇條　清算人有代表商業同業公會執行清算上一切事

務之權

第四一條 商業同業公會所有財產不足清償債務時，除依本法第卅五條另有規定外，維持存款列之處分

其不足款應按會員負担會費數比例分担之

一、章程所定之違約金

十、有期間之傳業

十一、永久傳業

第八章 監督

第四二條 公司行號不依法加入商業同業公會或不繳納會費或違反公會章程及決議者，得經執行委員會之決議予以警告，警告無效時得按其情節輕重

依本法第廿六條規定之程序為左列之處分

一、章程所定之違約金

二、有期間之停業

三、永久停業

第四三條　商業同業公會委員處理職務違背法令營私舞弊或有其他重大之不正當行為者得依本法第廿六條規定之程序解除其職務並通知其原派之會員撤換之

第四四條　商業同業公會有違反法令逾越權限或妨害公益情事者主管官署得施以左列之處分

一、警告 二、撤銷其決議 三、撤换其負責人員
四、停止其任務之一部或全部 五、解散

第卌五條 主管官署為前條第一項第三款之處分時得因情節重大飭令原派之公司行號解除其職務如為主辦人時得為有期間停止營業之處分

第卌六條 縣市政府得派員檢查商業同業公會之財產及簿冊

第卌七條 商業同業公會之會員間或公會間發生爭執時由主管官署處理之

第九章 聯合会

第卌八條 實業部得因必要令某種同業公会合組聯合会

第四九條　聯合会經費由各会員比例於其所收会費額分担之

第五〇條　聯合会以公会為会員每一会員得派代表一人但前條会員所納会費在同会之員所納最低額五倍以上者得加派一人

第五一條　聯合会事務所所在地由会員大会呈請實業部定之其遷移时亦同

第五二條　聯合会除本章各有規定外準用本法其他各章規定

第十章　罰則

第五三條　商業同業公會執行委員監察委員及請求人有左列情事之一者得科五百元以下之罰鍰

一、不為本法所定呈請核准或登記之程序者
二、為虛偽之呈報或隱匿其事實者
三、拒絕本法第四十六條之檢查者
四、不遵行主管官署之命令者
五、不依法召集會員大會者
六、不按年刊布預算決算者
七、以公會名義為本法所定任務以外之營利事業者
第五四條 前條之處罰由法院以裁定定之
第五五條 商業同業公會執行委員監察委員及辦事人在
其職務上要求期約或交付（收受）賄賂者或對於前項人員

要求期約或交付賄賂者依刑法瀆職罪章中關於
賄賂罪之規定處斷

第十一章 附則

第五六條 本法施行後經實業部指定之重要商業應於指定之日起六個月內組織商業同業公會其已設有公會者應於同期限內依法改組

第五七條 未經實業部指定之商業在同一區域內有同業七家以上者得依本法第九條至十一條之規定設立商業同業公會但於本法第二條第三條第四條第七條第一項第一款第二項第三項第九條第十二條第一項第十七條第

三條第二款第廿一條第三項第廿四條第廿五條第廿七條第廿八條第四十二條第四十八條至五十二條之規定不適用之

第五八條　本法施行細則由實業部定之

第五九條　本法施行日期以命令定之

后记

档案是历史的基石，保护档案就是保护历史的真相。秉承对历史的尊重与对文化的传承，长沙市档案馆依托国家重点档案保护与开发项目资金，精心整理、甄选馆藏资源，耗费近一年时间编纂出版《馆藏民国长沙工商档案汇编（1931—1949）》。

本书编者主要来自长沙市档案馆。在该项目编纂过程中，我们诚邀湖南省文史研究馆梁小进老师，担任本书的指导顾问；黄祎、杨佳、那立蓉、谭晨阳等同志负责档案查阅、甄选、编辑和审校等工作。湖南人民出版社对本书的编纂出版给予了鼎力支持。

在此谨向以上各位编者、出版者和给予帮助的同仁致以诚挚的感谢。愿我们的努力能让更多人认识到档案存史资政育人的重要价值，发挥档案工作在传承历史文明、服务社会发展中的重要意义。

二〇二四年十一月

图书在版编目（CIP）数据

馆藏民国长沙工商档案汇编 ：1931—1949 / 长沙市档案馆编. 长沙 ：湖南人民出版社, 2024. 11. -- ISBN 978-7-5561-3725-1

Ⅰ. F279.276.41

中国国家版本馆CIP数据核字第2024ZK0590号

GUANCANG MINGUO CHANGSHA GONGSHANG DANG'AN HUIBIAN（1931—1949）

馆藏民国长沙工商档案汇编（1931—1949）

编　　者　长沙市档案馆
责任编辑　吴向红　唐　艳
装帧设计　谢俊平

出版发行　湖南人民出版社［http://www.hnppp.com］
地　　址　长沙市营盘东路3号
邮　　编　410005
经　　销　湖南省新华书店

印　　刷　长沙超峰印刷有限公司
版　　次　2024年11月第1版
印　　次　2024年11月第1次印刷
开　　本　880 mm × 1230 mm　1/16
印　　张　57
字　　数　570千字
书　　号　ISBN 978-7-5561-3725-1
定　　价　680.00 元（上下卷）

营销电话：0731-82221529　（如发现印装质量问题请与出版社调换）

◎国家重点档案保护与开发项目◎

馆藏民国长沙工商档案汇编

（1931—1949）

上卷

长沙市档案馆 编

CTS 湖南人民出版社

《馆藏民国长沙工商档案汇编（1931—1949）》编委会

顾　问　梁小进

主　任　李建勋

副主任　张熙坤　马　强　邹文兵

委　员　黄　祎　杨　佳　那立蓉　谭晨阳

编辑说明

一、本书收录档案选自长沙市档案馆藏档案，主要筛选了有关民国时期长沙市工商业的文件、表册、名单等原始档案，其中大多为首次公布。

二、本书入选档案资料为一九三一至一九四九年间形成。附录部分收录了一九五〇年相关档案，此系长沙和平解放后，长沙市人民政府开展工商业调查所形成，在一定程度上反映了民国工商业发展情况，故纳入本书。

三、本书内容分为七个部分：工商发展概况、工商管理相关文件、工商登记相关文件、长沙市商会相关文件、长沙市各同业公会相关文件、各同业公会停业相关文件以及附录。

四、本书每部分档案基本按照所形成的时间排序。仅有年份的档案排在该年末；年月均有的档案排在该月末；无法确定具体形成时间的档案排在每部分末尾。时间一律使用公元纪年。

五、档案形成时间一般以发文时间为准，少数无发文时间的采用收文时间。所辑档案中有记载时间不完整或不准确的，本书进行了补充或订正。

六、本书档案标题为编者所拟。标题中的机构名称采用机构全称或规范简称，历史地名沿用当时地名。标题中出现的繁体字、错别字、不规范异体字和异形词等，本书均以规范简体字予以改正。

七、本书采用影印出版方式，以维持民国档案历史原貌。档案如有模糊、残损，为档案原件本身原因。

八、因版面篇幅限制，本书对馆藏档案中长沙市各同业公会调查册、会员名册，长沙市工商业同业公会社会团体调查表进行了选录。

九、由于编者水平所限，书中难免存在舛误之处，恳请读者予以指正。

前言

《馆藏民国长沙工商档案汇编（1931—1949）》是长沙市档案馆二〇二四年的国家重点档案保护与开发项目成果。

民国时期的长沙近代工商业，是在晚清的基础上产生与发展起来的。清光绪二十一年（1895），由于清王朝在甲午中日战争中失败，变法维新、实业救国的思潮涌起。在此形势下，湖南大批进步、开明士绅聚集省城长沙，投资集股，购置新式机器设备，创办近代企业，长沙近代工商业由此正式产生。随着晚清新政、长沙开埠及辛亥革命等历史事件发生，长沙近代工商业持续发展壮大，逐渐形成了包括机器制造业、采矿冶炼业、日用轻工业、发电业、轮船运输业等多门类的工业体系，涌现出如朱昌琳、魏鹤林、梁焕奎、廖树蘅等近代工商业企业家。

新经济形式的出现，促进了新的社会组织诞生。清光绪三十二年（1906）春，湖南商务总会在长沙成立。到二十世纪四十年代，商会组织更为扩大与完善。湖南省及各市、县纷纷设立商会，各行业更有属于自己的同业公会组织。据不完全统计，一九四六年，长沙市即有南货商业、绸缎商业、面粉工业、制糖工业等行业同业公会三十余个。

长沙近代工商业的产生和发展历经曲折艰辛。在半封建半殖民地的社会环境下，长沙近代工商业面对帝国主义、封建主义和官僚资本主义的重重压迫，经常陷入经营困境，难以生存发展。连绵战火和动荡局势，给予长沙近代工商业以致命打击。然而，长沙近代工商业作为一种新的进步的生产方式、长沙市商会作为新的具有积极意义的社会团体，仍然在夹缝中成长，在千难万苦中前行与壮大。

长沙市档案馆所保管的民国长沙工商档案，是长沙近代工商业艰难产生和发展的历史记载，也是长沙近代工商业各行业各部门在时代中奋进的生动缩影。

本书收录的馆藏民国长沙工商档案，共有七个部分：第一部分是工商发展概况，主要为民国长沙市政府对长沙工商业的调查材料，包括调查报告及各种表册；第二部分是工商管理相关文件，主要为民国长沙市政府对工商业管理的各种政策法规以及管理运作情况；第三部分是工商登记相关文件，主要为工商业企业注册登记等证书文件；第四部分是长沙市商会相关文件，主要为商会章程、组织架构、职员名册、登记表等；第五部分是长沙市各同业公会相关文件，主要为各同业公会章程、会员名册等；第六部分是各同业公会停业相关文件，从停业这一特殊视角，反映当时工商业面临的困境和调整；第七部分为附录，主要收录了其他有关民国长沙工商业发展状况的资料。

这些档案从不同方面和角度，反映了长沙近代工商业发展的真实状况，是长沙近代工商业弥足珍贵的原始素材，对研究长沙近代工商业的发展历史、探讨长沙近代工商业团体历史地位及作用具有重要意义。从过去未得到利用，到首次面向社会集中出版，这批档案的史料价值值得各界关注。

此外，还需说明的是，由于文夕大火等历史原因，长沙档案资源受到极大破坏。因此，本书所收录的民国长沙工商档案主要是长沙大火之后所形成的，民国前期档案较少，不能不令人深表遗憾。

档案是城市记忆的载体，具有重要的历史价值和文化价值。衷心希望本书能够成为连接过去与现在的桥梁，为历史学者和广大读者提供参考借鉴，为解读历史、启迪未来提供档案力量。

二〇二四年十一月

目录

上卷

工商发展概况

工商管理相关文件

工商登记相关文件

长沙市商会相关文件

长沙市各同业公会相关文件

下卷

各同业公会停业相关文件

附录

工商发展概况

长沙市政府为呈送本市动力现状表等致湖南省政府的代电（一九四七年一月七日）

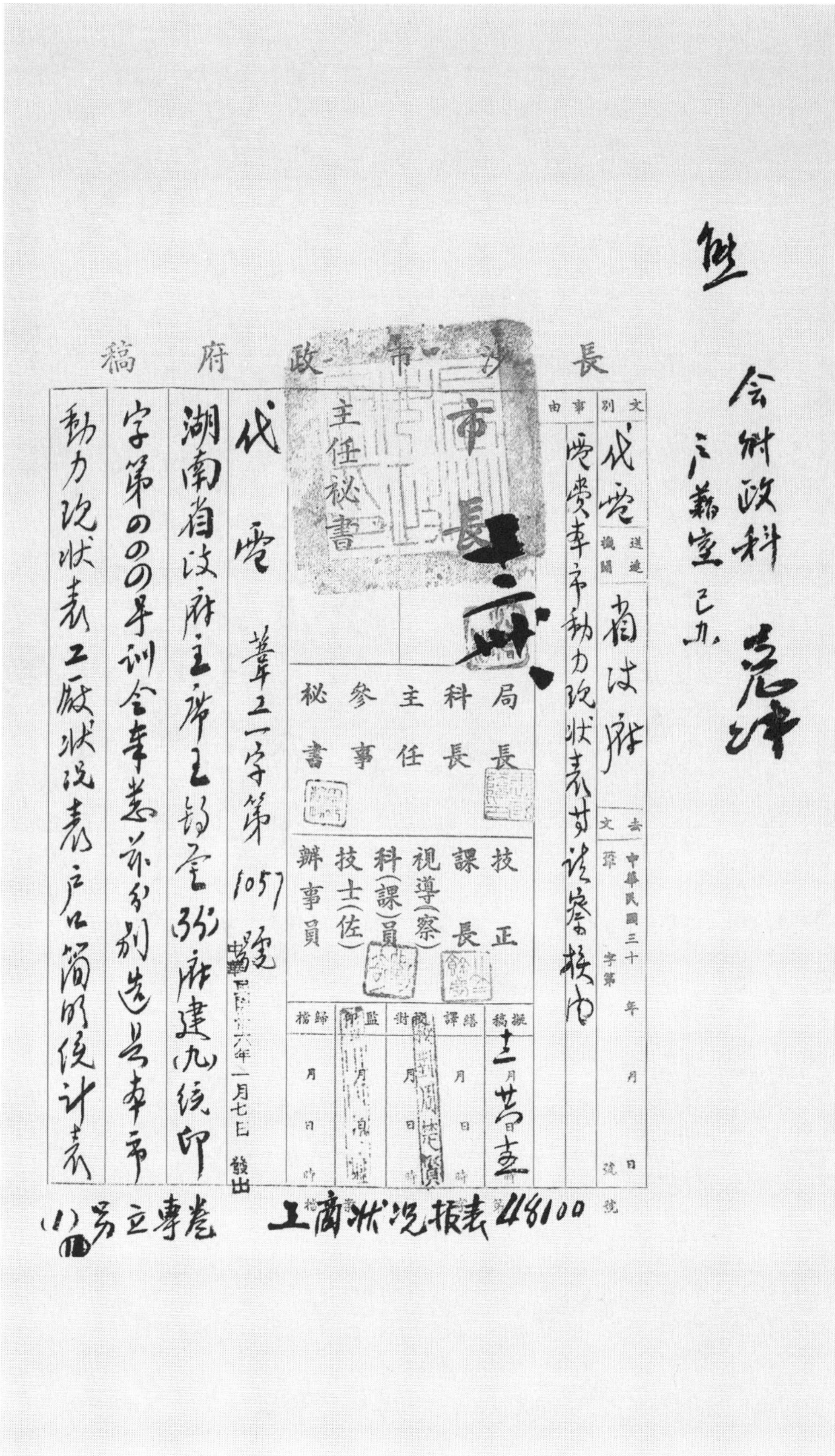

長沙市政府稿

文別：代電

送達機關：省政府

事由：呈送本市動力現狀表等請鑒核由

局長　科長　主任　參事　秘書

技正　課長　視導(察)　科(課)員　技士(佐)　辦事員

代電

華工一字第1057號

中華民國三十六年一月七日發出

湖南省政府主席王鈞鑒：(35)府建(九)統印

字第〇〇号訓令奉悉，茲分別造具本市

動力現狀表、工廠狀況表、戶口簡明統計表

(1)另立專卷　工商狀況報表 48100

及工商[业]状况各[表]一份随电赍请察核转[illegible]
市长张 〇华工一亥〈〉附呈长沙市劳
力现状表工厂状况表各简明统计表工
商状况表各一份

附（一）：长沙市动力现状表和工厂状况表（一九四六年十二月）

長沙市動力現狀表　三十五年十二月　填報

廠名	動力現狀	附註
各臨時電廠	火電 750 K.W.	動力係指火電水電而言，其他各廠有原動力無電力者不載
資源委員會湖南電氣公司	火電 1000 K.W.	一千瓩正在安裝，二千五伯瓩已由英國訂購
長沙市自來水廠	火電 500 K.W.	已由善後救濟總署向美國訂購
合計	已設 1750 K.W.、未設 3000 K.W.	

長沙市工廠狀況表　三十五年十二月　填報

廠別	已登記工廠數	附註
机械廠	15	八、本市工廠登記以使用机器工具為限，餘飾如

從員、中国联合　以只織漸、

机器鋸木廠	5
肥皂廠	10
化學廠	3
磚瓦廠	22
電灯廠	31
玻璃廠	1
炭精廠	1
染織廠	15
礦米廠	12
合計	115家

商業登記

2、工廠登記有由經濟部直接登記者，有由建設廳轉請登記者，有由市府轉呈登記者，故各方門不便查考，本府有案可稽者如上數

3、碾米廠多營[illegible]碾業務

附（二）：长沙市工商业概况报告表

長沙市工商業概況報告表

行業名稱	户數	備考
槽坊襍貨業	二八三	
鉄號業	一三八	
大籮盌盞瓷貨業	一三五	
襍粮膏麵業	六三	
旅館業	四二	
紙商印刷業	一三八	
南貨土菓業	一〇二	
百貨業	一五三	

绸缎工业	一九	
笔墨工业	七五	
靴鞋之业	一〇二	
中西衣庄估衣业	一九二	
金银首饰业	一三四	
银行业	25	
钟表业	三四	
房行业	三五	
油盐杂货业	九五	
五金电料业	六四	

手工　釀造

染坊工業	八五	
營造工業	一五四	
土布工業	二九〇	
製革工業	五二	
壽服工業	七四	
皮件工業	六三	
酒作工業	三〇	
醬園工業	二七	
皂燭工業	六六	
化粧工業	四二	

西染工業	一八〇	
刺繡工業	六九	
製糖工業	二四	
烟作工業	三六	
豬鬃整理工業	二一	
帽工業	四八	
照相工業	一〇四	
汽車商業	一〇	
輪船商業	六	
國药業	一〇八	

蛋商業	二四	
民船商業	五一二	
煤炭商業	二六二	
棉花粮食業	六六	
茶食商業	二九六	
漆商業	八〇	
石灰磚瓦業	一一二	
水菓業	九八	
糕餅糖菓業	四五	
顏料業	二三	

捲煙業	六七
銅商業	七二
鞋料番傢業	八五
讌席業	一五九
植物油輸出業	一八
第四區印刷工業	八七
第三區機器工業	一九
第二區碾米工業	二八
第一區針織工業	二六
魚行商業	四八

寄賣商業	六九	
戲劇商業	一二	
豬油商業	四九	
瓷業	一〇四	
枯餅業	二〇一	
鷄鴨腊味業	一四	
瓦傾業	一〇一	
浴堂業	八三	
豬行業	二四	
玻璃商業	三九	

鐘錶商業	一三四	
竹木商業	八九	
絲綢呢絨業	一〇四	
布商業	三〇〇	
估衣業	七四	
古玩業	七八	
編爆豆豉業	一一二	
山貨業	一九八	
圖書教育用品業	一一〇	
磚瓦工業	一〇一	

臨時電灯廠工業	三八	
輪船旅票業	五一	
錢商業	[illegible] 十〇九	地下錢莊約有四五家 5
倉庫商業	五一	
運輸商業	八九	
木器業	七四	
土菓襍貨行商業	四〇〇	
茶業	一〇三	
麪食商業	九三	
麪粉製造工業	一八	

伞、扇业	六二	
夏布业	一九	

长沙市境内立案公司调查表（一九四八年）

長沙市境内立案公司調查表

名稱	地点	負責人	種類	金額	營業種類
中原興業股份有限公司	中山西路	陳雲章	有限責任	法幣五·〇〇〇·〇〇千萬	建築材料、各項工程、國防貿易、糧食等業務
長益木業公司	草河街	曾雲漢	有限責任	六·〇〇〇·〇〇	木料
長沙兄弟内衣公司	三王街	吳振農	無限責任	一·〇〇〇·〇〇	百貨、内衣
雲飛鞋莊	藥王街	周道前	有限責任	一五〇〇	百貨、鞋
厚福糖業公司	太平街	劉備聰	有限責任	二·〇〇〇·〇〇	食糖
新世界公司	八角亭	唐蔭階	無限責任	一·〇〇〇·〇〇	百貨
中國内衣公司	八角亭	宋季臻	有限責任	一·〇〇〇·〇〇	百貨
建新長公司	通泰門外	李耀湘	有限責任	一〇〇·〇〇	木料

長沙久大公司	通泰街三義里	李宣翰	有限責任	三·〇〇〇〇〇	本省物產
中新公司	里仁波	熊德元	有限責任	三〇〇〇〇	建築材料土木化學工程土產出口等
新中輪船公司	太平門	湯渭良	有限責任	六〇〇〇〇	運輸
中央公司	蔡家波	徐天錫	有限責任	五·二〇〇〇〇	製造捲烟
萬歲烟廠	坡子街	易運寅	有限責任	一·〇〇〇〇〇	製造捲烟
東南公司	藥王街	余清泉	有限責任	二·〇〇〇〇〇	百貨海味（已倒閉）
亞細亞煤油公司	[redacted]	英籍 戚尔	有限責任	英鎊二百萬鎊	煤油機油
永安仁公司	東車站		有限責任	一·〇〇〇〇〇	[illegible]
麗新公司	藥王街	王嚴森	有限責任	二·〇〇〇〇〇	土產運銷
太平洋保險公司	白馬巷	梁頤父	有限責任	五〇〇〇〇	保險業務

青年建國文化公司	湘春路	田適陳	有限責任	二·〇〇〇〇〇〇	印刷文化業務
湖南煤礦聯合運銷公司	福興街	譚常愷	有限責任	五·〇〇〇〇〇〇	採購運銷煤 售煤行
民生實業公司	大西門上河街		有限責任	八·〇〇〇〇〇〇	紡業 機織業 電氣業
毅記營造公司	黃興路	陳均一	有限責任	五·〇〇〇〇〇〇	承办土木工程 建築工程
裕豐長貿易公司	楷除街	肖佈中	有限責任	一·〇〇〇〇〇	運輸兼推銷物產
大貞興業公司	樊西巷	張偉南 何靜培	無限責任	五〇〇〇〇〇〇	[illegible]
信豐運輸公司	東車站	周桂芙	有限責任	一·〇〇〇〇	運輸
長安聯運公司	東車站	羅壽濂	有限責任	一·〇〇〇〇〇〇	運輸
華南企業公司	中正路	羅乃鳳	有限責任	一·〇〇〇〇〇	進口貿易
二八公司	八角亭	闞總禹	有限責任	二〇〇〇	百貨 内衣

协丰公司	小吴门	陈竞勇	有限责任	一〇〇·〇〇〇〇〇	纱花
天一产物保险公司	坡子街	谢志大	有限责任	三〇〇〇〇	
中国保平产物保险公司	福胜街	傅湘炎	有限责任	一〇·〇〇〇〇〇	
中国蚕业机械公司	猴子石	余藉傅	有限责任	二〇〇〇〇	
益阳冶源公司	中山西路	唐国心	有限责任	金元五·〇〇〇〇〇	运输业
致祥公司	樊西巷	邓治平	有限责任	一〇·〇〇〇〇〇	运输业
诚康公司	永湘新街	黄强	无限责任	一〇·〇〇〇〇〇	木材
自由报公司	府正街	孟世雄	有限责任	法币一〇〇·〇〇〇〇〇	

大道產物保險公司	首恩街	葛墨林	有限責任	二〇,〇〇〇.〇〇	
中國產物保險公司	司門口中國銀行	谷仲廉	有限責任	一〇〇,〇〇〇.〇〇	
明亮化學工業社	大西廠坪	梅子剛	有限責任	二〇〇,〇〇〇.〇〇	
世界書局	南陽街	杜月笙	有限責任	四〇〇,〇〇〇.〇〇	
金城公司	儲英園	周海清	有限責任	四〇,〇〇〇.〇〇	建築業
中華國貨藥局	黃興路	朱自亮	有限責任	二,〇〇〇.〇〇	
明記机油公司	草潮門	鄭旭貴	有限責任	二〇,〇〇〇.〇〇	
楚興實業公司	小吳門	陳競榮	有限責任	一〇〇,〇〇〇.〇〇	花紗粮食
德字公司	第五街	李維城	有限責任	三六,〇〇〇.〇〇	
福湘公司	下太平街	曹鐵屏	有限責任	四〇〇,〇〇〇.〇〇	楚產豬鬃植物油

大中企業公司	學宮門上涛灣	沈家璞	有限責任	五.〇〇〇〇〇	電木工業農產運銷
大千企業公司	中山路	周砥平	有限責任	四.〇〇〇〇〇	經營生產
中央貿易公司	黄興路	張錦西	無限責任	二.〇〇〇〇〇	進口五金機器保險等
長源貿易有限公司	西長街	張孔皇	有限責任	一.〇〇〇〇〇	棉紗棉布花桐油運銷
中華旅運社	大西門下河街	瞿象離	有限責任	一.〇〇〇〇〇	客貨運輸
合群實業公司	孫家橋	藍蔚	有限責任	五.〇〇〇〇〇	物產品運銷
福群企業公司	坡子街	丁幼葵	有限責任	四.〇〇〇〇〇	工業器械、物產輸出百貨供銷
裕華企業公司	東站路	周清	有限責任	一.〇〇〇〇〇	客貨運輸
一華貿易公司	小西門下河街	唐伯球	有限責任	一.〇〇〇〇〇	機械原料進口物產出產
湖南茶葉公司	肇家坪	李毓九	有限責任	一〇〇.〇〇〇〇〇	茶葉產製運輸等

中兴文化事業公司	湘春路	李樹森	有限責任	二·〇〇〇·〇〇	文化事業印刷
甬本企業公司	营盘街乐生剧	程會津	有限責任	一〇·〇〇〇·〇〇	物產出口品質改良
湖南商药局	中山東路	郭厚勋	有限責任	一二·〇〇〇·〇〇	經售國药
生生實業公司	息机园	余少華、周居山	有限責任	六·〇〇〇·〇〇	運输購銷等
銓昌福公司	小西门下河街	朱樹滋、朱蔭蓀	無限責任	一〇·〇〇〇·〇〇	物產出口五金机器日用品營運
裕厚貿易公司	坡子街	伍蔚湘	有限責任	五·〇〇〇·〇〇	物產出口五金机器日用品運[illegible]
大華運输公司	庸沚街	余芝祥	有限責任	六·〇〇〇·〇〇	水陸運输
湖南農業公司	机杭巷	江波	有限責任	一·〇〇〇·〇〇	農業
中和企業公司	[illegible]	王道	有限責任	一〇·〇〇〇·〇〇	運銷
太古公司	太平门	李谷龄	有限責任	英镑五〇〇	經營代理各項業务

太古輪船公司	太平门	李遠齡	有限责任	英磅五〇〇.〇〇	水道运输
宇宙書局	府正街	张有斋	〃	10.000.00	经営图書工具仪器
通[illegible]公司	新運街	刘惺文	〃	1.000.00	製造業
上海美業公司分公司	中山西路	蔡雨南	〃	100.000.00	经营船舶运、进口贸易
遠東湘陽烟煤公司	三公祠	曹忠修	〃	四0.000.00	
正中書局	走馬楼	陳立夫	〃	2.000.00	
兆興貿易公司	潮宗街		〃	10.000.00	特產品出口机械化学品進口
開明書店	南陽街	常祥麟	〃	10.000.00	
德大公司	学院街二府坪	李介僚	〃	10.000.00	進出口貿易
建安公司	小吴门校廠坪	曾广元	〃	10.000.00	運輸貿易

美商德士古煤油公司支店	中山西路	劉祥鶴	有限責任	（美金）五〇〇〇〇	
湘東實業公司	福慶街	潘海龍	有限責任	五·〇〇〇〇〇〇	鞭炮瓷器百貨 苎夏布
新華聯運公司	東站路	曾任屏 阮礼甫	有限責任	三〇〇〇〇	承運貨物
西南木材公司	接貴街	彭本榮	無限責任	五〇·〇〇〇〇〇〇	採購木料
中國美孚公司	北门外忠鋪街	趙澤南	有限責任	九·〇〇〇〇〇〇	菸葉
三湘貿易公司	經武街	李石齊	有限責任	六·〇〇〇〇〇〇	貿易運輸
遠東烟草公司	青山祠	胄哲成	無限責任	二〇〇〇〇〇	製造捲煙
湘滅貿易公司長沙分公司	福勝街	傅湘丞	有限責任	五·〇〇〇〇〇〇	國內外貿易
大華地產公司	藝芸東街	周翰	有限責任	六·〇〇〇〇〇〇	
日新實業公司	官雅坪	劉亞業	有限責任	三·〇〇〇〇〇	生產運輸食米

大藏貿易公司	坡子街	黃世炎	有限責任	五·〇〇〇〇〇	
湘中火柴公司	灵官渡	蘇哲民	有限責任	三六·〇〇〇〇〇	
長沙火柴廠	興漢门	彭石年	有限責任	一〇·〇〇〇〇〇	
湖南農產公司	古樓门	毛善吾	有限責任	一〇·〇〇〇〇〇	
中華橡膠廠	中山路	沈調元	有限責任	五〇·〇〇〇〇〇	製造橡膠
大中企業公司	西牌樓	侯晃	有限責任	一〇〇·〇〇〇〇〇	電机碾米運銷
中央日報公司	東長路	賀衷寒	有限責任	二五·〇〇〇〇〇	
信成工程公司	鷂公坡	何遠經	有限責任	五·〇〇〇〇〇	工程設計
建湘公司	蘇家巷	朱聲疇	有限責任	五·〇〇〇〇〇	進出口貿易
華中聯運公司	福星门	劉鵬	有限責任	一二·〇〇〇〇〇	承運貨物

湘潭公司	福星街	伏耀儒	有限責任	五〇·〇〇〇〇〇	運輸業
因利公司	三興街	仇赤山	有限責任	一〇〇·〇〇〇〇〇	貿易運輸
誠成公司	登陸街	涂葉德	有限責任	一〇〇〇·〇〇〇〇〇	花紗土產
太平洋保險公司	交通銀行		有限責任	一〇·〇〇〇〇〇〇	保險業
正泰信記橡膠廠	黄興路	劉漢藩	有限責任	二〇·〇〇〇〇〇	橡膠業
華湘公司	校廠坪	麥香岐	有限責任	二〇·〇〇〇〇〇〇	運輸業
一德公司	此處向 勵信德	丁勵信德 有限責任	有限責任	二〇·〇〇〇〇〇	運輸業
民建運輸公司	東站路	丁和生	有限責任	四〇·〇〇〇〇〇	運輸業
太一實業公司	中山西路	賀貴慶	有限責任	一〇〇·〇〇〇〇〇	江河航運物資等
德湘轉運公司	校廠坪	鍾青照	有限責任	二〇·〇〇〇〇〇	承攬貨物運輸

協裕公司	小西門下河街	伍蔚錦	有限責任	六0.00000	化學五金
湘江公司		朱謙	有限責任	一00.00000	
商務印書館	黃興路	張元濟	有限責任	六00.80000	書業
中原公司	吳正街	蘇軼武	有限責任	叁00.00000	發展實業
裕湘紡織廠	銀盆嶺	錢升銘	有限責任	四五0.00000	紡織業
甬協公司	中山東路	賀鴻棠	有限責任	一00.00000	運輸貿易
麗新公司	華王街	王嚴林	有限責任	一00.00000	綢緞布疋
復興地産公司	中山東路	賀鴻棠	有限責任	一.00000	地産買賣及租賃
湘中實業公司	潮宗街	李瑞化	有限責任	五0.0000 金元	加工製造
湖南農業建設公司	小吳門	張燗	有限責任	一五0.00000	農業機械肥料

長沙市解放前後工業变化统計表　1949.9.15.

業別	解放前 端午前	解放前 端午後	解放後戶數 繼續開業戶數	解放後戶數 解放前停現開工數	解放後戶數 新增開工數	解放後戶數 合計	解放後 尚未復業數	解放前技術… 種類	解放前技術… 件數	解放後開工數 種數	解放後開工數 件數	解放前職工數	解放後職工數	備考
刺繡業	28	15	14			14						2000	1300	
煙作〃	27	27	27			27						73	55	
火柴〃	4	4	4			4					52	320	101	
機器麵粉〃	3	3	1			1	2	9	28			200	120	
肥皂〃	17	17	11			11	6					80	60	
印刷業	154	154	133			133	21	5	140			1200	700	
製革〃	102	102	30	72		102						260	260	
製糖〃	56	55	55			55						168	168	
製帽〃	40	20	20	13		33			110		4	250	80	
〃絲〃	50	46	16	2		18	28					200	80	
橡膠〃	1	1	1			1		10	60			4	4	部分開工
竹器〃	1100	1100	1100			1100						1200	800	
紙傘〃	50	56	28			28	28					320	80	
布〃〃	28	28	15			15	13					150	60	
玻璃〃	9	9	3			3	6					300	30	
毛筆墨〃	65	65	45			45	20					120	60	
皮件〃	42	21	21	21		42						120	120	
中西木器業	84	30	30	11		41						600	50	
機器業	131	30	20			20	10	5	770			1200	700	銷路不暢資金不足
化學〃	3	3	0			0	3					320	32	
[illegible]〃	5	5					5					2000	25	
鋸木〃	15	10	2			2	8					500	50	
土布〃	194	34	34	160		194						2410	693	
針織〃	42	35	35	7		42						393	567	
靴鞋〃	55	27	27			27						1001	530	
織染業	87	31	31	27		58						2228	529	
合計	1612	1226	1003	313		1316	151					15,819	7654	
附註	①照商人習慣以舊曆端節前為本年五月前時限 ②未列入同業公會者未統計在內													

长沙市解放前后工业变化统计表（一九四九年九月十五日）

长沙市商业解放前后变化统计表（一九四九年九月十五日）

長沙市商業解放前後變化統計表

1949.9.15.

項目 / 數量 / 業別	解放前户數 端午前	解放前户數 端午後	解放後户數 營業户數	解放後户數 解放前歇業現復業數	解放後户數 新增户數	解放後户數 合計	解放後尚未復業户數	未復業原因	解放前從業人員數	解放後從業人員數
百貨商業	131	78	78	45		123		運輸困難銷路不暢	1,000	600
豬鬃業	35	29	29			29			420	150
照相〃	32	17	17	15		32			130	60
民營汽車業	101	28	28	73		101			700	513
糕餅業	21	21	21			21			120	50
磁瓷〃	37	37	37			37			130	100
糟坊粿炭業	175	165	165	10	60	235		多係失業工人經營	1300	750
蛋業	38	18	18	16		34			200	110
漆〃	12	7	7	1		8			40	24
新藥業	53	44	44	2		46			210	150
人力車〃	1020	1020	1070			1020		[illegible]3113輛[illegible]	3,113	3,113
輪船報關業	36	34	3			3	31户合為三組	原有户數現組合為三組分三地營業	210	65
醬園業	23	17	17	6		23			247	247
酒作〃	38	38	38			38			172	172
鴨行〃	70	70	70			70			200	200
魚行〃	17	29	17	2	2	19	10		200	200
輪船〃	39	39	39			39		39户共有輪船80隻	2000	1,000
鐘錶〃	69	55	55	14		69			43	43
金銀首飾業	63	49	49	1		50	13	現經呈報準備復業者有43户	200	100
絲綢呢絨〃	60	13	13	7		20	40		1100	700
魚乾業	58	58	58			58			200	200
豬行業	26	25	25	1		26			100	100
西菜〃	45	18	18	27		45			90	60

長沙市商業解放前後變化統計表

1949.9.15.

項目 數量 業別	解放前戶數 端午前	解放前戶數 端午後	解放後戶數 繼續營業數	解放後戶數 解放前停業現在復業數	解放後戶數 新增開業數	解放後戶數 合計	解放後尚未復業數	未復業的原因	解放前從業人員數	解放後從業人員數	備考
圖書教育用品業	89	69	69	2	11	82			200	200	
民船業	2000隻	2000隻	2000隻			2000隻					民船共有2000隻 [illegible]
竹木業	98	29	29	49		78	~~20~~		400	300	
蓆席業	30	27	26			26	1		300	200	
戲劇業	13	13	12			12	1		500	400	
雞鴨滷味業	24	24	21			21	3		54	40	
理髮業	285	285	285		19	304			900	1200	
檳榔	9	9	9		1	10			70	75	
植物油輸出業	4	4	4		1	5			255	165	
石灰硝磺業	68	63	63			63			500	240	
捲煙業	217	175	175	41	~~46~~	216			700	810	
染業	33	33	33			33			200	200	
國藥業	134	105	105	27		132			400	380	
碾米業	84	84	84			84			400	330	
倉庫業	51	51	51			51			600	430	
茶食業	135	52	52	83		135			500	320	
紙商印刷業	133	76	76			76			500	1100	
壽服業	28	16	16			16			50	30	
銀行業	29	29	6			6	23		1200	280	
估衣業	26	12	12			12			300	120	
煤炭業	300	300	300		100	400			900	900	
五金電料業	90	63	63	7		70			600	300	

長沙市商業解放變化統計表

1949.9.15

項目/數量/業別	解放前戶數 端午前	解放前戶數 端午後	解放後戶數 繼續營業數	解放後戶數 解放前停業現恢復營業數	解放後戶數 新增開業數	解放後戶數 合計	解放後尚未復業數	未復業原因	解放前從業人數	解放後從業人數	備考
顏料業	30	31	30			30	1		200	210	
銅器業	20	20	14			14	6		33	22	
鐵器業	68	56	56	2		58			100	85	
大货雜貨業	21	16	15			15	1		350	150	
雜粮麵食業	60	43	43	7		50			501	481	
棉花粮食業	60	57	57			57			1400	500	
茶業	26	26	26			26			70	70	
豆豉编爆業	18	18	18			18			110	110	
沙市棉花纱業	97	74	69			69	5		300	260	
南货土果業	77	65	65			65			310	310	
旅館業	357	357	357			357			1500	1000	
浴堂業	7	7	7			7			128	70	
古玩業	61	61	61			61			150	70	解放後無變動
大華鐘表蔬貨業	104	104	40			40	64		1100	400	
山货牛皮業	194	62	62			62			400	210	
顏料畫像業	10	10	10			10			150	100	
糖果餅餌業	32	32	32			32			112	112	
眼鏡業	11	11	11			11			42	42	
皮貨業	73	73	73			73					從業人數不詳
合計	5407	4053	4303	288	498	5033	168		32927	23235	
附註	(1)据商人估计以旧历端节前为本年五月前时限 (2)未加入同業公會者未統計在內										

长沙市解放前后工业恢复发展趋势比较表（一九四九年十二月九日）

长沙市解放前后工业恢复发展趋势比较表 1949.12.9. ~~[illegible]~~

户数 时间 增减 / 业别	解放前（六月份）	解放后（九月份）	户数增减 增	户数增减 减	增减% 增	增减% 减
锯木业	2	14	12		600.0	
碾米业	38	103	65		171.0	
卷烟业	10	26	16		160.0	
土布业	128	256	128		100.0	
中西木器业	30	57	27		90.0	
制鞋业	24	41	17		70.8	
印刷业	66	95	29		43.9	
针织业	36	51	15		41.6	
酒作业	39	45	6		15.4	
织袜业	116	133	17		14.8	
眼镜业	10	11	1		10.0	
制糖业	55	59	4		7.35	
皮件业	42	46	4		4.2	
香干业	58	59	1		1.7	
机器业	131	131	0		0	
麵粉业	1	1	0		0	
火柴业	4	4	0		0	
[illegible]业	29	29	0		0	
套服业	16	16	0		0	
草帽业	43	59	16		36.4	
烟作业	91	93	2		[illegible]	
刷帽业	21	20		1		0.5
丝织业	21	20		1		0.5
肥皂业	23	18		5		21.7
靴鞋业	100	73		27		27.0
玻璃业	10	7		3		30.0
酱园业	27	19		8		29.[illegible]
制革业	111	58		53		37.[illegible]
	282		+257			

说明：① 土布、织袜、针织三业，在户数上均有增加，而生产量上又获得新的发展与繁荣，其原因在于新政府的扶助。

② 碾米业无论在户数上、生产量上，都已获得新的繁荣。

③ 机器业在户数上解放前后无多大变动，但生产上已由停工进入部分开工与全部开工了。锯木业、火柴业、肥皂业等之情形亦与机器业相同。

④ 卷烟业在解放后生产量上大大增加。

⑤ 刷帽、丝织两业下降之趋势，是由于一般人民不需要奢侈品，靴鞋、草[illegible]业亦然。

⑥ 本市工业中使用电动力者仅有卷烟、碾米、锯木、机器、麵粉、火柴与业，织袜业亦已有部分装置电机。

⑦ 本市尚有一新兴之电机修造，共16家，此乃本市[illegible]之新业。

长沙市解放前后商业变动趋势表（一九四九年十二月十日）

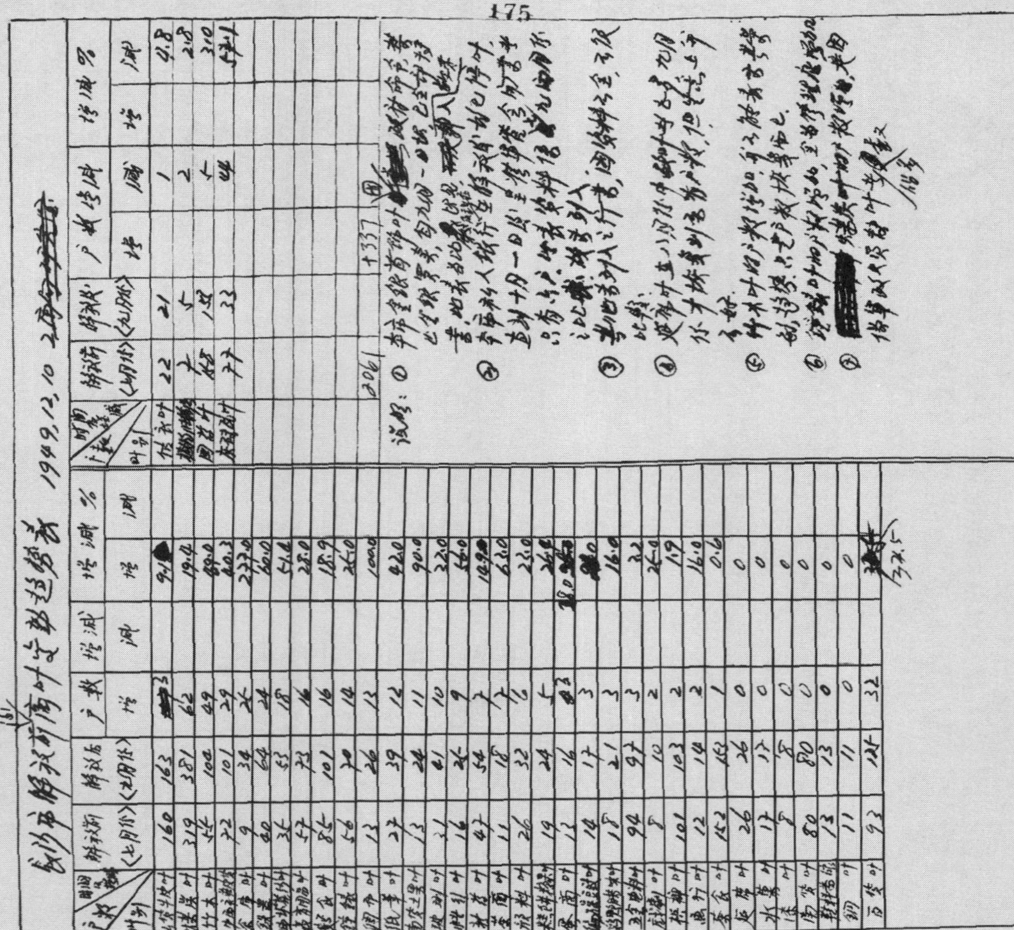

长沙市解放前后商业变动趋势表 1949.12.10

业别	解放前〈七月份〉	解放后〈九月份〉	户数增	户数减	增减%增	增减%减
[illegible]	160	163	3		9.1	
煤炭业	319	381	62		19.4	
竹木业	55	100	49		89.0	
[illegible]	72	101	29		40.3	
[illegible]	9	34	25		277.0	
[illegible]	40	64	24		60.0	
[illegible]	35	53	18		51.4	
[illegible]	57	73	16		28.0	
[illegible]	85	101	16		18.9	
[illegible]	56	70	14		25.0	
绸布业	13	26	13		100.0	
[illegible]	27	39	12		44.0	
[illegible]	13	24	11		90.0	
[illegible]	31	41	10		32.0	
[illegible]	16	25	9		56.0	
[illegible]	47	54	7		14.9	
[illegible]	11	18	7		63.0	
[illegible]	26	32	6		23.0	
[illegible]	19	24	5		[illegible]	
[illegible]	12	16	[illegible]		[illegible]	
[illegible]	14	17	3		[illegible]	
[illegible]	18	21	3		16.0	
[illegible]	94	97	3		3.2	
[illegible]	8	10	2		25.0	
[illegible]	101	103	2		1.9	
[illegible]	12	14	2		16.0	
[illegible]	152	153	1		0.6	
[illegible]	26	26	0		0	
[illegible]	17	17	0		0	
[illegible]	8	8	0		0	
[illegible]	80	80	0		0	
[illegible]	13	13	0		0	
铜业	11	11	0		0	
[illegible]	93	125	32		[illegible]	

业别	解放前〈七月份〉	解放后〈九月份〉	户数增	户数减	增减%增	增减%减
估衣业	22	21		1		4.8
[illegible]	7	5		2		28.8
[illegible]	48	38		10		21.0
[illegible]	77	33		44		[illegible]

1906 +1337

说明：[illegible]

〈表一〉武汉市私营工商业比重表　1949.12.10.~~[illegible]~~

业别	工业	商业
行业数	37	26
民主评议分数	2,125.5分	11,209.0分
比重	15.94%	84.06%
说明	此表系根据本市税务局十一月[illegible]一[illegible]行业[illegible]4—9月营业税行业民主评议分数[illegible]编制.	

〈表二〉

业别	工业	商业
行业数	28	62
权数	224	876
比重	20.36%	79.64%
说明	此表系根据武汉市市会月报评议册(廿五)工商各行业所得税权数而编制	

上列表一〈表二〉系根据二种不同之资料编制而成，兹一并叙列，以供参考。

长沙市商业团体概况调查表

本市商业团体概况调查表

业别	商店数目	从业员 职	店员	学徒	最低从业员每月薪给 职员	学徒	营业状况	启
图书教育用品业	六六	六六	二六〇	九〇			萧条	
绸布杂货业	一〇八	一〇八	四〇〇	二一〇			〃	
石灰碑瓦业	八〇	八〇	二四〇	无			〃	
民船商业	一三八	一三八	一三八	无			〃	
寄卖商业	九	九	三八	一八			〃	
估衣商业	二五	二五	八〇	二四			〃	
古玩商业	二七	二七	三〇	一〇			〃	
颜料纸商业	一七	一七	二〇	九			〃	
中西衣庄皮货业	五四	五四	八〇	一五			〃	
化妆品业	一三八	一三六	四六	二四			〃	

製線人業	一八	一八	八七	一八
帽人業	四四	四四	六〇	六〇
西漆人業	三四	三四	六〇	二五
笔袋人業	五八	五八	一五〇	六〇
鐵器商業	五六	五六	一六〇	四〇
糖果糕餅業	二六	二六	五〇	四〇
醬商業	九	七	一四〇	五
剪刀業人業	三七	三七	四〇	二〇
鐘錶商業	五六	五六	七〇	四〇
眼鏡人業	一七	一七	二六	一五
水果商業	三五	三五	五〇	一〇
糕餅商業	一四	一四	五〇	二〇

照相支業	八八	八八	四八八	三八〇		萧佟
银行司業	八三	八三八	八〇八	九八		尚可
钱商業	九	九	八〇四	八八		〃
布商業 丝绸呢绒業	三四	三四	七〇	八〇八		〃
金银首饰業	五九	五九	四八八	六八		〃
油盐 烛花纱商業	五八	五八	七八〇	八〇四		〃
百货商業	七四	七四	八五〇	八七〇		〃
南货支業	七六	七六	八三四	八七六		〃
杂货業	八三八	八三八	三八〇	七八		〃
大布支業	八三三	三三八	四五六	四五六		〃
卷烟商業	六四	六四	三六八	六八		〃
碾米支業	八〇四	八四	八〇四	八六六		〃

棉花粮食业	一〇九	一〇九	一〇四	一〇〇			〃
纸商印刷业	八九	八九	一〇五	九〇			〃
国药商业	一〇三	一〇三	九〇	一〇〇			〃
颜料商业	一〇八	一〇八	四〇	一〇五			〃
茶坊及业	一〇八	一〇八	一〇四	一〇四			〃
山货皮业	九九	九九	一〇九	一〇五			〃
砖瓦及业	一〇五	一〇五	四〇	四〇			〃
汽车商业	一〇八	一〇八	一七九	一〇四			〃
钢铁及业	五九	五九	一〇九	七四			肃清
煤炭商业	一〇〇	一〇〇	一〇四	無			尚可
竹木商业	五四	五四	一〇九	一〇〇			〃
印刷及业	七八	七八	一〇八	七八			〃

茶食商業	[illegible]	[illegible]	[illegible]	[illegible]			〃
書紙商業	[illegible]	[illegible]	[illegible]	[illegible]			〃
靴鞋工業	[illegible]	[illegible]	[illegible]	[illegible]			蕭條
剃鋪工業	[illegible]	[illegible]	[illegible]	[illegible]			〃
新藥商業	[illegible]	[illegible]	[illegible]	[illegible]			〃
[illegible]油鹽業	[illegible]	[illegible]	[illegible]	[illegible]			〃
碱商業	[illegible]	[illegible]	[illegible]	[illegible]			〃
旅館商業	[illegible]	[illegible]	[illegible]	[illegible]			尚可
織席商業	[illegible]	[illegible]	[illegible]	[illegible]			〃
屠行商業	[illegible]	[illegible]	[illegible]	[illegible]			〃
文[illegible]爆[illegible]業	[illegible]	[illegible]	[illegible]	[illegible]			〃
豬行商業	[illegible]	[illegible]	[illegible]	[illegible]			尚可

酒作工业	三六六	三六六	六〇	三六八	〃
鞋帽工业	三八	三八	九六	三六	·
烟作工业	六四	六四	三	六四	萧条
皂烛工业	八五	八五	八六	三三	〃
玻璃商业	五四	五四	三三五	七六	〃
鱼行商业	八五	八五	五〇	八五	〃
制糖工业	三〇	三〇	七六	三八	〃
营造工业	五八	五八	七〇	九六	尚可
熟食商业	六八	六八	六〇	九六	〃
机器工业	二九	二九	六〇	三六	〃
浴堂商业	八	八	六三	九六	〃
衣服工业	八四	八四	三〇	八八	萧条

南货商業	二八	二八	三〇	八五		萧條	
糟油商業	二八	二八	二八	八二		尚可	
[illegible]商業	八三八	八三八	二〇	五〇		尚可	
鷄鴨醃味業	八三九	八三九	八三〇	五〇		〃	
火腿藥商業	四八	四八	二〇	三〇		萧條	
大篆花貨業	四八九	四八九	四〇	五五		萧條	
五金運材業	四〇	四〇	五〇	三〇		〃	
輪船旅業	五八	五八	五八	五五		〃	
鋼商業	二〇	二〇	三〇	八〇		〃	
麥商業	八二	八二八	二五	五		尚可	
茶商業	三八	三八	四〇	三〇		〃	
戲劇商業	八〇	八〇	三八	〃五		〃	

[illegible]業	二九	二六	三〇	一六			〃	
倉庫商業	二七	二七	一六	二八			〃	
皮件工業	三五	三五	四〇	四〇			〃	
運輸商業	五九	四九	一五〇	六九			〃	
[illegible]業	二四	二四	二〇	一六			〃	
保險業	二							
88	5007							

长沙市商业团体概况调查表

本市商業團體概況調查表

業別	商店數目							營業狀況	備攷
國貨用品教育業	六六	六六	一二〇	九〇	五八九元	[illegible]		蕭條	
糟坊雜貨業	一〇二一	一〇二一	四四〇	一二三〇				〃	
石灰磚瓦業	八〇	八〇	一四四	一五六				〃	
民船事業	一三八	一三八	一三八	一五六				〃	
寄賣事業	九	九	四三	一三				〃	
估衣事業	二五	二五	六〇	一四〇				〃	
古玩事業	二七	二七	三〇	一〇				〃	
顏料紙綢事業	一七	一七	二〇	九				〃	
中西衣莊成衣業	五四	五四	六〇	一五				〃	
化妝品業	二三	二三	四六	一四〇				〃	
裹線業	一八	一八	八七	一六				〃	
帽業	四四	四四	一六〇	一六〇					
西藥業	三四	三四	六〇	二五					
筆墨業	五八	五八	一五〇	一六〇					
鐵器事業	五三	五三	一二〇	四〇					
糖果糕餅業	二六	二六	六〇	四〇					
漆業	七	七	一四	五					
刻字業	三七	三七	四〇	三〇					
鐘錶事業	五五	五五	七六	四〇					
眼鏡業	一七	一七	三六	一五					
木[illegible]事業	三五	三五	五〇	八〇					
枯餅事業	一四	一四	五〇	三〇					
照相業	一二	一二	四三	三〇				蕭條	

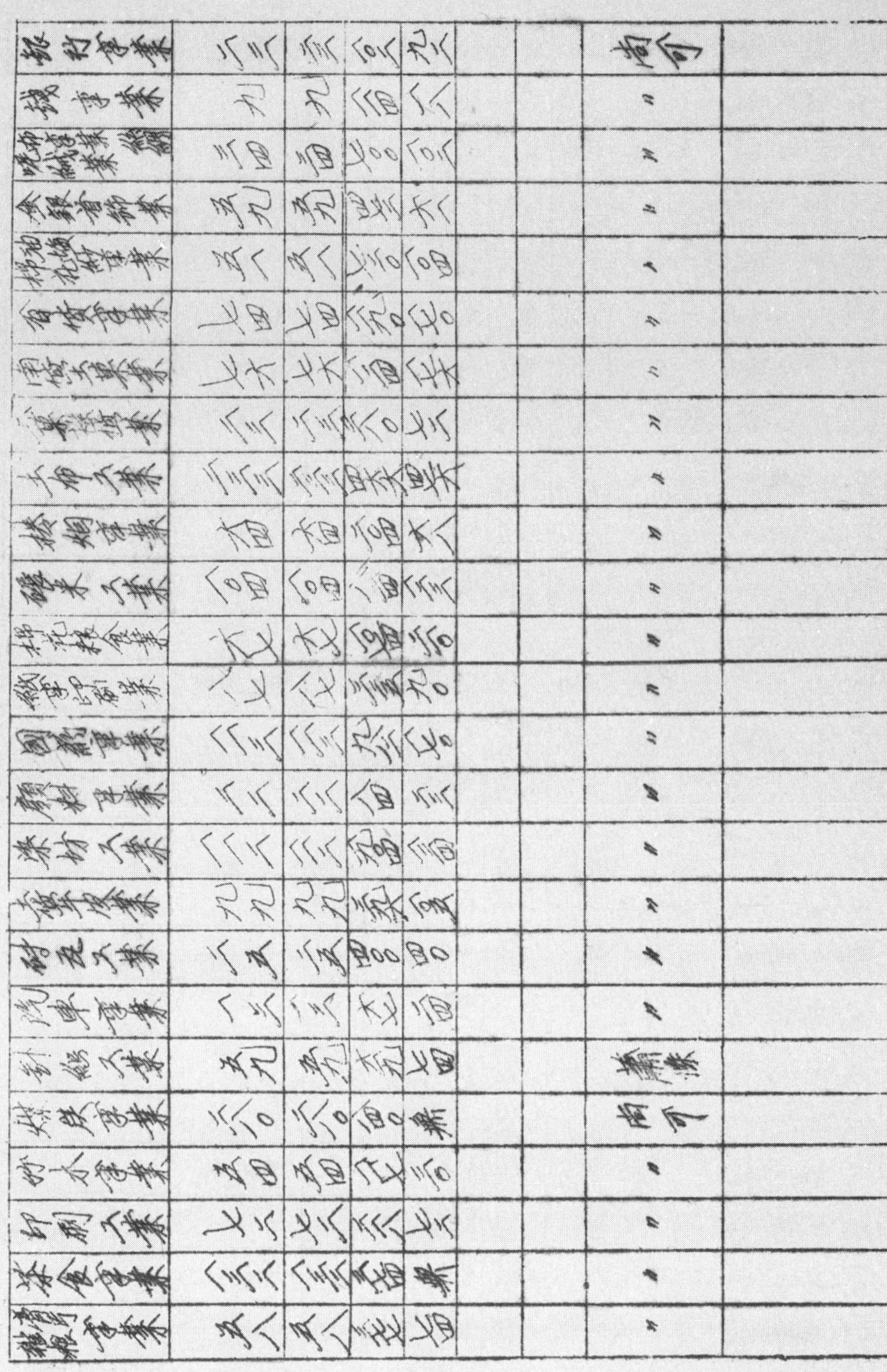

靴鞋工业	七三	七三	二九	八四			萧僚	
刺绣工业	二七	二七	九六	二七			〃	
新药业	三四	三四	三五七	三六			〃	
植物油业	六	六	二四	八〇			〃	
磁业	三八	三八	三六〇	一七三			〃	
丝业	八二六	八二六	三五七	乘			南可	
灌席业	二四	二四	三四	乘			〃	
伞竹业	二五七	二五七	二五七	乘			〃	
豆豉酱作业	二五	二五	二四	二六			〃	
猪行业	八七	八七	三八	乘			〃	
酒作工业	三六	三六	八〇	三八			〃	
酱园工业	三八	三八	九六	三八			〃	
靛作工业	八四	八四	三八	八四			萧僚	
香烛工业	八五	八五	八六六	二六			〃	
玻璃业	五四	五四	三五	七三			〃	
棕竹业	八五	八五	五〇	八五			〃	
制糖工业	三〇	三〇	七三	三八			〃	
营造工业	五八	五八	七六	乘			南可	
熟食业	六八	六八	八八〇	乘			〃	
机器工业	二七	二七	六〇	三八			〃	
浴堂业	八	八	三六	乘			〃	
孝服工业	八四	八四	三〇	八八			萧僚	
瓦窑业	二八	六八	三〇	八五			〃	
猪油业	二八	二八	二八	八六			南可	
人力车业	八三	八三	二〇	乘			〃	

燒鴨臘味業	一二九	一二九	一三〇	五〇			商會
生草藥業	四三	四三	二〇	三〇			蕭條
[illegible]貨業	四三九	四三九	四四〇	兼			〃
五金電料業	四〇	四〇	五〇	三〇			〃
輪船機器業	五八	五八	五六	兼			〃
銅器業	二〇	二〇	三〇	一〇			〃
[illegible]事業	一八	一八	二五	五			商會
茶室業	三八	三八	四〇	三〇			〃
戲劇事業	一〇	一〇	三六	兼			〃
[illegible]經理業	二九	二九	三〇	兼			〃
倉庫事業	二七	二七	六六	二八			〃
皮件文業	三五	三五	四〇	五〇			〃
運輸事業	五九	一二八					〃
臨時電廠業	二四	二四	三〇	兼			〃
保險事業	一八	三九					
[illegible]製麪業	五九	九八					
脚踏車業	二六	二六					

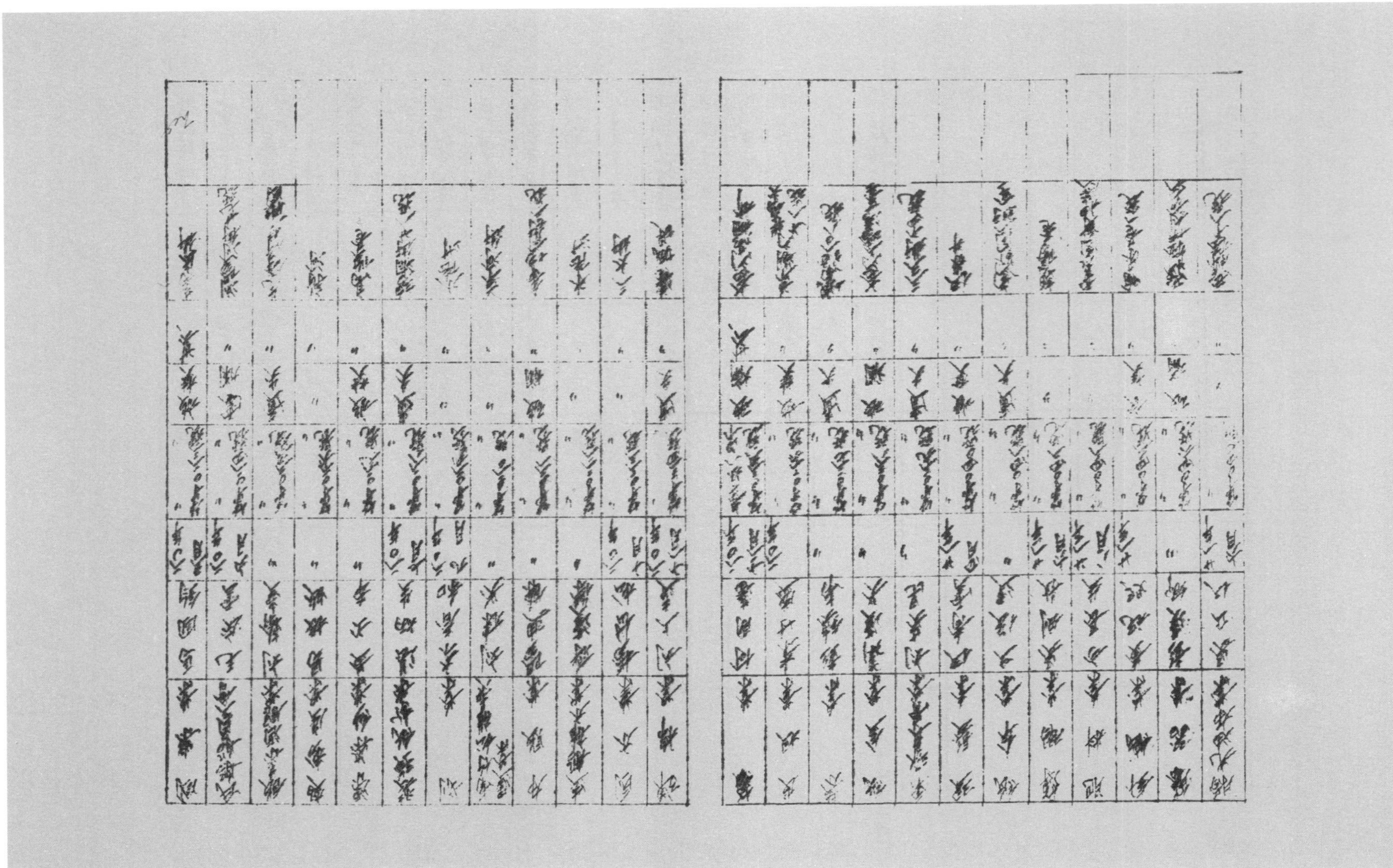

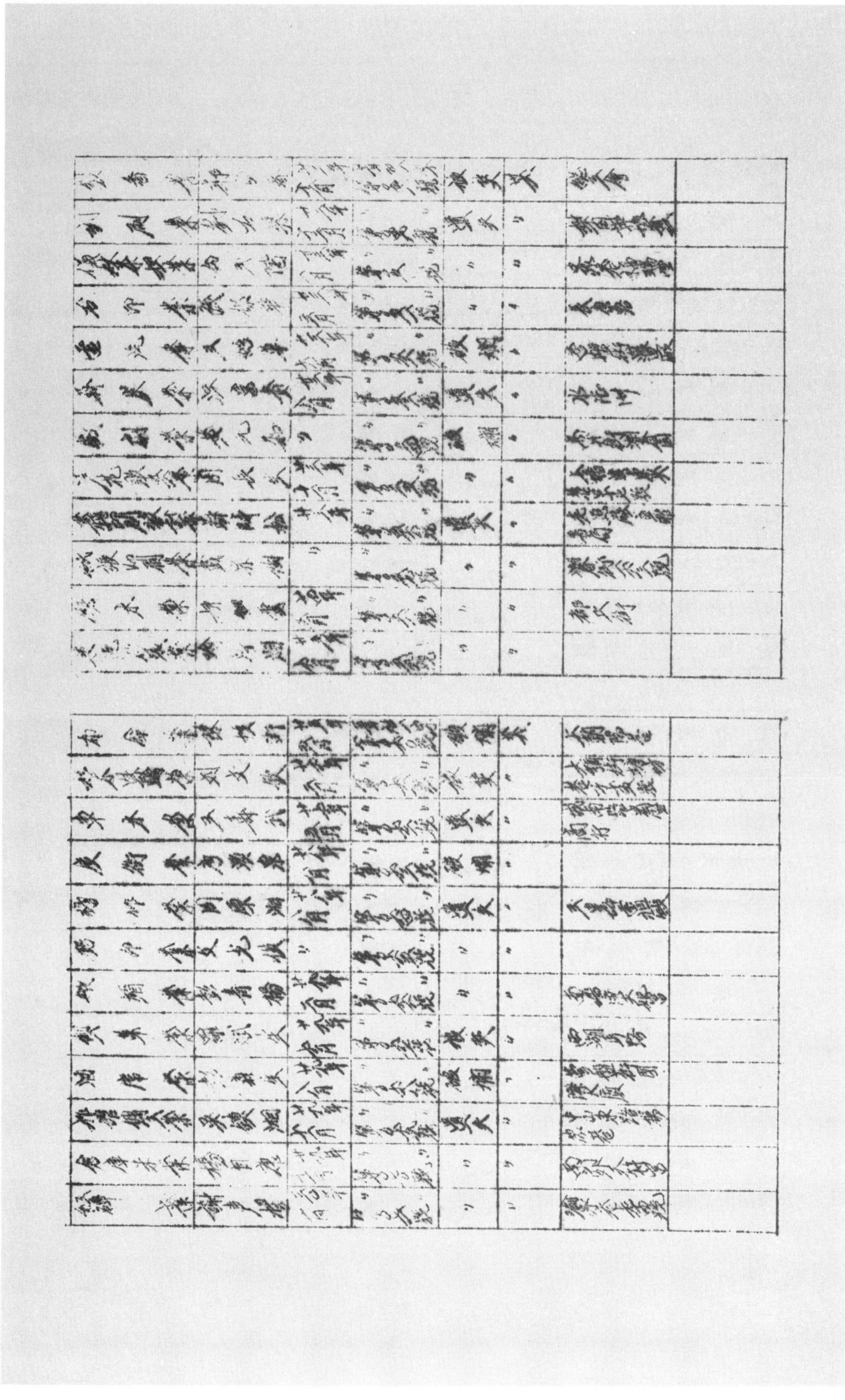

修造人力车业	萧咏防	三十五年八月	第〇七〇号	破烂	芙	新黎街[illegible]	
豆腐业	胡锦春	三十五年八月	〃	〃	〃	东长街十五号	
油漆业	刘金生	三十四年四月	第七四号	遗失	〃	北正街[illegible]	
陶砂锅业	田汉廷	三十四年十月	第七七号	〃	〃	南门外[illegible]九号	
汾堂[illegible]业	谭炳生	三十年八月	第七六号	〃	〃	[illegible]	
杭绸业	李秋龄	三十年七月	第七七号	被焚	〃	县正街[illegible]	
白铁业	何明远	〃	第七八号	破烂	〃	三王街[illegible]	
锯木业	谢声扬	三十年十月	第七九号	遗失	〃	[illegible]四号	
笔墨业	黄祝熙	三十五年	第八〇号	被焚	〃	喻家巷[illegible]八号	
首饰业	俞国文	三十五年	第八一号	遗失	〃	万[illegible]街	
砚石业	易炳垠	三十五年九月	第八八号	破烂	〃	[illegible]号	
机器业	彭伯林	三十六年十一月	第八六号	〃	〃	[illegible]号	
镶牙业	贺枝明	三十六年八月	第八〇号	遗失	炎	[illegible]号	
竹器业	杨德明	三十五年四月	第八八号	〃	〃	[illegible]	
牙刷业	罗炳祥	三十四年四月	第八八号	〃	〃	中山西路[illegible]	
印刷业	刘国	三十四年七月	第八七号	被焚	〃	[illegible]	
电池业	邓永治	三十五年九月	第八八号	遗失	〃	[illegible]	
硫酸[illegible]业	陈熙尧	〃	第八九号	破烂	〃	[illegible]	
炒坊业	樊德昌	三十五年七月	第九〇号	〃	〃	[illegible]	
绣业	张绶臣	三十五年九月	第九八号	未发	〃	[illegible]	
[illegible]业	李焕藏	〃	第九八号	〃	〃	东茅巷	
烟丝业	陈树生	〃	第九八号		〃	[illegible]号	
皮件业	余锦生	三十五年十月	第九九号		〃	文[illegible]号	
绿皮鞋业	戴彬生	三十五年八月	第九九号	未发	〃	[illegible]	

[illegible]	[illegible]	[illegible]	[illegible]	本業	[illegible]	[illegible]	
[illegible]	[illegible]	[illegible]八月	〃 [illegible] 〃	〃	〃	〃	
[illegible]	[illegible]		〃 [illegible] 〃		〃	[illegible]	
[illegible]	[illegible]		〃 [illegible] 〃		〃	[illegible]	

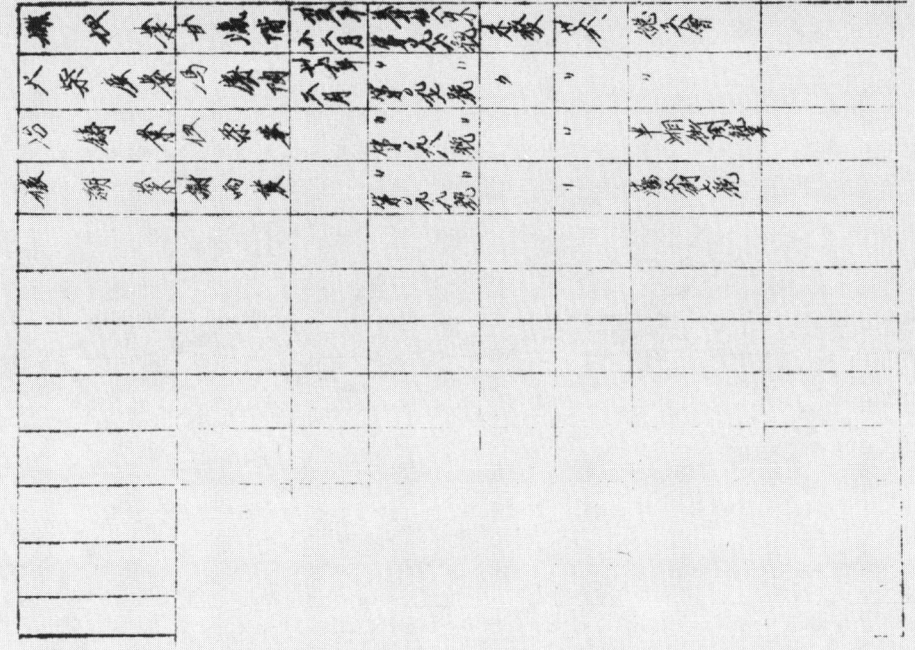

工商管理相关文件

长沙市工商业同业公会负担商会月捐调查表（一九四五年九月—一九四六年四月）

長沙市工商業同業公會負担商會月捐調查表

長沙市工商業同業公會負担商會月捐調查表

同業公會名稱	繳月捐額	三十四年九月	三十四年十月	三十四年十一月	三十四年十二月	三十五年一月	三十五年二月	三十五年三月	三十五年四月
金銀首飾業	40000	0	0	40000	40000	40000	40000	40000	40000
油塩花紗業	10000	0	0	10000	10000	10000	10000	繳未	繳未
南貨土菓業	30000	0	0	30000	30000	30000	30000	〃	〃
棉花粮食業	30000	0	0	30000	30000	30000	繳未	〃	〃
紙商業	30000	0	0	30000	30000	30000	30000	〃	〃
國藥業	30000	0	0	30000	30000	30000	30000	〃	〃
顏料業	15000	0	0	15000	15000	15000	15000	〃	〃
山貨牛皮業	20000	0	0	20000	20000	20000	20000	30000	〃

備考：三十四年九、十月並未開始征收月捐，計有費用均係息借而來

中華民國三十五年四月　日

長沙市商會　呈

植物油輸出業	新藥業	刺繡業	豆麦膏麯業	茶食業	印刷業	竹木業	夏布業	煤炭業	針織業
10000	10000	12000	10000	12000	12000	24000	15000	20000	14000
0	0	0	0	0	0	0	0	0	0
0	0	0	0	0	0	0	0	0	0
0	10000	12000	10000	12000	12000	0	15000	20000	14000
10000	10000	12000	10000	12000	12000	24000	15000	20000	14000
10000	10000	12000	10000	12000	12000	24000	15000	20000	14000
10000	10000	12000	10000	12000	繳未	繳未	15000	20000	14000
〃 〃	〃 〃	〃 〃	〃 〃	〃 〃	〃 〃	〃 〃	〃 〃	20000	〃 〃
〃 〃	〃 〃	〃 〃	〃 〃	〃 〃	〃 〃	〃 〃	〃 〃	〃 〃	〃 〃

瓷商業	10000	0	0	10000	10000	10000	未缴	〃〃	〃〃	
旅館業	10000	0	0	10000	10000	10000	〃〃	〃〃	〃〃	
銀行業	50000	0	0	50000	50000	未缴	未缴	〃〃	〃〃	
絲綢呢絨業	未認定	0	0	38400	38400	38400	38400	〃〃	〃〃	由本會直接向該業会员散收 係由該工会評定等級合收手均照數
布商業	未認定	0	0	12600	12600	12600	12600	未收	未报	〃 〃
百貨業	〃〃	0	0	24300	24300	24300	24300	〃〃	〃〃	〃 〃
棉紡織業	〃〃	0	0	16600	16600	16600	16600	〃〃	〃〃	〃 〃
捲菸商業	〃〃	0	0	21200	21200	21200	21200	〃〃	〃〃	〃 〃
碾米業	〃〃	0	0	28200	28200	28200	28200	〃〃	〃〃	〃 〃
捲菸工業	〃〃	0	0	21000	21000	8000	8000	〃〃	〃〃	〃 〃

染坊業	未認定	0	0	14200	14200	14200	14200	收未	收未	〃 〃
靴鞋業	〃 〃	0	0	24500	24500	24500	24500	收未	收未	〃 〃
酒席業	〃 〃	0	0	6600	6600	收未	收未	收未	收未	〃 〃
酒作業	〃 〃	0	0	7700	7700	7700	7700	7700	收未	〃 〃
醬園業	〃 〃	0	0	7700	7700	7700	7700	7700	〃 〃	〃 〃
煙作業	〃 〃	0	0	7600	7600	7600	7600	7600	收未	〃 〃
肥燭業	8000	0	0	8000	8000	8000	8000	收未	收未	〃 〃
麫食業	未認定	0	0	5700	5700	5700	5700	收未	收未	〃 〃
營造業	〃 〃	0	0	0	0	0	0	0	0	該業月捐尚未認定亦未收
機器業	〃 〃	0	0	0	0	0	0	0	0	〃 〃

浴堂業	5000	0	0	5000	5000	5000	5000	〃〃	〃〃	
圖書業	5000	0	0	5000	5000	5000	5000	〃〃	〃〃	
糟坊棧貨業	未認定	0	0	13800	13800	13800	13800	13800		由本会直接向該業商店徵收其等级係由該業評定臨時手續照數
石灰磚瓦業	〃〃	0	0	6000	繳未	繳未	繳未	繳未	〃〃	
民船業	〃〃	0	0	0	0	0	0	〃〃	〃〃	該業月捐尚未認定亦未徵收
寄賣業	〃〃	0	0	4300	4300	4300	4300	尚未	尚未	該業係由本会直接向各商店收取每月手續收足數
製箱業	〃〃	0	0	4000	繳未	繳未	繳未	繳未	繳未	
皮衣業	3000	0	0	3000	3000	3000	繳未	繳未	繳未	
估衣業	7000	0	0	30	7000	7000	繳未	繳未	繳未	
古玩業	4000	0	0	0	4000	4000	繳未	繳未	繳未	

鞋料番綫業	4000	0	0	4000	4000	4000	4000			
化粧業	4000	0	0	4000	4000	4000	4000			
絲製業	3000	0	0	3000	3000	3000	3000			
帽工業	4000	0	0	4000	4000	4000	4000			
西染業	5000	0	0	5000	5000	5000	5000			
筆墨業	未認定	0	0	5400	5400	5400	5400	未 由	未 由	此業係由本会直接向各商店收取每月平均如上數
鐵器業	4000	0	0	4000	4000	4000	4000			
糕餅業	未認定	0	0	3700	3700	3700	3700	未 由	未 由	此業係由本会直接向各商店收取每月平均如上數
漆商業	2000	0	0	2000	2000	2000	2000			
製革業	未認定	0	0	0	0	0	0			此業尚未認定數額亦未收取

	鐘錶業	眼鏡業	水菓業	枯餅業	照相業	壽服業	瓦債業	豬油業	麵粉業	臘味業
	3000	未認定	3000	3000	4000	3000	未認定	3000	未認定	未認定
	0	0	0	0	0	0	0	0	0	0
	0	0	0	0	0	0	0	0	0	0
	3000	1200	3000	3000	0	3000	2200	0	1600	3100
	3000	1200	3000	3000	0	3000	2200	0	1600	3100
	繳未	1220	3000	3020	4000	3000	2200	3000	1600	3100
	繳未	1200	3000	3000	4000	3000	2200	3000	1600	3100
	繳未	〃	〃	〃	〃	〃	收未	繳未	收未	收未
	繳未	〃	〃	〃	〃	〃	收未	繳未	收未	收未
									該業係由本會直接向各商店散派每月平均如上數	

生草药業	3,000、	0	0	3,000		3,000	3,000	繳未	繳未
輪粟業	3,000、	0	0	0	0	3,000	3,000	繳未	繳未
銅器業	2,000、	0	0	2,000	2,000	2,000	2,000	繳未	繳未
牛肉業	5,000、	0	0	5,000	5,000	5,000	5,000	繳未	繳未
蛋行業	未認定	0	0	1,200	1,200	1,200	1,200	収未	収未
五金電料業	〃〃	0	0	1,600	1,600	1,600	1,600	収未	収未
非公會商店		0	0	24,000	24,000	31,000	31,000	28,000	収未
合計				758,400	[illegible]400	750,800	650,800	154,800	40,000

长沙市商会月捐监理委员会组织征收简则（一九四五年十一月二十一日）

逕啓者查本市各業公會尚未全部復員雖有少數行業已經復
員而会員登記亦未辦理完竣本会會員会費無法征收爲適應
目前需要計實行按户征收商店月捐當經本会理監聯席会議
議決推定監事陳德珊吴鸞南謝紹秋理事曾福生林作安五人
爲委員組織月捐監理委員会擬具組織征收簡則即日派員上
街征收相應檢發簡則一份函請
查照廣爲開導轉知所屬公司行號知照并希隨時予以協助爲
荷此致
各業同業公會

附發長沙市商会月捐監理委員会組織征收簡則一份

長沙市商会 啓 十一月廿一日

長沙市商會月捐監理委員會組織征收簡則

一、本市各業公會尚未全部復員會員月捐無法征收爲適應目
前需要計實行按户征收商店月捐經長沙市商会理監聯席
会議議決推定監事三人理事二人爲委員組織月捐監理委

員会（以下简称本会）

二、本會推定主任委員一人主持全会事務聘任文書一人辦理一切文件幹事一人辦理月捐收付及表報事宜征收員二人專負收捐任務

三、本会專負收捐事宜不單独對外行文

四、本会幹事征收員均需取具殷实舖保

五、本会征收月捐按照商店營業及資本情形區分為甲乙丙丁戊己庚辛壬癸十級（甲）級每月弍萬元（乙）級每月壹萬元（丙）級每月伍千元（丁）級每月四千元（戊）級每月叁千元（己）級每月弍千元（庚）級每月壹千元（辛）級每月五百元（壬）級每月叁百元（癸）級每月弍百元每年分六期征收每期征收兩個月自三十四年十一月開始征收

六、本会為杜绝征收弊端起見所有月捐收據先行由会蓋定前条各級金額不得塗改騎縫蓋用長沙市商会圖記收據及存根蓋用本会篆文方章及经收人私章以昭慎重

七、征收人員收到月捐後應於商店門首粘貼某期商店月捐收訖小条以資識别

八、商店繳納月捐需取得本会正式收據如共征收員私相授受之臨時收據概為無效仍需重行繳納

九、商店繳納月捐後應慎重保存正式收據以作二期征收之見證憑証如二期開始征收時而無上期收據憑証即須重新繳納不得藉詞爭執

十、征收員所收月捐不論多寡應於每日下午四時回会由本会幹事核查收據存根批明蓋章如數繳存再行彙總会計科

十一、本会幹事每旬應造具旬報月終造具月報公佈征收實數以昭大公

十二、本会開支經費預算另訂之惟職員薪資仍照長沙市商会規定支給之

十三、本会征收範圍分為東西南北四區暫為撙節開支計以征收員二人分兩區征收之至必要時再行加用人員

十四、本簡則經委員會通過施行

十五、本簡則如有未盡事宜得隨時修改之

长沙市商会为征收月捐致长沙市政府的函（一九四六年四月二十三日）

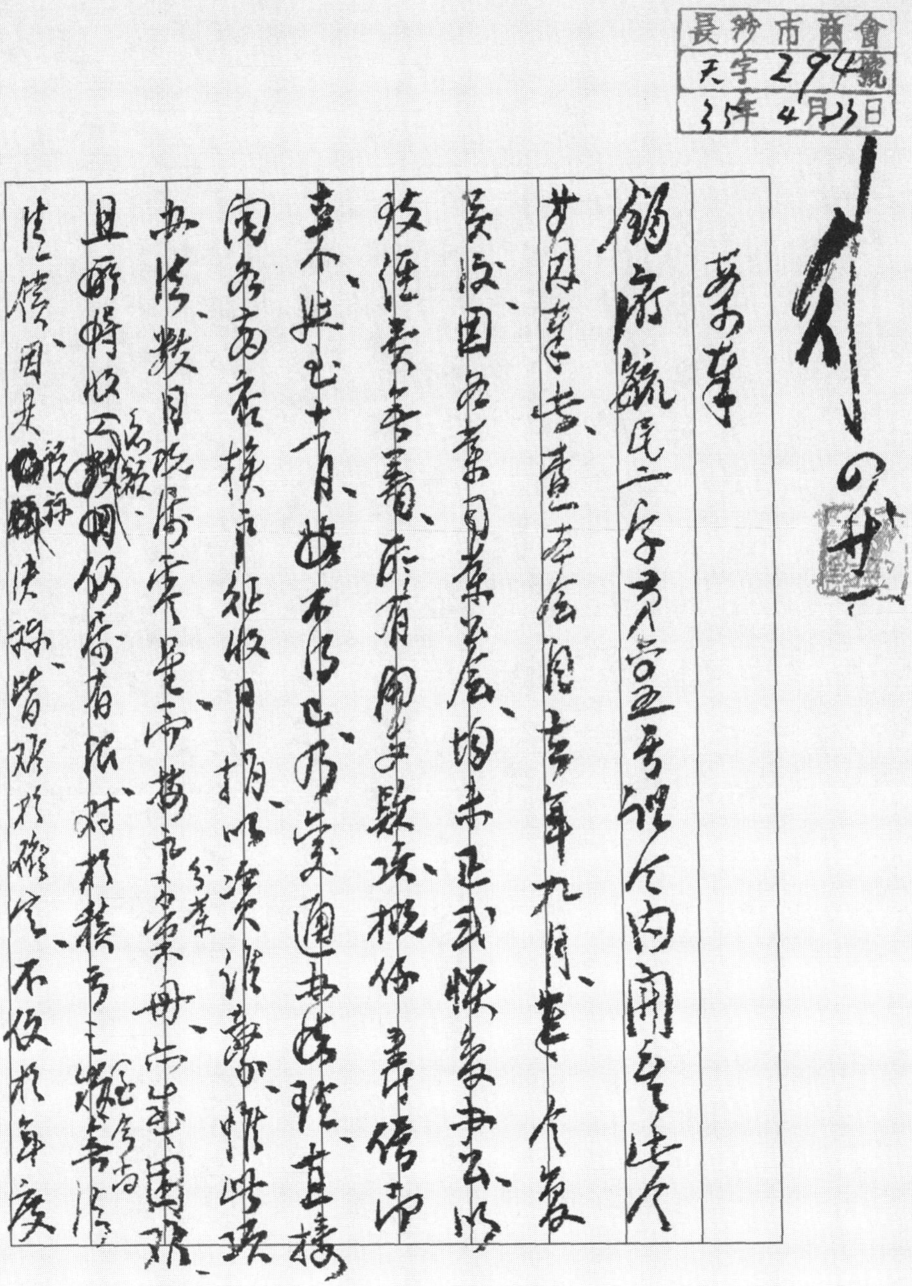

该会以具报，现各业同业公会，已遵照改选完竣，其
组织自如日臻健全，关于经费一项，拟仍照
商会法之规定，以 数为单位，由会员直接负担，及非会员之会员
俟设法整理完竣，自愿依商会法第三十五条
之规定，每年编制预算、决算，呈请转呈，以符
法令。兹因理合备文呈复
钧府鉴核，谨呈
长沙市政府

长沙市政府为颁订简化商业登记办法致长沙市商会的训令（一九四六年十月十日）

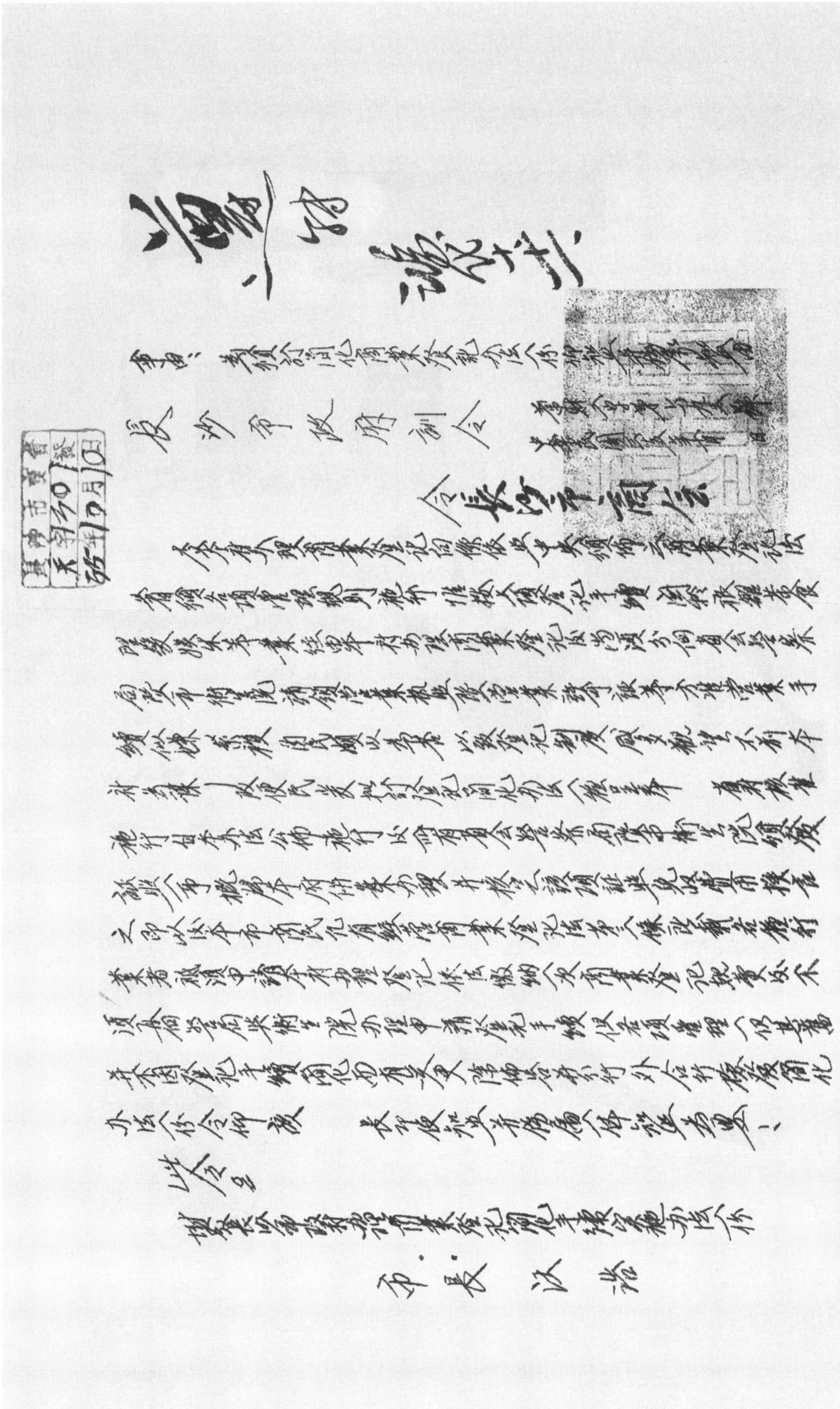

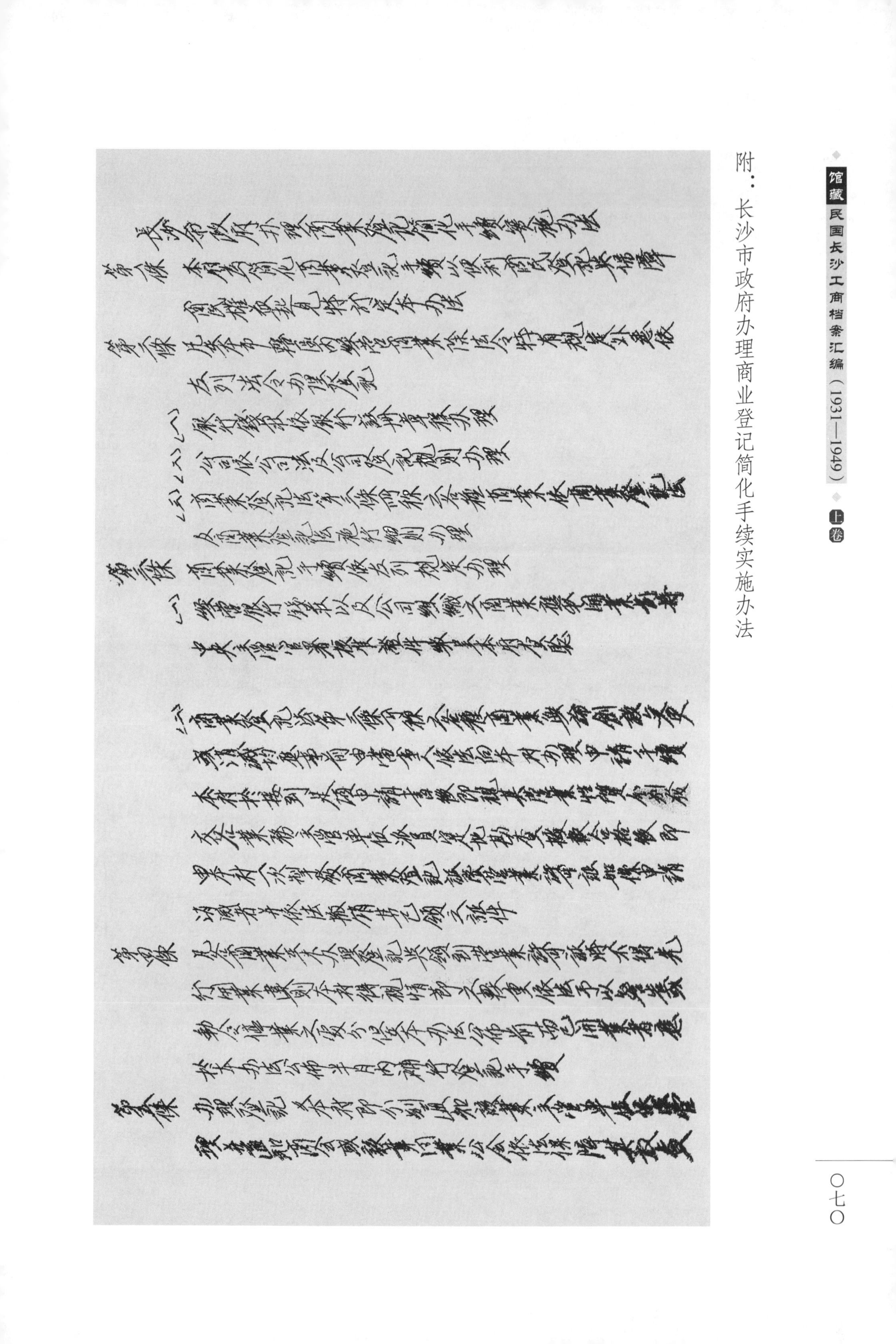

附：长沙市政府办理商业登记简化手续实施办法

长沙市政府办理商业登记简化手续实施办法

第一条 本府为简化商业登记手续以便利商民起见特厘订商业登记简化手续本办法

第二条 凡本市一般之商业除法令特有规定外悉依左列法令办理登记

（一）银行钱庄依银行法[illegible]办理

（二）公司依公司法及公司登记规则办理

（三）商业登记法第三条所称之各种商业依商业登记法及商业登记法施行细则办理

第三条 商业登记手续依左列规定办理

（一）[illegible]以及公司组织之商业[illegible]

[illegible]

（二）商业登记法第三条所称之[illegible]

[illegible]

[illegible]

[illegible]

[illegible]

[illegible]

第四条 凡在本市[illegible]

[illegible]

[illegible]

[illegible]

第五条 办理登记[illegible]

[illegible]

第六條　以該業未開業者得以加入同業或設立同業公會
如於本市轄區內從該業同行人數未滿七人時以
已依法之規定者有欲加入同業公會時請依同業公會規定
將本章程之規定送請本所主管官署核准後備
事業得由本所酌量情形辦理之

第七條　本辦法如有未盡事宜得隨時修正之
呈請核准施行

长沙市政府为颁发加强工商团体组织暂行办法致长沙市商会的代电（一九四六年十二月十一日）

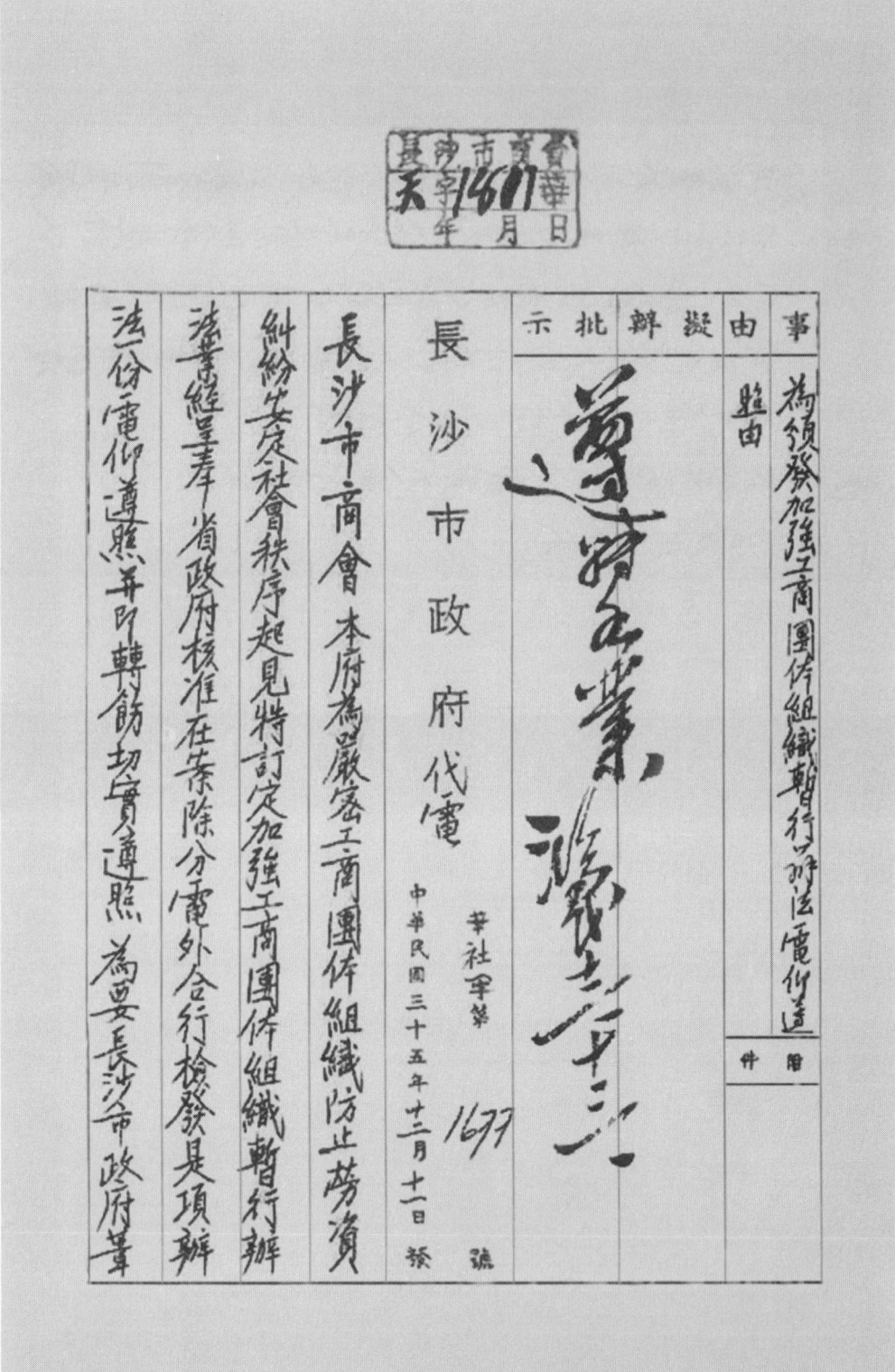

事由	為頒發加強工商團体組織暫行辦法電仰遵照由
附件	
擬辦	遵辦
批示	

長沙市政府代電

華社字第1677號

中華民國三十五年十二月十一日發

長沙市商會：本府為嚴密工商團体組織防止勞資糾紛安定社會秩序起見特訂定加強工商團体組織暫行辦法業經呈奉省政府核准在案除分電外合行檢發是項辦法一份電仰遵照并即轉飭切實遵照 為要 長沙市政府華

社一亥真印附長沙市政府加强工商團体組織暫行辦法一份

附：长沙市政府加强工商团体组织暂行办法

長沙市政府加強工商團體組織暫行辦法

一、為嚴密工商團體組織防止勞資糾紛安定社會秩序起見特訂定本辦法

一、凡各職業工會或同業公會法定會員資格之工人或從業員均應加入本市業經依法設立之各該業職業工會或同業公會為會員非因廢業或遷出團體組織區域或受永久停職或停業處分者不得退會

三、拒絕入會之各業工人或從業員應由各該團體限期勸令加入逾期仍不遵辦者應予警告自警告之日起十五日內仍不接受者得由各該團體呈請市政府分別予以左列之處分

（一）罰鍰

（二）停職或停業

四、凡違反第二條退會之限制者亦得適用前條規定之處分

五、各職業工會或同業公會須實行逐層管制分層負責切實推行政府法令如奉行不力或放棄職守者得由各該團體負責人呈請市政府懲處

六、工人爭取福利或發生勞資爭議時須由各該團體呈請市政府合理解決或依法調解及評斷

七、在各團體之勞資爭議在調解期内或已付評斷者不得停業怠工罷工僱主亦不得開除工人

八、工人或工人團體不得有左列之行為

(一)封閉商店或工廠

(二)擅取或損毁商店工廠貨物器具

(三)强迫他人罷工或毆辱工人及僱主

(四)不得要求超過標準工資之加薪而宣言罷工

九、如有違反右條各款之一者得由市政府依法嚴辦

十、本辦法依據有關法令訂定呈請　省政府核准及送市黨部備查

十一、本辦法自頒發日起施行

长沙市商会月捐监理委员会经收月捐总册（一九四六年十二月十二日）

司庫委員保管

長沙市商會月捐監理委員会经收月捐總册

長沙市商會月捐監理委員會經收月捐總報表

業別	認定月捐額	實收月捐總數	欠繳月捐數	根據認定月捐假定權數	核定權數
銀行業	[illegible]	一八、〇〇〇〇元		75	75
錢商業	[illegible]	七〇、〇〇〇〇		53	57
綢布業	[illegible]	一〇九、〇〇〇〇		50	50
金銀首飾業	[illegible]	一〇一四〇〇〇		60	60
油盐花纱業	[illegible]	四一六、〇〇		32	32
百貨業	[illegible]	七二、〇〇〇		30	30
南貨生果業	[illegible]	六六二、〇〇		30	30
碾米業	[illegible]	六〇、〇〇〇〇		30	30

花粮業	〦〢方	六三八〇〇	30
紙商業	〦〢方	八四〇〇〇	30
國藥業	〦〢方	六四八〇〇	30
顏料業	〤〣方	四二〇〇〇	15
染坊業	〤〣方	二五二〇〇	15
山貨業	〤〤方	四九六〇〇	20
針織業	〤〥方	三三四〇〇	15
煤炭業	〤〤方	四七六〇〇	20
竹木業	〦〢方	七〇八〇〇	24
茶食業	〢〣方	二八二〇〇	12

12 24 20 15 20 15 15 30 30 30

猪行业	叁等	二〇二四〇〇	7	7.-
屠坊业	叁等	四二八〇〇〇	15	15
蔑席业	叁等	五〇七〇〇〇	15	15
旅馆业	贰等	二八〇〇〇〇	10	10
瓷商业	贰等	二四八〇〇〇	10	10
植物油业	贰等	二五八〇〇〇	10	10
新药业	贰等	二四八〇〇〇	10	10
刺绣业	贰等	三三四八〇〇	12	12
印刷业	贰等	八八〇〇〇	10	10
柑橘业	贰等	二四三〇〇〇	10	10

编爆业	〢〣〤万	二三四,〇〇〇	8	8
酒酱业（作国三业第六八、）	〡〥〤万	一五四,〇〇〇	14	14
糟坊栈货业	〨万	八〇,〇〇〇	10	10
皂烛业	〡〩〢万	一九二,〇〇〇	8	8
玻璃业	〡〦〢万	一六二,〇〇〇	10	10
鱼行业	〡〣〧万	一三七,〇〇〇	5	5
製糖业	〡〤〤万	一四四,〇〇〇	12	12
机器业	〨万	八〇,〇〇〇	10	10
图书业	〢〡〢万	二一二,〇〇〇	8	8
浴堂业	〦〦〨千	六六八〇	3	3

石灰磚瓦業	[illegible]方	一四九、二〇〇	6	6
營造業	[illegible]方	九五、〇〇〇	5	5
麫食業	[illegible]方	一九九、一〇〇	8	8
民船業	[illegible]方	五〇、〇〇〇	5	5
估衣業	[illegible]方	一二三、〇〇〇	7	7
古玩業	[illegible]方	一一二、八〇〇	4	4
鞋料畨線業	[illegible]方	九九、二〇〇	4	4
中西衣皮業	[illegible]方	一七六、〇〇〇	8	8
糕餅業	〇〇〇	一二三、七〇〇	4	4
化粧業	[illegible]方	七八、四〇〇	4	4

絲製業	紅	七四四〇〇	3	3
製帽業	片三	九九二〇〇	4	4
鐵器業	片三	一一二〇〇	4	4
漆商業	紅	六六四〇〇	3	3
製革業	片	一三〇〇〇	5	5
眼鏡業	紅	六四八〇〇	3	3
水菓業	紅	一一〇三〇〇	6 [illegible] 3	36
枯餅業	紅	八四〇〇〇	3	3
腊味業	〇〇〇	三五五〇〇	3	3
瓦賃業	〇〇〇	二九三〇〇	3	3

鐘錶業	丙等	六八四〇〇	3	3
照相業	甲等	一一二、〇〇〇	10	10
壽賬業	丙等	八四、〇〇〇	3	3
人力車業	乙等	一四〇、〇〇〇	5	5
五金電料業	特等	二〇四、〇〇〇	15	15
猪油業	丙等	五八、八〇〇	3	3
輪票業	丙等	七八、〇〇〇	3	3
茶商業	丙等	六二四〇〇	3	3
西染業	乙等	一一四、〇〇〇	5	5
筆墨業	乙等	八四、〇〇〇	5	5

皮件業	紫方	六八、〇〇	8	8
銅器業	紅方	八二、〇〇〇〇	3	3
蛋行業	紅方	五〇、四〇〇	3	3
電廠業	紙方	二一二、〇〇〇〇	16	16
汽車業	紅方	二八八、〇〇〇〇	30	30
磚瓦工業	紡	五〇〇、〇〇〇〇	16	16
土果襍貨業	〇〇〇	〇〇〇	11	11
戲劇業	紅方	二五、二〇〇	3	3
生草葯業	紅方	六四、八〇〇	3	3
牛肉業	片方	一〇、八〇〇	5	5

土布業	〇〇〇	四五八六〇〇	25	〇〇〇	15
捲菸商業	[illegible]	二一〇〇〇〇		22	22
夏布業	〇〇〇	二〇五〇〇		〇〇〇	
猪鬃業	〇〇〇〇	〇〇〇		3	3
麪粉業	[illegible]	四三二〇〇		3	3
煙作業	〇〇〇	二三七六〇〇		6	6
靴鞋業	[illegible]	二四〇〇〇〇		20	20
寄賣業	[illegible]	九六〇〇〇		5	·5
大羅盔盆蒸貨業	[illegible]	六〇〇〇〇		5	5
散收					

3

月捐雜居散收但各種派款切旦並由側以二十五校排派

運輸業 ……權

中興煙廠	15	5	5
湖南康麪公司	10	4	4
中原公司	[illegible]	5	5
長沙火柴公司	[illegible]	5	5
民生火柴公司	[illegible]	3	5

（能公只及配額不足之五……）

共冊總貸共原有权數壹仟另柒拾九权（除此会员未计權外）以抵押貸款及信用貸款兩項總額壹拾五億之按照1035權支配每權應支配兩項貸款壹百四十萬元其銀行錢商花粮植物油四業之應派收貸款計壹億七千餘萬元讓與按支權以下之小行

業股會員攤分之

十二月十二號

清友先　吴霭南

郭尊鏗　陳惜卿

林雄生

柳和鈞

林竹友

大共1463权

内　会员1027权

非会员436权

查土布業客歲復員各大廠多未開工復業故月捐散收比次本會填載
權數因京係二十五權派款未便擅減須據該業公會負責人聲明按諸實
際情形會員數不超過染坊業資本總額亦無超過三處最高數字不
能高過染坊業十五權能再減低更妙等詞本會未便擅專相應
函請
審核為荷此致
審核會

長沙市月捐監理委員會
十年十一月十三日

长沙市商会历次分配各业公会捐款收欠清册（一九四七年三月）

長沙市商會自三十五年二月十八日起至三十六年元月十五日止歷次分配各業公會捐款收欠清册

民國三十六年三月監事會審查組造

長沙市商會自卅五年二月十八日起至卅六年元月十五日止歷次分配各業公會捐款收欠清册

民國卅六年三月監事會審查彙造

行業名稱	捐款類別	原派定額	實收款數	欠繳數目	總計欠數	備考
銀行業	建築捐	/	/	/	伍拾萬元	查該業於三十四年以低利貸放本會洋壹千萬元作爲建築共金三十五年七月又由省銀行低利貸款壹千萬元嗣後又由各行共貸款壹千貳百萬元協助建築甚大故未另派
	增派建築捐	/	/	/		
	慰勞捐	一•〇〇〇•〇〇〇	五〇〇•〇〇〇	五〇〇•〇〇〇		
	第一次特捐	四〇〇•〇〇〇	四〇〇•〇〇〇	/		
	遷葬捐	/	/	/		
錢商業	建築捐	一•六〇〇•〇〇〇	一•六一〇•〇〇〇	/	貳萬元	
	增派建築捐	九〇〇•〇〇〇	九〇〇•〇〇〇	/		
	慰勞捐	一二〇•〇〇〇	一〇〇•〇〇〇	二〇•〇〇〇		
	第一次特捐	八〇•〇〇〇	八〇•〇〇〇	/		
	遷葬捐	/	/	/		
綢布業	建築捐	二•〇〇〇•〇〇〇	二•〇〇〇•〇〇〇	/	陸萬元	
	增派建築捐	八〇〇•〇〇〇	八〇〇•〇〇〇	/		
	慰勞捐	一八〇•〇〇〇	一二〇•〇〇〇	六〇•〇〇〇		
	第一次特捐	一二〇•〇〇〇	一二〇•〇〇〇	/		
	遷葬捐	/	四八•〇〇〇	/		

業別	捐別				合計
南貨業	建築捐	一•六〇〇•〇〇〇	一•〇〇〇•〇〇〇	六〇〇•〇〇〇	壹百壹拾壹萬元
	增派建築捐	四八〇•〇〇〇	/	四八〇•〇〇〇	
	慰勞捐	九〇•〇〇〇	六〇•〇〇〇	三〇•〇〇〇	
	第一次特捐	六〇•〇〇〇	六〇•〇〇〇	/	
	遷葬捐	/	一〇•〇〇〇	/	
百貨業	建築捐	一•〇〇〇•〇〇〇	一•〇〇〇•〇〇〇	/	肆萬元
	增派建築捐	四八〇•〇〇〇	四八〇•〇〇〇	/	
	慰勞捐	九〇•〇〇〇	五〇•〇〇〇	四〇•〇〇〇	
	第一次特捐	六〇•〇〇〇	六〇•〇〇〇	/	
	遷葬捐	/		/	
油鹽花紗業	建築捐	一•六〇〇•〇〇〇	一•五〇〇•〇〇〇	一〇〇•〇〇〇	貳拾壹萬元
	增派建築捐	五〇〇•〇〇〇	五〇〇•〇〇〇	/	
	慰勞捐	一二〇•〇〇〇	四〇•〇〇〇	八〇•〇〇〇	
	第一次特捐	八〇•〇〇〇	五〇•〇〇〇	三〇•〇〇〇	
	遷葬捐	/	二九•〇〇〇	/	
金銀業	建築捐	一•〇〇〇•〇〇〇	一•〇〇〇•〇〇〇	/	壹拾萬零伍千元
	增派建築捐	四六〇•〇〇〇	五〇〇•〇〇〇	/	
	慰勞捐	一六五•〇〇〇	六〇•〇〇〇	一〇五•〇〇〇	
	第一次特捐	一一〇•〇〇〇	一一〇•〇〇〇	/	
	遷葬捐	/	四五•〇〇〇	/	

業別	捐別			
土蕈雜貨業	建築捐			
土蕈雜貨業	增派建築捐			
土蕈雜貨業	慰勞捐			
土蕈雜貨業	第一次特捐			
土蕈雜貨業	遷葬捐			
土布業	建築捐	一•〇〇〇•〇〇〇	五〇〇•〇〇〇	五〇〇•〇〇〇
土布業	增派建築捐	四〇〇•〇〇〇		四〇〇•〇〇〇
土布業	慰勞捐	一二〇•〇〇〇	三〇•〇〇〇	九〇•〇〇〇
土布業	第一次特捐	八〇•〇〇〇	一〇•〇〇〇	七〇•〇〇〇
土布業	遷葬捐		一〇•〇〇〇	
捲煙業	建築捐	六〇〇•〇〇〇	六〇〇•〇〇〇	
捲煙業	增派建築捐	四〇〇•〇〇〇		四〇〇•〇〇〇
捲煙業	慰勞捐	四〇•〇〇〇	四〇•〇〇〇	
捲煙業	第一次特捐	六〇•〇〇〇	五〇•〇〇〇	一〇•〇〇〇
捲煙業	遷葬捐		五•〇〇〇	
碾米業	建築捐	一•〇〇〇•〇〇〇	一•〇〇〇•〇〇〇	
碾米業	增派建築捐	四八〇•〇〇〇		四八〇•〇〇〇
碾米業	慰勞捐	七五•〇〇〇	五五•〇〇〇	二〇•〇〇〇
碾米業	第一次特捐	五〇•〇〇〇	五〇•〇〇〇	
碾米業	遷葬捐			

業別	合計	
土蕈雜貨業		
土布業	壹百零陸萬元	
捲煙業	肆拾壹萬元	
碾米業	伍拾萬元	

業別	捐別				合計
花糧業	建築捐	一·〇〇〇·〇〇〇	/	一·〇〇〇·〇〇〇	壹百伍拾萬元
	增派建築捐	四八〇·〇〇〇	/	四八〇·〇〇〇	
	慰勞捐	七五·〇〇〇	五五·〇〇〇	二〇·〇〇〇	
	第一次特捐	五〇·〇〇〇	五〇·〇〇〇	/	
	遷葬捐	/	/	/	
紙商業	建築捐	八〇〇·〇〇〇	七六〇·〇〇〇	四〇·〇〇〇	壹拾伍萬伍千元
	增派建築捐	四八〇·〇〇〇	四〇〇·〇〇〇	八〇·〇〇〇	
	慰勞捐	七五·〇〇〇	四〇·〇〇〇	三五·〇〇〇	
	第一次特捐	五〇·〇〇〇	五〇·〇〇〇	/	
	遷葬捐	/	/	/	
國藥業	建築捐	八〇〇·〇〇〇	八〇〇·〇〇〇	/	叁萬伍千元
	增派建築捐	四八〇·〇〇〇	四八〇·〇〇〇	/	
	慰勞捐	七五·〇〇〇	四〇·〇〇〇	三五·〇〇〇	
	第一次特捐	五〇·〇〇〇	五〇·〇〇〇	/	
	遷葬捐	/	一〇·〇〇〇	/	
顏料業	建築捐	一·〇〇〇·〇〇〇	一·〇〇〇·〇〇〇	/	貳萬伍千元
	增派建築捐	二四〇·〇〇〇	二四〇·〇〇〇	/	
	慰勞捐	七五·〇〇〇	五〇·〇〇〇	二五·〇〇〇	
	第一次特捐	一〇〇·〇〇〇	一〇〇·〇〇〇	/	
	遷葬捐	/	/	/	

業別	捐別				總計
山貨業	建築捐	五〇〇·〇〇〇	五〇〇·〇〇〇		叁拾叁萬伍千元
	增派建築捐	三二〇·〇〇〇	/	三二〇·〇〇〇	
	慰勞捐	四五·〇〇〇	四〇·〇〇〇	五·〇〇〇	
	第一次特捐	三〇·〇〇〇	二〇·〇〇〇	一〇·〇〇〇	
	遷葬捐	/	/		
磚瓦工業	建築捐	/	/	/	/
	增派建築捐	/	/	/	
	慰勞捐	/	/	/	
	第一次特捐	/	/	/	
	遷葬捐	/	/	/	
汽車業	建築捐	/	/	/	/
	增派建築捐	/	/	/	
	慰勞捐	/	/	/	
	第一次特捐	/	/	/	
	遷葬捐	/	/	/	
針織業	建築捐	二〇〇·〇〇〇	二〇〇·〇〇〇	/	叁拾肆萬伍千元
	增派建築捐	二三〇·〇〇〇	/	二三〇·〇〇〇	
	慰勞捐	七五·〇〇〇	/	七五·〇〇〇	
	第一次特捐	五〇·〇〇〇	一〇·〇〇〇	四〇·〇〇〇	
	遷葬捐	/	三·〇〇〇	/	

……

煤炭業	建築捐	二〇〇•〇〇〇		二〇〇•〇〇〇	伍拾伍萬元
	增派建築捐	三二〇•〇〇〇		三二〇•〇〇〇	
	慰勞捐	四五•〇〇〇	四五•〇〇〇		
	第一次特捐	三〇•〇〇〇		三〇•〇〇〇	
	遷葬捐				
染坊業	建築捐	五〇〇•〇〇〇	五〇〇•〇〇〇		肆萬伍千元
	增派建築捐	二四〇•〇〇〇	二四〇•〇〇〇		
	慰勞捐	七五•〇〇〇	三〇•〇〇〇	四五•〇〇〇	
	第一次特捐	八五•〇〇〇	八五•〇〇〇		
	遷葬捐		五•〇〇〇		
竹木業	建築捐	三〇〇•〇〇〇	八三•〇〇〇	二一七•〇〇〇	柒拾萬零柒千元
	增派建築捐	三九〇•〇〇〇		三九〇•〇〇〇	
	慰勞捐	六〇•〇〇〇		六〇•〇〇〇	
	第一次特捐	四〇•〇〇〇		四〇•〇〇〇	
	遷葬捐				
印刷業	建築捐	三〇〇•〇〇〇	三〇〇•〇〇〇		伍萬元
	增派建築捐	一〇〇•〇〇〇	一〇〇•〇〇〇		
	慰勞捐	三〇•〇〇〇		三〇•〇〇〇	
	第一次特捐	二〇•〇〇〇		二〇•〇〇〇	
	遷葬捐				

項目	一	二	三	合計	備註
茶食業 建築捐	一六〇・〇〇〇	一六〇・〇〇〇		貳拾肆萬伍千元	
茶食業 增派建築捐	一九〇・〇〇〇		一九〇・〇〇〇		
茶食業 慰勞捐	四五・〇〇〇	二〇・〇〇〇	二五・〇〇〇		
茶食業 第一次特捐	三〇・〇〇〇		三〇・〇〇〇		
茶食業 遷葬捐					
雜糧業 建築捐	二〇〇・〇〇〇	二〇〇・〇〇〇		壹拾柒萬伍千元	
雜糧業 增派建築捐	一六〇・〇〇〇		一六〇・〇〇〇		
雜糧業 慰勞捐	三〇・〇〇〇	二〇・〇〇〇	一〇・〇〇〇		
雜糧業 第一次特捐	二〇・〇〇〇	一五・〇〇〇	五・〇〇〇		
雜糧業 遷葬捐		八・〇〇〇			
靴鞋業 建築捐	四〇〇・〇〇〇	四〇〇・〇〇〇		叁拾肆萬伍千元	
靴鞋業 增派建築捐	三二〇・〇〇〇		三二〇・〇〇〇		
靴鞋業 慰勞捐	四五・〇〇〇	二〇・〇〇〇	二五・〇〇〇		
靴鞋業 第一次特捐	六〇・〇〇〇	六〇・〇〇〇			
靴鞋業 遷葬捐					
刺繡業 建築捐	三〇〇・〇〇〇	三〇〇・〇〇〇		叁萬伍千元	
刺繡業 增派建築捐	二〇〇・〇〇〇	二〇〇・〇〇〇			
刺繡業 慰勞捐	四五・〇〇〇	一〇・〇〇〇	三五・〇〇〇		
刺繡業 第一次特捐	三〇・〇〇〇	三〇・〇〇〇			
刺繡業 遷葬捐					

植物油業	建築捐	三〇〇·〇〇〇	三〇〇·〇〇〇			
	增派建築捐	一六〇·〇〇〇	一六〇·〇〇〇			
	慰勞捐	三〇·〇〇〇	三〇·〇〇〇			
	第一次特捐	二〇·〇〇〇	二〇·〇〇〇			
	遷葬捐		八·〇〇〇			
瓷商業	建築捐	二〇〇·〇〇〇	二〇〇·〇〇〇		壹拾叁萬肆千陸百元	
	增派建築捐	一六〇·〇〇〇	三五·四〇〇	一二四·六〇〇		
	慰勞捐	三〇·〇〇〇	二〇·〇〇〇	一〇·〇〇〇		
	第一次特捐	四〇·〇〇〇	四〇·〇〇〇			
	遷葬捐					
旅館業	建築捐	二〇〇·〇〇〇	二〇〇·〇〇〇		壹拾柒萬元	
	增派建築捐	一六〇·〇〇〇		一六〇·〇〇〇		
	慰勞捐	三〇·〇〇〇	二〇·〇〇〇	一〇·〇〇〇		
	第一次特捐	四〇·〇〇〇	四〇·〇〇〇			
	遷葬捐					
譙席業	建築捐	四〇〇·〇〇〇	四〇〇·〇〇〇		貳拾肆萬元	
	增派建築捐	二四〇·〇〇〇		二四〇·〇〇〇		
	慰勞捐	四五·〇〇〇	四五·〇〇〇			
	第一次特捐	三〇·〇〇〇	三〇·〇〇〇			
	遷葬捐		一二·〇〇〇			

屠坊業	建築捐	三〇〇・〇〇〇	三〇〇・〇〇〇			
	增派建築捐	一九〇・五〇〇	一九〇・五〇〇			
	慰勞捐	二二・五〇〇	二二・五〇〇			
	第一次特捐	一五・〇〇〇	一五・〇〇〇			
	遷葬捐					
編炮業	建築捐	四〇〇・〇〇〇	四〇〇・〇〇〇			
	增派建築捐	一三〇・〇〇〇	一三〇・〇〇〇			
	慰勞捐	二〇・〇〇〇	二一・〇〇〇			
	第一次特捐	二〇・〇〇〇	二〇・〇〇〇			
	遷葬捐		八・〇〇〇			
新藥業	建築捐	五〇〇・〇〇〇	五〇〇・〇〇〇		壹萬伍千元	
	增派建築捐	一六〇・〇〇〇	一六〇・〇〇〇			
	慰勞捐	四五・〇〇〇	三〇・〇〇〇	一五・〇〇〇		
	第一次特捐	三〇・〇〇〇	三〇・〇〇〇			
	遷葬捐		一二・〇〇〇			
豬行業	建築捐	一〇〇・〇〇〇	一〇〇・〇〇〇		壹萬貳千伍百元	
	增派建築捐	一二〇・〇〇〇	一二〇・〇〇〇			
	慰勞捐	二二・五〇〇	一〇・〇〇〇	一二・五〇〇		
	第一次特捐	一五・〇〇〇	一五・〇〇〇			
	遷葬捐		五・〇〇〇			

皂燭業	遷葬捐	/	六•〇〇〇	/	貳千伍百元	
	第一次特捐	一五•〇〇〇	一五•〇〇〇	/		
	慰勞捐	二二•五〇〇	二〇•〇〇〇	二•五〇〇		
	增派建築捐	一三〇•〇〇〇	一三〇•〇〇〇	/		
	建築捐	二〇〇•〇〇〇	二〇〇•〇〇〇	/		
煙作業	遷葬捐	/	/	/	壹萬柒千伍百元	
	第一次特捐	一五•〇〇〇	一〇•〇〇〇	五•〇〇〇		
	慰勞捐	二二•五〇〇	一〇•〇〇〇	一二•五〇〇		
	增派建築捐	一〇〇•〇〇〇	一〇〇•〇〇〇	/		
	建築捐	二〇〇•〇〇〇	二〇〇•〇〇〇	/		
醬園業	遷葬捐	/	/	/	壹拾貳萬貳千伍百元	
	第一次特捐	一五•〇〇〇	/	一五•〇〇〇		
	慰勞捐	二二•五〇〇	一五•〇〇〇	七•五〇〇		
	增派建築捐	一〇〇•〇〇〇	/	一〇〇•〇〇〇		
	建築捐	一五〇•〇〇〇	一五〇•〇〇〇	/		
酒作業	遷葬捐	/	/	/	壹拾貳萬貳千伍百元	
	第一次特捐	一五•〇〇〇	/	一五•〇〇〇		
	慰勞捐	二二•五〇〇	一五•〇〇〇	七•五〇〇		
	增派建築捐	一〇〇•〇〇〇	/	一〇〇•〇〇〇		
	建築捐	一五〇•〇〇〇	一五〇•〇〇〇	/		

玻璃業	建築捐	一〇〇・〇〇〇	一七三・〇〇〇		壹拾捌萬元	
	增派建築捐	一六〇・〇〇〇	~~七三・〇〇〇~~	一六七・〇〇〇		
	慰勞捐	三〇・〇〇〇	二〇・〇〇〇	一〇・〇〇〇		
	第一次特捐	二〇・〇〇〇	一〇・〇〇〇	一〇・〇〇〇		
	遷葬捐					
魚行業	建築捐	一〇〇・〇〇〇	一〇〇・〇〇〇		玖萬叁千元	
	增派建築捐	八〇・〇〇〇		八〇・〇〇〇		
	慰勞捐	一八・〇〇〇	八・〇〇〇	一〇・〇〇〇		
	第一次特捐	一五・〇〇〇	一二・〇〇〇	三・〇〇〇		
	遷葬捐		三・〇〇〇			
製糖業	建築捐	二〇〇・〇〇〇	一〇〇・〇〇〇	一〇〇・〇〇〇	叁拾壹萬伍千元	
	增派建築捐	二〇〇・〇〇〇		二〇〇・〇〇〇		
	慰勞捐	一五・〇〇〇		一五・〇〇〇		
	第一次特捐	一〇・〇〇〇	一〇・〇〇〇			
	遷葬捐					
營造業	建築捐	一〇〇・〇〇〇	一〇〇・〇〇〇		壹拾壹萬元	
	增派建築捐	八〇・〇〇〇		八〇・〇〇〇		
	慰勞捐	三〇・〇〇〇	二〇・〇〇〇	一〇・〇〇〇		
	第一次特捐	二〇・〇〇〇		二〇・〇〇〇		
	遷葬捐					

業別	捐別				合計	
麵食業	建築捐	一〇〇·〇〇〇	一〇〇·〇〇〇		壹拾萬零伍千元	
	增派建築捐	一三〇·〇〇〇	六〇·〇〇〇	七〇·〇〇〇		
	慰勞捐	三〇·〇〇〇	一五·〇〇〇	一五·〇〇〇		
	第一次特捐	二〇·〇〇〇		二〇·〇〇〇		
	遷非捐					
機器業	建築捐	二〇〇·〇〇〇	一四〇·〇〇〇	六〇·〇〇〇	貳拾陸萬元	
	增派建築捐	一六〇·〇〇〇		一六〇·〇〇〇		
	慰勞捐	三〇·〇〇〇		三〇·〇〇〇		
	第一次特捐	二〇·〇〇〇	一〇·〇〇〇	一〇·〇〇〇		
	遷非捐					
浴堂業	建築捐	一〇〇·〇〇〇	一〇〇·〇〇〇		柒萬柒千伍百元	
	增派建築捐	五〇·〇〇〇		五〇·〇〇〇		
	慰勞捐	二二·五〇〇	一〇·〇〇〇	一二·五〇〇		
	第一次特捐	一五·〇〇〇		一五·〇〇〇		
	遷非捐					
圖書業	建築捐	三〇〇·〇〇〇	三〇〇·〇〇〇		貳千伍百元	
	增派建築捐	一三〇·〇〇〇	一三〇·〇〇〇			
	慰勞捐	二二·五〇〇	二〇·〇〇〇	二·五〇〇		
	第一次特捐	一五·〇〇〇	一五·〇〇〇			
	遷非捐		七·五〇〇			

業別	捐別				合計
槽坊業	建築捐	一〇〇·〇〇〇	一〇〇·〇〇〇	/	壹拾捌萬元
	增派建築捐	一五〇·〇〇〇	/	一五〇·〇〇〇	
	慰勞捐	三〇·〇〇〇	二〇·〇〇〇	一〇·〇〇〇	
	第一次特捐	二〇·〇〇〇	/	二〇·〇〇〇	
	遷葬捐	/	/	/	
磚瓦石灰業	建築捐	二〇〇·〇〇〇	二〇〇·〇〇〇	/	壹拾萬零貳千伍百元
	增派建築捐	一〇〇·〇〇〇	/	一〇〇·〇〇〇	
	慰勞捐	二二·五〇〇	二〇·〇〇〇	二·五〇〇	
	第一次特捐	一五·〇〇〇	一五·〇〇〇	/	
	遷葬捐	/	五·〇〇〇	/	
民船業	建築捐	二〇〇·〇〇〇	一〇〇·〇〇〇	一〇〇·〇〇〇	貳拾叁萬元
	增派建築捐	八〇·〇〇〇	/	八〇·〇〇〇	
	慰勞捐	三〇·〇〇〇	/	三〇·〇〇〇	
	第一次特捐	二〇·〇〇〇	/	二〇·〇〇〇	
	遷葬捐	/	/	/	
寄賣業	建築捐	一〇〇·〇〇〇	一〇〇·〇〇〇	/	肆萬伍千元
	增派建築捐	八〇·〇〇〇	五〇·〇〇〇	三〇·〇〇〇	
	慰勞捐	三〇·〇〇〇	一五·〇〇〇	一五·〇〇〇	
	第一次特捐	二〇·〇〇〇	二〇·〇〇〇	/	
	遷葬捐	/	八·〇〇〇	/	

估衣業	建築捐	一〇〇·〇〇〇	/	一〇〇·〇〇〇	貳拾貳萬伍千元
	增派建築捐	一二〇·〇〇〇	/	一二〇·〇〇〇	
	慰勞捐	七·五〇〇	七·五〇〇	/	
	第一次特捐	五·〇〇〇	/	五·〇〇〇	
	遷葬捐	/	/	/	
古玩業	建築捐	一〇〇·〇〇〇	一〇〇·〇〇〇	/	柒萬伍千元
	增派建築捐	七〇·〇〇〇	/	七〇·〇〇〇	
	慰勞捐	七·五〇〇	七·五〇〇	/	
	第一次特捐	五·〇〇〇	/	五·〇〇〇	
	遷葬捐	/	一·五〇〇	/	
鞋料業	建築捐	一〇〇·〇〇〇	一〇〇·〇〇〇	/	柒萬伍千元
	增派建築捐	七〇·〇〇〇	/	七〇·〇〇〇	
	慰勞捐	一五·〇〇〇	一〇·〇〇〇	五·〇〇〇	
	第一次特捐	一〇·〇〇〇	一〇·〇〇〇	/	
	遷葬捐	/	二·〇〇〇	/	
衣皮業	建築捐	二〇〇·〇〇〇	二〇〇·〇〇〇	/	柒千伍百元
	增派建築捐	一三〇·〇〇〇	一三〇·〇〇〇	/	
	慰勞捐	二二·五〇〇	一五·〇〇〇	七·五〇〇	
	第一次特捐	一五·〇〇〇	一五·〇〇〇	/	
	遷葬捐	/	五·〇〇〇	/	

化粧業	建築捐	二〇〇·〇〇〇	一〇〇·〇〇〇	一〇〇·〇〇〇	壹拾伍萬捌千元	
	增派建築捐	七〇·〇〇〇	/	七〇·〇〇〇		
	慰勞捐	一五·〇〇〇	/	一五·〇〇〇		
	第一次特捐	一〇·〇〇〇	一〇·〇〇〇	/		
	遷葬捐	/	三·〇〇〇	/		
製絲業	建築捐	一〇〇·〇〇〇	一〇〇·〇〇〇	/	陸萬玖千元	
	增派建築捐	五〇·〇〇〇	/	五〇·〇〇〇		
	慰勞捐	一五·〇〇〇	/	一五·〇〇〇		
	第一次特捐	一〇·〇〇〇	六·〇〇〇	四·〇〇〇		
	遷葬捐	/	四·〇〇〇	/		
帽工業	建築捐	一〇〇·〇〇〇	一〇〇·〇〇〇	/	柒萬叁千元	
	增派建築捐	七〇·〇〇〇	/	七〇·〇〇〇		
	慰勞捐	一五·〇〇〇	一五·〇〇〇	/		
	第一次特捐	一〇·〇〇〇	七·〇〇〇	三·〇〇〇		
	遷葬捐	/	二·〇〇〇	/		
西染業	建築捐	一〇〇·〇〇〇	一〇〇·〇〇〇	/	叁萬捌千元	
	增派建築捐	八〇·〇〇〇	五〇·〇〇〇	三〇·〇〇〇		
	慰勞捐	一五·〇〇〇	一〇·〇〇〇	五·〇〇〇		
	第一次特捐	一〇·〇〇〇	七·〇〇〇	三·〇〇〇		
	遷葬捐	/	四·〇〇〇	/		

筆墨業	建築捐	二〇〇·〇〇〇	三〇〇·〇〇〇	/	捌萬伍千元	
	增派建築捐	八〇·〇〇〇	/	八〇·〇〇〇		
	慰勞捐	一五·〇〇〇	一〇·〇〇〇	五·〇〇〇		
	第一次特捐	一〇·〇〇〇	一〇·〇〇〇	/		
	遷葬捐	/	二·〇〇〇	/		
鐵器業	建築捐	三〇〇·〇〇〇	三〇〇·〇〇〇	/	伍千元	
	增派建築捐	七〇·〇〇〇	七〇·〇〇〇	/		
	慰勞捐	一五·〇〇〇	一〇·〇〇〇	五·〇〇〇		
	第一次特捐	一〇·〇〇〇	一〇·〇〇〇	/		
	遷葬捐	/	四·〇〇〇	/		
糕餅業	建築捐	二〇〇·〇〇〇	二〇〇·〇〇〇	/	柒千元	
	增派建築捐	五〇·〇〇〇	五〇·〇〇〇	/		
	慰勞捐	一五·〇〇〇	八·〇〇〇	七·〇〇〇		
	第一次特捐	二〇·〇〇〇	二〇·〇〇〇	/		
	遷葬捐	/	/	/		
漆商業	建築捐	一〇〇·〇〇〇	一〇〇·〇〇〇	/	壹萬元	
	增派建築捐	五〇·〇〇〇	四〇·〇〇〇	一〇·〇〇〇		
	慰勞捐	六·〇〇〇	六·〇〇〇	/		
	第一次特捐	四·〇〇〇	四·〇〇〇	/		
	遷葬捐	/	/	/		

製革業	建築捐	/	/	/	伍千伍百元
	增派建築捐	八〇·〇〇〇	八〇·〇〇〇	/	
	慰勞捐	七·五〇〇	七·〇〇〇	五〇〇	
	第一次特捐	五·〇〇〇	/	五·〇〇〇	
	遷葬捐	/	/	/	
鐘錶業	建築捐	五〇·〇〇〇	五〇·〇〇〇	/	伍萬伍千元
	增派建築捐	五〇·〇〇〇	/	五〇·〇〇〇	
	慰勞捐	一五·〇〇〇	一〇·〇〇〇	五·〇〇〇	
	第一次特捐	一〇·〇〇〇	一〇·〇〇〇	/	
	遷葬捐	/	二·〇〇〇	/	
眼鏡業	建築捐	一〇〇·〇〇〇	一〇〇·〇〇〇	/	伍萬元
	增派建築捐	五〇·〇〇〇	/	五〇·〇〇〇	
	慰勞捐	一五·〇〇〇	一五·〇〇〇	/	
	第一次特捐	一〇·〇〇〇	一〇·〇〇〇	/	
	遷葬捐	/	/	/	
水果業	建築捐	二〇〇·〇〇〇	/	二〇〇·〇〇〇	貳拾伍萬元
	增派建築捐	五〇·〇〇〇	/	五〇·〇〇〇	
	慰勞捐	一五·〇〇〇	一五·〇〇〇	/	
	第一次特捐	二〇·〇〇〇	二〇·〇〇〇	/	
	遷葬捐	/	/	/	

桔餅業	建築捐	二〇〇·〇〇〇	二〇〇·〇〇〇		伍千元	
	增派建築捐	五〇·〇〇〇	五〇·〇〇〇			
	慰勞捐	一五·〇〇〇	一〇·〇〇〇	五·〇〇〇		
	第一次特捐	一〇·〇〇〇	一〇·〇〇〇			
	遷葬捐					
照相業	建築捐	三〇〇·〇〇〇	三〇〇·〇〇〇		壹拾陸萬伍千元	
	增派建築捐	一六〇·〇〇〇		一六〇·〇〇〇		
	慰勞捐	一五·〇〇〇	一〇·〇〇〇	五·〇〇〇		
	第一次特捐	二〇·〇〇〇	二〇·〇〇〇			
	遷葬捐					
壽服業	建築捐	五〇·〇〇〇	五〇·〇〇〇		叁千伍百元	
	增派建築捐	五〇·〇〇〇	五〇·〇〇〇			
	慰勞捐	七·五〇〇	四·〇〇〇	三·五〇〇		
	第一次特捐	五·〇〇〇	五·〇〇〇			
	遷葬捐		二·〇〇〇			
瓦貨業	建築捐	一〇〇·〇〇〇	一〇〇·〇〇〇			
	增派建築捐	五〇·〇〇〇	五〇·〇〇〇			
	慰勞捐	七·五〇〇	七·五〇〇			
	第一次特捐	五·〇〇〇	五·〇〇〇			
	遷葬捐		二·〇〇〇			

猪油業	建築捐	一〇〇•〇〇〇	一〇〇•〇〇〇	/	伍萬貳千伍百元	
	增派建築捐	五〇•〇〇〇	/	五〇•〇〇〇		
	慰勞捐	七•五〇〇	六•〇〇〇	一•五〇〇		
	第一次特捐	五•〇〇〇	四•〇〇〇	一•〇〇〇		
	遷葬捐	/	/	/		
人力車業	建築捐	五〇•〇〇〇	五〇•〇〇〇	/	捌萬元	
	增派建築捐	八〇•〇〇〇	/	八〇•〇〇〇		
	慰勞捐	七•五〇〇	七•五〇〇	/		
	第一次特捐	一〇•〇〇〇	一〇•〇〇〇	/		
	遷葬捐	/	/	/		
臘味業	建築捐	一〇〇•〇〇〇	一〇〇•〇〇〇	/	伍萬元	
	增派建築捐	五〇•〇〇〇	/	五〇•〇〇〇		
	慰勞捐	七•五〇〇	七•五〇〇	/		
	第一次特捐	五•〇〇〇	五•〇〇〇	/		
	遷葬捐	/	/	/		
大罐盌盞荒貨業	建築捐	一〇〇•〇〇〇	一〇〇•〇〇〇	/	玖萬貳千伍百元	
	增派建築捐	八〇•〇〇〇	/	八〇•〇〇〇		
	慰勞捐	七•五〇〇	/	七•五〇〇		
	第一次特捐	五•〇〇〇	/	五•〇〇〇		
	遷葬捐	/	/	/		

蛋商業	遷葬捐		一•五〇〇		伍萬貳千伍百元
	第一次特捐	五•〇〇〇	五•〇〇〇		
	慰勞捐	七•五〇〇	五•〇〇〇	二•五〇〇	
	增派建築捐	五〇•〇〇〇	五〇•〇〇〇		
	建築捐	一五〇•〇〇〇	一〇〇•〇〇〇	五〇•〇〇〇	
銅商業	遷葬捐				陸萬元
	第一次特捐	一〇•〇〇〇		一〇•〇〇〇	
	慰勞捐	一五•〇〇〇	一五•〇〇〇		
	增派建築捐	五〇•〇〇〇		五〇•〇〇〇	
	建築捐	五〇•〇〇〇	五〇•〇〇〇		
輪船旅票業	遷葬捐		二•〇〇〇		壹萬叁千元
	第一次特捐	一〇•〇〇〇	六•〇〇〇	四•〇〇〇	
	慰勞捐	一五•〇〇〇	六•〇〇〇	九•〇〇〇	
	增派建築捐	五〇•〇〇〇	五〇•〇〇〇		
	建築捐	二〇〇•〇〇〇	二〇〇•〇〇〇		
五金電料業	遷葬捐		四•〇〇〇		
	第一次特捐	一〇•〇〇〇	一〇•〇〇〇		
	慰勞捐	一五•〇〇〇	一五•〇〇〇		
	增派建築捐				
	建築捐	一•四〇〇•〇〇〇	一•四〇〇•〇〇〇		

業別	捐別				
茶商業	建築捐	一〇〇•〇〇〇	一〇〇•〇〇〇		伍千元
	增派建築捐	五〇•〇〇〇	五〇•〇〇〇		
	慰勞捐	一五•〇〇〇	一〇•〇〇〇	五•〇〇〇	
	第一次特捐	一〇•〇〇〇	一〇•〇〇〇		
	遷葬捐		二•〇〇〇		
戲劇業	建築捐	四〇〇•〇〇〇	一〇〇•〇〇〇	三〇〇•〇〇〇	叁拾陸萬貳千伍百元
	增派建築捐	五〇•〇〇〇		五〇•〇〇〇	
	慰勞捐	七•五〇〇		七•五〇〇	
	第一次特捐	五•〇〇〇		五•〇〇〇	
	遷葬捐				
豬鬃業	建築捐	一〇〇•〇〇〇	一〇〇•〇〇〇		陸萬貳千伍百元
	增派建築捐	五〇•〇〇〇		五〇•〇〇〇	
	慰勞捐	七•五〇〇		七•五〇〇	
	第一次特捐	五•〇〇〇		五•〇〇〇	
	遷葬捐				
倉庫業	建築捐				
	增派建築捐				
	慰勞捐				
	第一次特捐				
	遷葬捐				

皮件業	建築捐	一〇〇·〇〇〇	/	一〇〇·〇〇〇	貳拾叁萬柒千伍百元	
	增派建築捐	一三〇·〇〇〇	/	一三〇·〇〇〇		
	慰勞捐	七·五〇〇	/	七·五〇〇		
	第一次特捐	一〇·〇〇〇	一〇·〇〇〇	/		
	遷難捐	/	/	/		
臨時電廠業	建築捐	/	/	/	/	
	增派建築捐	/	/	/		
	慰勞捐	/	/	/		
	第一次特捐	/	/	/		
	遷難捐	/	/	/		
運輸業	建築捐	/	/	/	/	
	增派建築捐	/	/	/		
	慰勞捐	/	/	/		
	第一次特捐	/	/	/		
	遷難捐	/	/	/		
夏布業	建築捐	三〇〇·〇〇〇	二〇〇·〇〇〇	一〇〇·〇〇〇	壹拾叁萬元	
	增派建築捐	/	/	/		
	慰勞捐	三〇·〇〇〇	/	三〇·〇〇〇		
	第一次特捐	二〇·〇〇〇	二〇·〇〇〇	/		
	遷難捐	/	一〇·〇〇〇	/		

麵粉業	建築捐	五〇•〇〇〇	五〇•〇〇〇		伍萬伍千元	
	增派建築捐	五〇•〇〇〇		五〇•〇〇〇		
	慰勞捐	一五•〇〇〇	一〇•〇〇〇	五•〇〇〇		
	第一次特捐	一〇•〇〇〇	一〇•〇〇〇			
	遷葬捐		七•〇〇〇			
牛肉業	建築捐	一〇〇•〇〇〇	一〇〇•〇〇〇		捌萬元	
	增派建築捐	八〇•〇〇〇		八〇•〇〇〇		
	慰勞捐	七•五〇〇	七•五〇〇			
	第一次特捐	五•〇〇〇	五•〇〇〇			
	遷葬捐					
生草業	建築捐				伍萬叁千元	
	增派建築捐	五〇•〇〇〇		五〇•〇〇〇		
	慰勞捐	三•〇〇〇		三•〇〇〇		
	第一次特捐	二•〇〇〇	二•〇〇〇			
	遷葬捐		一•五〇〇			
油行業	建築捐				叁萬元	
	增派建築捐					
	慰勞捐	三〇•〇〇〇		三〇•〇〇〇		
	第一次特捐					
	遷葬捐					

興中煙廠	建築捐	五〇〇·〇〇〇	五〇〇·〇〇〇	/	/	
	增派建築捐	八〇·〇〇〇	八〇·〇〇〇	/		
	慰勞捐	/	/	/		
	第一次特捐	/	/	/		
	遷葬捐	/	/	/		
湖南麵粉公司	建築捐	/	/	/	伍萬元	
	增派建築捐	/	/	/		
	慰勞捐	三〇·〇〇〇	/	三〇·〇〇〇		
	第一次特捐	二〇·〇〇〇	/	二〇·〇〇〇		
	遷葬捐	/	/	/		
中原公司	建築捐	/	/	/	/	
	增派建築捐	/	/	/		
	慰勞捐	/	/	/		
	第一次特捐	/	/	/		
	遷葬捐	/	/	/		
長沙火柴公司	建築捐	/	/	/	/	
	增派建築捐	/	/	/		
	慰勞捐	/	/	/		
	第一次特捐	/	/	/		
	遷葬捐	/	/	/		

民生火柴公司	建築捐				
	增派建築捐				
	慰勞捐				
	第一次特捐				
	還荒捐				
胡德初	建築捐		一〇〇•〇〇〇		
姜求忠	建築捐		一〇〇•〇〇〇		
慶祝抗戰勝利大會	慰勞捐		六〇〇•〇〇〇		
合計		五〇•六七三•五〇〇	三八•〇五二•四〇〇	一三•九五四•一〇〇	壹仟叁百玖拾伍萬肆仟壹百元

附註　册内數目係查照會計科各種册簿編列如非期間内收繳者概未列入

长沙市政府为注意查禁未经注册行庄致长沙市商会的代电（一九四七年四月十日）

長沙市商會收文 隨字第419號 卅六年四月十一日

事由	准財政所代電為注意查禁未經註冊行莊由
附件	
擬辦	
批示	遵辦 滂 四、十二

長沙市政府代電

財字第333號

中華民國三十六年四月十日發

長沙市商會業准湖南省政府財政所第二字第六八九號代電略開，"未經財政部核准註冊之行莊應請飭屬隨時注意查察依法取締"等由。查取締未經註冊行莊營業曾奉屢有嚴格規定，而秘密營業者仍復不少，案准前由，合行電仰注意查察

報請依法取締并轉行遵照為要長沙市政府養財三卯（灰）印

长沙市商会建筑费审查意见书（一九四七年四月十一日）

長沙市商會建築費審查意見書 民國三十六年四月十一日簽造

材料名稱	總金額	實付數	欠付數	備考
原合約包價	貳千玖百萬元	貳千玖百萬元	/	計估單壹張共包價叁千萬元核減壹百萬元實為貳千玖百萬元內玖百萬元有收據可查惟貳千萬元則無收據可收應由該公司補送全據再行核銷
磚款	伍百叁拾萬元	伍百萬元	叁拾萬元	此數雖有收據可查而無估單可考是否實在應由該公司補全證據再行核銷
增雜加屋工加價大	肆百捌拾萬元	肆百捌拾萬元	/	有估單貳張及收據可查其數無訛
增加工資	貳百柒拾萬元	貳百壹拾萬元	陸拾萬元	此數雖有收據可查而無估單可考是否實在應由該公司補全證據再行核銷
過亭改水泥平台	肆拾捌萬元	肆拾捌萬元	/	有估單壹張及收據可查其數無訛
土圍牆	捌拾捌萬壹千陸百元	捌拾捌萬壹千陸百元	/	有估單壹張及收據可查其數無訛
三合土路面	壹百捌拾捌萬元	壹百柒拾萬元	壹拾捌萬元	此數雖有收據可查而無估單可考是否實在應由該公司補全證據再行核銷
側面木柵門	壹拾柒萬元	壹拾萬元	柒萬元	此數雖有收據可查而無估單可考是否實在應由該公司補全證據再行核銷
增加七寸斗牆	貳百伍拾陸萬元	壹百萬元	壹百伍拾陸萬元	此數雖有收據可查而無估單可考是否實在應由該公司補全證據再行核銷
土方出垃圾	伍拾貳萬零捌百元	貳拾柒萬捌千肆百元	貳拾肆萬貳千肆百元	此數雖有收據可查而無估單可考是否實在應由該公司補全證據再行核銷

明溝	貳拾捌萬捌千元	貳拾萬元	捌萬捌千元	此數雖有收據可查而無估單可考是否實在應由該公司補全證據再行核銷
磚灶	捌萬元	貳萬元	陸萬元	此數雖有收據可查而無估單可考是否實在應由該公司補全證據再行核銷
合計	肆千捌百陸拾陸萬零肆百元	肆千伍百伍拾陸萬元	叁百壹拾萬零零肆百元	共有估單壹拾貳張除核減外實數爲叁千伍百壹拾陸萬壹千陸百元尚欠估單捌張其中應否核減數目實難查考
附註	查大夏建築公司送來結賬單內少收本會會計科國幣肆萬元既有收據爲憑自毋庸議該單內所列息金捌百伍拾肆萬玖千叁百陸拾元之數仍應由理事會辦理欠繳本會捌紙估單亦應請理事會追大夏公司從速補齊以便核銷而符手續其餘收付兩抵應欠大夏公司之款請建築會將原包所有工程配備按部接收清楚如無欠缺即可照付 再查關於建築配備一切零星費用另册報告合併聲明				
補註	上列審査意見嗣經大夏公司於四月十八日來緘逐條聲明並補送估單收據等件核與事實相合應即核銷				

王春篪
潘慶先　審查
周海泉

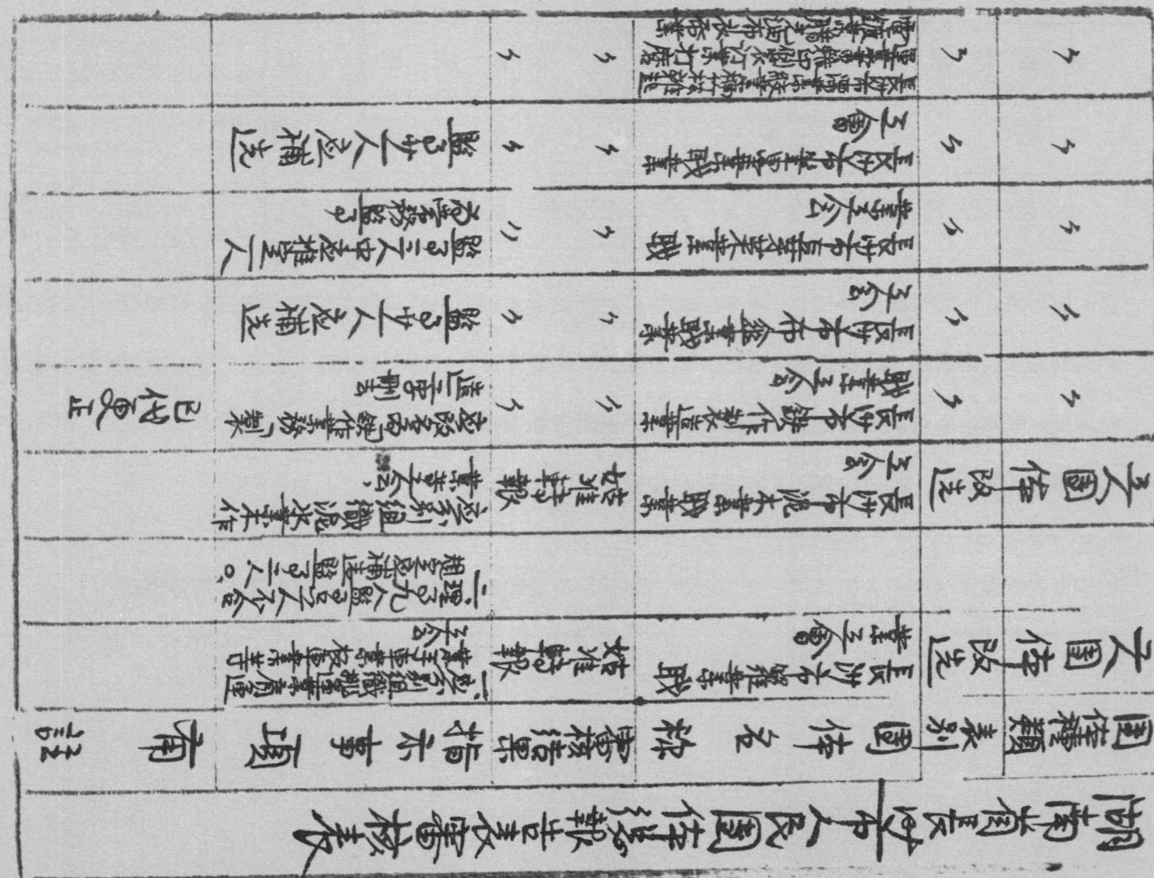

湖南省长沙市人民团体总报告表审核表

湖南省長沙市人民團体總報告表審核表

團体種類	表別	團体名稱	審核結果	指示事項	備註
工人團体	改選	長沙市運業職業工會	姑准特報	一、應分別組織搬運業、肩運業、手車業、板車業等業工會。二、理事九人監事三人不合規定，應補選監事二人。	
工人團体	改選	長沙市泥木業職業工会	姑准特報	應分別組織泥水業、木作業等業工会。	
〃	〃	長沙市鉄作製造業職業工会	〃	應改為鉄作業務，「製造」二字刪去	已代更正
〃	〃	長沙市布傘業職業工会	〃	監事少一人應補選	
〃	〃	長沙市豆芽菜業職業工会	〃	監事三人中應推定一人為常務監事	
〃	〃	長沙市筆墨業職業工會	〃	監事少一人應補選	
〃	〃	長沙市漂業絞業編竹棧雜起運業電鍍印刷衣訂業打磨電鍍業腊光油布衣帝業	〃		

之團體		改選	甜酒粉館業 肥料業 園木業 酥食餅餌業 粥館業 酒席業 饭菜業第十三區職業工會	准予轉報		一、負責人署名應填公司行號之職務例如某某店之主或經理 二、
商業團體		〃	長沙市百貨商業同業公會	姑准轉報		一、負責人署名應填公司行號之職務例如某某店之主或經理 二、監事[illegible]人由委員[illegible]三人會同辦理之
〃	〃	〃	長沙市旅館商業同業公會	〃	〃	一、負責人署名應填公司行號之職務例如某某店之主或經理 二、監事[illegible]人應補選
〃	〃	〃	長沙市生草藥商業同業公會	〃	〃	負責人署名應填公司行號之職務例如某某店之主或經理
〃	〃	〃	長沙市國藥業兼營青麯皂燭營造寺殿製燈帳等六項商業同業公會	〃	〃	
〃	〃	〃	第二區針織工業同業工會	〃	〃	仝前

湖南省长沙市人民团体总报告改选表审核表

湖南省長沙市人民團體總報告改选表審核表

團體種類	表別	團體名稱	審核結果	指示事項	備註
商	改选	長沙市茶食商業同業公會	發还更正	1. 理監事署名應載明公司行號經理或店主 2. 應依法補選候补理監事	
商	改选	長沙市銀行業同業公會	發还更正	1. 該會名稱銀行二字下應加一「商」字 2. 圖記不合規定應依法定尺寸另刊鈐發 3. 應补选候补理監事	
商	改选	長沙市鐘表商業同業公會	發还更正	1. 監事應減少一人 2. 理監事署名應以公司行號經理或店主填載	
商	改选	長沙市金銀首飾業同業公會	發还更正	1. 首飾二字下應加一「商」字	

				2、应补造履历理監事
工商	改选	長沙市刺绣工業同業工会	发还更正	1、该会图记不合应依法定尺寸另刊颁发 2、理監事男女履历以公司行号经理或店主填入 3、理監欄称不符填用应另用纸标粘上 4、理監事表应填三份
工商	改选	長沙市西染工業同業公会	发还更正	1、理監事男女履历以公司行号经理或店主填入 2、图记不合应另刊颁发
商	改选	長沙市油盬棉花纱商業同業公会	发还更正	1、理監事男女履历应填公司行号经理或店主 2、表应填三份

湖南省　人民團體總表審核表

團體種類	表别	團體名稱	審核結果	指示事項	備註
商	改选	長沙市輪業商業同業公会	發还更正	1、界歷应以公司行號經理或店主填入 2、图记不合应依法定尺寸另刊缴發	
工商	改选	長沙市製革工業同業公会	發还更正	1、界歷应填公司行號經理或店主 2、应加选候补理監事 3、表应填三份	
商	改选	長沙市鞋料番线商業同業工会	發还更正	1、图记不合应依法定尺寸另刊缴發 2、界歷应填公司行号經理或店主	
商	改选	長沙市瓦貨商業同業公会	發还更正	1、界歷应填公司行号經理或店主 2、候补理事多一人常務監事「常務」二字	

湖南省長沙市人民团体總登記表審核表

团体種類	表别	团体名称	審核結果	指示事項	備註
商人团体	總登記	長沙市商會	更正再核	表填理事二十三人應修正為十二人監事十三人應修正為八人	原表發還
〃	〃	長沙市鸡鸭腊味商業同業公会	姑准抄報	理事長一人應修理事長萬生改為候補理事	已代更正
〃	〃	長沙市水果商業同業公会	〃	未據呈報組織章程應補具組織章程報告表以憑核辦	
〃	〃	長沙市紮造業同業公会	〃	仝前	
〃	〃	長沙市金銀首飾業同業公会	更正再核	一、備考中業字上應加"商"字 二、監事名額不合規定	原表發還
〃	〃	長沙市玻璃業商業公会	姑准抄報	應更名為玻璃商業同業公会	已代更正
〃	〃	長沙市蔬貨商業同業公会	更正再核	一、理監事名額不合規定 二、應另取相當名稱或併入大雜貨業或組織雜貨業等公会	

商人团体	总登记	长沙市化妆品工业同业公会	姑准核报	一、未据呈报组织有无应补具组织报告表核转	
				二、理事多人应将理事数其后目改为候补理事	已代更正
〃	〃	长沙市古玩商业同业公会	〃	一、仝前	
〃	〃	〃 输电业 〃	〃	一、业字下商字上之业字应删去	〃 〃
				二、会员人数应填入公司行号栏内	
〃	〃	〃 纸商印刷业 〃	〃	原名纸商业应在组织沿革栏内注明	〃 〃
〃	〃	〃 制糖工业 〃	〃	一、未据呈报组织有无应补具组织	
				报告表核转	
〃	〃	〃 面馆业 〃	更正再核	一、未据呈报组织有无 二、理事名额不合规定	原表发还
〃	〃	〃 染业 〃	姑准核报	监事五人应将监事名额后佐改为候补监事	已代更正

商人团体	总登记	长沙市钟表商业同业公会	姑准换发	监事多一人，应将监事章炳南改为候补监事	已代更正
〃	〃	〃 棉纺杂货业 〃	〃 〃	一、未据呈报组织有案，应补赍组织报告表核核 六、货字下业字上应加一「商」字	〃 〃
〃	〃	长沙市图书教育用品业同业公会		品字下业字下应加一「商」字	〃
〃	〃	长沙市中西衣庄皮货商业同业公会	〃 〃	一、未据呈报组织有案，应补赍组织报告表核核	
〃	〃	〃 豆参膏麯 〃	〃 〃	一、全前 二、监事多一人，应将监事周瑞昌改为候补监事	已代更正
〃	〃	〃 缝纫衣工业 〃	〃 〃	一、全前 二、缝纫衣工业应改为缝纫衣业	〃 〃
〃	〃	〃 西药工业 〃	〃 〃	一、全前 六、监事多一人，应将监事喻子贵改为候补监事	〃 〃
〃	〃	〃 烟丝工业 〃	〃 〃	一、全前	
〃	〃	〃 糕饼糖果业 〃	〃 〃	一、全前	

商人团体	组织登记	长沙市机器生产工业同业公会	姑准转报	一、仝前	
〃	〃	製革工业	更正再核	一、仝前 二、应补选监事三人	原系表发还
〃	〃	铜器商业	姑准转报	一、仝前	
〃	〃	刺绣业	〃	一、仝前	
〃	〃	漆商业	〃	一、仝前	
〃	〃	银行业	〃	一、未据呈报组织有案，应补造组织报告表报核	
				二、监事多一人，应将监事陈其激改为候补监事	已照更正
〃	〃	人力车业	〃	一、仝前	
〃	〃	国药商业	更正再核	表填理事十三人不合规定	原系表发还
〃	〃	戏剧	〃 〃	表填监事五人不合规定	〃 〃

商人团体	总登记	长沙市废金类纸业同业公会	姑准转报	理监事各多一人，应将理事郭桂生改为候补理事	已代更正
〃	〃	〃 颜料 〃		事，又监事易树生改为候补监事	
〃	〃	〃 [illegible] 〃	更正再核	应补选监事一人	原表发还
〃	〃	〃 钟表 〃	姑准再核	理事多一人，应将理事贺[illegible]阁应改为候补理事	已代更正
〃	〃	〃 大箩荒货 〃	〃 〃	监事多一人，应将监事文锦斗改为候补监事	〃
				并将候补监事柳汉卿、杨远牲二人除去	
〃	〃	〃 猪油 〃	姑准转报	理事多一人，应将理事刘桂芳改为候补理事	已代更正
〃	〃	〃 茶食 〃	〃	监事多一人，应将监事刘裕生改为候补监事	〃
〃	〃	长沙市寿衣庄行煤炭棉花粮食浴堂丝绸	准予转报		
		[illegible]纸布估衣新药南货土菜竹木砂盐棉	〃 〃		

棉花纱捲烟旅馆百
货鞋料香纸笔墨
光[illegible]瓷货山货五金
颜料麺食瓦货等二
十一個商業同業公会
又酱園酒作皂烛染
坊绸作寿服豬鬃
整理製箱等八個
工業同業公会

工商登记相关文件

长沙市党务整理委员会训练部为准予组织长沙市钱业同业公会并颁发许可证的通令（一九三一年二月二十八日）

中國國民黨長沙市黨務整理委員會訓練部通令　第　號

令長沙市錢業同業公會　王鎮南　黄伯芳等

為令遵事案據該會負責人等申請組織長沙市錢業同業公會呈賫登記表負責人調查表及章程等件到部并經本部派員視察茲查該會呈賫各件及視察員報告表核與人民團體組織法規尚屬相符自應准予組織茲隨令頒發訓字第四一號許可証壹紙并任用杜俞君同志為該團體組織指導員所有一切進行應即商承該指導員妥為辦理合亟令仰該負責人等一體知照為要此令

附發訓字第四一號許可証壹紙

部長　繆崑山

中華民國二十年二月廿八日

附：长沙市钱业同业公会组织许可证书（一九三一年二月二十八日）

總理遺囑

人民團體組織許可證書 訓字第四一號

茲據王鎮南、萬伯常等申請許可組織長沙市錢業同業公會，經本會派員視察認為合格，應准依法組織，並應遵守左列事項，合給此證為憑。

計開

一、不得有違反三民主義之言論及行為

二、接受中國國民黨之指揮

三、遵守國家法律服從政府命令

四、職業團體會員以真正同業者及法律所許可之人為限；社會團體會員以有正當職業者為限

五、有反革命行為或受剝奪公權及開除黨籍處分者不得為會員

六、除例會外各項會議須得當地高級黨部及政府之許可方得召集

七、違反上項規定者受應得之處分

右給長沙市錢業同業公會收執

中國國民黨湖南長沙市黨務整理委員會

常務委員 趙□ 羅傳矩 □

訓練部長 繆崑山

中華民國二十年二月二十八日

长沙市政府为准予印发长沙市油盐花纱业同业公会立案证书的指令（一九四二年十月十七日）

人民团体立案证书（第 号），仰即祗领收执，仍将奉到日期呈报备查为要！

此令！

附印发社团[illegible]，又立案证书一份

市长

人民團體立案證書

醬字第壹號

7868

長沙市油鹽花紗業同業公會業已依法組織完成應准立案此證

計開

團體名稱　長沙市油鹽花紗業同業公會

設立地點　長沙大西門下牆灣二號

負責人姓名　易之一

長沙市市長 王○○

中華民國三十一年十月四日

社團字第 號

附：长沙市油盐花纱业同业公会立案证书（一九四二年十月四日）

长沙市戏剧商业同业公会立案证书（一九四六年三月十一日）

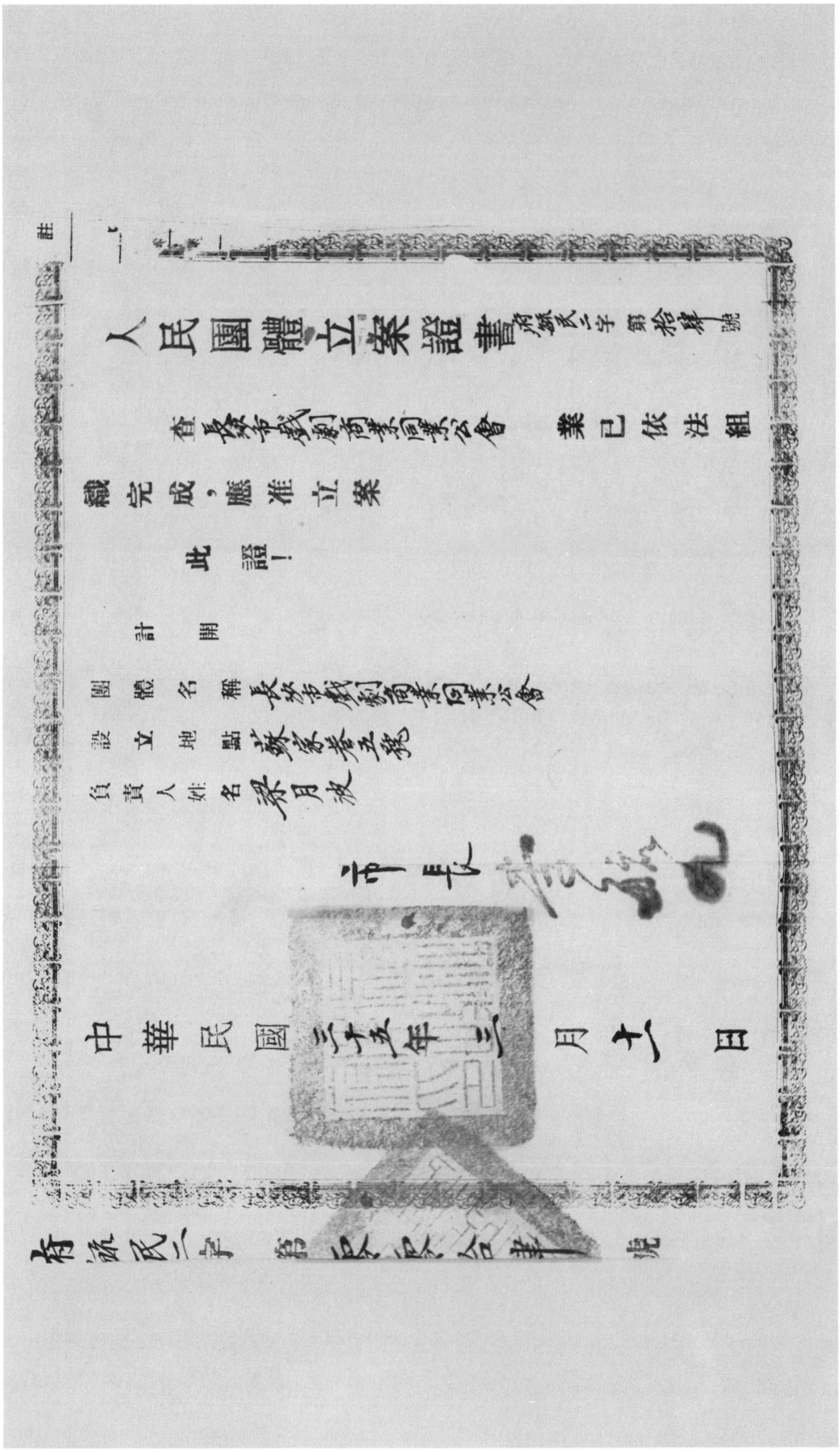
人民團體立案證書 府社民二字第拾肆號

查長沙市戲劇商業同業公會 業已依法組織完成，應准立案

此證！

計開

團體名稱 長沙市戲劇商業同業公會

設立地點 蘇家巷五號

負責人姓名 梁月波

市長

中華民國三十五年三月十一日

府社民二字第拾肆號

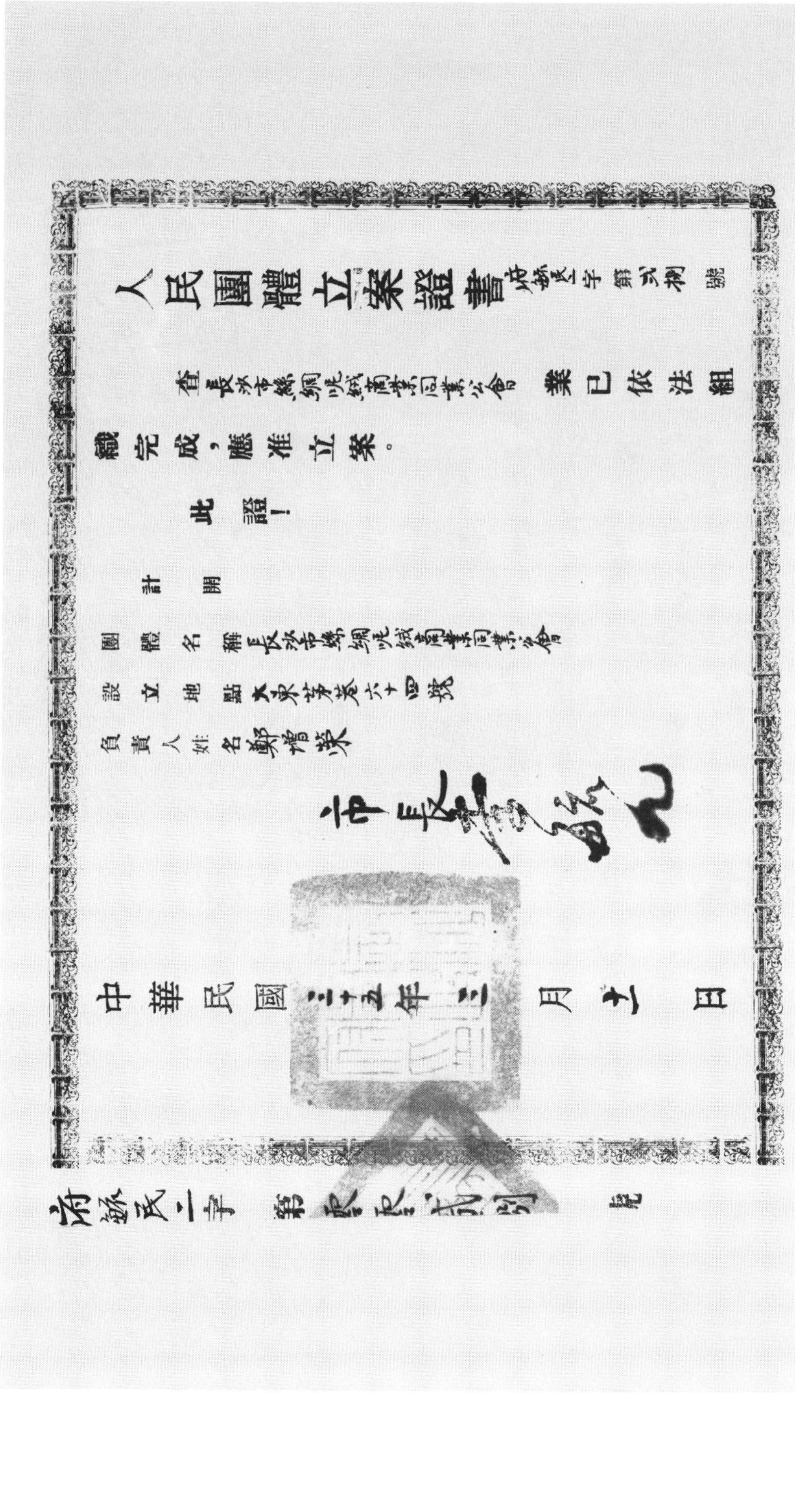

人民團體立案證書 成蘇民字第弍捌號

查長沙市絲綢呢絨商業同業公會業已依法組織完成，應准立案。

此證！

計開

團體名稱 長沙市絲綢呢絨商業同業公會

設立地點 大東茅巷六十四號

負責人姓名 鄭潛萊

市長

中華民國三十五年三月十一日

府秘民二字第 號

长沙市丝绸呢绒商业同业公会立案证书（一九四六年三月十一日）

长沙市政府为准予补发长沙市油盐棉花纱商业同业公会立案证书的指令（一九四六年三月十八日）

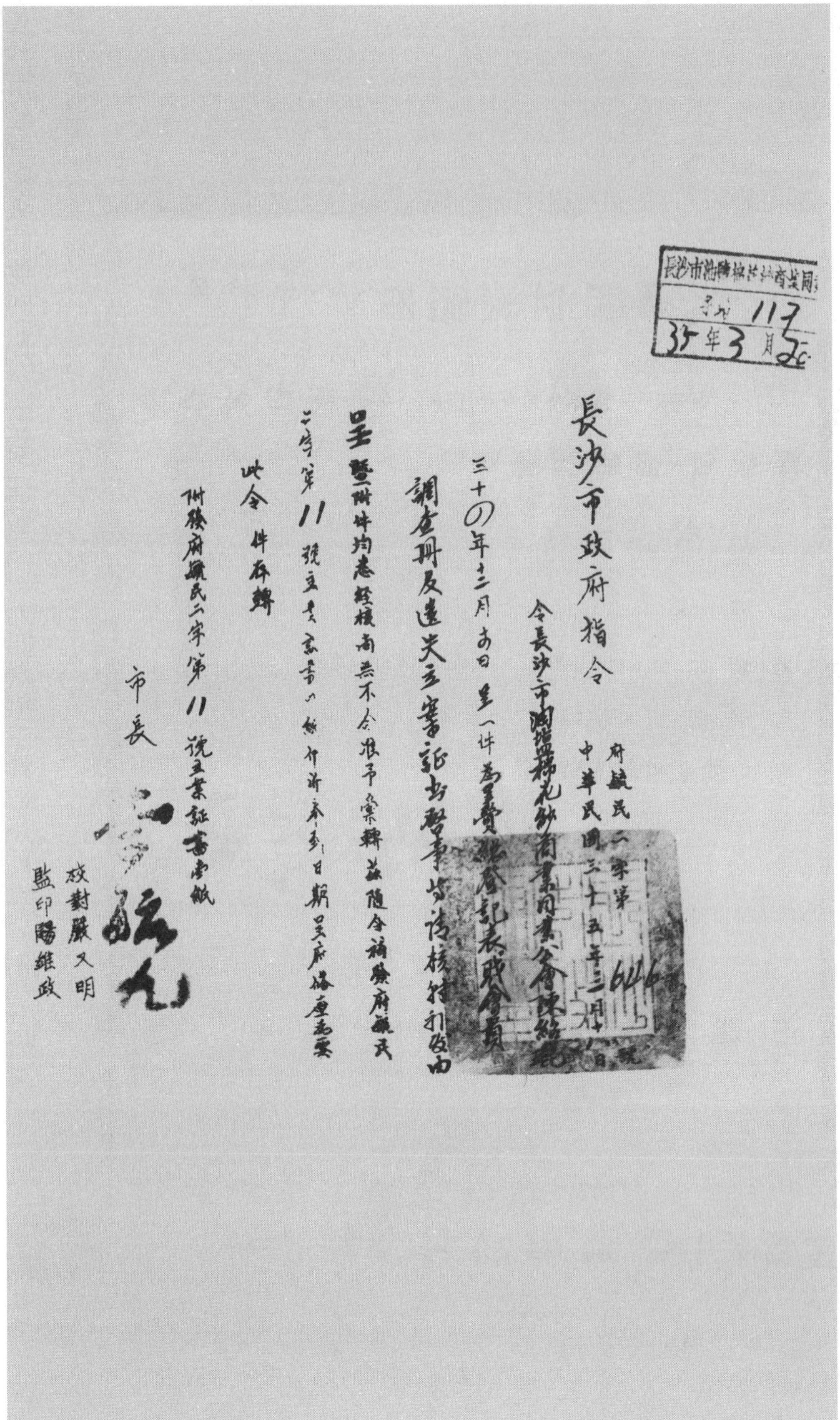

長沙市油鹽棉花紗商業同業公會 收文 112號 35年3月26日

長沙市政府指令

府驗民二字第6446號

中華民國三十五年三月十八日

令長沙市油鹽棉花紗商業同業公會

三十四年十二月廿日呈一件，為呈賫登記表、職會員調查冊及遺失立案證書聲請核發由。

呈暨附件均悉。經核尚無不合，准予案轉，茲隨令補發府驗民二字第11號立案證書乙紙，仰將奉到日期呈府備查為要。

此令。件存轉。

附發府驗民二字第11號立案證書乙紙

市長

校對嚴又明

監印陽維政

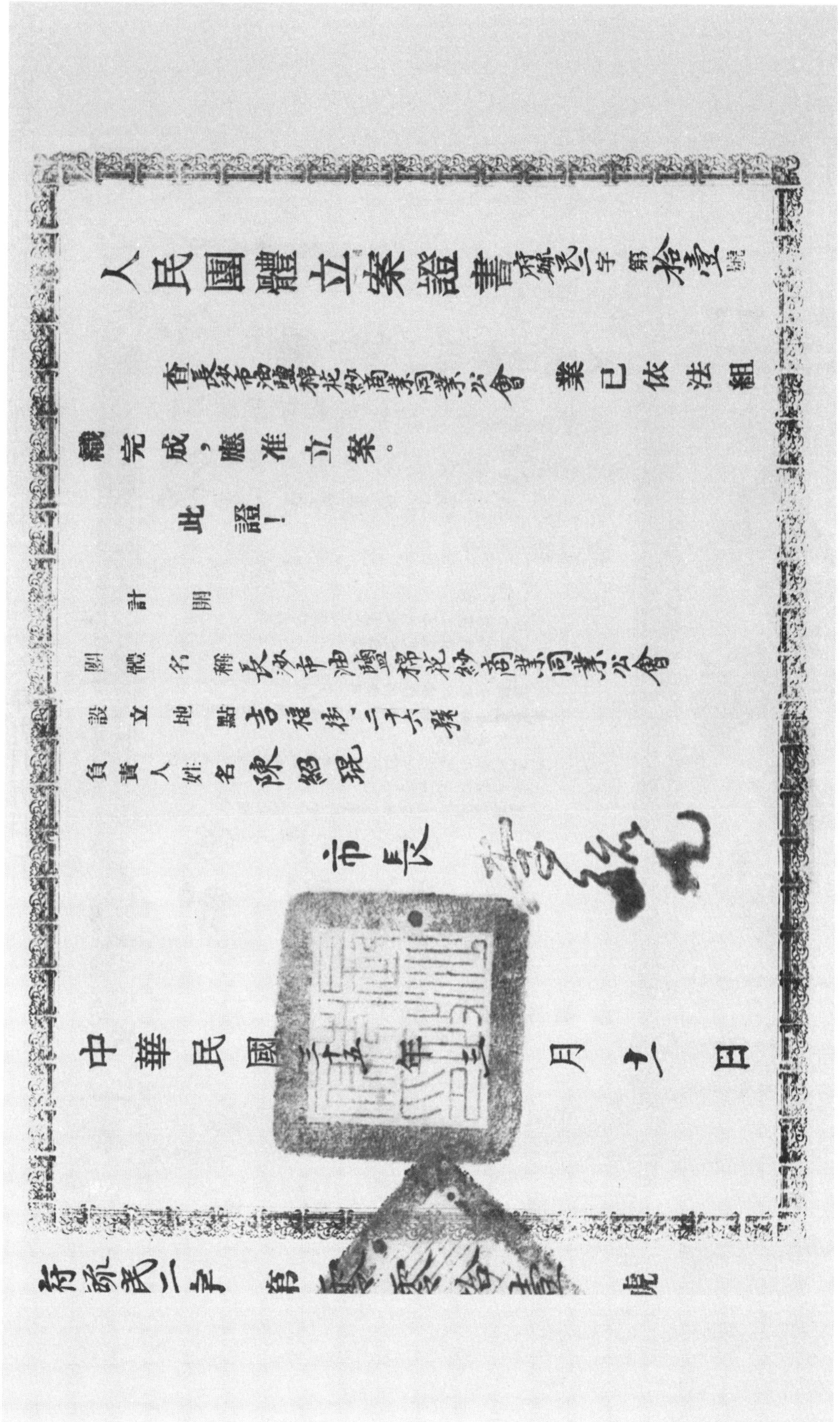
人民團體立案證書 府社民二字第拾壹號

查長沙市油鹽棉花紗商業同業公會業已依法組織完成，應准立案。

此證！

計開

團體名稱 長沙市油鹽棉花紗商業同業公會

設立地點 吉祥巷二十六號

負責人姓名 陳紹琨

市長

中華民國三十五年三月十一日

府社民二字 第 號

附：长沙市油盐棉花纱商业同业公会立案证书（一九四六年三月十一日）

國父遺囑

余致力國民革命凡四十年其目的在求中國之自由平等積四十年之經驗深知欲達到此目的必須喚起民衆及聯合世界上以平等待我之民族共同奮鬥

現在革命尚未成功凡我同志務須依照余所著建國方畧建國大綱三民主義及第一次全國代表大會宣言繼續努力以求貫澈最近主張開國民會議及廢除不平等條約尤須於最短期間促其實現是所至囑

人民團體組織許可證書

字第〇〇九號

長沙市倉庫商業同業公會發起人李壽增等申請許可組織經本府派員視察認為合格應准依法組織並應遵守左列事項合給此證為憑

計開

一、不得有違反三民主義之言論及行為
二、接受中國國民黨之指導
三、遵守國家法律服從政府命令
四、團體會員以法律所許可之人為限
五、有反革命行為被告發有據或受剝奪公權處分者不得為會員
六、除例會外各項會議須得當地高級黨部及主管官署之許可方可召集
七、違反上列規定者應受法律所規定之處分

右給李壽增等收執

長沙市市長王浩

中華民國三十五年九月九日

長沙市倉庫商業同業公會組織許可證書（一九四六年九月九日）

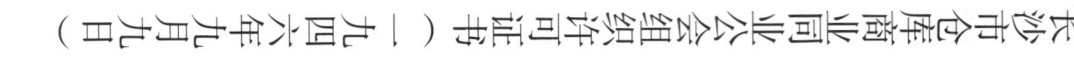

长沙市政府为调解南货土果商业同业公会和土果杂货行矛盾的通知（一九四六年十月一日）

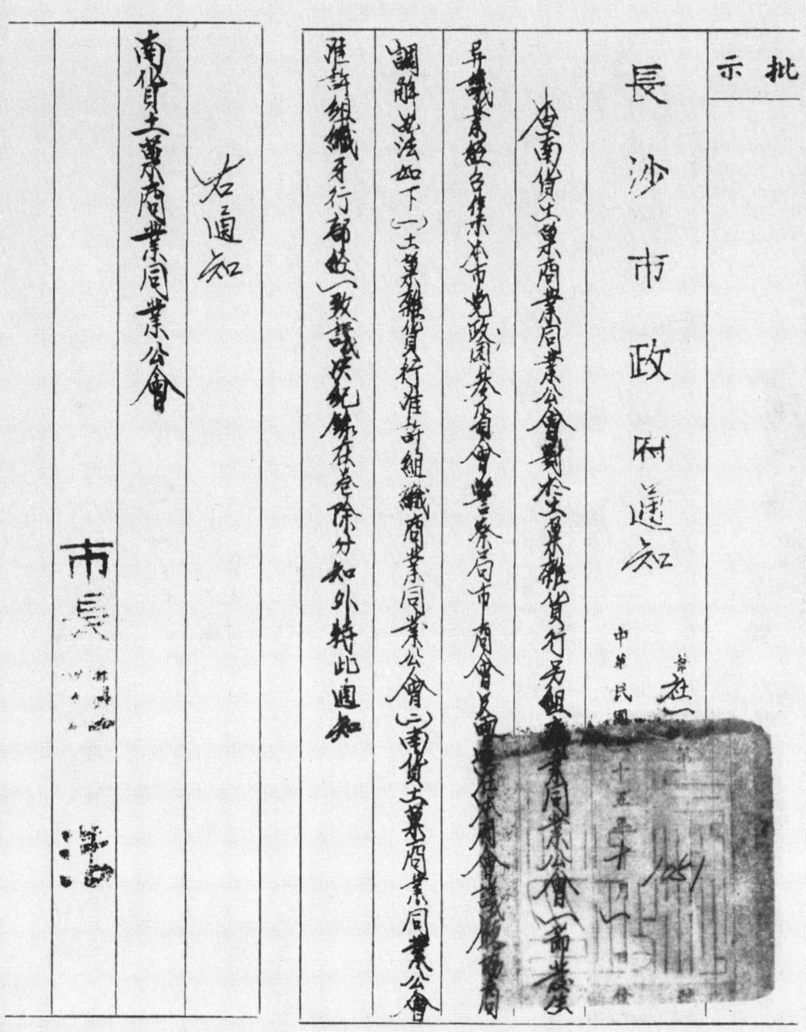

批示

長沙市政府通知

中華民國三十五年十月一日

府社一字第1251號

查南貨土果商業同業公會對於土果雜貨行另組[illegible]商業同業公會一節，業[illegible]異議，業經召集本市黨政團參議會、警察局、市商會及南貨土果業雙方[illegible]協商調解，辦法如下：（一）土果雜貨行准許組織商業同業公會；（二）南貨土果商業同業公會准許組織分行部份；（一致議決紀錄在卷）除分知外，特此通知。

右通知

南貨土果商業同業公會

市長 [illegible]

湖南省政府社会处为南货土果商业同业公会成立牙行部的指令（一九四六年十一月六日）

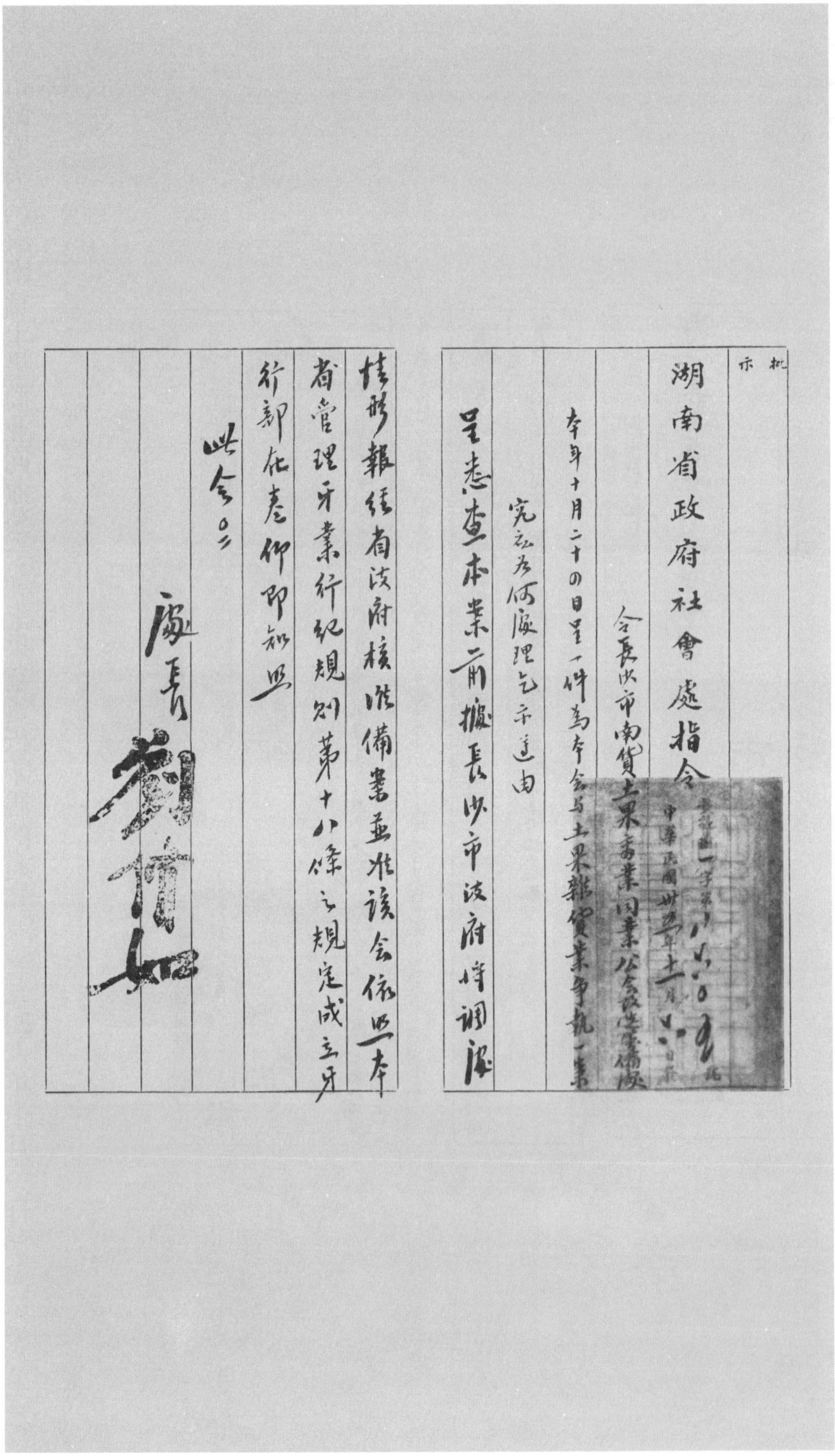

湖南省政府社會處指令

令長沙市南貨土果商業同業公會

本年十月二十日呈一件為本會與土果雜貨業爭執一案究應如何處理乞示遵由

呈悉查本案前據長沙市政府呈請調解情形報經省政府核准備案並准該會依照本省管理牙業行紀規則第十八條之規定成立牙行部在卷仰即知照

此令

處長 劉修如

长沙市政府为南货土果商业同业公会成立牙行部的训令（一九四六年十一月十四日）

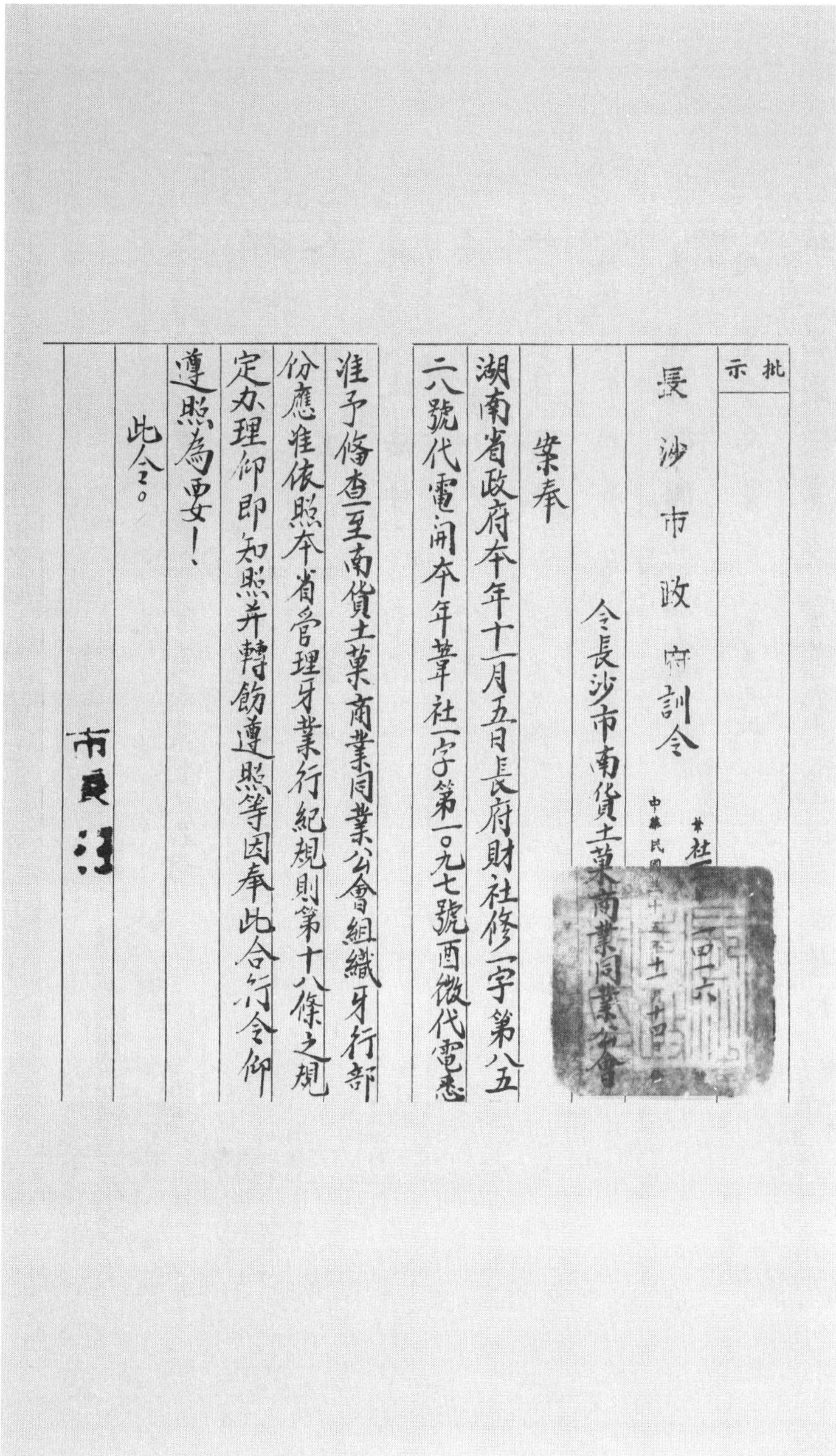

批示

長沙市政府訓令　華社一四六

中華民國三十五年十一月十四日

令長沙市南貨土菓商業同業公會

案奉

湖南省政府本年十一月五日長府財社修一字第八五二八號代電開：本年華社一字第一〇九七號酉微代電悉，准予備查。至南貨土菓商業同業公會組織牙行部份，應准依照本省管理牙業行紀規則第十八條之規定办理，仰即知照并轉飭遵照。等因，奉此，合行令仰遵照為要！

此令。

市長

长沙市桔饼行业同业公会会员商业登记名册（一九四七年三月二十四日）

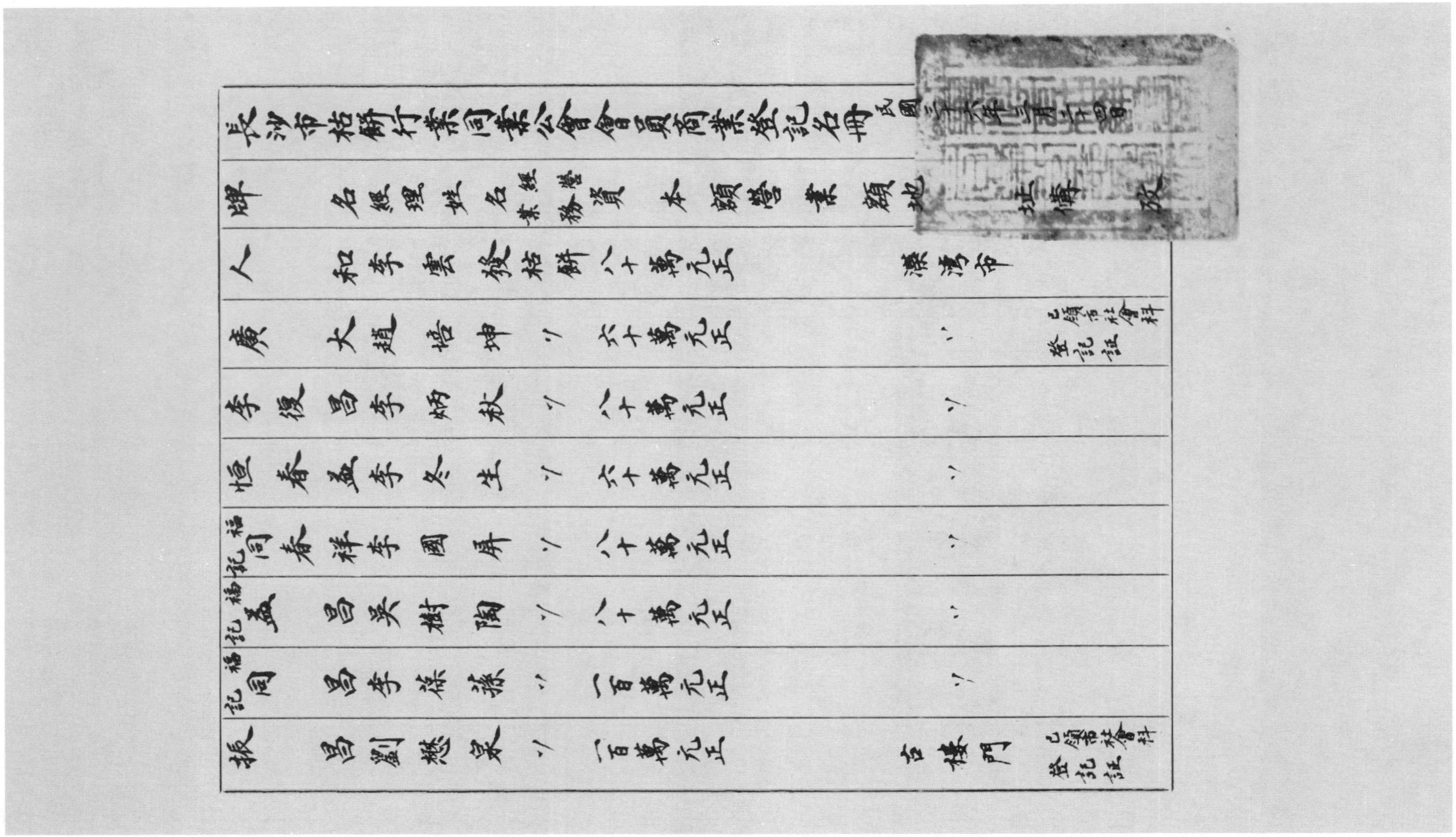

長沙市桔餅行業同業公會會員商業登記名冊 民國三十六年三月廿四日

牌名	經理姓名	經營業務	資本額	營業額	地址	備考
人和	李雲從	桔餅	八十萬元正		潆湾市	
廣大	趙培坤	〃	六十萬元正		〃	已領市社會科登記証
李復昌	李炳秋	〃	八十萬元正		〃	
恒春盛	李冬生	〃	六十萬元正		〃	
福記同春祥	李國升	〃	八十萬元正		〃	
福記益昌	吳樹陶	〃	八十萬元正		〃	
福記同昌	李福添	〃	一百萬元正		〃	
振昌	劉懋棠	〃	一百萬元正		古樓門	已領市社會科登記証

同泰　賀國賢　枯餅　一百萬元正　下碧湘街　已領市社會科登記証

永盛　李立雄　〃　一百二十萬元　〃　〃

恒茂　王碧江　〃　一百萬元正　〃　〃

中南　吳友貴　〃　八十萬元正　〃　〃

振和　羅台卿　〃　〃　〃　〃　係承復豐之碼頭（新行）

厚大　趙嶽嵩　〃　六十萬元　灤灣市　係承項協昌之行（新行）

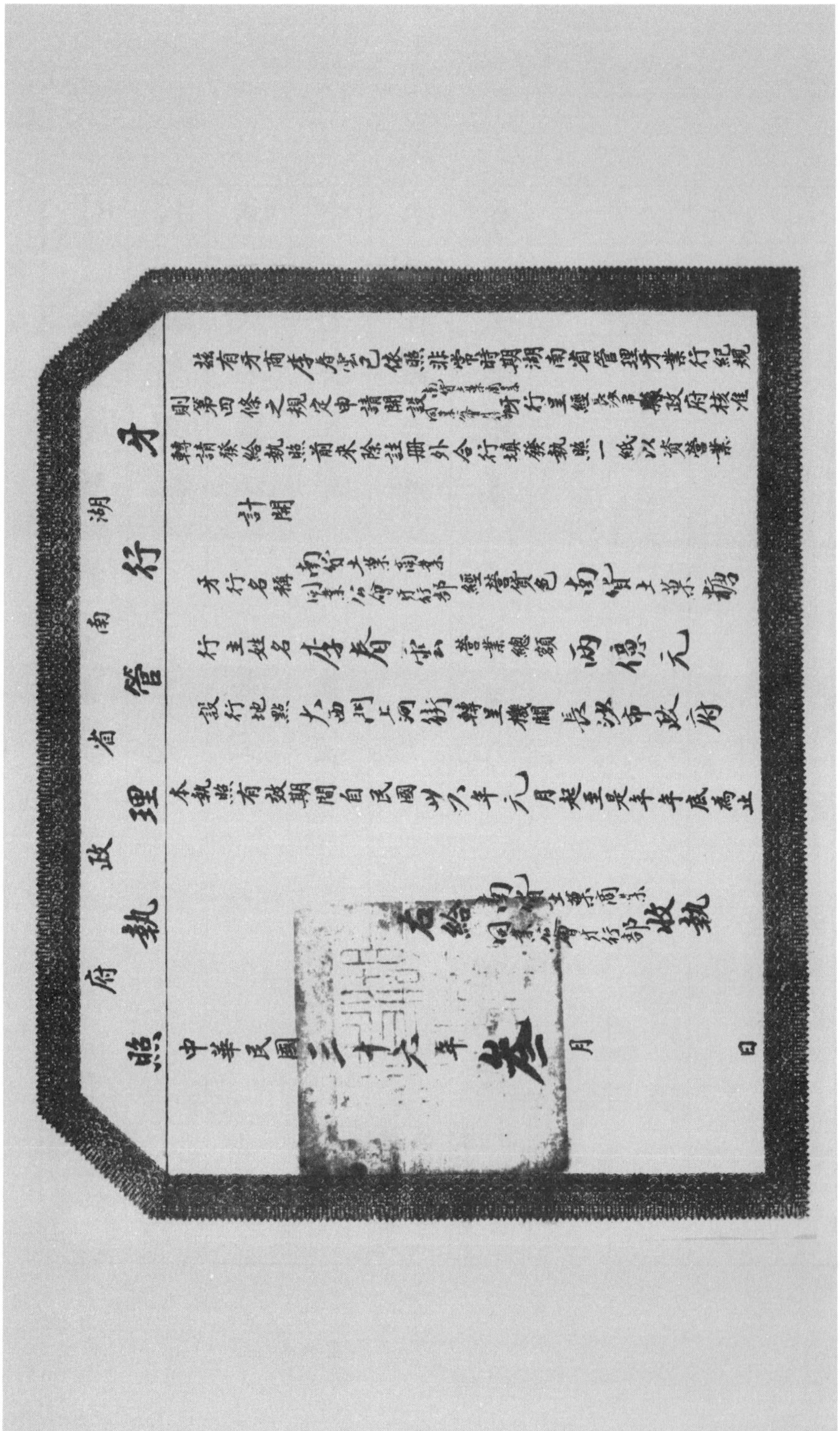

湖南省政府牙行管理執照

茲有牙商李唐石已依照非常時期湖南省管理牙業行紀規則第四條之規定申請開設　　　行呈經　　　政府核准轉請發給執照前來除註冊外合行填發執照一紙以資營業

計開

牙行名稱　　　經營貨色　　　

行主姓名　李唐石　營業總額　兩億元

設行地點　大西門上河街　轉呈機關　長沙市政府

本執照有效期間自民國卅六年元月起至是年年底為止

右給　　　收執

中華民國三十六年　月　日

长沙市南货土果商业同业公会牙行管理执照（一九四七年三月）

第二區碾米工業同業公會商業登記調查總表 民國三十六年七月 日

商號名稱	經理人姓名	獨資或合夥（公司）	資本額	營業所在地	營業登記證字號	登記年月日	備考
謝咸和	謝銘秋	獨資	壹億元	長春街		三十六年五月廿日	
建成	黃兆祥	合資	壹億元	潮宗正街		〃〃六月廿三	
九豐和	左秉鉞	〃〃	貳億元	碧湘街		〃〃七月三日	
和豐	黃兆祥	〃〃	伍千萬元	大西門下河街		〃〃六月廿六	
華安機廠	喻芹軒	獨資	壹億元	玉皇殿坪		〃〃六月十二日	
長豐	曹樹邨	合資	壹億元	西長街		〃〃七月六日	
裕民	馮雲漢	獨資	捌千萬元	中山西路		〃〃六月廿八日	
志成	陳雲慶	合資	捌千萬元	小西門下河街		〃〃六月七日	

民豐	陳雲慶	獨資	壹億伍千萬元	上碧湘街		〃〃月廿日
福豐	潘松華	〃〃	伍千萬元	碧湘街		〃〃〃月廿八日
三湘	周嘉禎	〃〃	壹億元	半湘街		〃〃〃月廿三日
阜成	范新發	〃〃	伍千萬元	潮宗街		〃〃〃月廿九日
鼎豐	陳福奎	〃〃	玖百萬元	興漢门正街		〃〃〃月廿六日
大成	曾和清	獨資	壹億元	大西門正街		〃〃〃月廿日
益華	任裕煌	〃〃	壹億元	潮宗街		〃〃〃月廿八日
志康	曾漢初	〃〃	壹億元	碧湘街		〃〃〃月十八日
安成	歐陽蔭生	〃〃	壹億元	上半湘街		〃〃月十一日
興中	李湘衡	〃〃	壹億元〃			〃〃〃月廿九日

德慶	龍孝楨	〃	〃伍十萬元	中山西路		〃〃六月八日	
德安	熊德寬	〃	〃壹億元	社壇街		〃〃六月四日	
慎餘	朱光明	獨資	壹億元	福興街		〃〃六月十一日	
友餘	王友生	〃	〃壹億元	草上河街		〃〃六月十二日	
新華	向惠	合資	壹億元	天心路		〃〃六月廿八日	
致中	李冬仁	獨資	壹億元	鹽道坡		〃〃六月廿三日	
力生	鄧業勤	合資	叁十萬元	下碧湘街		〃〃六月廿二日	
鴻勝	左鑑銓	〃	〃壹億元	〃		〃〃六月廿二日	
天順	楊福榮	〃	〃卌十萬元	南大馬路		〃〃六月廿一日	
復華	龍松坤	〃	〃叁十萬元	長春街		〃〃六月八日	

和興	譚曉洲	〃〃	壹億元	大西門碧湘街		〃〃六月廿四	
西南	陳菊初	〃〃	叁千萬元	上碧湘街		〃〃六月十日	
立成	鄧金利	〃〃	壹億元	黃興路		〃〃六月十三	
人生	彭六安	〃〃	壹億元	下碧湘街		〃〃六月十日	
立記	李立雄	〃〃	壹億元	〃〃		〃〃六月廿三	
長豫	程道煌	〃〃	捌千萬元	〃〃		〃〃六月十三	
德茂隆	謝菊生	〃〃	伍千萬元	黃興路		〃〃六月卅日	
湘東利	謝俊傑	獨資	伍千萬元	小西門		〃〃六月廿四	
順昌	蘇瑞芝	合資	捌千萬元	太平街馬家巷		〃〃七月一日	
吉成	陳瑞麒	獨資	壹億元	草上河街		〃〃六月廿四	

裕和	林海源	合資	壹億元	西湖馬路		〃〃七月二日
振大	劉子沌	獨資	壹億元	修文街		〃〃七月一日
一大	左鑑銓	合資	壹億元	南大馬路		〃〃六月廿日
謙益	夏德勝	〃〃	壹億元	西湖磚		〃〃六月卅日
昇平	羅日升	〃〃	壹億元	碧湘街		〃〃六月十日
國豐	孫仲堯	獨資	壹億元	草外正街		〃〃七月四日
謝三和	謝介卿	〃〃	壹億元	長春街		〃〃七月八日
南豐	柳克嘉	合資	壹億元	福慶街		〃〃七月三日
恒茂	程肇康	〃〃	叁千萬元	下碧湘街		〃〃七月二日
德大	余順生	獨資	叁千弍百萬	北門口		〃〃六月廿八日

復明	解文輝	合資	壹億元	上坡子街		〃〃六月廿八	
民德	張鼎銘	〃〃	壹億元	潮宗街		〃六月廿日	
志豐	曾漢初	〃〃	伍千萬元	黃興路		〃〃六月廿八	
華威	彭鎮欽	〃〃	陸千萬元	中山東路		〃〃六月廿七日	
協成	李福初	〃〃	壹億元	潮宗街		〃六月廿一日	
永安	柏梅生	〃〃	陸千萬元	高陞巷		〃六月廿一日	
恒泰	吳東亮	獨資	壹億元	西湖馬路		〃〃六月廿七日	
正豐	譚恭壽	合資	壹億元	潮宗街		〃〃六月廿一日	
大興裕	張運先	〃〃	壹億元	太平街		〃〃六月廿一日	
仁德	汪克明	獨資	壹億元	下營盤街		〃〃六月廿七日	

民安	方平	〃〃〃	貳億伍千萬元	劉正街		〃〃六月十三日	
廣順	毛迪安	〃〃	弍百萬元	小吳門外		〃〃六月三日	
祥興	王桂尊	〃〃	弍千萬元	紅牆街		〃〃六月廿日	
德生	言紹興	〃〃	伍千萬元	學宮正街		〃〃六月卅日	
和誠	黃兆海	〃〃	伍千萬元	草外正街		〃〃六月廿八日	
慶興	石梅生	〃〃	捌千萬元	紅牆街		〃〃六月十二日	
萬茂	張柏霖	〃〃	柒百萬元	惜陰街		〃〃六月十二日	
仁豐	常庚仁	〃〃	壹億元	草上河街		〃〃六月十八日	
泰和	闞鐵生	〃〃	弍千萬元	中山馬路		〃〃六月九日	
建華	蕭漢潘	〃〃	捌仟萬元	福星街		〃〃六月三日	

信豐	周錦輔	獨資	伍千萬元	西湖路		〃〃六月三日	
東成	胡式安	〃〃	壹億元	中山西路		〃〃六月廿日	
合記萬興	羅裕嘉	〃〃	叁千萬元	南門外大椿橋		〃〃六月十一日	
萬興	黃紹璋	合資	捌千萬元	上黎湘街		〃〃六月廿八日	
民天	陳紹鈞	獨資	壹億元	社壇街		〃〃六月廿四日	
順成	申茂生	合資	壹億元	潮宗街		〃〃六月廿八日	
開裕	陶昕肇	〃〃	柒千萬元	大西門上河街		〃〃六月廿一日	
友联	成肇愷	〃〃	伍千萬元	古潭街		〃〃六月廿日	
德懋	胡德彪	〃〃	壹億元	黎家碼頭		〃〃六月十三日	
裕豐	李仲仙	〃〃	壹億元	大西門正街		〃〃七月八日	

瑞豐	廖克昌	合資	叁千萬元	中山西路		〃〃六月八日	
永豐	張詠棠	〃〃	陸千萬元	潮宗正街		〃〃六月九日	
大祿	王曼青	〃〃	捌千萬元	北二馬路		〃〃六月十三日	
協民	唐子健	〃〃	壹億元	中山西路		〃〃六月九日	
豫大	楊受古	獨資	洪千萬元	大西門上河街		〃〃六月十五日	
楚順	彭俊軒	〃〃	伍千萬元	碧湘街		〃〃六月廿五日	
交農	鄧長庚	〃〃	壹億元	社壇街		〃〃六月十三日	
慎誠	李木棠	〃〃	壹億元	鹽運坡		〃〃六月十日	
達茂	黄祖同	〃〃	壹億元	大西門正街		〃〃七月二日	
正興	嚴樹松	〃〃	叁千萬元	瀏正街		〃〃七月十三日	

乾武	蕭清泉	〃〃	叁千萬元	馬王街		〃〃七月九日	
萬成	王壽鎔	賫	壹億元	東牌樓		〃〃六月三日	
晉豐	李彈	〃〃	壹億元	半湘街		〃七月十二日	
裕成	葉裕麟	〃〃	壹億元	接貴街		〃〃七月十日	
卓德	胡漢武	〃〃	壹億六仟萬	下碧湘街		一〃〃七月十二日	
湘裕	易建石	〃〃	叁千萬元	坡子街		〃〃七月三日	
永利豐記	周松濤	〃〃	壹億元	皇倉坪街		〃〃七月十三日	
志安	王麓蕎	〃〃	壹億元	福慶街		〃〃七月十三日	
如上			總計				

长沙市政府为十三家粮商准予登记并检发营业执照致长沙市仓库商业同业公会的训令
（一九四七年十月十一日）

事由	擬辦	批示	附件

長沙市政府訓令

字第一〇五五號

中華民國三十六年十月十一日

令長沙市倉庫商業同業公會

案查前據該會賫送德分等十三家糧商登記書表申請登記前來經轉送湖南田賦糧食管理

發核前去後，茲准德丰字第〇五五六號申梗代電，以經核尚符，准予登記，分別填送營業執照，嘱轉發，並由會行轉飭該會各粮商營業執照一十三張，令仰轉發具領為要！

此令。

計檢發營業執照一十三張

逕啓者案奉
長沙市政府本年十月十一日華財二字第1055號訓令開：「
案查前據該會賫送德安等十三家糧商登記表申
請登記一案業已呈奉覆准經審核尚無不合准予
登記並分别填送營業執照一十三張令仰轉發具領
為要」等因奉此為特函送營業執照壹張敬希蓋章
具領為荷 此致
德安倉庫
附營業執照壹張
大中倉庫
太和倉庫

德豐倉庫 附營業執照壹張

泰安倉庫 〃

福豐倉庫 〃

久安倉庫 〃

太平倉庫 〃

復興倉庫 〃

裕豐倉庫 〃

錦豐倉庫 〃

協安倉庫

長沙市倉庫業同業公會啓

十月十五日

FU SHING INDUSTRIAL BANK CHANGSHA WAREHOUSE

長沙裕豐倉庫

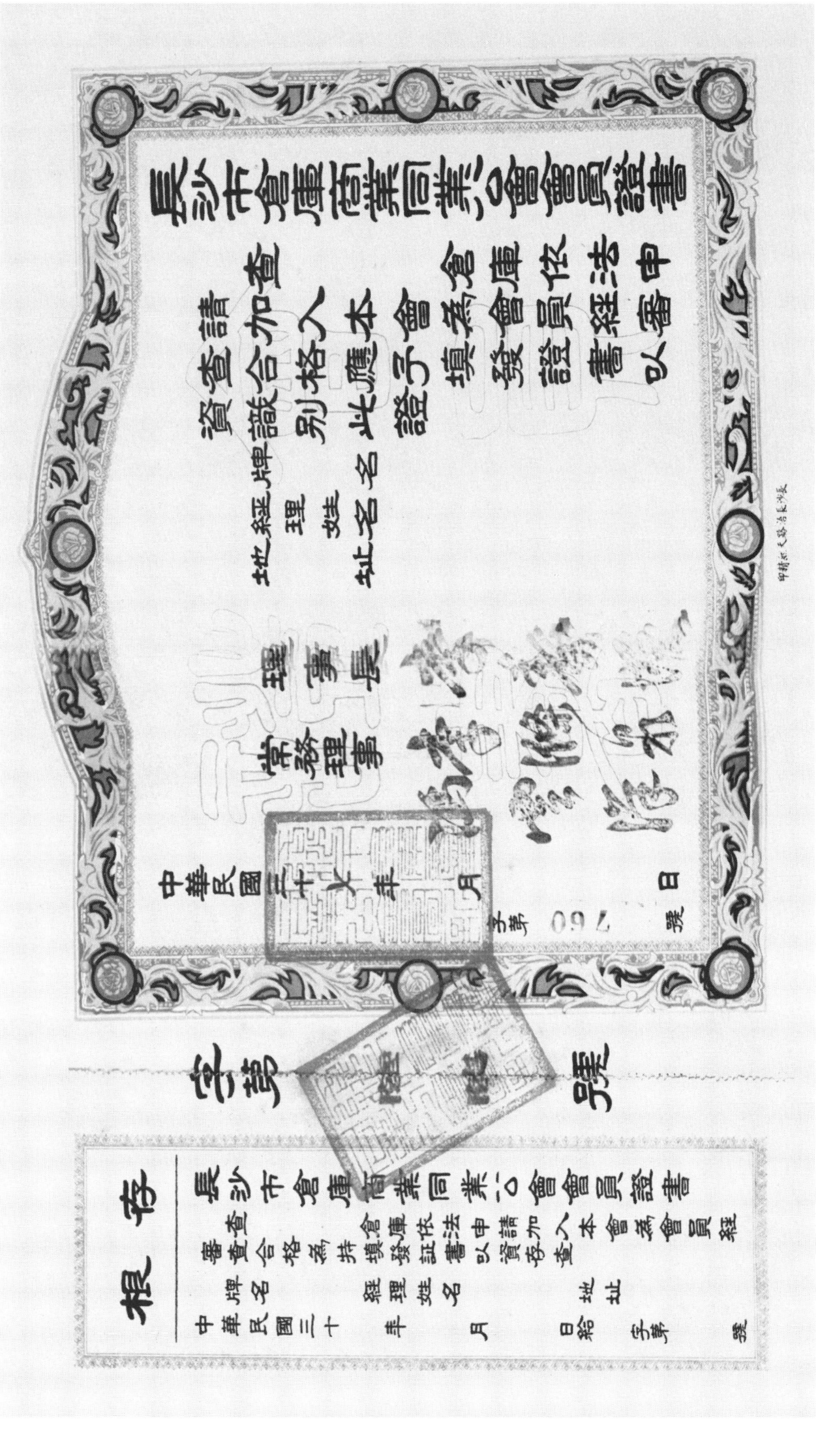
長沙市倉庫商業同業公會會員證書

查　倉庫依法中請加入本會為會員經審查合格應予填發證書以資識別此證

牌名

經理姓名

地址

理事長

常務理事

中華民國三十七年　月　日

字第 067 號

存根

長沙市倉庫商業同業公會會員證書

牌名

經理姓名

地址

中華民國三十　年　月　日給

字第　號

長沙市倉庫商業同業公會會員證書（字第067号）（一九四八年）

长沙市商会相关文件

长沙市商会登记表（一九四二年）

人民團體總登記表

團體名稱	長沙市商會						
地址	順星橋第五號						
沿革 黨部（政府）許可	二十八年五月十[illegible]日			政府備案	廿八年五月廿日		
會務改組整理及其次數與情形	民國十八年商會法公佈後[illegible]改為長沙市商會二十[illegible]修正商會法公佈後因再行籌備改組						
最近改選日期及次數	三十一年[illegible]月十五日					次改選	
現有會員數 個人	[illegible]						
團	公會會員六十四個　非公會會員二十四個						
現在負責人資歷							
理事長	崔伯鴻	顏料業公會會員代表	顏料業公會理事長	理事	曹福生	花糧業公會會員代表	花糧業公會主席
常務理事	左學謙	人力車業公會會員代表	人力車業公會理事長	〃	柳菊生	紙業公會會員代表	紙業公會監事
〃	徐天錫	染坊業公會會員代表	染坊業公會主席	〃	滕煥庭	銀錢業公會會員代表	銀錢業公會理事長
〃	陳宗陶	油鹽雜貨業公會會員代表	油鹽雜貨業公會常務	〃	潘慶先	瓷業公會會員代表	瓷業公會常務
〃	鄭增榮	布商業公會會員代表	布商業公會理事長	〃	羅樹聲	酒作業公會會員代表	酒作業公會主席
理事兼總務科長	李孟松	呢絨業公會會員代表	呢絨業公會常務理事	常務監事	黃佩石	倉庫業公會會員代表	倉庫業公會委員
理事兼公斷科長	周少塈	油鹽紗花業公會會員代表	油鹽紗花業公會常務	監事	劉海樓	長沙市銀行籌備處代表	長沙市銀行籌備主任
理事兼會計科長	王雕輸	南貨業公會會員代表	南貨業公會常務	〃	李壽增	人民糧食公司代表	人民糧食公司董事
理事兼統計科長	陳煥章	針織業公會會員代表	針織業公會主席	〃	曹商隱	永記碾務公司代表	永記碾務公司協理
理事	盛宗武	山貨牛皮業公會會員代表	山貨牛皮業公會主席	〃	王春麓	玻璃業公會會員代表	玻璃業公會常務
〃	林竹安	百貨業公會會員代表	百貨業公會主席	〃	朱海濤	靴鞋業公會會員代表	靴鞋業公會主席
〃	郭厚塈	國藥業公會會員代表	國藥業公會主席	〃	謝紹秋	米業公會會員代表	米業公會常務
〃	謝菊生	醬園業公會會員代表	醬園業公會主席	〃	林福生	刻晒業公會會員代表	刻晒業公會主席
〃	唐乾五	湖南省銀行長沙分行代表	湖南省銀行長沙分行經理	〃	張忠民	漆業公會會員代表	漆業公會主席
〃	譚克斌	新藥業公會會員代表	新藥業公會常務	〃	陳德珊	煙作業公會會員代表	煙作業公會主席
〃	蕭哲臣	旅棧業公會會員代表	旅棧業公會主席	〃	吳露南	熱水瓶光大業公會會員代表	熱水瓶光大業公會常務
經濟概況	收入　每月約九千元 支出　每月約九千元						
工作概況	關於工商業之徵詢、通報、發起、改良，事項勞資爭議之調處，工商業之證明，物價之調查，抗戰宣傳，慰勞事項，協助政府，推行政令，辦理有關工商業福利事項；						
備註							
登記日期	年　月　日			填表人	簽名 理事長崔伯鴻（蓋章）		
主管官署審核結果	健全						

长沙市商会登记表（一九四五年十一月三十日）

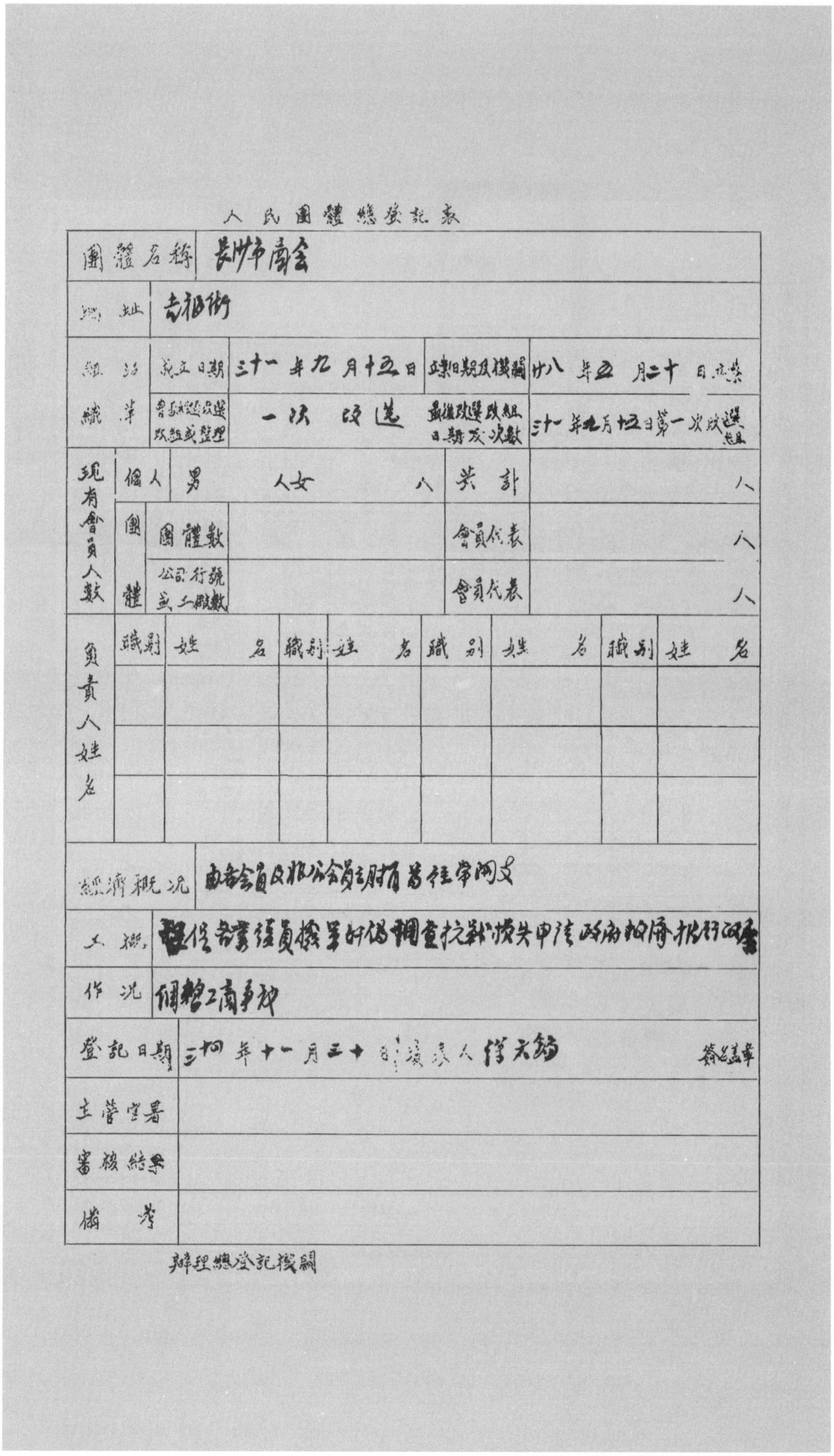

人民團體總登記表

團體名稱	長沙市商会							
地址	古稻街							
組織沿革	成立日期	三十一年九月十五日		立案日期及機關	廿八年五月二十日成立			
	曾否依法改選改組或整理	一次改選		最後改選改組日期及次數	三十一年九月十五日第一次改選改組			
現有會員人數	個人	男　人 女　人		共計	人			
	團體	團體數		會員代表	人			
		公司行號或工廠數		會員代表	人			
負責人姓名	職別	姓名	職別	姓名	職別	姓名	職別	姓名
經濟概況	由各會員及非公會員之財捐 首任常闻文							
工作概況	協助各業會員檢舉奸偽調查抗戰損失申請政府撫卹執行政令							
	倡導工商事業							
登記日期	三十四年十一月三十日 負責人 徐天錫 簽名蓋章							
主管官署								
審核結果								
備考								

辦理總登記機關

长沙市商会章程（一九四五年）

交此筹备会秘书　游　十一、九晚

备案函示程序，会交理监事审核

長沙市商會章程

第一章　總則

第一條　本會章程依據修正商會法及修正商會法施行細則訂定之

第二條　本會定名為長沙市商會

第三條　本會以圖謀工商業及對外貿易之發展增進工商業公共之福利為宗旨

第四條　本會以長沙市行政區域為區域事務所設於皇倉坪

第二章　任務

第五條　本会之職務如左

一、籌議工商業之改良及發展事項

二、關於工商業之徵詢及通報事項

三、關於國際貿易之介紹及指導事項

四、關於工商業之調處及公斷事項

五、關於工商業之證明事項

六、關於統計之調查編纂事項

七、得設办商品陳列所工商業補習學校或其他工商業之公共事業但須經該管官署之核准

八、遇有市面恐慌等事有維持及請求地方政府維

持之责任

九、办理合于本三条所揭宗旨之其他事项

第六条　本会举办之事业应由理事会计划办理，但其重要者须会员大会决定之

第七条　本会得就有关工商业之事项建议于中央或地方行政官署

第八条　本会应答复政府及自治机关之谘询，并接受其委托

第三章　会员

第九条　本会会员分左列两种

一、公会会员　凡本区域内工业、商业及输出业各同业

公会依法加入本会为会员者属之

二、非公会会员 凡本区域内无同业公会之工业商业输出业公司行号或他区域之工厂所设售卖场所经依法登记者单独加入本会为会员者属之

第十条 公会会员及非公会会员均得举派代表出席本会，称为会员代表。会员代表以中华民国人民年在二十岁以上者为限

第十一条 会员须遵守本会章程，服从本会决议案，并按时缴纳各种会费

第十二条 会员非公会解散或公司行号迁移其他区域

或废业或永久停业之处分者不得退会

第十三条　公会会员代表由各该业同业公会就理监事举派之，至多不得逾五人，非公会会员代表每公司行号一人，以主体人或经理人为限

第十四条　有左列各款情事之一者不充本会会员代表

一、背叛国民政府经判决确定或在通缉中者

二、曾服公务而有贪污行为经判决确定或在通缉中者

三、褫夺公权者

四、受破产之宣告尚未复权者

五、無行為能力者

六、吸食鴉片或其他代用品者

第十五條 會員代表經會員舉派後，應給以委託書，並附具履歷，經本會審查合格後，方得出席

出席代表有表决權、選舉權及被選舉權

第十六條 會員代表之表决權、選舉權比例於其繳納會費單位，額由所派之代表單獨或共同行使之

每一單位為一權

公會會員代表之表决權、選舉權，以其所繳會費比照單位計算權數

会員代表因事不能出席会員大会時得以書面委託他会員代表代理之

第十七條 会員代表得由原舉派之公会会員或非会会員隨時撤換之并应書面通知本会但當選為本会職員者非有依法应解任之事由不得將其撤換

第十八條 会員代表喪失國籍或發生第十五條所載各款情事之一者原舉派之会員应撤換之

第十九條 会員代表有不正當之行為致妨害本会名譽信用者得以会員大会之議決通知原推派

之会员撤换之

前项撤换之代表自除名之日起三年以内不

得充任会员代表

第四章　组织及职权

第二十条　本会设理事二十一人监事十人由会员大会

就代表中用无记名连记法选任之以得票数

最多数者为当选

选举前项理事监事时应另选候补理事

七人候补监事三人遇有缺额依次递补

以补足前任任期为限未递补前不得列席会议

第二十一條　本会設常務理事五人由理事会就理事中用無記名連記法互選之以得票最多數者為當選

第二十二條　本会設理事長一人由理事会就當選之常務理事中用無記名單記法選任之以得票滿投票人之半數者為當選若一次不能選出就得票最多數之二人決選之

第二十三條　理事及監事均為名譽職

第二十四條　理事及監事之任期均為四年每二年改選半數不得連任

前项第一次之改选以抽签定之但理监事人数为奇数时留任者之人数得较改选者多一人

第二十五条 理事长及常务理事缺额时由理事会补选之其任期以补足前任任期为限

第二十六条 本会理监事有左列各款情事之一者应即解任

一、会员代表资格丧失者

二、因不得已事故经会员大会议决准其辞职者

三、旷废职务经会员大会议决令其退职者

四、於職務上違背法令營私舞弊或有其他重大之不正當行為經會員大會決議令其退職或由經濟部或由地方最高行政官署令其退職者

第二十七條 本會事務所得酌設辦事員

第二十八條 理事會依本章程之規定及會員大會之議決行使職權

第二十九條 監事會之職權如左

一、監察理事會執行會員大會之議決

二、審查理事會處理之會務

三、稽核理事会之财政出入

第五章 會議

第三十條 会員大会分定期会議及臨時会議兩種均由理事会召集之定期会議每年開会一次臨時会議於理事会認為必要或經会員代表十分之一以上之請求或監事会函請召集時召集之

第三十一條 会員大会之決議以会員代表表決權過半數之出席權數過半數之同意行之出席權數不滿過半數者得行假決議

在三日內將其結果通告各代表於一星
期後二星期內重行召集会員大会以出
席權數过半數之同意对假決議行其決議
第三十二條 左列各款事项之決議以会員代表表決
權數三分二以上之出席出席權數三分二以上
之同意行之出席權數不满三分二者得
以出席權數三分二以上之同意行假決議在
三日內將其結果通告各代表於一星
期後二星期內重行召集会員大会
以出席權數三分二以上之同意对假決議

行其决议

一、变更章程

二、会员或会员代表之处分

三、理监事之解职

四、清算人之选任及关于清算事项之决议

第三十三条 理事会每月至少开会一次，监事会每两月至少开会一次

理事监事开会时不得委托代表出席

第三十四条 理事会开会时须有理监事过半数之出席，出席理监事过半数之同意方能决议可

否同數取決於理事長

第三十五條　監事會開會時須有監事過半數之出席臨時互推一人為監事長以為主席監事過半數之同意決議一切事項

第六章　經費及會計

第三十六條　本會經費分左列兩種

一、事務費

甲、公會之會員以其公會所收入會費總額十分之　充之

乙、非公會之會員比例於其資本額繳納

之每单位　元

二、事业费，会员大会议决，经地方主管官署核准筹集之

第三十七条　会计年度以每年一月一日始，至同年十二月三十一日止

第三十八条　本会预算决算须经会员大会之议决

第三十九条　本会之预算决算及其事业之成绩，每年须编辑报告刊布之，并由地方主管官署转呈省政府转报经济部备案

第七章　附则

第四十条　本章程未规定之事项，悉依修正商会法

及修正商會法施行細則之規定辦理之

第四十一條　本章程如有未盡事宜經會員大會之決議呈准長沙市黨部及長沙縣市政府修改之並逐級轉報中央社會部及經濟部備案

第四十二條　本章程呈准長沙縣黨部及長沙市市政府備案施行並逐級轉報中央社會部及經濟部備案

长沙市商会组织大纲（一九四五年）

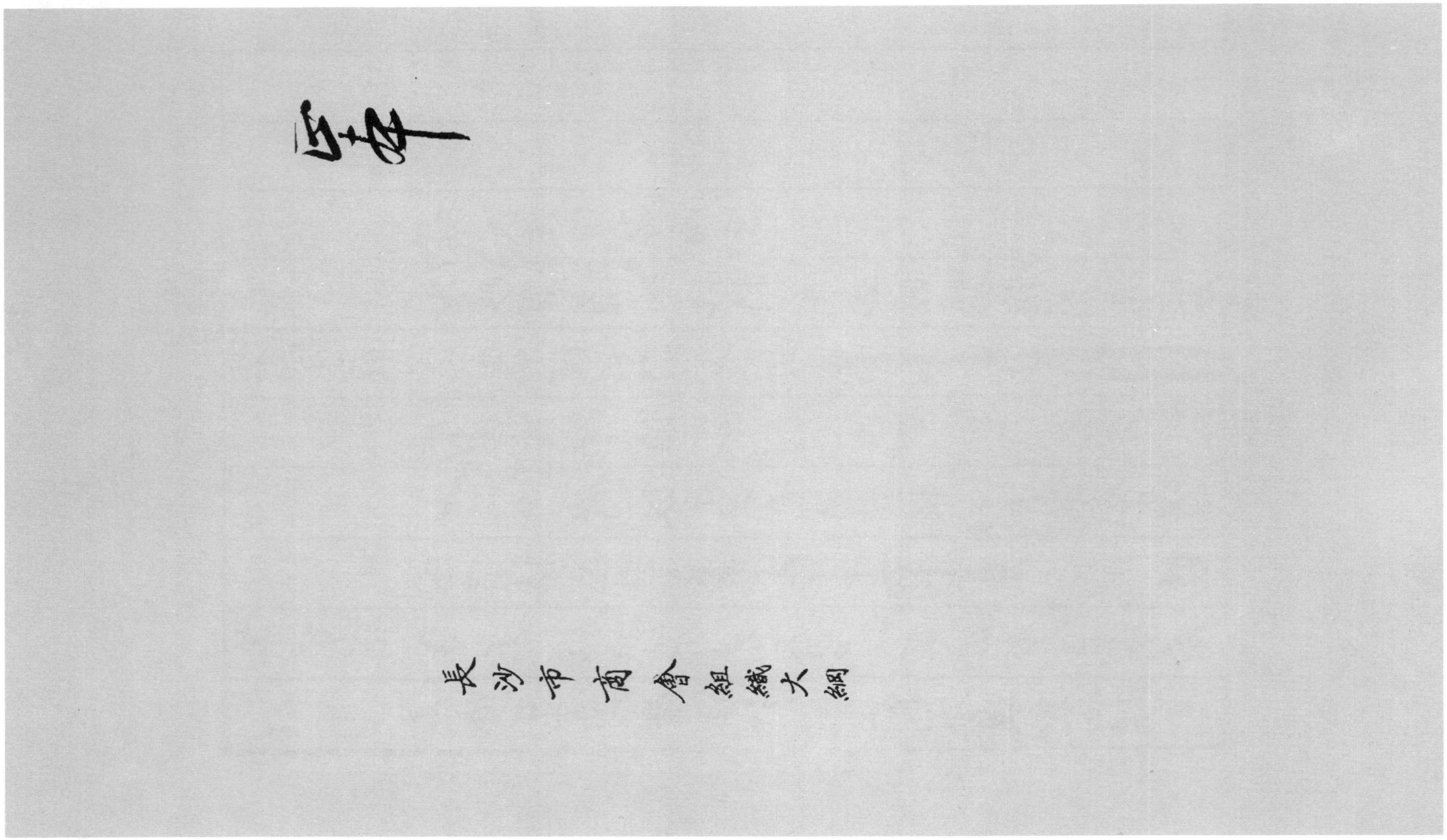

長沙市商會組織大綱

長沙市商會組織大綱

第一條　本大綱依照商會法及商會法施行細則與其他各項有關法令訂定之

第二條　本會由會員代表大會票選理事二十一人設理事會由理事會互選五人至七人爲常務理事復就常務理事中選任一人爲理事長另設總務會計公斷統計四科科長亦由理事會就理事中選任之

第三條　理事長之職權如左

甲批閱各種文件

乙核行各種文稿

丙處理全會事務

丁召集各種會議

戊担任各種會議主席

己執行各種議决案

前項各款事務除戊款外如遇關係重要者須先提交常務理事會議决之

第四條　常務理事之職權如左

甲協助理事長處理日常會務

乙核議各種案件

丙推行各種議决案

丁代表本會或本會理事長參加各種會議或對外洽商各種交涉事件

第五條　常務理事會聘用秘書一人至二人擬辦各種稿件掌管各種會議紀錄及交辦事宜由常務理事會直接指揮之

第六條　理事之職權如左

甲出席理事會或理監聯席會議核議各種案件

乙關於商會法第三條規定之事項得隨時向常務理事會建議

丙受常務理事會或理事長之委託代表本會出席各種會議

第七條　如遇重要事務有理事三分之一以上之提議得請常務理事會隨時召開臨時理事會議

第八條　總務科得聘用主任幹事一人幹事若干人其職權如左

甲管理本會人事

乙收發文件

丙管理卷宗

丁　發給各種証明文件

戊　辦理本會文書繕校事宜

己　辦理本會交際事宜

庚　掌管本會事務費支出事宜

辛　辦理不屬其他各科事宜

第九條　會計科得聘用幹事一人其職權如左

甲　辦理各會員特捐收入事宜

乙　辦理各會員事業費及事務費收入事宜

丙　掌管本會財産收益事宜

丁　辦理其他有關經濟上收入或臨時捐借代收代解事宜

第十條　統計科得聘用幹事一人其職權如左

甲辦理各會員各種業務統計事宜

乙辦理各種物價統計及証明

丙辦理各種稅捐統計事宜

丁辦理本市出入口貨物統計事宜

第十一條　公斷科得聘用幹事一人其職權如左

甲調處或公斷商事爭議案件

乙調處或仲裁勞資爭議

第十二條　本會會議種類如左

一、常務理事會議

〤、常科聯席會議

〥、理事會議

〦、監事會議

〧、理監聯席會議

上項五種會議除監事會議外常務理事會由理事長召集之其餘由常務理事會負責召集

第十三條　監事會就監事中票選任一人為常務監事主持會務并負召集之責

第十四條　監事會設秘書一人由常務理事會秘書兼任之不另支薪幹事一人辦理文書紀錄等事宜由監事會遴選提交常務理事會聘任之

第十五條　監事會之職權如左

甲關於本會預算決算之審核

乙監察會務之進行

丙監察議決案之執行

第十六條　本會得設左列各種委員會

1.經濟建設計劃委員會

2.國際貿易研究委員會。

3.財務委員會

4.合作事業委員會

上列四種委員會由本會聘請各業領袖擔任之各設主任委員一人其組織規則另訂之

上列四種委員會除財務委員會視事務之繁簡得聘用幹事二人至四人經收捐款但需經常務理事會核聘之其餘各委員會得由常務理事會指派各科幹事一人兼辦各該委員會事務

第十七條　本大綱未規定事項得依照商會法及商會法施行細則與其他有關法令辦理

第十八條　本大綱經理事會議通過施行并呈報主管官署備案修正時亦同

长沙市商会办事细则（一九四五年）

長沙市商會辦事細則

第一條 本細則依照商會法第二十五條之規定訂定之

第二條 本會組織大綱規定之辦事員（包括秘書主任幹事及幹事在內）由理事長及有關各科長遴選提交常務理事會通過聘任之

第三條 本會各科辦事員除受有關各科長之指揮監督外并應受常務理事會及理事長之指揮監督

第四條 本會工友由總務科雇用之

第五條 本會理事長常務理事常務監事各科科長各會主任委員均為無給職但得按實際情形酌支辦公費

第六條 本會各辦事員及雇工之薪給由總務會計兩科先行核定數額編列預算提交理事會通過

第七條 本會辦公時間應按照規定不得有遲到早退情事

第八條 本會各種來文應由收發幹事摘由編號登簿按日彙送理事長批閱分發擬辦擬辦後仍彙送理事長簽署交繕發文時亦應摘由編號登簿再行送達

第九條 本會會印由理事長或理事長指定之人員負責保管非已經簽署文件或已經理事長許可應蓋會印之文件不得蓋印

第十條 本會各幹事應輪流值日遇有接洽事件須登簿送理事長

核閱并以每晨七時為交接時間

第十一條 本會各辦事員對於承辦事件均應隨到隨辦不得積壓其承繼文件并須互相核對以免錯誤

第十二條 各科辦事除辦理本科事務外對於本會文件并應受總務科之指揮負分繼之責必要時并應受秘書之指導

第十三條 本會各科承辦文稿須先送秘書核定再送理事長簽署不得以各科名義單獨對外

第十四條 本會各科各會之辦事細則得由各科會自行擬訂惟不得與本細則牴觸

第十五條 本細則由理事會議通過施行

长沙市商会为填送各级职员一览表致长沙市政府的呈（一九四六年一月二十二日）

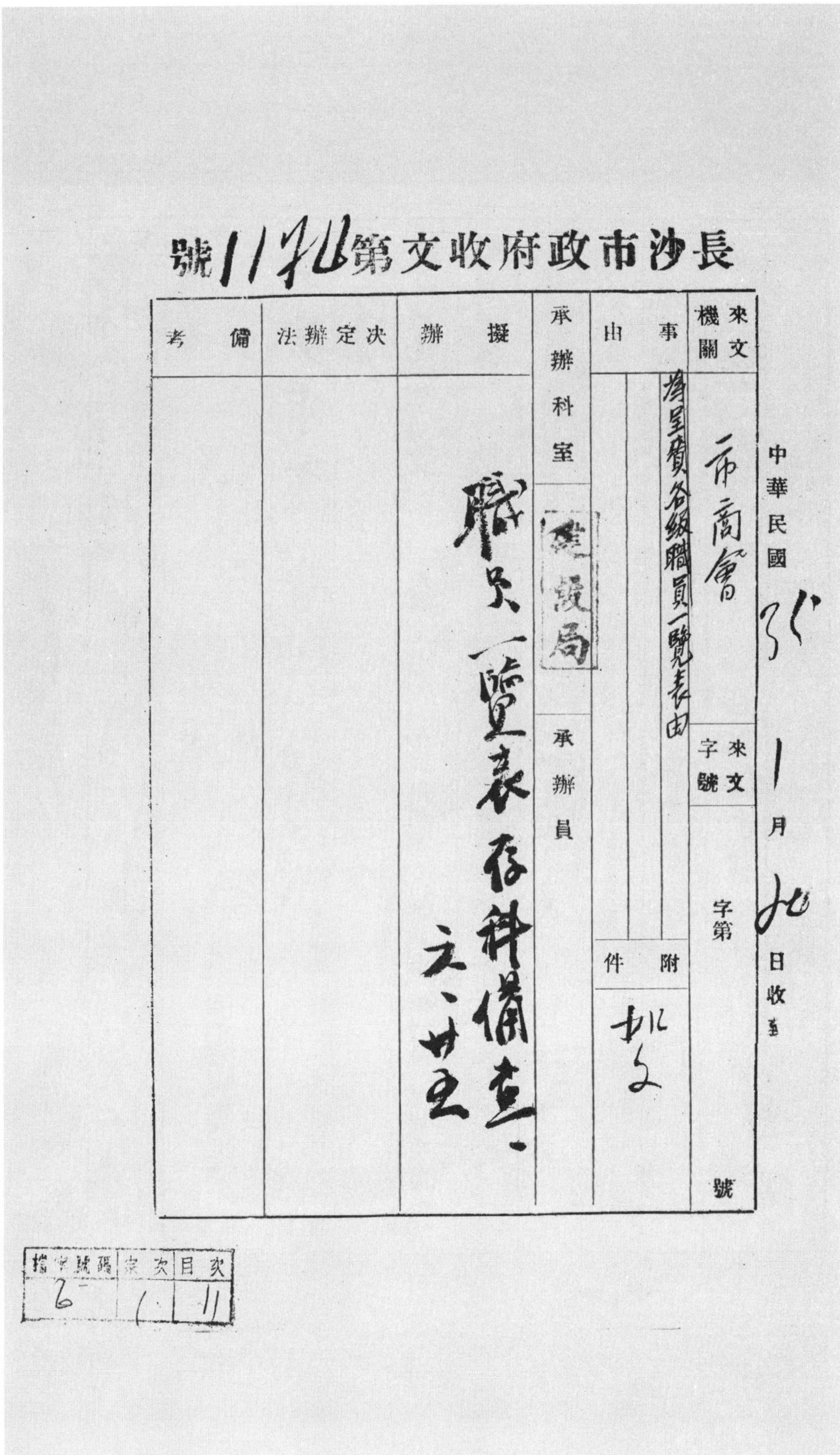

長沙市政府收文第11746號

來文機關	市商會
來文字號	字第 號
事由	填呈賚各級職員一覽表由
附件	批文
承辦科室	建設局
承辦員	
擬辦	職員一覽表存科備查。元、廿五
決定辦法	
備考	

中華民國35年1月24日收到

檔字號碼	案次	目次
6	1	11

事由：為呈賫各級職員一覽表由

批示

附件

擬辦

長沙市商會 呈

中華民國三十五年八月二十二日

大字第二一二一號

案奉

鈞府戍建一字第五七號子文代電內開：「本府辦理商業登記應與該會各級負責人隨時聯系，茲檢附該會各級職員一覽表式一份，電仰於文到三日內詳填具報為要。」等因，奉此，自應遵辦。茲將本會各級職員按級依照表式填造一份，備文呈賫

鈞府，伏乞

詧核。

謹呈

長沙市政府

附各級職員一覽表一份

長沙市商會理事長 徐天錫

存耕之一廿五到

長沙市商會各級職員一覽表

會名	職別	姓名	會址	備攷
市商會	理事長	徐天錫	大西門吉福街	
	常務理事	左學謙	〃	
	〃	崔伯鴻	〃	
	〃	鄭增榮	〃	
	〃	陳宗陶	〃	
	理事兼總務科長	李孟松	〃	
	〃兼統計科長	鄺厚埜	〃	
	〃兼會計科長	謝菊生	〃	

	理事兼公断处主任	盛宇武	大西门吉福街	
	理〃事	易少一	〃〃	
	〃〃	王维翰	〃〃	
	〃〃	萧焕庭	〃〃	
	〃〃	罗树声	〃〃	
	〃〃	滕焕廷	〃〃	
	〃〃	唐乾五	〃〃	
	〃〃	林竹生	〃〃	
	〃〃	谭光斌	〃〃	
	〃〃	周春煜	〃〃	

理事	柳和初	〃	〃
〃 〃	潘慶先	〃	〃
〃 〃	曹福生	〃	〃
監事	曹商隱	〃	〃
〃 〃	李壽增	〃	〃
〃 〃	謝紹秋	〃	〃
〃 〃	陳德珊	〃	〃
〃 〃	王春麗	〃	〃
〃 〃	朱海濤	〃	〃
〃 〃	林福生	〃	〃

监事	刘海楼	大西门吉福街
〃〃	吴霭南	〃〃
〃〃	张惠氏	〃〃
〃〃	张灏	〃〃

長沙市商會職員名册

中華民國三十五年三月四日造

職別	姓名	年齡	籍貫	住址	附註
理事長	徐天錫	六八	平江	水風井胡家花園3号	
常務理事	左學謙	七〇	長沙	蘇家巷附一號	
〃	崔伯鴻	四八	湘潭	上太平街萬源恒	
〃	陳宗陶	四四	江西	上黎家坡六巷子2号	
〃	鄭增榮	五三	長沙	東茅巷46號	
理事兼總務科長	李孟松	五四	〃	東茅巷新怡園對门	
〃兼會計科長	林竹安	四一	〃	朝陽巷太清宫弍號	
〃兼統計科長	鄧學瑩	四八	〃	湖南商藥局	
〃兼公斷科長	戴宗武	四〇	〃	瀟城堤復聞	
理事	謝菊生	五八	〃	南门口德茂隆	
〃	曹福生	五八	〃	大西门大有花粮行	

理事	蕭哲臣	四九	湖北	中山西路華中	尚未来長
〃〃	滕煥廷	四八	江西	永華金號	
〃〃	唐乾五	四八	長沙	湖南省銀行長沙分行	
〃〃	王維翰	四六	〃〃	中山東路怡豐興	
〃〃	譚克斌	四四	〃〃		現未来長
〃〃	潘慶先	五五	〃〃	南门外小西厰坪號	
〃〃	羅樹聲	三八	〃〃	南门外惜陰街同和（匠作）	
〃〃	易之一	四八	〃〃	大西门大西鹽號	
理事	周春煊	六〇	〃〃	大西门上河街長豐	
〃〃	柳和初	四四	〃〃	路邊井柳同興內	
常務監事	曹商隱	五〇	〃〃	皇倉灣八五號	
監事	李壽增	六二	〃〃	李四怡堂	
〃〃	謝紹秋	五二	〃〃	北门正街咸和米廠	

长沙市商会会员名册（一九四六年十一月三十日）

長沙市商會會員名冊 中華民國三十五年十一月三十日

業別	負責人姓名	地址	備考
銀行商業	王鏜	小瀛洲三號	
錢商業	李壽增	李四怡堂	
絲綢呢絨商業	鄭增榮	魚塘街五保國民學校	
布商業	鄭增榮	〃 〃	
金銀首飾商業	余屏翰	蘇家巷十八號	
油鹽棉花紗商業	易之一	大西門吉福廿六號	
百貨商業	林竹安	朝陽巷太清宮二號	
南貨土果商業	王維翰	太平街大興福內	
土果雜貨行商業	彭桂生	太平門外中和行內	
土布工業	梁國棟	喻家巷十七號	
捲菸商業	蕭哲臣	中山西路富華公司	

第二區碾米工業	謝紹秋	通泰街新編三十三號	
棉花糧食商業	曹海環	大西門大有彥糧行	
紙商印刷商業	柳和潮	路邊井柳同興	
國藥商業	鄧厚堃	史家巷橫街	
顏料商業	崔伯鴻	太平街萬源恒	
染紡工業	徐天錫	西長街	
山貨牛皮商業	盛宗武	藩城堤復總	
磚瓦工業	沈紹三	局關祠八號	
汽車商業	譚常燦	化龍池譚吉運輸公司內	
第二區針織工業	夏宇平	三王街厚誠針織廠內	
煤炭商業	謝次誠	小吳門外黃土塘	
竹木商業	戴建生	中六舖街	
第四區印刷工業	劉士安	史家巷橫街	

茶食商業	彭海清	魚塘街大華齋	
雜粮膏麯商業	張閏雲	義碼頭	
靴鞋工業	劉生柱	臬後街偉新鞋莊	
刺繡工業	林福生	皇倉灣八十五號	
新葯商業	周海泉	黄興路柯達	
植物油輸出商業	陶伏生	大西門上墻灣吴記	
磁商業	王嘉祺	黄興路九江	
旅館商業	許詠煌	詹王宫巷内	
讌席商業	胡雨秋	〃 〃	
屠行商業	王昌貴		
鞭爆豆豉商業	王伯常	太平街豐和慶	
猪行商業	王仲謀	草上河街公益長	
酒作工業	謝菊生	黄興路德茂隆	

醬園工業	謝菊生	黃興路德茂隆	
煙作工業	蔣明海	縣正街口	
皂燭工業	文石峯	小西門正街大生皂廠	
玻璃商業	張鼎銘	三王街裕興隆號	
魚行商業	萬海南	鹽運坡新廣泰	
製糖工業	王梓林	沙河街	
營造工業	袁紹棠	寶南街二十九號	
麵食商業	甘壽鵬	走馬樓甘長順	
第二區機器工業	張灝	西湖路懿廬	
浴堂商業	劉華庭	小西門下河街中西盆堂	
圖書教育用品商業	韋蘭生	史家巷橫街	
槽坊襍貨商業	陳宗陶	黃興路德茂隆	
石灰磚瓦商業	張聘良	永豐倉張裕昇號	

民船商業	謝瑍	落棚橋三號	
寄賣商業	王定宇	中正路兩宜商行	
估衣商業	朱鴻賓	藩城堤何家坪一號	
古玩商業	王鉄厂	文星橋	
鞋料番線商業	張春華	燈籠街美記	
中西衣莊皮貨商業	左學謙	伯陵路鈞記西服店內	
化粧工業	李孟祺	西牌樓太平里十六號	
製緞工業	屈幸柏	臬後街金星號	
帽工業	范瑞祺	黄興路湖南製帽公司	
西染工業	謝松林	中正路美麗	
筆墨工業	彭果安	西長街長沙筆社	
鉄器商業	黃達望	伯陵路黄萬聚	
糖菓糕餅商業	曹岳	義碼頭正吉祥	

漆商業	張惠民	坡子街通裕福漆號	
製革工業	李禧泰	南門外迎龍橋三十四號	
鐘錶商業	鍾裕乾	中山東路大西洋	
眼鏡工業	柳蔭	府正街大明	
水菓商業	龍縱雲	新碼頭	
枯餅商業	李立雄	下碧湘街永盛	
照相工業	陳壽眉	蘇家巷十八號	
壽服工業	鄧克琴	魚塘街壽西康	
瓦貨商業	沈鏡吾	药王街恒順	
猪油商業	廖菊生	育嬰街	
人力車商業	左學謙	青石井八號	
鷄鴨腊味商業	駱林生	药王街駱福興	
生草药商業	陳梅生	朗公街十號	

大箱盤盈荒貨商業	盛錫崑	攬佛街攬佛寺	
五金電料商業	沈金鑑	伯陵路金城	
輪船旅票商業	李春傑	小西門外第一碼頭	
銅商業	沈福昆	坡子街老公和	
蛋商業	劉東雲	金家碼頭萬盛祥	
茶商業	孔松筠	修文街祥華	
戲劇商業	梁月波	蘇家巷十八號	
猪鬃整理工業	包覺平	攬佛街攬佛寺	
倉庫商業	李壽增	李四怡堂	
皮件工業	曾鼎臣	南陽街曾福泰號	
運輸商業	周覺先	東站路湘粵運輸行内	
夏布商業	丁義生	西牌樓復源布莊	
臨時電廠工業	陳德珊	長沙市商會内	以上合共八十九業

长沙市商会第一届会员代表大会的一组文件（一九四六年十二月）

长沙市商会第一届会员代表大会组织规程

長沙市商會第一屆會員代表大會組織規程

第一條　本規程依據商會法第二十四條及本會程第三十條之規定由公會會員及非公會會員選派之代表組織之辦理本會改組事宜

第二條　本會定名為長沙市商會第一屆會員代表大會（以下簡稱大會）設秘書處及財務組織議事佈置四股其職員人數另定之

第三條　大會會期定為三日遇必要時得由主席團提付大會通過延長或縮短之

第四條　大會設主席團主席三人至五人由代表大會就代表中推舉之

第五條　大會設代表資格審查委員會由改組籌備會推定委員組織之

第六條　大會設提案審查整理委員會及宣言起草委員會委員人數均

爲五人由代表大會就代表中推舉之

第七條　大會之職權如左

一、聽取理監事會及各科之報告

二、修改章程

三、選舉理監事

四、審議提案

五、通過經費預算事項

六、其他重要事項

第八條　秘書處之職權如左

一、辦理一切文件及收發文件事宜

二、主持各種會議及其紀錄

三、分配各股工作

四、辦理不屬各股之事宜

第九條　財務股之職權如左

一、擬具本會預算決算

經收各業之積欠

二、經收各業代表費

三、簽發各股經費

四、經辦全會之度支事宜

第十條　組織股之職權如左

一、關於各業會員代表名册之彙集

二、關於各業理監事名册之核對

三、辦理會員代表登記事宜

四、辦理會員代表資格初審事宜

五、會員代表委托書之核發事宜

第十一條 議事股之職權如左

一、提案之徵集及整理事宜

二、議事日程之規定編製

三、表決權之計標與權標之設計印製事項

四、會議表決之討論權事宜

五、會場席次編號之設計及繪圖

第十二條　佈置股之職權如左

一、會場之設計佈置事宜

二、會場外之佈置

三、招待代表會餐及一切應招待之事項

四、關於本會其他一切佈置事宜

第十三條　本規程經籌備會擬具提交籌委會通過施行

長沙市商會第一屆會員代表大會代表姓名錄

第一頁

以報到先後序列

崔伯鴻　梅子剛　林竹安　陳伯雄　舒瑞昌

王伯常　王煦生　謝紹秋　黃兆祥　左秉鈚

曾漢初　陳菊初　胡雨秋　劉福芝　何錫賢

柳和初　粟致誠　胡樂芹　陳克明　勞端生

余寅生　熊梅軒　郭厚旋　劉士安　賀劲如

譚韻樵　李策勳　陳宗陶　易之一　陳紹琨

危棣蓀　王穎生　甘子俊　李自中　梁國棟

蕭華甫　張灝　蕭哲臣　沈印心　文石峰

陳壽眉　羅乃風　黃芳谷　楊成勳　王定宇

鄭增榮　周潤溪　張甲南　周詠鴻　李秉松

吳靈南　沈紹三　周翔雲　王家祺　曹學五
潘慶先　余屏翰　梁振邦　余宗一　梁月波
周文龕　陳昆煌　王懷支　曹海鯤　韋蘭生
朱皎如　易嘉炎　陳雲章　馮雲漢　常承仁
彭芝乾　李壽增　徐經笙　劉紹熙　譚常燦
劉本漢　張亞倫　黃達謨　黃伯樵　盛宗武
左學謙　周海泉　羅梧崧　周紹溪　楊鏡秋
向大藩　李立雄　陳芸田　彭桂生　朱海濤
胡秉乾　湯棟臣　袁紹棠　陳德珊　徐錦濤

長沙市商會第一屆會員代表大會代表姓名錄

第二頁 以報到先後序列

董致樵	李錫生	胡海泉	謝菊生	羅樹楚
陳宗陶	謝文光	王維翰	朱季梅	吳仙亮
易德禮	伍炳炎	馬純生	徐天錫	孔松筠
黃紹庭	王昌貴	張先甫	謝　璜	張　鈞
吳曉林	傅啟義	孫南山	盛錫崑	萬海南
劉東雲	林福生	曹　岳	張雲亭	廖菊生
張閬雲	王春篪	張鼎銘	李孟祺	周雲森
鍾裕乾	周覺先	張春華	易　周	朱茂官
沈鏡吾	王得運	王仲謙	沈福昆	張惠氏

吳越葉　曹商隱　李楚望　許詠煌　陳伯鈞
夏宇平　王樹德　楊　勛　范瑞麒　彭果安
張應祥　沈金鑑　戴春生　唐典誥　黃兆榮
曹鼎臣　駱林生　朱鴻賓　王梓林　李仲堯
鄧雲鵬　甘壽彭　劉華庭　黃鐵厂
柳　蔭　周紹文　包覺平　易泰猷
張聘良

长沙市商会第一届会员代表大会提案审查整理委员会组织规程

長沙市商会第一屆会員代表大会提案審查整理委員会

組織規程

第一條　本規程依據長沙市商会第一屆会員代表大会組織規程第六條之規定

訂定之

第二條　本会設委員五人由組織籌備委員会推定委員組織之并互推一人

為召集委員

第三條　本会設幹事一人由大会秘書處調用之

第四條　本会接受大会秘書處議事股初審提案復審整理分組彙編

移送秘書處提交代表大会核議之

第五條　本会審查整理提案除有抵触法令者外不得修改原提案人之意旨

第六條 本規程由改組籌備委員會通過施行

长沙市商会第一届会员代表大会资格审查委员会组织规程

通過

長沙市商会第一屆会員代表大会資格審查委員会組织規程

第一條　本規程依據長沙市商会第一屆会員代表大会組织規程第五條之規定訂定之

第二條　本会設委員七人由籌備会推定委員組织之并互推一人為召集委員主持会議

第三條　本会設幹事一人承办記錄登記及文件事宜其幹事由秘書處調用之

第四條　本会接受大会秘書處組织股業經登記代表姓名冊及証件加以審查

第五條　本会審查代表資格如發生疑問時得通知該代表提出有関証件復審經本会通過不合格之代表由本会报請籌備委員会取銷其出席資格

第六條　本會需用之經費由湖南總商會墊支通知籌備委員會秘書

處憑給出字據

第七條　本規程經改組籌備委員會通過施行

長沙市商會第一屆會員代表大會議事規則

第一條 本會議事，依本規則之規定。

第二條 本會設主席團主持之。主席團人數三人至五人，就出席代表中互推組織之，輪流担任大會主席

第三條 本會於正式開會前，得開預備會議，由出席代表互推一人為主席，討論下列事項。

一、組織主席團，

二、通過大會議事規則

三、決定會議期限及議事日程

四、其他事項

第四條 本会之開会、休会及散会由主席宣告之，

第五條 出席代表在会場之席次，依其報到先後排列，

第六條 出席代表及列席人，應分別簽名於簽到簿，主席團於宣告開会時，應報告出席人數

第七條 開会時，如出席代表不足法定人數，主席得宣告延会，或改開談話会。

第八條 会議時中途退席，應向主席報告。

第九條 大會議程，由秘書處於開會前分發出席人

第一〇條　開會後依議事日程所定之程序進行，但必要時以主席團之宣告，或出席代表提議經大會之決議變更之。

第一一條　議案提出，由出席代表以書面行之，臨時動議須有出席代表五人之附議。

第一二條　議案得由主席團逕付會議討論，或先送審查委員會審查。

第一三條　本會設第一第二審查委員會

第一審查委員會審查關於工商法令工礦商業輸出貿易等屬之

第二審查委員會，審查關於金融交通運輸捐稅工商組織等屬之

第一四條　審查委員會各組設委員為九人，由主席團就出席代表中擬定名單，提交會議通過之。

第一五條　審查委員會開會時，不因出席之代表未過半數而停會。

第一六條　審查委員會之決議，以出席人過半數之同意為之，如有必要，召集人應將少數人意見，一併報告

第一七條　審查委員會召集人、認為有必要時，得請提案人列席說明

第一八條　如審查委員會審查結果，應以書面報告主席團，由主席團分別提出會議

第一九條　議案未付討論前，如原提案人，願將原提案撤銷或修正者得請撤回或修正

第二〇條　出席代表發言時，須先報明席次號數，若同時有二人以上

湖南全省商会联合会主管人员姓名调查表（一九四六年）

湖南全省商會聯合會（機關名稱）主管人員姓名調查表

姓名	職務	通訊處	備註
陳芸田	理事長	省商聯會	
歐炳堃	常務理事	衡陽市商会	
鄒水亭	〃	邵陽坪泰山戲院隔壁湫園	
陳宗陶	〃	本市大西门上河街中大油行	
李本榮	〃	本市下太平街聯濟育布莊	
資德甫	〃	耒陽縣商会	
林瑞生	〃	本市西長街裕和米廠	
陳經鎔	常務監事	省商聯會	

瞿光辉	〃　〃	常德县商会	
杨福迪	〃　〃	汊市镇商会	

长沙市各商业团体负责人姓名册（一九四六年）

長沙市各商業團體負責人姓名

團體名稱	負責人名稱	姓名	辦公地點	備攷
長沙市商會	理事長	崔伯鴻	皇倉坪	
長沙市槽坊樸貨商業同業公會	〃	陳宗陶	黃興路德茂隆	
長沙市鉄器業同業公會	〃	黃達望	衍陵路黃萬泰	
長沙市人力車商業同業公會	〃	左康謨	青石井八號	
長沙市大羅盤盞荒貨商業同業公會	〃	盛錫崑	綫綢街	
長沙市糕糧膏麵商業同業公會	〃	張闓雲	下太平街二十號	
長沙市旅館商業同業公會	〃	許詠瑛	西牌樓新安商號	
長沙市紙商刷印商業同業公會	〃	柳松初	驛正街小東嘉巷	

長沙市南貨土菓商業同業公會	〃	王洪翰	太平街大興福	
長沙市首飾商業同業公會	〃	舒瑞山	朝陽巷衣式清宮巷六號	
長沙市五金電料商業同業公會	〃	沈文盛	伯陵路金成公司	
長沙市油漆礦顏料商業同業公會	〃	易[illegible]一	萬福街三十五號	
長沙市屠行商業同業公會	〃	王禹頭	文東茅巷五十六號	
長沙市新菓商業同業公會	〃	羅德松	中正路太和	
長沙市銀行商業同業公會	〃	侯厚培	小瀛洲二號	
長沙市金銀首飾商業同業公會	〃	余齊翰	黃家巷六號	
長沙市中西衣莊皮貨商業公會	〃	左宗讓	伯陵路均記西服店	
長沙市靴鞋工業同業公會	〃	劉文枝	[illegible]街德薪	

長沙市錢商業同業公會	理事長	李壽樺	李[illegible]松堂藥號	
長沙市倉庫商業同業公會	〃			
長沙市木器工業同業公會	〃	韋振武	新坡子街	
土菓雜貨行商業公會	〃	彭桂生		
長沙市運輸商業同業公會	〃	熊桐蓀	犂嘉坪英號	
茶商業同業公會	〃	孔松筠		
麵食商業同業公會	〃	黃壽彭	走馬樓甘長順	
麪粉製麪工業同業公會	〃	譚維度	金線街[illegible]廠	
傘商業同業公會	〃			
保險商業同業公會	〃	饒仲廉	福陵路太平洋保險公司	

脚踏車商業同業公會	〃	胡鎮鑫	小吳門外環珠車行
夏布業公會	〃	簡炳棣	
眼鏡工業公會	〃	鄒謐	
長沙市土布工業同業公會	〃	蔡國棟	西長街大成工廠
長沙市製傘商業同業公會	〃	張鳳祥	迎龍橋三十四號
長沙市青服工業同業公會	常務理事	郭元炎	魚塘街七號
長沙市皮料工業同業公會	理事長	劉應貴	惟長街十七號
長沙市調味工業同業公會	〃	謝錫炎	吳家巷
長沙市木周工業同業公會	〃	〃	〃
長沙市皂燭工業同業公會	〃	文石峰	小西門正街二十八號

長沙市豬肉商業同業公會	〃	廖華廷	皇倉灣八十五號	
長沙市瓷商業同業公會	〃	王嘉祺	南正路九江瓷號	
長沙市糕餅商業同業公會	〃	李立雄	下黎湖街永盛	
長沙市雞鴨臘味商業同業公會	〃	駱林生	藥王街福盛	
長沙市瓦貨商業同業公會	〃	沈鏡吾	藥王街恒順	
長沙市浴堂商業同業公會	〃	劉華庭	小西門外中西浴堂	
長沙市豬行商業同業公會		王仲謙	草潮街公益長	
長沙市玻璃商業同業公會	理事長	王春虎	三王街裕興隆	
長沙市鐘錶商業同業公會	〃	鍾裕乾	中山西路大西洋	
長沙市竹木商業同業公會	〃	戴建生	中大舖街	

長沙市紙綢呢絨商業同業公會	〃	鄭紹榮	蔡鍔街[illegible]保國民學校	
長沙市布商業同業公會	〃	〃	〃	
長沙市估衣商業同業公會	〃	朱鴻賓	皇倉灣八十五號	
長沙市古玩商業同業公會	〃	〃	〃	
長沙市編爆鼓商業同業公會	〃	王伯常	太平街聚和慶	
長沙市山貨、[illegible]商業同業公會	〃	盛宗武	藩城堤一百四號	
長沙市圖書教育用品商業同業公會	〃	袁藍生	史家巷橫街	
長沙市磚瓦業同業公會	〃	沈紹三	局關祠	
長沙市臨時[illegible]廠業同業公會	〃	陳德珊	北中正路	
長沙市輪船旅票商業同業公會	〃	胡海泉	大西門	

長沙市筆墨工業同業公會	〃	彭宗安	西長街長沙筆社	
長沙市鍊製工業同業公會	〃	張宗鑑	皇倉灣八十五號	
長沙市染坊工業同業公會	〃	徐天錫	西長街六十六號	
長沙市營造工業同業公會	〃	袁紹榮	寶南街二十九號	
長沙市石灰磚瓦商業同業公會	〃	張聘良	永興街十六號	
長沙市水菓商業同業公會	〃	周雲森	皇倉灣八十五號	
長沙市糕餅糖菓商業同業公會	〃	曹[illegible]		
長沙市顏料商業同業公會	〃	崔伯鴻	太平街萬源里	
長沙市捲煙商業同業公會	〃	謝贊臣	中山西路五十八號	
長沙市鋼商業同業公會	常務理事	陶樾泉	皇倉灣十八號	

長沙市顏料香燭商業同業公會	〃	張[illegible]華	[illegible]倉[illegible]八十五號	
長沙市[illegible]業同業公會	〃	胡樹林	大東茅巷[illegible]湘[illegible]	
長沙市植物油輸出業同業公會		陶[illegible]生	小瀛洲[illegible]長[illegible]湘行	陳[illegible]
第四區印刷工業同業公會		劉[illegible]	[illegible]八[illegible]行	[illegible]
第六區机器工業同業公會	〃	張瀛	[illegible]戲[illegible]	
第二區碾米工業同業公會	〃	謝[illegible]秋	[illegible]太[illegible]	
第二區針織工業同業公會	〃	夏[illegible]	[illegible]	劉[illegible]
長沙市魚、[illegible]商業同業公會	〃	萬[illegible]	[illegible]	
長沙市寄賣商業同業公會	〃	王定宇	[illegible]商行	
長沙市戲劇商業同業公會	〃	梁月波	黃[illegible]巷十八號	

長沙市刺繡工業同業公會	〃	林福生	皇倉灣八十五號	
長沙市製糖工業同業公會	〃	毛梓林	〃	
長沙市化妝工業同業公會	〃	李孟祺	〃	
長沙市西染工業同業公會	〃	謝松林	〃	
長沙市烟作工業同業公會	〃	陳德瑞	三羊里新四號	
長沙市補鞋整理工業同業公會	〃	包覺平	總佛街三號	
長沙市帽工業同業公會	常務理事	楊文遠	中正路爵祿帽廠	
長沙市照相工業同業公會	〃	陳壽眉	司門口青年照相館	
長沙市汽車商業同業公會	理事長	譚常愷	瀟湘街大京平運輸公司	
長沙市輪船商業同業公會	〃	黃承懋	康家灣	

長沙市國藥商業同業公會	〃	郭厚埜	吳家巷橫街	
長沙市蛋商業同業公會		劉東陵	大西門河街劉萬盛行	
長沙市民船商業同業公會	〃	謝[illegible]	[illegible]落棚[illegible]	
長沙市煤炭商業同業公會	〃	沈秀鐵	中山東路	
長沙市棉花糧食商業同業公會	〃	杜性靜	大西門河元慶行	
長沙市茶食商業同業公會	〃	彭鼎甫	魚塘街大華齋	
長沙市漆商業同業公會	〃	張惠民	[illegible]	
第一區肥皂工業同業公會	〃	文啟峯	小西門正街季日光肥皂廠內	
第二區金屬品[illegible]業同業公會	〃	劉[illegible]穀	六舖街廿六號	

长沙市商会为本商会第一届会员代表大会改选理监事名册致洪江镇商会的公函（一九四七年二月十八日）

事由

批示　存查

擬辦

附件

長沙市商會公函

崇查本會呈准改組一案經於三十五年十二月十二日召開第一屆會員代表大會選舉理事二十一人監事七人復於本年一月五日正式就職由理事會選任伯鴻學謙宗陶增榮商隱等五人為常務理事再選伯鴻為理事長由監事會選任慶先為常務監事當經分別呈報在案惟念勝利以後建設事業萬緒千端加以經濟危機日形迫促伯鴻等材輇任重深慮有負全市商人委託第以公益所在不敢固辭除分函外茲特檢同職員名冊一份函達即煩查照所冀不遺在遠時錫南針以匡不逮至為感荷此致

洪江鎮商會

附職員表一份

理事長　崔伯鴻
常務理事　左學謙
陳宗陶
鄭增榮
曹商隱
常務監事　潘慶先

附：长沙市商会第一届当选理监事名册（一九四七年一月六日）

長沙市商會第一屆當選理監事名冊

三十五年十二月十四日選舉
三十六年一月六日填報

	職別	姓名	性別	年齡	籍貫	營業種類	所屬公會或公司行號工廠名稱	在公會或公司行號工廠職務	教育程度	黨員是否	住址	備註
已	理事長	崔伯鴻	男	四八	湘潭	顏料業	長沙市顏料業同業公會	理事長	中學	是	上太平街萬源恆顏料號	
已	常務理事	左學謙	男	七〇	長沙	人力車業	長沙市人力車業同業公會	理事長	前清秀才	是	蘇家巷一號	
已	常務理事	陳宗陶	男	四六	江西	植物油輸出業	長沙市植物油輸出業同業公會	常務	高中	是	黎家坡大巷子四號	
已	常務理事	鄭增榮	男	五二	長沙	布商業	長沙市布商業同業公會	理事長	中學	是	八角亭天成綢莊	
已	常務理事	曹商隱	男	五〇	長沙	旅館業	長沙市旅館業同業公會	理事	保定軍校畢業	是	文星橋錦銘旅社	
已	理事	盛宗武	男	四六	長沙	山貨牛皮業	長沙市山貨牛皮業同業公會	理事長	中學	是	潘城堤復德山貨號	
已	理事	余屏翰	男	四四	江西	金銀首飾業	長沙市金銀首飾業同業公會	理事長	舊學八年	否	中正路寶興金號	
已	理事	林福生	男	四六	長沙	刺繡業	長沙市刺繡業同業公會	理事長	舊學	是	皇倉灣八五號	

已	理事	郭厚堃	男	五二	長沙	國藥業	長沙市國藥業同業公會	理事長	高中	是	中山東路湖南商藥局	
已	理事	徐天錫	男	六八	平江	染坊業	長沙市染坊業同業公會	理事長	舊學	是	興運街四號	
已	理事	譚常愷	是	四人	長沙	汽車業	長沙市汽車業同業公會	理事長	留美	是	新軍路一零一號	
已	理事	羅樹聲	男	四〇	湘潭	酒作業	長沙市酒作業同業公會	理事	中學	是	南門外惜陰街同和酒作號	
已	理事	羅乃風	男	四八	醴陵	銀行業	長沙市銀行業同業公會	常務理事	大學	是	伯陵路復興銀行	
已	理事	謝紹秋	男	一五二	長沙	碾米業	長沙市碾米業同業公會	理事長	舊學	是	長春街謝咸和米廠	
已	理事	易之一	男	四八	長沙	油鹽花紗業	長沙市油鹽花紗業同業公會	理事長	舊學十年	是	大西門大西鹽號	
已	理事	林竹安	男	四二	長沙	百貨業	長沙市百貨業同業公會	理事長	中學	是	司門口大新百貨店	
已	理事	李壽增	男	五八	長沙	錢業	長沙市錢業同業公會	理事長	長中	否	黄興路李四怡堂	
已	理事	陳德珊	男	四〇	長沙	臨時電廠業	長沙市臨時電廠業同業公會	理事長	高中	是	藥王街大華電廠	
已	理事	柳和初	男	四四	長沙	紙商印刷業	長沙市紙商印刷業同業公會	理事長	中學	是	路邊井柳同興號	

己	理事	王維翰	男	四五	長沙	南貨土果業	長沙市南貨土果業同業公會	理事長	舊學三年	是	中山東路怡豐興南貨號	
己	理事	蕭哲臣	男	四九	湖北	捲烟業	長沙市捲烟商業同業公會	理事長	高中	是	中山西路五八號	
己	常務監事	潘慶先	男	五五	長沙	瓷業	長沙市瓷業同業公會	常務	舊學	是	小西庵坪六號	
	監事	朱海濤	男	四八	長沙	靴鞋業	長沙市靴鞋業同業公會	常務	舊學	否	藥王街美利長	
己	監事	王春篪	男	四二	長沙	玻璃業	長沙市玻璃業同業公會	理事長	舊學六年	是	三王街寶湘玻璃號	
己	監事	章蘭生	男	六二	長沙	圖書用品業	長沙市圖書教育用品業同業公會	理事長	舊學	是	南正路亞光書局	
己	監事	曹海鯤	男	三九	長沙	棉花糧食業	長沙市棉花糧食業同業公會	理事長	中學	否	大西門大有棉花糧食號	
	監事	周海泉	男	四六	長沙	新藥業	長沙市新藥業同業公會	理事長	中學	否	南正路利達藥房	
己	監事	周雲森	男	二七	長沙	水果業	長沙市水果業同業公會	理事長	中學	是	大西門琪昌祥號	

长沙市商会人民团体调查表（一九四七年六月三十日）

湖南省长沙市人民团体调查表

团体名称	長沙市商會	地址	皇倉坪	成立日期	民.31.10.12.
備案机関	長沙市政府	証書字號	長沙爺湯補建字	備案日期	民.31.2.1.
成立宗旨	圖謀工商業福利發展對外貿易為宗旨				
組織概況	[redacted] 理事 31人 監事 15人 常務理事 9人 常務監事 5人				
沿革	該會前清光緒末年成立名為商務總會 [redacted] 民初商會法頒佈改為總商會 [redacted] 改為市商會				
工作概況	現(奉)頒設商業學校，籌辦商校成立國貨陳列所，或民覓會，籌設商業銀行，舉辦國際貿易				
會員	合計 [illegible]	男	女	散情	本會公同業均散在本市區域
經濟狀況	按照商會法規定以各業公會會員及非公會會員之會費與經費為經常費				

主要負責人 姓名	性別	年齡	籍貫	學歷	經歷
崔伯鴻	男	48	湘潭	中學畢業	歷任商業理事長現任市商會理事長
徐天錫	〃	68	平江	私塾	曾任市商會理事長
左學謙	〃	70	長沙	大學	〃
陳宗陶	〃	43	江西	中學	曾任理事
鄭藩生 / 潘商騫		53 / 51	長沙	中學 / 保定軍校畢業	〃
盛宗武 / 郭恩楚		43 / 63	長沙	中學	〃

中華民國三十六年六月三十日填報

說明：一、本表各欄未盡事宜得依式另表附報。二、各項均須詳細填寫。三、本表式樣大小及紙張均用白紙縱式（西式）。

长沙市商会主管人员姓名调查表（一九四七年）

長沙市商會（机關名稱）主管人員姓名調查表

姓名	職務	通訊處	備註
崔伯鴻	理事長	太平街萬源恒顏料號	
左學謙	常務理事	福源巷逸鑫	
陳宗陶	〃〃	鵝公坡硝廠巷三號	
鄭增榮	〃〃	八角亭天成綢莊	
曹商隱	〃〃	紫荊街大陸旅社	
盛宗武	總務科長	藩城堤稷德山貨號	
余屏翰	會計科長	金銀首飾業轉	
郭學塈	統計科長	湖南商藥局	

已製卡

林福生	籽心 长衡	西湖桥	

66

长沙市各商业团体负责人姓名一览表（一九四八年）

長沙市各商業團體負責人姓名一覽表

團體名稱	負責人職别	姓名	住址	備攷
長沙市[illegible]同會	理事長	葉楠鴻	皇倉坪	
長沙市[illegible]商業同業公會	〃	[illegible]	[illegible]	
長沙市[illegible]同業公會	〃	李[illegible]	[illegible]	
長沙市[illegible]業同業公會	〃	[illegible]	青石井八號	
長沙市[illegible]同業公會	〃	[illegible]	[illegible]街	
長沙市[illegible]業同業公會	〃	[illegible]	太平街[illegible]	
長沙市[illegible]業公會	〃	許[illegible]	[illegible]	
長沙市[illegible]業公會	〃	[illegible]	[illegible]	
長沙市[illegible]業公會	〃	[illegible]	太平街[illegible]	
長沙市[illegible]業公會	〃	[illegible]	[illegible]巷[illegible]	

長沙市參茸藥材商業同業公會	理事長	沈金銘	[illegible]公司	
長沙市南貨[illegible]商業同業公會	〃	易大八	[illegible]街六十五號	
長沙市蕭竹[illegible]業同業公會	〃	黃銘良	大東[illegible]五十六號	
長沙市[illegible]茶業公會	〃	[illegible]	中[illegible]太和	
長沙市銀行[illegible]業公會	〃	呂鐵[illegible]	[illegible]號	
長沙市[illegible]業同業公會	〃	張屏翰	[illegible]八八號	
長沙市[illegible]業公會	〃	袁秉[illegible]	[illegible]	
長沙市瓢絲[illegible]業公會	〃	劉[illegible]	[illegible]街[illegible]	
長沙市[illegible]業公會	〃	彭[illegible]	南長街[illegible]	
長沙市[illegible]業公會	〃	張[illegible]	[illegible]八十五號	
長沙市[illegible]業公會	〃	[illegible]大錫	西長街[illegible]號	
長沙市[illegible]業公會	〃	戴[illegible]	[illegible]街[illegible]號	

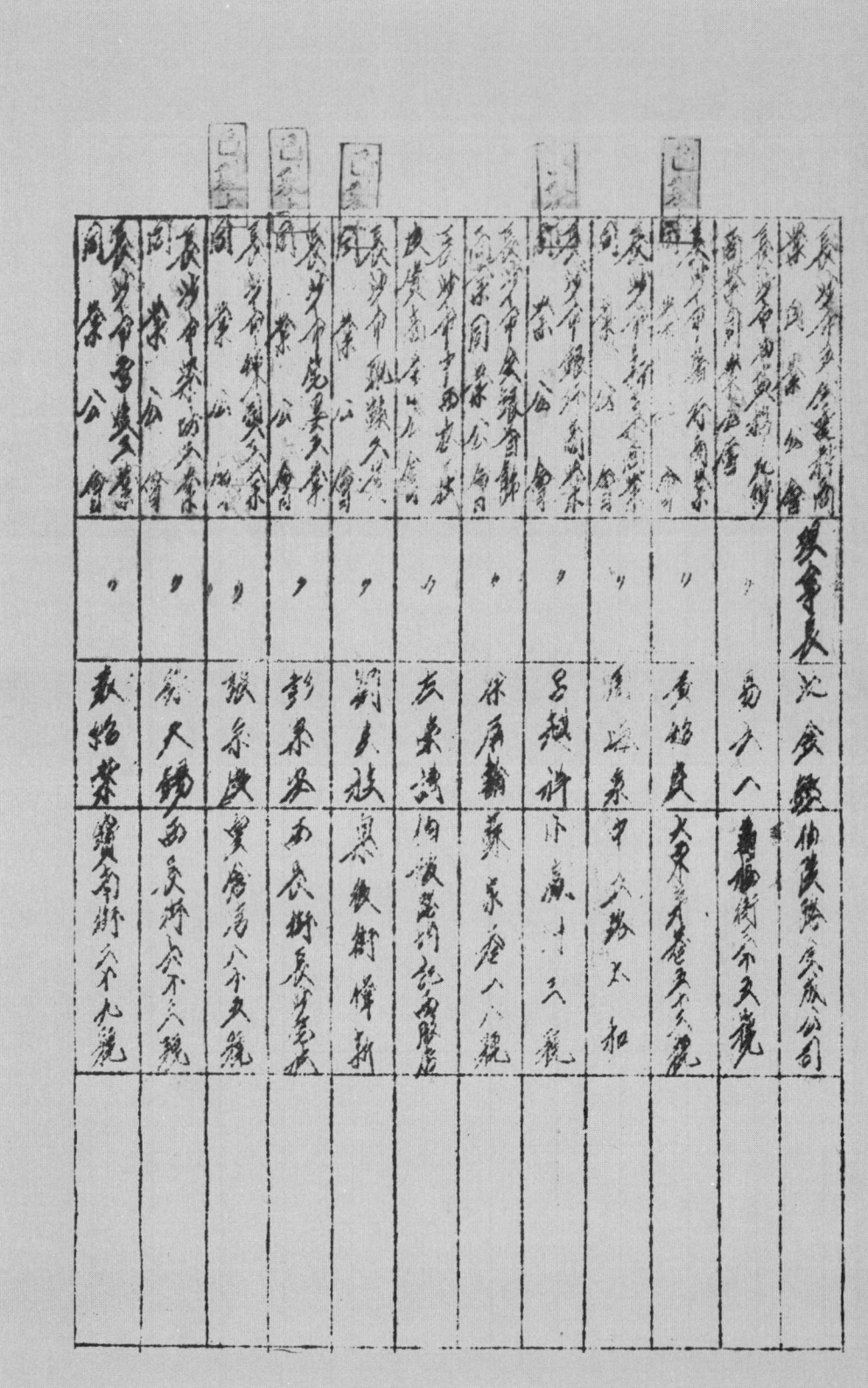

長沙市石灰碼木商業同業公會	理事長	張賜良	漢興街十六號
長沙市水果商業同業公會	〃	周寶森	寶倉灣八十五號
長沙市[illegible]商業同業公會	〃	曾膺	〃
長沙市[illegible]商業同業公會	〃	朱柏鳴	八角街萬源良
長沙市[illegible]商業同業公會	〃	蕭柏良	中山西路五十八號
長沙市[illegible]業同業公會	常務理事	沈福昆	寶倉灣十八號
長沙市[illegible]商業同業公會	〃	張啟華	寶倉灣八十五號
長沙市旅店商業同業公會	〃	胡雨秋	大東茅巷蒲湘通旅
長沙市[illegible]商業同業公會	〃	陶伏炎	太平街長沙行
長沙市西醫師藥業同業公會	〃	劉太安	文杰巷街
長沙市[illegible]機器工業同業公會	〃	張嫻	西湖路德慶
長沙市八區碾米工業同業公會	〃	謝紹鈞	賈太街[illegible]三十號

已製上

已製上

已製上

已製上

第六区针织业同业公会	常务理事	夏承尧	三兴街[illegible]	
长沙市南货商业同业公会	〃	萬海南	[illegible]坡子街广泰	
长沙市寄售商业同业公会	〃	王炎[illegible]	中山[illegible]商行	
长沙市[illegible]商业同业公会	〃	梁月波	[illegible]八号	
长沙市[illegible]商业同业公会	〃	[illegible]東庚	皇仓[illegible]八号	
长沙市[illegible]商业同业公会	〃	[illegible]	南[illegible]五号	
长沙市[illegible]商业同业公会	〃	李天麟	中[illegible]街[illegible]	
长沙市[illegible]商业同业公会	〃	[illegible]	[illegible]街[illegible]	
长沙市[illegible]商业同业公会	〃	沈觐春	[illegible]街九号	
长沙市[illegible]商业同业公会	〃	刘[illegible]庚	西[illegible]中[illegible]	
长沙市猪行商业同业公会	〃	王[illegible]	東长街[illegible]	
长沙市[illegible]商业同业公会	理事长	[illegible]	三兴街[illegible]	

已製卡	長沙市鐵廠商業同業公會	理事長	魏裕乾	中山西路大西門	
	長沙市竹木商業同業公會	〃	戴琪生	中大鋪街	
已製卡	長沙市[illegible]五金同業公會	〃	鄭增榮	南協街、[illegible]、國貨宗旅	
已製卡	長沙市布商業、茶業同業公會	〃	〃	〃	
	長沙市估衣商業同業公會	〃	朱海濤	吳家坪八十五號	
已製卡	長沙市古玩商業同業公會	〃	〃	〃	
	長沙市鞭爆火紙商業同業公會	〃	吳伯常	太平街未加慶	
	長沙市山貨商業同業公會	〃	盛榮武	壩塘坡八十二號	
	長沙市香粉類用品商業同業公會	〃	黃蘭生	又泉茶巷街	
	長沙市磚瓦石業同業公會	〃	沈紹夫	南湖港	
已製卡	長沙市鐘錶眼鏡業同業公會	〃	陳德琳	北中大街	
	長沙市輪船[illegible]商業同業公會	〃	胡海泉	大西門	

长沙市钢铁商业同业公会	理事长	余寿增	[illegible]	
长沙市仓库商业同业公会	〃	〃	〃	
长沙市肥料商业同业公会	〃	周觉光		
长沙市茶馆业同业公会	〃	余振武	新河小街	未改选
大众旅馆商业公会	〃	彭镇先		
花商业同业公会	〃	孔松涛		
面食商业同业公会	〃	甘寿彭	[illegible]	
发丝网、发冠业同业公会	〃	谭敬庚	金[illegible]街[illegible]	
[illegible]同业公会	〃			未改选
硝碱商业同业公会	〃	顾冲[illegible]	[illegible]	
脚踏车商业同业公会	〃	黄[illegible]		

冒抄

长沙市土布染业同业公会	理事长	梁国栋	西长街大庙巷[illegible]号
长沙市制线业同业公会	〃	张德祥	贤龙桥三十四号
长沙市[illegible]厂业同业公会	常务理事	郑克[illegible]	鱼塘街七号
长沙市[illegible]件业同业公会	理事长	刘复泰	[illegible]长街十八号
长沙市[illegible]业同业公会	〃	谢南生	黄兴路九号
长沙市[illegible]业同业公会	〃	〃	〃
长沙市[illegible]业同业公会	〃	龚寿年	坡子街八十八号
长沙市[illegible]业同业公会	〃	李厚祺	东茅巷二十五号
长沙市[illegible]茶业同业公会	〃	谢松林	〃
长沙市剃[illegible]业同业公会	〃	林福生	〃
长沙市制[illegible]业同业公会	〃	武林林	〃
长沙市[illegible]作业同业公会	〃	陈德瑞	黄道街新四号

长沙市编[illegible]业公會	理事长	邑览年	[illegible]街三號	
长沙市[illegible]文業公會	常務理事	楊文彥	中山路[illegible]廠	
长沙市照相[illegible]業公會	〃	陳壽昌	司門口[illegible]照相館	
长沙市汽車商業公會	理事长	陳常煥	潘[illegible]街大華[illegible]公司	
长沙市輪船商業公會	〃	姜[illegible]惠	唐[illegible]	
长沙市[illegible]業公會	〃	郭保英	又[illegible]巷[illegible]街	
长沙市[illegible]商業公會	〃	劉秉資	大西門河街劉高[illegible]	
长沙市[illegible]商業公會	〃	謝[illegible]	[illegible]街三號	
长沙市[illegible]業公會	〃	謝友誠	小吴門外黄土嶺	
长沙市[illegible]商業公會	〃	侯攸邦	大西門元慶街	
长沙市[illegible]商業公會	〃	彭[illegible]清	[illegible]街大[illegible]	
长沙市[illegible]商業公會	〃	張惠武	坡子街[illegible]	

长沙市各商业团体负责人名册（一九四九年二月）

長沙市各商業團體負責人名冊　民國三十八年二月　湖南省政府秘書處文獻股調製

團體名稱	負責人名稱	姓名	別號	年齡	籍貫	住址	備考
長沙市商會	理事長	崔伯鴻	✓			長沙皇倉坪	
長沙市糟坊雜貨商業同業公會	〃	陳宗陶				黃興路德茂隆	
長市鐵器業同業公會	〃	黃達望				東長路黃萬聚	
長市八角亭商業同業公會	〃	左學謙	益齋	六〇	長沙	青石井八號	
長市大雲盤菜疏瓜貨商業同業公會	〃	戚錫崑				總傅街	
長市雜糧膏麵商同業公會	〃	張闔雲				下太平街二十號	
長市旅館商業同業公會	〃	許詠煌				西牌樓新安商號	
長市鉛印商業同業公會	〃	柳和初				縣正街小樂嘉巷	
[illegible]同業公會		王維幹				太平街大興福	
長市百貨商業同業公會		鄧瑞昌				新陽巷右大清宮巷二號	
長市五金電料商業同業公會		沈金鑑				東長街金城公司	
長市湘鹽棉花紗商業同業公會		易之一				萬福街二十五號	
長市酒行商業同業公會		王昌貴				大東茅巷五十一號	

長沙市新果商業公會		羅桓松				中正路大和
長沙市銀行商業同業公會		侯厚培				小瀛洲三號
長沙市金銀首飾商業同業公會		余屏翰				蘇家巷十八號
長沙市中西衣莊皮貨商業公會		左榮謙				東長路鈞記衣服店
長沙市靴鞋工業同業公會		劉生桂				臬後街偉新
長沙市筆墨工業同業公會		彭宗安				西長街長沙筆社
長沙市鉛製工業同業公會		張宗鑑				皇倉灣八十五號
長沙市染坊業同業公會		徐天錫				西長街六十三號
長沙市營造工業同業公會		袁慈棠				寶南街二十九號
長沙市石灰磚瓦商業同業公會		張鵬良				永興街十六號
長沙市水果商業同業公會		周雲森				皇倉灣八十五號
長沙市糕餅糖菓商業公會		曹岳				
長沙市顏料商業同業公會		崔伯鴻				太平街萬源里
長沙市捲煙商業同業公會		蕭楷臣				中山西路五十八號
長沙市銅商業同業公會	常務理事	沈福昆				皇倉灣十八號
長沙市鞋料帶職商業同業公會	理事長	張春華				皇倉灣八十五號

已制卡

长沙市熟席商业同业公会		理事长胡雨秋			大东茅巷[illegible]酒家	
长沙市植物油输出业同业公会		陶伏生			上[illegible]湾长丰[illegible]行	[illegible]大西门荻山街十四号
第四区印刷工业同业公会		刘士安			吴家巷横街	谭[illegible]楼、紫荆街
第二区碾米工业同业公会		谢绍秋			通泰街新三十号	
第一区针织工业同业公会		夏宇平			三王街厚诚	周[illegible]中会馆里福利针织厂
长沙市鱼行商业同业公会		万海南			盐道坡新广泰	
长沙市寄卖商业同业公会		王定宇			中正路两宜商行	
长沙市戏剧商业同业公会		梁月波			苏家巷十八号	
长沙市瓷商业同业公会		王嘉祺			南正路九江瓷号	
长沙市桐油商业同业公会		廖华廷			皇仓湾八十五号	
长沙市[illegible]业同业公会		李立鹏			下碧湘街永盛	
长沙市鸡鸭腊味商业同业公会		骆林生			药王街福盛	
长沙市[illegible]货商业同业公会		况镜安			药王街恒顺	
长沙市浴堂商业同业公会		刘华庭			小西门外中心浴堂	
长沙市猪行商业同业公会		王仲谦			草[illegible]河街公益长	

長市玻璃商業同業公會		王春虎				三王街裕興隆	
長市鐘錶商業同業公會		鍾裕乾				中山西路大西洋	
長市竹木商業同業公會		戴達安				中大[illegible]街	
長市絲綢呢商業同業公會		鄭增榮				魚塘街第五保國民學校	
長市布商業同業公會		鄢增榮				〃〃〃	
長市估衣商業同業公會		朱鴻賓				皇倉灣八十五號	
長市古玩商業同業公會		朱鴻賓				〃〃〃	
長市[illegible]商業同業公會		王伯常				太平街豐和慶	
長市[illegible]貨商業同業公會		盛宗武				藩城堤一四號	
長市[illegible]書[illegible]用品同業公會		葉藍生				史家巷橫街	
長市[illegible]業同業公會		沉紹三				南關祠	
長市[illegible]電灯[illegible]工業同業公會		陳德珊				北中正街	
長市[illegible]同業公會		胡海泉				大西門	
長市錢商業同業公會		李壽增				李西[illegible]堂藥號	
長市[illegible]商業同業公會		李壽增				〃〃	
長市[illegible]工業同業公會		葉振武				新坡子街	

武六段

已製卡

長市土產雜貨商業同業公會	理事長	彭桂生	✓				
長市運輸商業同業公會		龍桐藩	✓			肇嘉坪十六號	
長市茶商業同業公會		孔松筠	✓				
長市麵食商業同業公會		甘壽彭	✓			大馬樓廿長順	
長市麵粉製麵工業同業公會		譚雅度	✓			金線街廿多麵廠	
長市傘商業同業公會			✓				
長市保險商業同業公會		顧仲康	✓			東長街太平洋保險公司	
長市腳踏車商業同業公會		胡鎮鑫	D			小吳門外環球車行	
長市夏布商業公會		蔣功健	✓				
長市眼鏡工業公會		柳蔭	✓				
長市土布工業同業公會		梁國棟	✓			西長街大成工廠	
長市製革商業同業公會		張應祥	✓			迎龍橋五十四號	
長市[illegible]版工業同業公會	常務理事	鄧克琴	✓			魚塘街六號	
長市皮件工業同業公會	理事長	劉廷章	✓			怡長街十七號	
長市縫作工業同業公會	✓	謝菊生	✓			學家巷	

尧奎人

長市[illegible]業同業公會	✓	謝菊生	✓			學家巷	
長市紙煙業同業公會		文石峰	✓			小西門正街二十一號	
長市刺繡業同業公會		林福生	✓			皇倉灣十五號	
長市製衣縫紉業同業公會		王梓林	✓			〃 〃 〃	
長市代裝業同業公會		李孟祺	✓			〃 〃	
長市西洗業同業公會	✓	謝松林	✓			〃 〃	
長市煙作業同業公會		陳德瑞	✓			三興里新四號	
長市豬鬃整理業同業公會		毛覺平	✓			總佛街三號	
長市帽業同業公會	常務理事	楊文達	✓			中正路[illegible]帽廠	
長市照相業同業公會		陳壽眉	✓			司門口青年照相館	
長市汽車商業同業公會	理事長	譚常愷	✓			蔡鍔後街大華[illegible]	
長市輪船商業同業公會		姜求忠	✓			康家灣	
長市國藥商業同業公會		郭厚垣	✓			史家巷橫街	
長市屠商業同業公會		劉東雲	✓			大西門河街劉萬盛行	
長市民船商業同業公會		謝琼	✓			三汊橋三號	

長沙市煤炭商業同業公會		沈學強	∪			中山東路	
長沙市棉花[illegible]業同業公會		任性邨	∨			大西門元慶行	
長沙市茶食商業同業公會		彭海濤	∨			魚塘街大華齋	
長沙市漆商業同業公會		張惠民	∨			坡子街通裕[illegible]	
長沙市肥皂工業同業公會		文石峯				小吳門正街大吉肥皂廠內	
長沙市[illegible]製造業同業公會		劉基嵒				六鋪街二十六號	

长沙市商会理监事名册（一九四九年四月一日）

長沙市商會理監事名冊

三十八年四月一日

職別	姓名	性別	年齡	籍貫	在公會行號職務	住址
理事長	陳宗陶	男	四九	江西	碾[illegible]油榨業理事長	雞公坡硝廠巷二號
常務理事	左學謙	男	七三	長沙	人力車業理事長	福源巷逸盦
	崔伯鴻	男	五一	湘潭	顏料業理事長	上太平街萬源恒
	鄭增榮	男	五五	長沙	織布業理事長	八角亭天然[illegible]莊
	曹商隱	男	五三	長沙	旅館業理事	走馬樓四十四號
理事兼總務科長	盛宗武	男	四九	長沙	山貨業理事長	藩城堤復德山貨號
理事兼[illegible]科長	李壽增	男	六一	長沙	錢業常務理事	黃興路李四怡堂
理事兼[illegible]科長	叢哲臣	男	五二	湖北	捲烟業理事長	中山西路華中公司
理事兼[illegible]計科長	郭厚璇	男	五五	長沙	國藥業常務理事	中山東路[illegible]藥局
理事	徐天錫	男	七一	平江	[illegible]染布業理事長	府正街府中里二號

理事	譚常澧	男	五一	長沙	汽車業	新軍路二十四號
	羅樹楚	男	四三	湘潭	[illegible]作業理事	鹽官渡八號中火柴公司
	羅乃展	男	五一	醴陵	銀行業常務理事	
	余屏翰	男	四七	江西	[illegible]銀首席業理事長	黃興路永馨煙行
	林福生	男	四九	長沙	[illegible]業	三王街四十四號
	鄒紹秋	男	五五	長沙	碾米業理事長	長春街謙庚和米廠
	易[illegible]一	男	五一	長沙	油鹽花紗業理事長	大西門永茂鹽號
	林竹安	男	四五	長沙	百貨業	臬後街大新百貨莊
	陳德[illegible]	男	四三	長沙	電[illegible]業	藩王街德大百貨號
	柳和初	男	四七	長沙	照[illegible]業理事長	路邊井柳同興號
	王維翰	男	四五	長沙	南貨業理事長	金線街福利興
常務監事	潘慶先	男	五八	長沙	瓷商業常務理事	八角亭國瓷

監事	朱海濤	男	五一	長沙	兆鞋業理事長	瀏王街美利長
	王春庭	男	四五	長沙	玻璃業理事長	三王街萬利玻璃號
	辜麟生	男	六五	長沙	圖書業理事長	青石街城記號
	曹海觀	男	四二	長沙	花爆業理事長	大西門大有花爆行
	周海泉	男	四九	長沙	綢緞業理事長	黃興路柯達綢緞房
	周雲森	男	三〇	長沙	水果業	皇倉灣五都三村四十二號

长沙市商会全体理监事名册（一九四九年）

長沙市商會全體理監事名冊

職別	姓名	在公會行號職務	住址	註
理事長	陳宗儀	植物油製造業理事長	鵝公坡硝廠巷二號	在假
常務理事	左學謙	人力車業理事長	黃興北路	
	崔伯鴻	顏料業理事長	上太平街萬源恒號	在假
	鄭增榮	綢布業理事長	八角亭天成綢莊	
	曹商隱	旅館業理事	紫荊街大陸旅社	
理事兼總務科長	盛宗鈺	山貨牛皮業理事長	藩城堤根德山貨號	
理事兼會計科長	李壽增	鹽商業常務理事	黃興路李四怡堂	
理事兼公斷科長	蕭哲臣	捲煙業理事長	中山西路華中公司	在假

理事兼统计科长	郭厚桓	国药业常务理事	中山东路湖南衷药局	
理事	徐天锡	织染布业理事长	府正街府中里二号	
	罗树犀	酒作业理事	灵官渡湘中火柴公司	
	黄斐瑜	钱行业常务理事	坡子街亚西银行	
	余屏藩	金银首饰业理事长	黄兴路永馨烟行	在假
	林福生	光缎业	三王街四十四号	
	龚纯钦	碾米业理事长	长春街谦益知	
	易之一	油盐花纱业理事长	大西门永茂盛号	
	林竹安	百货业	集贤街大新百货庄	
	陈铭琛	电厂业	黄兴北路总大百货号	

	柳和初	綢商業理事長	路邊井鄒同興綢號	
	王維翰	南貨業理事長	金線街福利興	
	沈金鑑	五金電料業理事長	蔡鍔路金康電料號	
常務監事	潘慶光	瓷器業常務理事	八角亭國瓷商店	
監事	宋海濤	靴鞋業理事長	藩王街美利長	
	王春麗	玻璃業理事長	三王街華新玻璃號	
	韋蘭生	圖書業理事長	菁星街搭元橋口	
	曹海鯤	花紗業理事長	大西河街大有花紗行	
	周海泉	新藥業理事長	黄興路柯達藥房	

长沙市商会所属会员名册（一九四九年）

長沙市商會所屬會員名冊

業別	姓名	簡歷	地址	附記
銀行商業	黃楚琦	亞西銀行經理	蔡鍔路	
錢莊業	左作霖		坡子街福祿宮	
絲、綢、呢、絨商業布	沈少農	永民大綢布號經理	白馬巷	
金銀首飾商業	盧德亮	黃興南路同振經理	蘇家巷十八號	
油鹽棉花紗商業	陳紹琨	福利鹽號經理	大西門吉福街	
百貨商業	舒瑞昌	祥豐百貨號經理	藩正街	
南貨土果莊業	宋季柏		太平街大福興內	
土果雜貨行商業	王世傳	四大南貨號經理	太平門外中和行內	

土布工业	刘俊仁	亚丰织布厂经理	明月街	
卷烟商业	丑禹阶	顺和行经理	西牌楼福裕布庄内	
弹[illegible]碾米工业	熊伯鹏		通泰街	
棉花粮食商业	曹海鲲	大有行经理	大西河街	
纸张刷印商业	柳和初	新民兴纸号经理	县正街	
国药商业	杨伯雄	长沙药局经理	蔡锷路药王宫	
颜料商业	梅子刚	祥泰永经理	太平街	
织染布工业	郑济美	广大布厂经理	福星街德湘布庄内	
山货牛皮商业	盛宗武	复阳山货号经理	藩城堤	
汽车商业	彭光湘		天心路五号	

第三區針織工業	龍維茂	復隆針織廠經理	金庭里福利	
煤炭商業	沈厚強	萬順興煤棧經理	中山東路	
竹木商業	戴建生	中源木行經理	保城堤十五號	
第四區印刷工業	梁志施	宇宙書局經理	府正街	
中西木器工業	熊瑞秋	熊森盛經理	皇倉街熊森盛	
雜糧膏麵商業	張恭梓	華湘雜糧號經理	永州碼頭	
茶食商業	常鑫齋	明月樓經理	登隆街	
靴鞋工業	張少華		滿王街	
刺繡工業	胡德興	錦霞湘繡莊經理	中山路郵局	
新藥商業	羅祖松	大豐藥房經理	學院街	

桐杪油靴出產業	陳宗衡		大西門上檔湾美記	
瓷商業	王嘉琪	九江公司經理	黃興路九江公司	
旅館商業	米章其	飛彤旅社經理	魚塘街	
筵席商業	劉福芝	新怡園經理	學宮街五傑巷	
屠行商業	蔣紹全		永豐倉大小西門	
鞭爆豆豉商業	王伯常	慶和豐經理	太平街豐和慶	
豬行商業	易菊生	新華豐經理	保節堤	
酒作工業	謝菊生	德民隆經理	黃興路德民隆	
醬園工業	謝菊生	〃	〃	
煙作工業	黃伯雄	大光煙店經理	黃興北路錫福	

肥皂工業	沈印心	百連廠經理	小西門正街大生	
玻璃商業	王春麓	華新號經理	三王街華新	
魚行商業	蕭海南	新廣泰經理	鹽運坡新廣泰	
製糖工業	李仲堯	宏發糖行經理	樊西巷百花村特一號	
營造工業	袁照棠		蔡鍔路總工會	
飲食商業	陳維新		新街口	
第二區機器工業	張灝		小古道巷磨盤灣	
浴堂商業	劉華庭	中西浴堂經理	小西門下河街中西浴堂	
圖書教育用品商業	辜蘭生		府正街中華書局	
槽坊雜貨商業	陳宗陶		黃興路錫民陸	

石灰磚瓦商業	郭慶明	郭鴻發經理	福星街	
民船商業	鄧富德		楠木廳兩號一號	
估衣商業	朱鴻賓	朱正記經理	藩城堤一二二號	
古玩商業	黄鳳厂		尚德街	
鞋料香燭商業	張春華	美記經理	登隆街美記	
中西衣莊皮貨商業	左學謙		萬慶街榮華堂劉西	
無製木業	張雷亭	三友號經理	八角亭三友	
帽工業	張溢生	湖南裝帽公司經理	黄興路	
西染工業	謝松林	美麗經理	解放路美麗	
筆墨工業	彭國蘭	彭三和經理	南陽街彭三和	

鐵器業	黃達望	黃萬聚經理	蔡鍔路黃萬聚	
糖果糕餅商業	曹岳	正吉祥經理	義碼頭正吉祥	
漆商業	鄒水亭		太平街大吉祥	
製革工業	張濟生	張華勝經理	南門外禪把塘張華勝	
鐘表商業	米朗欽	强華經理	黃興南路强華	
眼鏡工業	彭厚恩	彭寶珍經理	蔡鍔路	
水果商業	龍巘雲	恒太經理	馬家巷右邊巷內	
粘餅商業	王碧江	恒民行經理	下碧湘街恒民行	
照相工業	梁兆熊	蓉光經理	府正街蓉光照相館	
壽服工業	梁金田	萬年青經理	箭道巷萬年青	

瓦貨商業	郁春生		蔡鍔北路口51	
猪油商業	廖菊生		落心田九號	
人力車商業	左學謙		青石井八號	
鷄鴨腊味商業	駱林生	駱福勝經理	藥王街駱福勝	
大華盐蛋流貨商業	盛錫昆		藩城堤謙太長	
五金電料商業	沈金鑑	金成五金號經理	北蔡鍔路	
輪船旅棧商業	胡海泉		小西門第一碼頭	
銅器商業	沈福昆	忠天成經理	坡子街忠天成	
蛋商業	劉東雲	萬盛祥經理	金家碼頭萬盛祥	
茶商業	黄焕章	小大有經理	太平街小大有	

戲劇商業	鄧月成	黄金戲院經理	藏家巷十八號	
倉庫商業	李漱泉	大中倉庫經理	草潮門大中倉庫內	
皮件工業	劉茂章	三合經理	老照壁三十六號	
運輸商業	熊炳森	東南公司經理	東站路東南公司	
香乾商業	周惠文	協茂經理	草潮河街	
猪鬃商業	王潤民	福懋隆經理	大西河街百歲渡	
猪鬃整理工業	胡凡俊		藩城堤何家坪六號	
湖南興裕公司	黄葆祥	經理	北門外新河	

长沙市商会主要负责人一览表（一九四九年）

附件（二）

長沙市商會主要負責人一覽表

職別	姓名	住址	過去和現在的職業	政治主張	政治經歷	與各黨派團體的關係	附註
理事長	陳宗閬	本市[illegible]巷二號					本年七月往[illegible]未回[illegible]
常務理事代理理事長	左学謙	本市[illegible]湖[illegible]巷十二号	除辛亥革命後一度担任民政司工作外，自民國七年起至今均以經商為業	擁護民主政治	辛亥革命後一度担任本省民政司長工作	辛亥革命前曾參加同盟會，[illegible]加國民黨及[illegible]，民國九年加入商會[illegible]	
常務理事	曹[illegible]隆	本市紫荊街大[illegible]旅社	[illegible]	為人民大眾服務	[illegible]	[illegible]加入國民黨[illegible]	
常務理事	崔怡[illegible]	本市上[illegible]街[illegible]		[illegible]	[illegible]		本年六月往[illegible]未回[illegible]

常务理事	郭培荣	本市八角亭天成同庄	布商	服从人民政府领导，遵守法令，为人民谋福利	未参加什么工作，民三十四年十二月由城厢区票选为区长，以后为参议员	民三十年九月参加国民党，[illegible]加入三民主义青年团，但未参加活动，最近又已脱离	三十五年
理事兼总务科科长	盛宗武	本市落城坨张家山货铺	经营山货手工业	为人群服务	原任本市城西区区长、国民学校校长，民三十四年由城西区市民推选担任市参议员	民二十九年参加国民党，三十二年加入三民主义青年团，但因事未参加活动，[illegible]已脱离	
理事兼会计科科长	李贵镠	本市兴汉路李四性堂	过去经营钱庄，合库国药某记[illegible]仓库，[illegible]协助政府劳务	因向来没做政治工作	无政治经历	曾加入国民党，党务[illegible]；时未参加，最近三年脱离[illegible]	民二十八年参加国民党，但未参加工作及一切活动
理事兼业务科科长	萧哲居	本市中山西路安中药号					助自[illegible]任[illegible]已脱三年，做过未领做
理事兼统计科科长	郭厚毅	本市中山东路湘南药号	专营国药业务	一切设法设施，使大多数人民利益而前进	从未参加什么政治工作	民十五年曾加入国民党，但未参加活动，后经登记因未办理，已近年脱离	

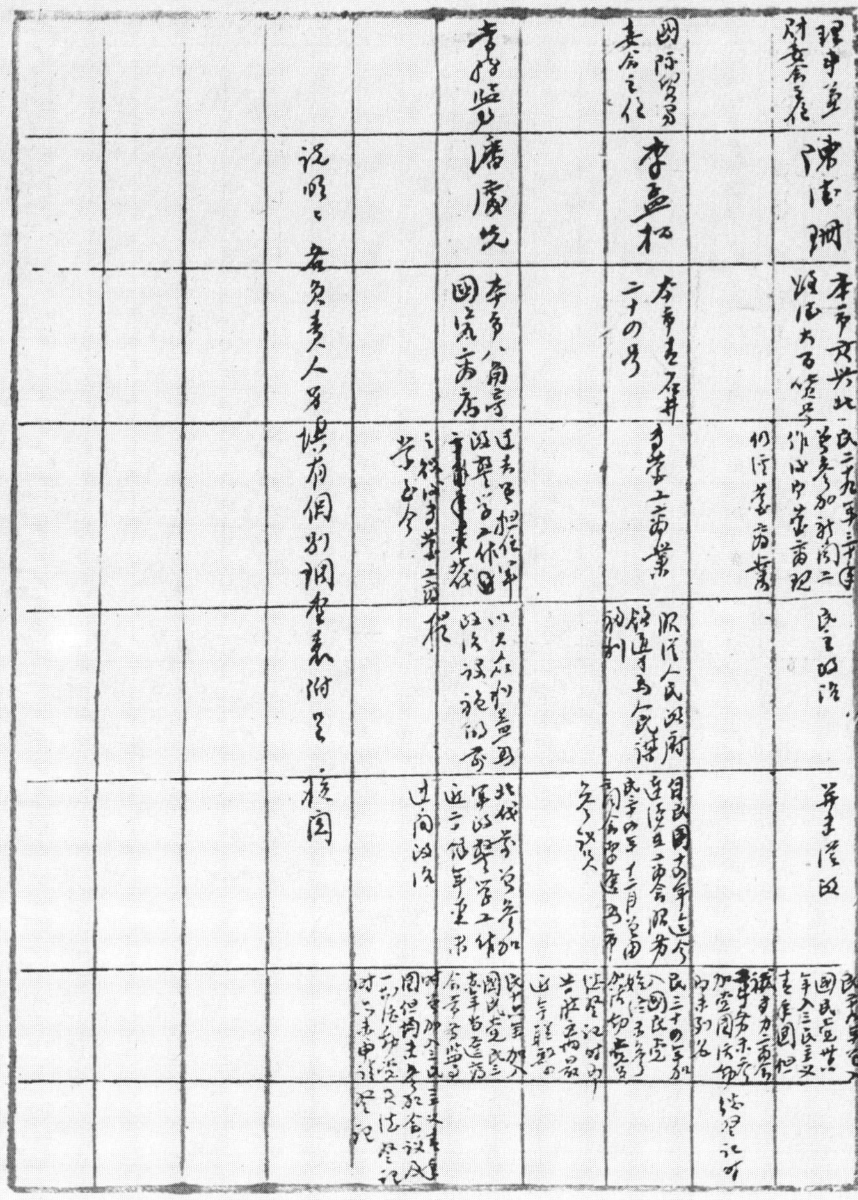

理事兼财务委员	陈澍珊	本市文兴北[illegible] 经纪大同货栈	民二九年三十年曾参加新闻工作后营茶商业 仍营茶商业	民主同盟	并未登记	民[illegible]年加入国民党[illegible] [illegible]
国际贸易委员会主任	李孟松	本市[illegible]二十四号	[illegible]工商业	服从人民政府领导[illegible]	自民国[illegible]年[illegible] [illegible]	民三十[illegible]年加入国民党[illegible]
常务监事	潘广先	本市八角亭国光商店	过去曾担任军政[illegible]工作[illegible]	以大众利益为[illegible]	北伐[illegible] [illegible]	民十六年加入国民党[illegible]

说明：各负责人另填有个别调查表附呈。核阅

长沙市工商业联合会筹备委员会各部会负责人一览表（一九四九年）

长沙市工商业联合会筹备委员会各部会负责人一览表

會別	職別	姓名	住址	電話號碼
常務委員會	主任委員	左學謙	福源巷[illegible]	
	副主任委員	熊伯鵬	草河街18號大和泉廠	五一二
		向德	天心路56號	
		彭大安	小西正街德華公司	六二六
		蔡杰然	八角亭大成綢莊	一三四
	常務委員	王世德	太平河街恒大行	三九
	、	陳湘四	大西河街六號	五五五
	、	沈印心	洪家井西建皇廠	
		張懿西	南城外廁所巷18號	
		陳焰瑞	大西正街福和豐號	七一
	、	張瀛	正河路[illegible]	
		唐琨邑	八角亭祥泰百貨號	
		馬毓達	西長街大成布廠	一九五
	秘書長	黃嵩商	大東茅巷11號	
稽核委員會	主任委員	柳和初	藩正街[illegible]號	
	副主任委員	張少華	三王街[illegible]號	
	、	楊子鵬	福勝街祥泰永號	六五八
		王友如	三王街70號	
		楊伯滙	[illegible]	

	常務協助委員	陳総理		
組織委員會	主任委員	曾毓意	大西廠坪49號	
	副主任委員	楊子霖	新新陽巷中州棉織廠	
		沈金鑑	東牌樓金義生金號	
		許蔚生	黃興南路德茂隆號	
		余燦熏	南城外油炸巷望南軒	五六〇轉
	常務協助委員	王世德		
		陳芸田		
財務委員會	主任委員	黃楚琇	坡子街亞西銀行	
	副主任委員	唐乾五	白馬巷久德錢莊	
		曹海鯤	大西正街大有花紗行	二四七
		李壽增	黃興路李四怡堂	
		歐陽純	經武路111號	
	常務協助委員	沈印心		
調解委員會	主任委員	曹商隱	紫荊街大陸旅社	
	副主任委員	曹學五	藩城堤	
		夏紹濂	南城外清泰街五號	
		王啟炯	大古道巷61號	
		彭國蘭	南陽街彭三和筆墨莊	
	常務協助委員	馬純生		

	協助委員	舒瑞昌		
籌備委員會	主任委員	湯泉茲	姜興路11號	
	副主任委員	林良裕	火大埕號	
		陳炳熹	長春街78號	
		毛滌孫	湘春路46號一大五廠	
		謝壽世	錫星影院	
	協助委員	張錫西		
		張瀛		

沈蓮仁　袁杰鳴

长沙市工商业工商代表一览表（一九四九年）

長沙市工商業工商代表一覽表

職別	姓名	住址	電話號碼
代表	王啟炯	大古道巷六十一號	
〃	蔣東丞	黃興路九十七號	
〃	張鏡西	南城外麻園塘八號	
〃	夏紹濂	南城外清泰祠五號	
〃	余煥東	南城外湘春巷四南軒	
〃	曹商隱	[illegible]街大陸旅社	
〃	李壽增	黃興路李合盛	
〃	歐陽紱	經武路一一四號	
〃	陳紹琨	大西正街福利	七一
〃	左學謙	福源巷總會	
代表	王世偉	太平門恒大	三九
〃	向德	天心路五十六號	
〃	彭六安	小西正街德士古公司	六二六
〃	曾誠意	大西門四十九號	
〃	陳芸田	大西河街六號	
〃	楊子霖	新朝湯巷中和棉織廠	
〃	毛榮森	湘春路45號一大木廠	
〃	王友如	三王街七十號	
〃	劉濬	楚湘街76號華成廠內	
〃	熊伯鵬	草河街18號森太木廠	

长沙市商会申请登记书表

長沙市商會申請登記書表

申請書

(甲)一、團體名稱：長沙市商會

二、宗　旨：以圖謀全市工商業及對外貿易之發展，增進工商業公共之福利為宗旨

三、組織章程：本會係由各業商業公會及商店聯合組織，其組織章程詳（附件一）

四、事業概況：本會主要工作為一、籌議工商業之改良及發展；二、關於工商界業務之徵詢及通訊；三、關於國際貿易之介紹及指導；四、關於工商業糾紛之調處及公斷；五、關於工商業之證明及鑑定；六、關於工商業之調查及統計等等。此外對於政府法令之推行及

各行業意見之表達等均為本會所致力辦理者

五、活動情形及其沿革：本會於前清光緒三十二年成立，名曰長沙商務會，

由政府委派總辦、會辦、幫辦主持會務。辛亥革命後，依前北

京政府法令改組為長沙總會，由各業行推選會董，再由會

董互選會長、副會長各一人，辦理會務。民國十五年北伐時期

改為長沙商民協會。十八年長沙動亂之後，改組長沙市商會，其

組織係採民主集中制，由各業同業公會推舉代表，召開會員代

表大會選舉本會負責人，迄今已改選多次，其活動情形僅

限於本身業務範圍

（乙）發起人及主要負責人：本會成立四十餘年，遞經改組，其負責人變更

甚多但最初發起人已無可查考茲將現在主要負責人列表於後

詳（附件二）

（丙）名級負責人的姓名簡歷及會員人數：詳（附件三、四）

（丁）經濟來源與開支狀況：本會經費分事務費及事業費兩種事務費由會員

比例分担按月收取事業費由會員臨時募集開支以會議事

務費及員工薪給為主（理監事均為無給職）每年結算報告一次

最近年度收支尚能平衡

长沙市各同业公会相关文件

（二）长沙市各同业公会章程、公约（一九四〇—一九四八年）

长沙市油焦煤商业同业公会暂行规（一九四〇年）

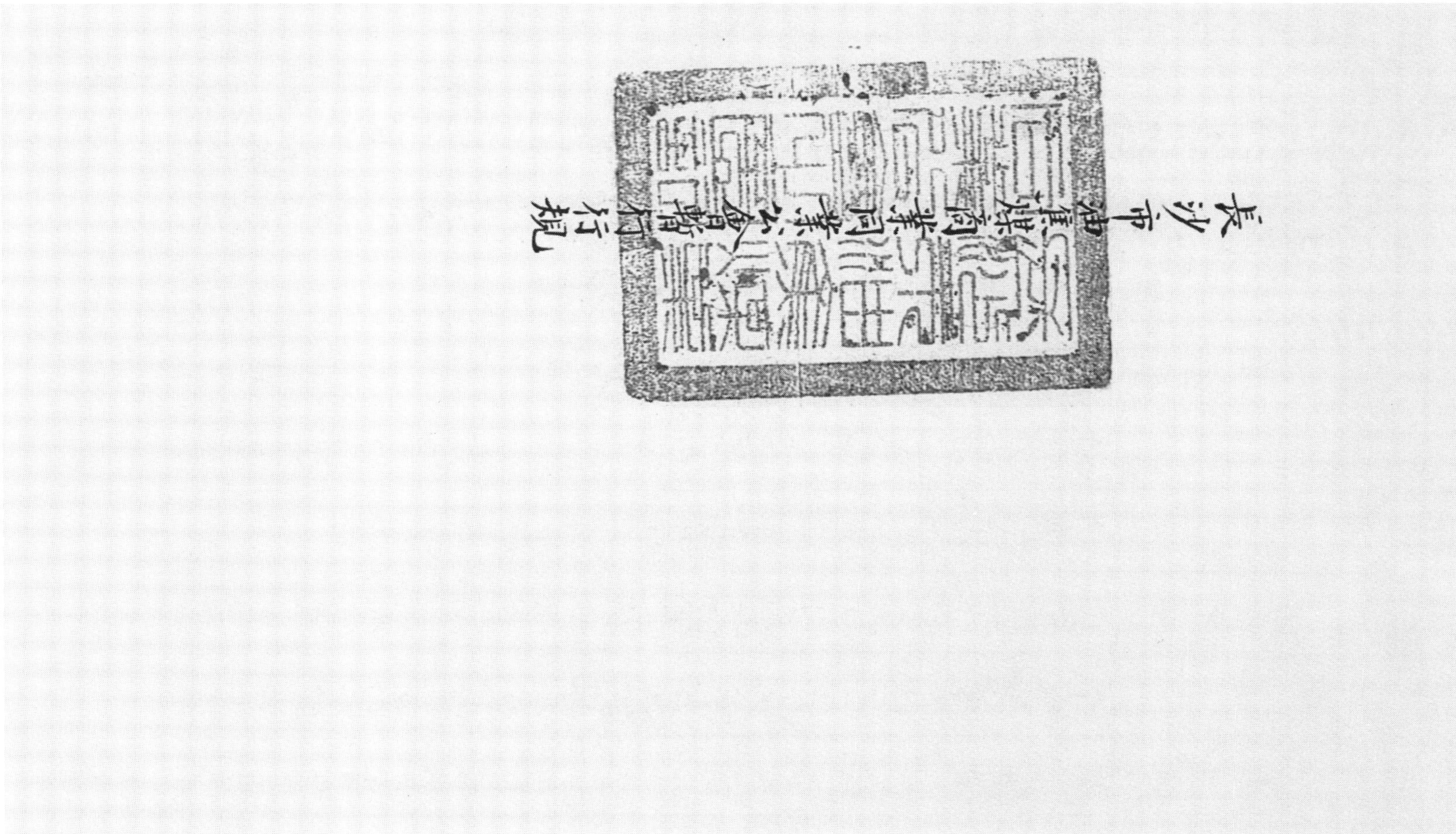

长沙市油焦煤商業同業公會暫行行規

第一條　本行規依據商業同業公會法及商業同業公會法施行細則訂定之

第二條　本會以維持增進同業之公共利益及矯正弊害為宗旨

第三條　本會之區域以長沙市行政區域為區域凡在同一區域内經營油焦煤業務之公司行號不論公營或民營除關係國防之公營事業或法定之國家專營事業外均應依法加入本會為會員違者即呈請官廳制止其業務

第四條　凡聲請加入本會必須同業三人以上之介紹填具入會志願書及切結各一份並照章繳納入會費經審查合格由本會填發營業執照後方為本會正式會員

第五條　會員所領營業執照如中途無力經營業務自願歇業時毋得將執照出讓或頂買他人違者公同議處

第六條　凡屬本會會員均應照章繳納會費其分擔辦法比例於其資本額繳納之每一單位定為國幣壹拾貳元

第七條　一公司行號因兼營他業同時加入兩公會以上者其會費之負擔得依加入一公會時所應負擔之最高額平均分繳於各公會

第八條　本會會員如有抗繳會費或違反本會章程及決議者得經執行委員會之議決予以警告警告無效按其情節輕重呈請主管官署予以有期間之停業或永久停業

第九條　營業自由法本所許但本會所屬之公司行號先與他業交易已久尚未結清往來及放欵未曾收回者同業中人毋得取巧鑽營賤價侵奪換言之即上手不清下手不接違者公同議處（如能墊清放欵者不在此限）

第十條　本會會員務宜正當營業無干法紀如有盜買盜騙及一切不法行為致妨害本會

名譽信用者除開除會籍外並按情節輕重呈請主管官署究辦之

第十一條　本會經常財政出入須按月繕具清册送交本會監察委員審核後公布之以示公開而昭覈實

第十二條　本會依法組織仲裁委員會推定仲裁委員專負調解糾紛責任如同業間或與他人發生爭端時須以書面聲請調解毋得興訟

第十三條　本行規未規定事項悉依商業同業公會法及商業同業公會法施行細則辦理之

第十四條　本行規經會員大會決議呈准　長沙縣黨部及　長沙縣政府備案施行並逐級轉報　中央社會部及　經濟部備案

第四區印刷工業同業公會 長沙市石印業職業工會 協議公約

一、本協約經第四區印刷工業同業公會及長沙市石印業職業工會（以下簡稱本兩會）求協調勞資雙方應有條件順利業務而訂定之。

二、經協議公佈後本兩會會員應切實遵守如有陽奉陰違情事一經發覺得按情節輕重共同議處。

三、工資部份：

（甲）石印大機（司機 製版）負責人每月工資陸萬肆仟元。

（乙）助手技工（包括大版餵紙助手）每月以肆萬貳仟元為原則。

（丙）小機製版負責人每月工資伍萬貳仟元為原則。

（丁）印工單色每百車三百二十元版色每百車六百四十元擺規見一加五（例如雙規每百車加一百五十車）餘類推。

（戊）其工資協議暫定四個月為有效期間期滿後其工資之部份得根據物價伸縮得隨時增減之。

（己）此次協議工資自民國三十五年五月五日起實行。

四、徵期加工及晚工之規定：

(甲)每逢國曆一日十五日兩天及五一勞動節工故選大會日為休假日期但臨時奉有政府明令休假者不在此限
(乙)在休假日期如須工作者得由廠方加發一日工資
(丙)工作時間每日為九小時即為全工
(丁)小工每日須工作九小時如須晚工得由廠方發給麵點
(戊)晚工以三小時為半工以六小時為全工得由廠方發給麵點

五、本協約呈報市黨部備案業經本兩會會銜通告實行但有未盡事宜得由雙方協議修改之

協議人：同業公會 劉士英 譚顯樵 賀勁如 陳盈升

職業工會 張賀華 何仲勛 王炳勛 蕭秀元 胡少芝

紀錄：譚覺人

中華民國三十五年十月二十日立

长沙市油盐棉花纱商业同业公会棉纱业务整理会规约（一九四六年七月二十日）

三十五年七月二十日業務會議擬訂

長沙市油盐棉花紗商業同業公會棉紗業務整理會規約

長沙市湘鄂棉花紗商業同業公會棉紗業務整理會規約

第一章 總則

第一條 本會為防止非會員規避義務、偷漏國稅、濫售棉紗、侵害同業業務起見，經本同業會於民國三十五年七月二十日召開全體會員業務會議議決定訂本規約

第二條 本會定名為長沙市湘鄂棉花紗商業同業公會棉紗業務整理會（以下簡稱本會）

第三條 本會以整理棉紗業務，防止營業競爭，謀取同業公共福利為宗旨

第四條 本會設於長沙市湘鄂棉花紗商業同業公會內，以棉紗部門為範圍，對內負責，對外仍以本同業公會行之

第二章 任務

第五條　本會之任務於左

一　關於棉紗之統一購入事項

二　關於業務之調查事項

三　關於入會退會升級降級預標決標銀錢賬冊一切審核事項

四　關於會員違反規約之處罰事項

五　關於會員興利除弊事項

第三章　會員

第六條　凡在本同業公會所轄區域經營棉紗業務之公司行號應依商業同業公會法第十二條第一項之規定均應先行加入本同業公會為會員並參加本會組織

第七條　凡本會會員須由其經理人備具申請書蓋章負責遵守本會規約並分別按左列等級繳納保證金

一　甲級四十萬元

二　乙級二十萬元

三　丙級一十萬元

第八條　凡新參加本會組織或舊會員變更等級者其申請須於每屆結帳期前辦理之惟在未經審核前新會員不得享受本會之利益舊會員之權利與義務仍照原級辦理

第九條　凡經加入本同業會會員如不參加本會組織逕行購買非會員棉紗時得請由本同業公會予以警告並強迫參加

第十條　本會會員非因停業改組中途不得退會但改組時須報由本會派員查明屬實確無其他情弊方得許可在改組期中本會有隨時停派棉紗之權

第十一條　凡各會員遇有非會員委託推銷棉紗時須介紹本會承購不得自行單獨買受或代為承銷

第十二條　本會向外面購得之紗支無論滯暢應按等級平均分派各會員銷售各會員不得暢時爭取滯時拒绝

第十三條　本會統一購入棉紗其營業兩月結算一次盈虧均按期按級分配

第十四條　本會會員大會每年召開　次由本會整理委員召集之

第四章 組織

第十五條 本會以全體經營棉紗業務之公會會員為會員由會員大會推選九人為委員組織整理會九人中以本同業公會理事長為固定之主任委員外其餘就同業賢能中推選之

第十六條 各委員之職務如左

一 主任委員一人總理會務

二 業務委員三人負營業責任

三 會計委員一人負計賬責任

四 財務委員一人管理出納

五 調查委員三人負調查責任

前委員均為義務職

第十七條　本會開會時由主任委員召集之

第五章　罰則

第十八條　本會會員如違反本規約第十一條之規定者得按照其棉紗之數目第一次得處以每件五萬元之違約金二次得處以十萬元之違約金三次除照二次處罰外並得將其全部盈利及訂貨之保證金充公

第十九條　本會會員如違反本規約第十二條之規定者按第十八條之規定減半處分

第二十條　凡本業從業人員對於同業均得互相監視如有違約店號各從

業人員可向本會檢舉或告密本會對於檢舉或告密者得從優予以獎勵

第二十一條　本會處分各會員之違約金以百分之四十提獎給予檢舉告密者百分之六十列入本會盈利項下按級分給會員但調查委員不得視為檢舉或告密人

第六章　附則

第二十二條　本規約如有未盡事宜得經全體委員會之議決由會員大會通過修改之

第二十三條　本規約經會員大會通過施行

长沙市刺绣工业同业公会同行公约（一九四六年八月）

長沙市刺繡工業同業公會同行公約

第一條　本公約訂名為長沙市刺繡工業同業公會同行公約

第二條　本公約根據本業習慣并參照同業公會法及本會章程訂定之

第三條　凡在長沙市縣行政區域內經營刺繡業務及兼營刺繡者不論工商一律均加入本會為會員

第四條　凡加入本會為會員者須填具入會申請書并覓具同業兩家為介紹以資保證而昭慎重

并繳納入會牌費發給營業證明其入會牌費另定之

第五條　入會牌費分甲乙丙丁四級甲級國幣捌萬元乙級國幣陸萬元丙級國幣肆萬

元丁級國幣貳萬元一次繳足作為本會基金但舊會員加記加字改牌者減半征收之

第六條　本業從業人員一律參加本會為從業人員之登記發給從業人員證書遵守本會

一切議決案除參聚團拜等事繳納餐費外不負担其他任何費用

第七條　本會會員月捐按照營業實際概況分為特甲乙丙丁五級征收其数額由本會理
監聯席會議按照損益分別決定之但會員對於月捐之繳納不得拖欠至三個月之久
否則呈請主管機關按照章程懲處之
第八條　會員出售貨品工資及售出成品價格得由本會就經驗豐富及熟悉行情之會員
代表與從業人員推舉委員組織評議委員會按照粗細內部品名評定工資及價格
會員及從業人員均須切實遵守如有違反分別情節輕重予以警告罰鍰及停業
三種處分呈請主管官署備查施行
第九條　會員聘僱從業人員及工友以舊曆五八臘三節為去就決定期間中途不得藉故
辭退而從業人員及工友亦不得於營業發達時期故意中途辭職及營私舞弊
妨害會員業務如有上項情事得由本會理監聯席會議處以停止僱聘或罰

鐵保雙方同意者不在此限

第十條 會員招收學徒無論多少不得超過三人畢業期間務須出進嗣後為提高從業人員文化水準起見凡招收學徒最低限度必須具有初小畢業同等程度並須繳送二寸相片一張向本會聲請登記

第十一條 本公約經全體會員代表大會通過施行

第十二條 本公約呈請黨政機關及市商會備查

长沙市仓库商业同业公会章程（一九四六年）

長沙市倉庫商業同業公會章程

第一章 總則

第一條 本章程依據商業同業公會法及商業同業公會法施行細則訂定之

第二條 本會定名為長沙市倉庫商業同業公會

第三條 本會以維持增進同業之公共利益及矯正弊害為宗旨

第四條 本會以長沙市行政區域為區域，事務所暫設於朝宗街大中倉庫內

第二章 任務

第五條 本會之任務如下

一、關於會員代客保管貨物運輸及其他必要之設施

二、關於會員營業之統制
三、關於會員營業之指導研究調查及統計
四、辦理合於第三條所揭宗旨之其他事項
興辦前項第一欵事業時應擬定計劃書經全體會員三分之二以上之同意呈請市政府核准其變更時亦同
第一項第二欵之統制須經全體三分之二以上之同意呈由主管官署核准後方得施行

第三章　會員

第六條　凡在本區域内經營倉庫商業之公司行號或工廠所設售賣場所不論公營民營除關係國防之公營事業或法令規定之國家

前項會員推派代表出席本會稱爲會員代表

第七條　本會每一會員推派代表一人，其担負會費滿五單位者得加派代表一人，以後每增十單位加派一人，但至多不得過七人，以經理人、主體人、店員爲限

第八條　本會會員代表以有中華民國國籍，年在二十歲以上者爲限

第九條　有左列各款情事之一者，不得爲本會會員代表

一、背叛國民政府，經判決確定或在通緝中者

二、曾服公務而有貪污行爲，經判決確定或在通緝中者

三、褫奪公權者

四、受破產之宣告尚未復權者

五、無行爲能力者

六、吸食鴉片或其他代用品者

第十條　會員舉派代表時應給以委託書並通告撤換時亦同但已當選為本會職員者非有依法應解任之事由不得撤換

第十一條　會員代表均有表決權選舉權及被選舉權

會員代表因事不能出席會員大會時得以書面委託他會員代表代理之

第十二條　會員非遷移其他區域或廢業或受永久停業之處分者不得退會

第十三條　會員代表有不正當行為致妨害本會名譽信用者得以會員大會之議決通知原推派之代表撤换之

第十四條　公司行號不依法加入本會或不繳納會費或違反章程及決議者得經理監會之議決予以警告如警告無效時得按情節輕重依照商業

同業公會法第二十六條規定之程序為左列之處分

一、拾萬元以下之違約金

二、有時間之停業

三、永久停業

前項第二款第三款之處分非經主管官署之核准不得為之

第四章　組織及職權

第十五條　本會設理事九人組織理事會監事三人組織監事會均由會員大會就代表中用無記名式連選法選任之

選舉前項理事監事時應另選候補理事三人候補監事一人遇有缺額依次遞補以補足前任任期為限未遞補前不得列席會議

第十六條 當選理監事及候補監事之名次依得票多寡為序票數相同時以抽籤定之

第十七條 理事會設常務理事三人由理事中用無記名連選法互選之以得票最多數者為當選常務理事常務理事有缺額時由理事會補選之其任期以補足前任任期為限

第十八條 理事會就當選常務理事中用無記名單記法選任理事長以得票滿投票人之票數者當選若一次不能選出時應就得票最多數之二人決選之

第十九條 理事會之職權如左

一、執行會員大會決議案

二、召集會員大會

三、執行法令及本章程所規定之任務
第二十條　常務理事之職權如左
一、執行理事會議決案
二、處理日常事務
第二十一條　監事會之職權如左
一、監察理事會執行會員大會之決議
二、審查理事會處理之事務
三、稽核理事會之財政出入
第二十二條　理事及監事之任期均為四年每二年改選半數不得連任
前項第一節之改選以抽籤定之但人數為奇數時留任者之人數

較改選者多一人

第二十三條　理監事有左列情事之一者應即解任

一、會員代表資格喪失者

二、因不得已事故經會員大會議准其辭職者

三、經商業同業公會第四十三條解職者

第二十四條　本會理監事均為名譽職

第二十五條　本會事務所設辦事員三人得分科辦事其辦事規則另訂者

第五章　會議

第二十六條　本會會員大會分定期會議及臨時會議兩種均由理事會召集之

定期會議每年開會一次臨時會議於理事會認為必要或經會員

代表十分一以上之請求或監事會函請召集時召集之

第二十七條　召集會員大會應於十五日前通知之但有商業同業公會第二十五條第二十六條之情形或因緊急事項召集臨時會議者不在此限

第二十八條　本會會員大會開會時由常務理事組織主席團輪流主席

第二十九條　本會會員大會之決議以會員代表過半數之出席出席代表過半數之同意行之出席代表不滿半數者得行假決議在三日內將其結果通告各代表於一星期後二星期內重行召集會員大會以出席代表過半數之同意對假決議行其決議

第三十條　左列各欵事項之決議以會員代表三分二以上之出席出席代表三分二以上之同意行之出席代表不滿三分二者得以出席代表三

分二以上之同意行假决議在三日將其結果通告各代表於一星期後二

星期内重行召集會員大會以出席代表三分二以上之同意對假

決議行其決議

一、變更章程

二、會員之處分

三、會員之解職

四、清祘人之選任及關於清算事項

第三十一條　本會會員代表人數超過三百人以上時會員大會得就地域之便利

先期分開預備會依會員代表人數比例推選代表合開代表大會

行使會員大會之職權

第三十二條　本會理事會每月至少開會一次監事會每兩月開會一次

第三十三條　理事會開會時須有理事過半數之出席出席理事過半數之同意方能決議可否同意取決於主席

第三十四條　監事開會時須有監事過半數之出席臨時互推一人為主席以出席監事過半數之同意決議一切事項

第三十五條　理事監事開會不得委託代表出席

第六章　經費及會計

第三十六條　本會經費分會費及事業費兩種

第三十七條　會員會費比例於其資本額繳納之每一單位定為國幣伍什元

第三十八條　會員退會時會費概不退還

第三十九條　本會會費之預算決算於每年年度終了一個月以內編製報告書
提出會員大會通過呈報主管官署刊布之
第四十條　會計年度以每年一月一日始至同年十二月三十一日止
第四十一條　事業會之分担每一會員至少一股至多不得超過五十股但因必要
時經會員大會之決議增加之事業費總額及每股金額應由會員
大會決議呈經主管官署察核
第四十二條　前條之事業費會員非退會時不得請求退還其請求並於
年度終了為止
前項請求之事業費其結算應以退股時本會事業之財産狀況
為標準請求退還之事業費不問原出之資本種類均可以金

繳款還

退還事業者對於本會所舉辦事業內之事務有未了結者於了結後計算並分派其盈餘

第四十三條　本會會員對於本會舉辦事業之責任得依舉辦之決議於認任股額外另負定額之保證責任

依前條退還事業之會員對於前項之保證責任於退還事業費後滿二年始得解除

第四十四條　本會事業費之預算決算依本章程第三十九條之辦理

第四十五條　本會事業費總額及每股金額之變更保證責任之規定或本會事業之停止均應依法決議後呈報主管官署

事業停止後所營事業之財產應依法辦理清算

第七章　附則

第四十六條　本章程未規定事項悉依商業同業公會法及商業同業公會法施行細則辦理之

第四十七條　本章程如有未盡事宜經會員大會決議呈准長沙市政府修改之並逐級轉報中央社會部及經濟部備案

第四十八條　本章程經會員大會決議呈准長沙市黨部長沙市政府備案施行並逐級轉報中央社會部及經濟部備案

长沙市中西木器工业同业公会公章（一九四七年）

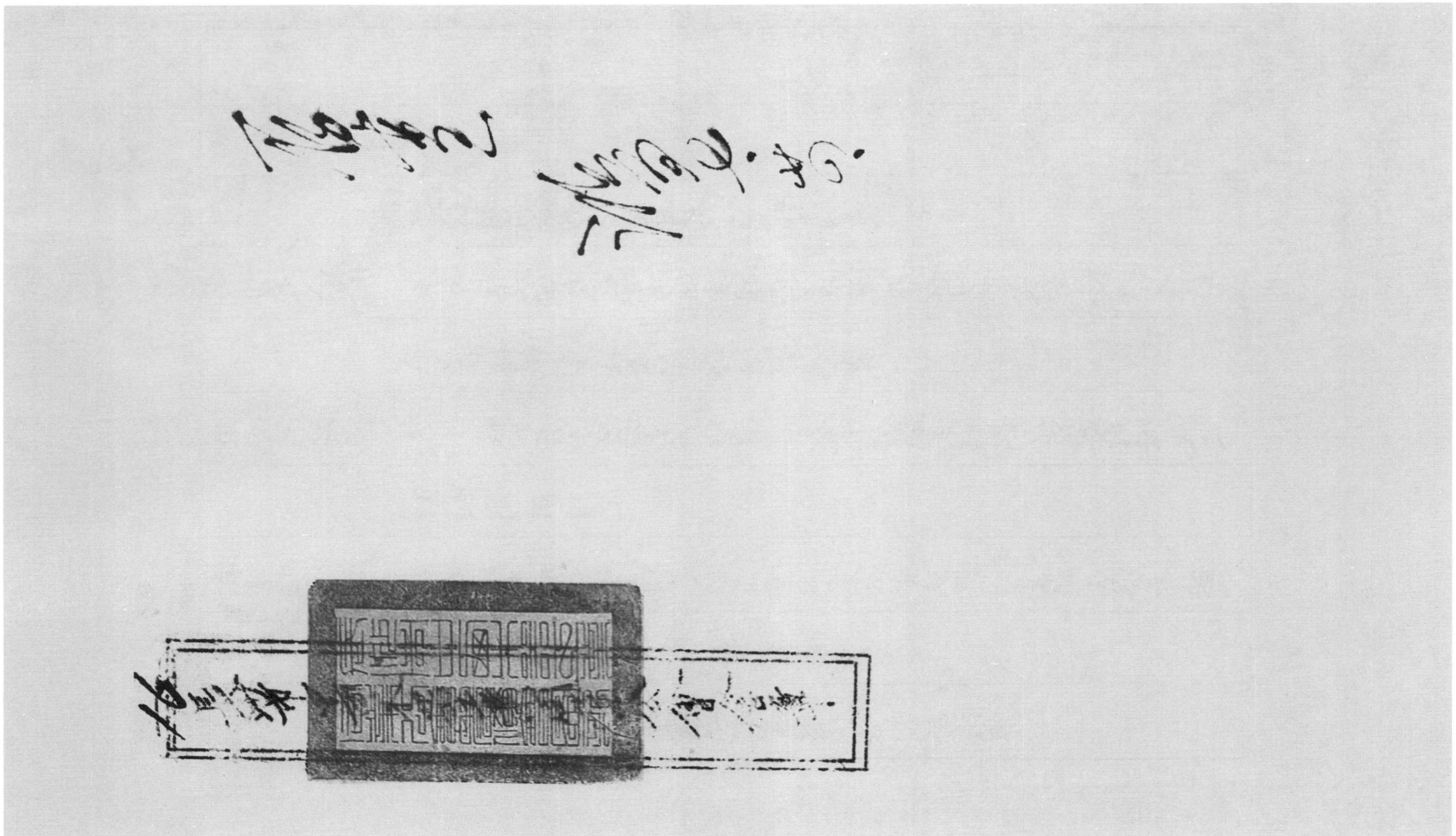

長沙市[illegible]業公會章程

中華民國[illegible]年[illegible]月[illegible]日經本會會員大會

通過[illegible]日經本會理監事[illegible]

會議修正。　月　日呈奉

長沙市政府社會科核准　長沙市黨部備案。　月　日

公佈施行。

第一章　總則

第二章　會員

第三章　組織

第四章　職權

第五章 職務

第六章 任務

第七章 會議

第八章 分組

第九章 經費

第十章 附則

第一章 總則

第一條 本會章依據工業同業公會法施行細則訂定之

第二條 本會定名為長沙市木器工業同業公會。

第三條 本會為聯絡同業感情以謀工業之進展

精神之團結矯正同業弊害改良工業出品增
進會員福利爲宗旨

第四條　本會之區域以長沙市行政區域爲區域

第五條　本會會址設本市一倉里

第二章　會員

第六條　凡在本市區域內設店發售製成之木器傢具
或收買之木器經營者均得加入本會爲會員

第七條　本會會員代表以有中華民國國籍年在
二十歲以上不分性別志願遵守本會會章
者得爲本會會員代表

第八條 有左列情形之一者不得為本會會員代表
一、背叛國民政府經判決確定或在通緝中者
二、曾服公務而有貪污行為經判決確定或在通緝中者
三、無行為能力者
四、吸食鴉片或其他代用品者
五、未正式許可或不許開廠營業之事
第九條 會員代表在其所屬機關職務解除或有前條各款情事之一時原推派之會員代表應撤換之
第十條 會員代表有不正當行為致妨害本會名譽信用者得由會員大會之決議通知原推派之會員撤換之

第十一條　會員推派代表時應給以委託書並另填具履歷以書面通知本會經審查合格後方得出席會議改派時亦同

第十二條　會員之表決選舉被選舉及一切依法應享之權益均比例於其繳納之會費單位額由其所派之代表共同行使之每一單位為一權會員代表因特別事故不能出席會員大會時得以書面委託其他會員代表代理之

第十三條　會員非遷移其他區域而自動廢業或受永久停業之處分者會費概不退還並須繳還一切

會員違犯者予以取銷

第十四條　凡經營本業之店鋪或廠商而不依法加入本會或
不繳納會費或違反章程及決議者得經理
事會之請求予以警告警告無效時得按
其情節輕重依工商同業公會法第三十七條
規定之程序爲左列之處分並呈請社會
一、五十元以上十萬元以下之違約金
二、有期間之停業
三、永久停業
前項第二款三款之處分非經主管官署核准不得爲之

第十五條　非本會會員不得經營木器業務亦不得承
攬或投標木器傢具之工程依法加入本會者
不在此限
第十六條　凡標買木器傢具之主顧或機關須先繳
驗本會之會員證書及營業執照并得
有本會之證明函件方得許其買標投
標否則得阻撓其工程并不負任何責任
第十七條　會員入會須於開業前繳聲請加入本會填
具會員代表登記表及主顧等應遵守
本會一切約章經本會理事會審查合

格得缴纳入会费经领给会员证书及营业执照后方得为本会会员

第十八条　会员须遵守章程按时缴纳各种会费并其他对会一切依法应尽之义务

第三章　组织

第十九条　本会设理事九人组织理事会，监事三人组织监事会，均由会员大会就代表中选举之，并另选候补理事三人，候补监事一人，如理监事遇有缺额时，依次递补，以补足前任任期为限，未递补前不得列席会议

第二十條　理事會設常務理事三人由理事會就理事中推舉之監事會設常務監事一人由監事會就監事中推舉之

第二十一條　本會工作分為左列五股各設主任一人副主任一人由理監事互選兼任之

一、總務股

二、財務股

三、組織股

四、交際股

五、文書股

第四章 職權

第三十二條 會員代表大會之職權如左

一、選舉職員

二、議定會章

三、會員之處分

四、職員之解職

五、清算人之選任及關於清算事

項之決議

第三十三條 理事長之職權如左

一、總攬會務

二、为会员代表大会之主席

三、对会务之决议有最后之决定权

第二十四条　理事会之职权如左：

一、召集会员大会

二、执行会员大会之决议案

三、决定全会工作方针

四、执行理监事议决事项

五、修订会章

六、执行法令及本会规定之任务

第二十五条　常务理事之职权如左：

一、辦理理事會及監事會付交執行之決議等件

二、處理日常事務

三、編製預算決算及支配全會財務

第二十六條　監事會之職權如左：

一、監察理事會執行會員大會之決議

二、審查理事會處理之會務

三、稽核理事會之決算及收支經費

第五章　職務

第二十七條　總務股之職務：掌理本會一切文件收發

計劃會務工作進行選報會計事項及其他

第二十八條　財務股之職務：掌管本會經費及辦理收支賬項

第二十九條　組織股之職務：成立分組、聯絡會員、分配會員工作、傳達會員意見

第三十條　交際股之職務：辦理會員福利事業、對外代表本會接洽一切事項解除會員困難調解會員糾紛

第三十一條　文書股之職務：辦理本會書信文件案卷表冊、擬訂會章

第三十二條　理事及監事之任期均為四年每二年改選
半數得連任一次

第三十三條　理監事有左列情形之一者應即解任
一、會員代表資格喪失者
二、因不得已事故經會員大會議決准其辭職者
三、依商業同業公會法第四十二條解職者

第三十四條　本會理監事及組長均為名譽職

第六章　任務

第三十五條　本會之任務如左：
一、關於會員製品之規劃與改進并事業

經營上必要之統制
二、關於會員業務之指導增進會員福利
三、關於本業勞資間之工資協調及調處會員糾紛

第七章 會議

第三十六條 本會會員大會分定期會議及臨時會議兩種均由理事會召集之

第三十七條 定期會議每年開會二次臨時會議如理事會認爲必要或經會員代表表決權數十分之一以上之請求或監事會函請召集時臨時召集之

第三十八條 本會理事會每兩月至少開會一次監事会每三月至少開會一次

第三十九條 理事會開會時須有理事過半數之出席出席理事過半數之同意方能決議可否如同數則取決於主席

第四十條 監事會開會時須有監事過半數之出席以常務監事為主席以出席監事過半數之同意決議一切事項

第四十一條 理事或監事開會時不得委託代表出席

第八章 會規

第四十二條　分組爲本會之基層組織，以地域相近、業務相等、意志相投之同業會員組織之，並每組設正副組長各一人，由各分組會員互選之。

第四十三條　分組之主要任務如左：

一、執行上級法令及本會決議事項

二、編查會員、繕造草冊、收集會費

三、傳達會員意見，協助會務推進

四、分配會員工作及檢討

五、密切聯絡會員感情、調解會員糾紛

六、調查會員業務概况及報告工作情形

第九章 經費

第四十四條 本會經費分入會費及月捐兩種

第四十五條 會員入會費以其營業範圍按左列等級分別繳納

甲等——國幣壹拾貳萬元正

乙等——國幣壹拾萬元正

丙等——國幣捌萬元正

丁等——國幣陸萬元正

戊等——國幣肆萬元正

己等——國幣叁萬元正

第四十六條 本會月捐照左列等級分別繳納之
甲等——國幣貳萬元正
乙等——國幣壹萬陸仟元正
丙等——國幣壹萬貳仟元正
丁等——國幣捌仟元正
戊等——國幣陸仟元正
己等——國幣肆仟元正
第四十七條 本會會計年度以每年一月一日起至同年十二
月底止本會財務[illegible]度一切收支賬項
由會計每月造報刊佈如有會員十分

之一以上之連署得選派代表審核之。

第十章 附則

第四十八條 本會章程如未及規定之事項概依據工業同業公會法施行細則辦理之

第四十九條 本會章程如有未盡事宜由會員代表大會議決呈請 長沙市政府增訂之

第五十條 本會章程經會員大會議決通過呈請 長沙市政府暨黨務機關備案施行。

长沙区碾米工业同业公会章程（一九四八年七月）

長沙區碾米工業同業公會章程

民國三十七年七月

一九四八年七月

長沙區碾米工業同業公會章程

第一章 總則

第一條 本章程依據工業會法及工業會法施行細則訂定之

第二條 本會定名為長沙區碾米工業同業公會

第三條 本會以謀同業之福利工業之改良發展及矯正同業之弊害為宗旨

第四條 本會之區域以長沙市縣行政區域為範圍

第五條 本會事務所設於長沙市通泰街

第二章 任務

第六條 本會之任務如左

一 關於生產之研究改良與發展事項

二　關於會員合法權益之保障事項

三　關於技術原料器材之合作事項

四　關於會員之事業保險及計劃調整事項

五　關於會員之設備製品及原料之檢查取締事項

六　關於工業產品之調查統計事項

七　關於同業糾紛之調處公斷事項

八　關於會員公益事業之舉辦事項

九　關於勞資合作之促進及糾紛之協助調處事項

十　關於政府經濟政策之協助推行事項

十一　關於會員之證明事項

第三章　會員及會員代表

第七條　凡在本區域內合於工廠法所定標準之工廠除國營專供軍用之工廠外不論公營或民營均為本會會員

前項會員推派代表出席本會稱為會員代表

工廠加入本會為會員時應填送會員入會申請書以備查考

第八條　工廠非因廢業或遷出本同業公會組織區域或受永久停業處分者不得退會

第九條　每一工廠之代表得一人至七人以負担會費之多寡分級定之

第十條　本會會員代表以工廠之主體人經理人或代表廠主行使管理權之職員年在二十歲以上者為限

第十一條　有下列情事之一者不得爲會員代表

一　犯罪經判决確定或在通緝中者

二　褫奪公權尚未復權者

三　受破産之宣告者

四　禁治産者

五　吸食鴉片或其他代用品者

會員代表發生前項各款情事之一而喪失資格時原派之會員應另派代表補充之

第十二條　會員代表均有表决權選舉權及被選舉權每一代表爲一權

第十三條　會員代表因事不能出席會員大會時得以書面委託代理人但代理

人以代表一人為限

第四章　組織及職權

第十四條　本會設理事十七人組織理事會監事五人組織監事會均由會員

大會就代表中用記名連舉法選任之

選舉前項理事監事時[illegible]候補理事五人候補監事[illegible]遇有

缺額依次遞補以補足前任任期為限未遞補前不得出席會議

第十五條　當選理監事及候補理監事之名次依得票多寡為序票數相

同時以抽簽定之

第十六條　理事會設常務理事五人監事會設常務監事一人由理監事會

就理監事中用記名連舉法互選之以得票最多數者為當選

常務理事常務監事有缺額時由理監事會補選之其任期以

補足前任任期為限

第十七條　理事就當選之常務理事中用記名單記法選任理事長一人以

得票滿投票人之半數者為當選若一次不能選出時應就得票最

多之二人決選之

第十八條　理事會之職權如左

一　執行會員大會決議案

二　召集會員大會

三　執行法令及本章程所規定之任務

第十九條　常務理事之職權如左

一 執行理事會決議案

二 處理日常事務

第二十條 監事會之職權如左

一 監察理事會執行會員大會之決議

二 審查理事會處理之會務

三 稽核理事會之財政出入

第二十一條 理事監事之任期均為兩年連選得連任

第二十二條 理事監事均為無給職

第二十三條 理事監事有左列各款情事之一者應即解任其缺額由候補理事監事遞補之

一　會員代表資格喪失者

二　因不得已事故經會員大會議決准其辭職者

三　依工業會法第四十四條第四十五條解職者

第五章　會議

第二十四條　本會會員大會分定期會議及臨時會議兩種均由理事會召集之定期會議每半年至少開會一次臨時會議於理事會認爲必要或經會員代表十分一以上之請求或監事會函請召集時召集之

第二十五條　召集會員大會應於十五日前通知之但因緊要事項召集臨時會議時不在此限

第二十六條　本會會員大會之決議以會員代表過半數之出席出席代表過半

數之同意行之

第二十七條　左列各款事項之決議以會員代表三分之二以上之出席出席代表三分之二以上之同意行之

一　章程之變更

二　組織之調整

三　會員及會員代表之處分

四　理事監事之解職

五　清算人之選任及關於清算之決議

第二十八條　理事會每月開會一次監事會每兩月開會一次

第六章　經費及會計

第二十九條　本會經費分左列兩種

一　會費分入會費及常年會費。入會費按成例叁拾貳元以物價指數計算，於會員入會時一次繳納之。常年會費以生產工具、出品數量或工人數額爲標準，分三（七）級按十二個月逐月繳納

第一級年納五十七元六角　代表三（七）人

第二級年納三十八元四角　代表二（六）人

第三級年納十九元二角　代表一（五）人

甲五丙七級

第一級年納六十六元二角　代表七人

二級　〃　〃　五十七元六角　〃　〃　六人

三級　〃　〃　四十八元　〃　〃　五人

四級　〃　〃　卅八元四角　〃　〃　四人

五級　〃　〃　廿八元八角　〃　〃　三人

六級　〃　〃　十九元二角　〃　〃　二人

七級　〃　〃　九元六角　〃　〃　一人

二　事業費由會員議決籌措

第三十條　事業費之分担每一會員至少一股，至多不得超過五十股，但因必要時經會員大會之決議增加之

第三十一條　前條之事業費會員退會時不得請求退還

第三十二條　本會會費之預算決算每年須編造報告書提出會員大會通過呈報社會部備案並刊佈之

第三十三條　本會興辦之事業應另立預算決算提出會員大會通過呈報社會部備案

第七章　清算

第三十四條　本會解散時得依決議選任清算人如選任後有缺員時更行補選

清算人不能選任時由本會事務所所在地之法院指定之

第三十五條　本會所有財產不足清償債務時其不足額應按會員負担會費額比例分担之

第三十六條　本會興辦之事業停止後屬於所屬事業之財產應依法清算其清算人由會員大會選舉之

第八章　監督

第三十七條　工人徽不依法加入本會或不繳納會費或違反工業同業公會章程及決議案者得經理事會之決議予以警告警告無效時得按其情節輕重依工業會法第三十一條之規定程序為左列之處分

一　五十元以下之違約金

二　一定期間之停業

三　永久停業

前項第二款第三款之處分非經呈准社會部核准不得為之

商得王處長同意

第九章 附則

第三十八條 本章程未規定事項悉依工業會法及工業會法施行細則辦理之

第三十九條 本章程經會員代表大會議決呈奉社會部工商部核准後施行修正時亦同

以上修正係根據社會部卅七年十二月七日社〈37〉組三字三〇九九八號指令辦理

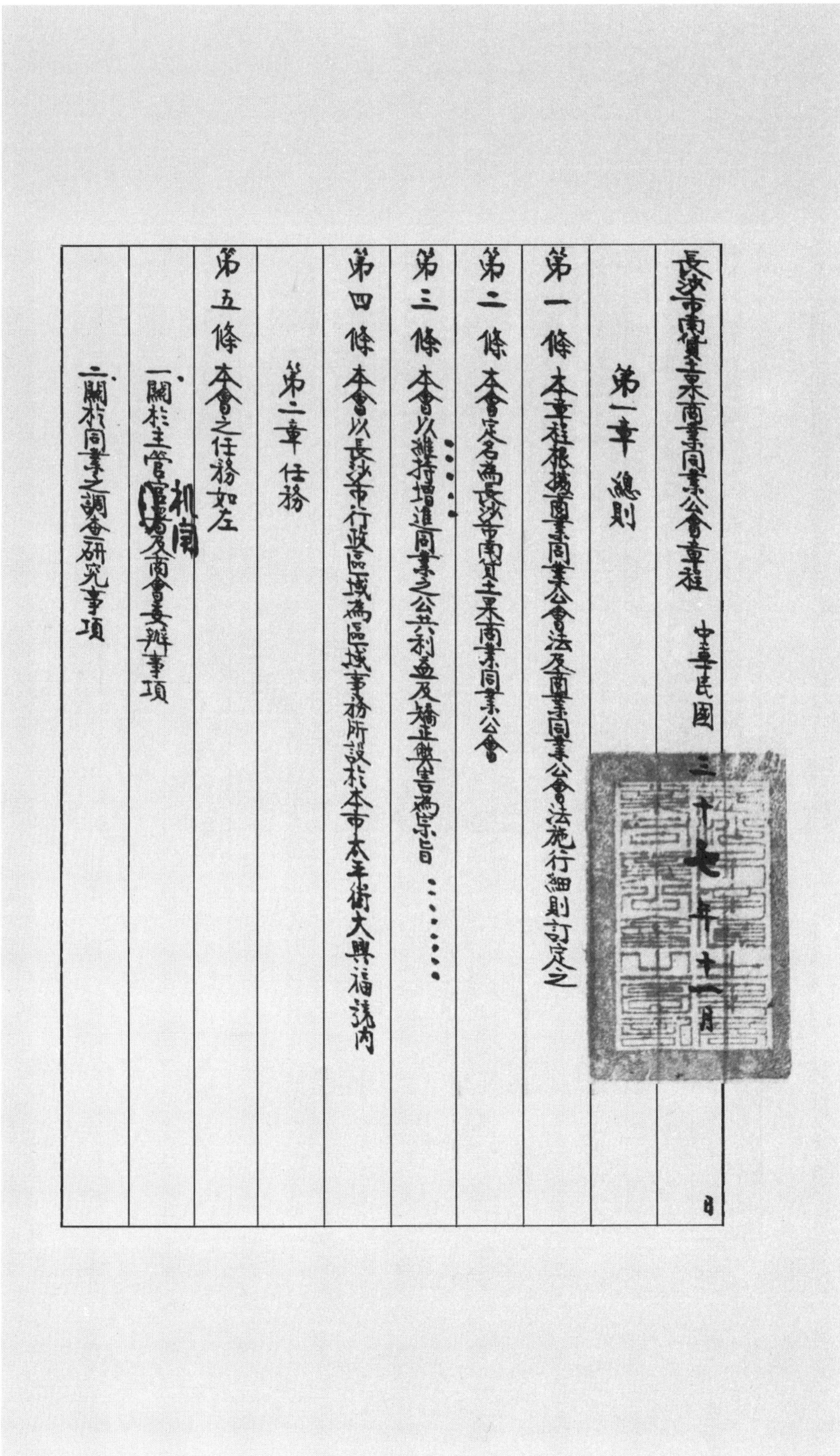

長沙市南貨土果商業同業公會章程　中華民國三十七年十一月　日

第一章　總則

第一條　本章程根據商業同業公會法及商業同業公會法施行細則訂定之

第二條　本會定名為長沙市南貨土果商業同業公會

第三條　本會以維持增進同業之公共利益及矯正弊害為宗旨

第四條　本會以長沙市行政區域為區域事務所設於本市太平街大興福號内

第二章　任務

第五條　本會之任務如左

一、關於主管官署機關及商會委辦事項

二、關於同業之調查研究事項

三、關於興辦同業之勞資間及公益事項

四、關於會員營業上弊害之矯正事項

五、關於會員營業必要時之維持事項

六、辦理合於第三條所揭宗旨之其他事項

第三章　會員

第六條　凡在本區域內經營南貨土果食糖糕粉油米罐頭食品之公司行號均得為本會會員

前項會員推派代表出席本會稱為會員代表

第七條　本會每一會員推派代表一人其店員每滿五人以上者得加派代表一人以後每增十人並加派一人

但至多不得逾七人以經理人主體人或店員為限

第八條　本會會員代表以有中華民國國籍年在二十歲以上者為限

第九條 有左列各款情事之一者不得為本會會員代表

一、背叛國民政府經判決確定或在通緝中者

二、曾服公務而有貪污行為經判決確定或在通緝中者

三、褫奪公權者

四、受破產之宣告尚未復權者

五、無行為能力者

六、吸食鴉片或其他代用品者

第十條 會員推派代表時應給以委託書並通知本會撤換時亦同但已當選為本會職員者非有依法應解任之事由不得撤換

第十一條 會員代表均有表决權選舉權及被選舉權

會員代表因事不能出席會員大會時得以書面委託他會員代表代理之

第十二條 會員代表有不正當行為致妨害本會名譽信用者得以會員大會之議決通知原推派之會員撤換之

第四章 組織及職權

第十三條 本會設理事九人組織理事會監事三人組織監事會均由會員大會就代表中用無記名連選法選任之

選舉前項理監事應另選候補理事三人候補監事一人遇有缺額依次遞補以補足前任任期為限未遞補前不得列席會議

第十四條 當選理監及候補理監之名次依得票多寡為序票數相同時以抽籤定之

第十五條 理事會設常務理事三人由理事會就理事中用無記名連選法互選之以得票最多數者為

當選常務理事有缺額時由理事會補選之其任期以補足前任任期為限

第十六條 理事會就當選之常務理事中用無記名單記法選任理事長一人以得票滿投票人之半數者當選若一次不能選出時應就得票最多數之二人決選之

第十七條 理事會之職權如左

一、執行會員大會之決議案

二、召集會員大會

三、執行法令及本章程所規定之任務

第十八條 常務理事之職權如左

一、執行理事會議決案

二、處理日常事務

第十九條 監事會之職權如左

一、監察理事會執行會員大會之決議

二、審查理事會處理之會務

三、稽核理事會之財政出入

第二十條 理事及監事之任期均為四〔二〕年每一年改選半數不得連任

前項第一期之改選以抽籤定之但理監事人數為奇數時留任者之人數較改選者多一人

第二一條 理監事有左列情形之一者應即解任

一、會員代表資格喪失者

二、因不得已事故經會員大會議決准其辭職者

三、依商業同業公會法第四十五條解職者

第二二條 本會理監事均為名譽職

第二三條 本會事務所設辦事員二三人僱用辦理事務其辦事規則另定之

第五章 會議

第二四條 本會會員大會分定期會議及臨時會議兩種均由理事會召集之
定期會議每年開會四次臨時會議於理事會認為必要或經會員代表十分之一以上
之請求或監事會函請召集時召集之

第二五條 召集會員大會應於十五日前通知但有商業同業公會法第二十五條、第二十六條
之情形或因緊急事項召集臨時會議不在此限

第二六條 本會會員大會開會時由常務理事組織主席團輪流主席

第二七條 本會會員大會之決議以會員代表過半數之出席出席代表過半數之同意行之出席代

表不滿過半數者得行假决議在三日内將其結果通告各代表於一星期後二星期内重行召集會員大會以出席代表過半數之同意對假决議行其决議

第二八條左列各款事項之决議以會員代表三分二以上之出席出席代表三分二以上之同意行之出席代表不滿三分二者得以出席代表三分二以上之同意行假决議在三日内將其結果通告各代表於一星期後二星期内重行召集會員大會以出席代表三分二以上之同意對假决議行其决議

一、變更章程

二、會員或會員代表之除名

三、職員之退職

四、清算人之選任及關於清算事項之决議

第二九條　本會會員代表人數超過三百人以上時會員大會得就地域之便利先期分開預備會按會員代表人數比例推選代表合開代表大會行使會員大會之職權

第三十條　本會理事會每月至少開會一次監事會每兩月至少開會一次

第三一條　理事會開會時須有理事過半數之出席出席理事過半數之同意方能決議可否同數取決於主席

第三二條　監事會開會時須有監事過半數之出席臨時互推一人為主席以出席監事過半數之同意決議一切事項

第三三條　理事監事開會不得委託代表出席

第六章　經費及會計

第三四條　本會經費分會費及事業費兩種

第三五條　會員會費比例於其資本額繳納之每一單位定為國幣仟……元

第三六條　會員退會時會費概不退還

第三七條　本會會費之預算決算於每年年度終了一個月以內編製報告書提出會員大會通過並

報告主管機關刊布之

第三八條　會計年度以每年一月一日始至同年十二月三十一日止

第三九條　事業費會員非退會時不得請求退還其請求並須於年度終了時為之

前項請求之事業費其結算應以退股時本會事業之財產狀況為準

請求退還之事業費不問原出資之種類均可以貨幣抵還

退還事業費時關於本會所舉辦事業內之事務有未了結者於了結後計算並分派其

盈虧

第四十條　本會會員對於本會興辦事業之責任除依興辦之決議於擔任股額外另負定額之保證

責任

依前條退還事業費之會員對於前項之保證責任於退還事業費後經過二年始得解除

第四一條　本會事業費之預算決算依本章程第三十七條之程序辦理

第七章　附則

第四二條　本章程未規定事項悉依商業同業公會法商業同業公會法施行細則辦理之

第四三條　本章程如有未盡事宜經會員大會決議呈准[illegible]主管機關[illegible]修改之[illegible]

[illegible]

第四四條　本章程經會員大會決議呈准[illegible]主管機関[illegible]備案施行[illegible]

[illegible]備案

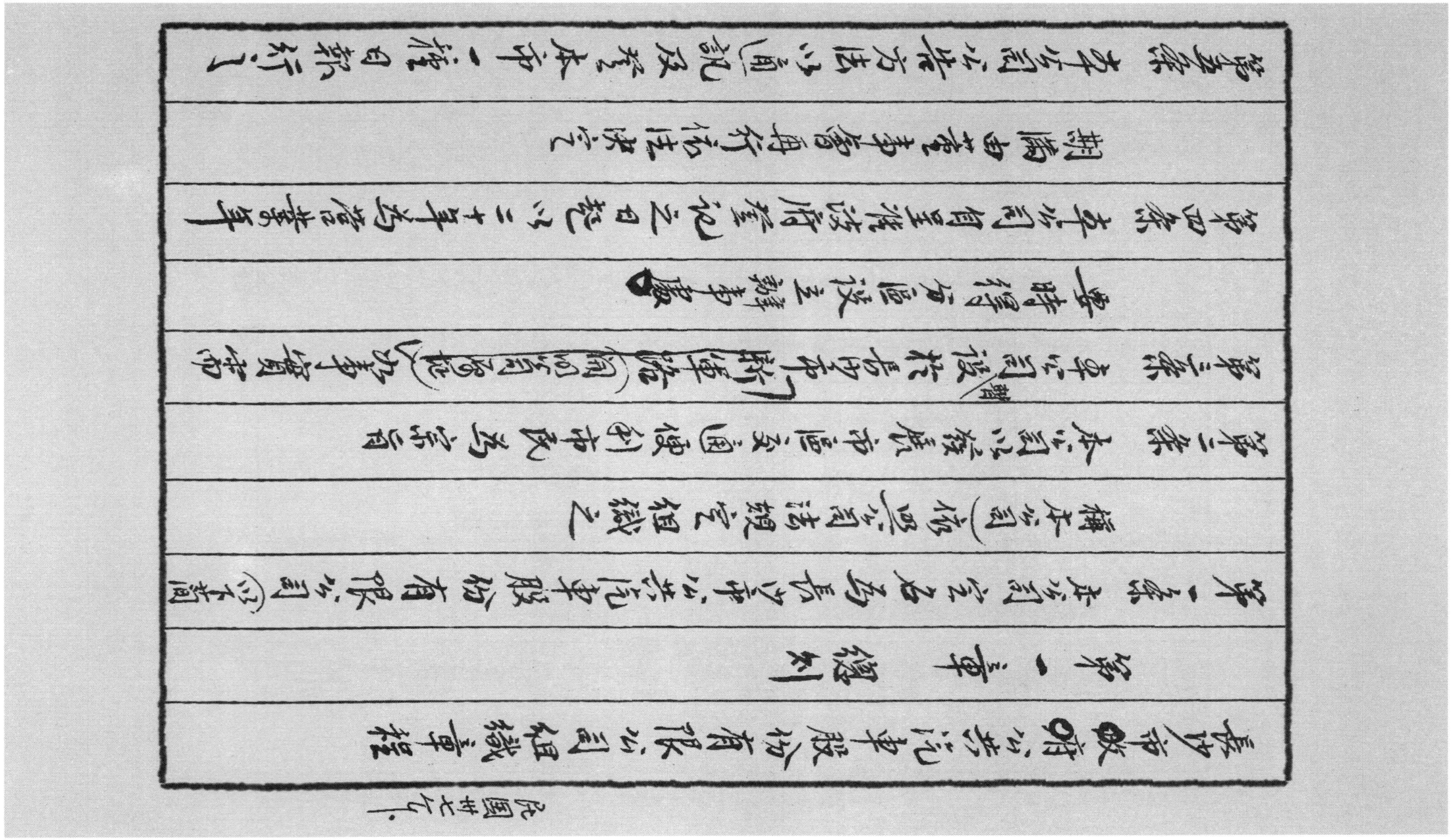
長沙市公共汽車股份有限公司組織章程

第一章 總則

第一條 本公司定名為長沙市公共汽車股份有限公司（以下簡稱本公司）依照公司法規定組織之

第二條 本公司以發展市區交通便利市民為宗旨

第三條 本公司總設於長沙市中正路（舊名南陽街）必要時得分區設立辦事處

第四條 本公司自呈准設立登記之日起以二十年為營業年限期滿由董事會再行依法決定之

第五條 本公司之公告方法以通訊及登本市一種日報行之

民國卅七年

長沙市公共汽車股份有限公司組織章程（一九四八年）

第六条　本公司得時向銀行調濟資金

第二章

第七条　本公司股本總額暫定國幣　　億　　萬　　元

分為　　股每股　　元由長沙市政府湖南省政府及

本市各交通機關認定官股　　成由開明公司及人力

車工會及境內殷實商民募集商股　　成此有官

商股金除有車輛器材廠屋准估價抵債外不足

时仍按比例以國幣補足或另招股補足

第八条　本公司股本總額有增加之必要時應由股東會議

議決增加之原有股東有優先認股權

第九條 本公司股票概用記名式分為一股 五股 十股 三種

股東及股東代理人以有中華民國國籍者為限

股票須經董事會認可方得轉讓

第十條 本公司股息定為週息 分 厘 公司無盈餘時不

得以股本支付股息

第十一條 股東應填具印鑑交由本公司收存凡領取股息紅

利及與本公司書面接洽事件概以印鑑為憑

第十二條 股票經董事會認可轉讓須向本公司聲請更

名過戶登載股東名簿如未履行此項手續則仍

認原股東為股東

第十三条　股票如有遗失须自行登報聲明经過一個月後別無糾葛者方得聲請補發新股票

第十四条　凡因继承關係須将股票更改户名時應由继承人将股票與原印鑑及合法證明書交本公司查核無訛方可更改

第十五条　股票污損或分割合併時均得交由本公司驗明换给新股票但污損至不能辨認時須覓具妥保并登報公告後方得换给

第十六条　股東常會前一個月内及臨時會十五日内均停止股票過户

第三章　股東會

第十七条　本公司之最高權力機關為股東大會大會閉幕後由董事會代行職權執行議案

第十八条　股東會分左列兩種

甲、股東常會每年年終開會一次由董事會召集之

乙、股東臨時會於必要時由董事長或半數以上董監事之提請或有股份總額十分之一以上之股東之請求由董事會召集之

第十九条　常會之召集須於一個月前臨時會之召集須於十五日前通知各股東其通知書內應載明召集事由及提

議事項

第廿条　股東會開會時因事不能出席之股東得具委託書委託他人為代表

第廿一条　本公司股東每股有一表決權一股東而有十股以上者每二股增一權但每股東之表決權及其他代理他股東行使之表決權合計不得超過全體股東表決權五分之一

第廿二条　股東會之決議應有代表股份總數過半數之股東出席股東表決權過半數之同意行之

第廿三条　股東會之職權如左

1、选举商股应佔之董事及监察人

2、议定董事及监察人之报酬

3、公司章程之通过及变更

4、公司资本之增减

5、公司之解散或合併

第廿四条　董事会应于股东会開會前十日備置下列曾经监察人查核之各项申请书表及监察人报告书以便各股东随时查阅并须于開會时報告股東會

1、業務報告書

2、資產負債表

三、財產目錄

四、損益計算書

五、公積金及股息紅利等分配之議案

第廿五條 本公司每年終決算所獲純益先提百分之二十為公積金次提所得稅再次提股息如尚有盈餘照左列比例分配之

一、股東紅利百分之七十

二、董事監察人及員工酬勞金百分之十

三、市區建設輔助費百分之十

四、特別公積金百分之十

前項兩種公積金之用途一為彌補本公司資本之損失及維持股利之平均一為應付特別事故不得移作別用

第四章

第廿六條 本公司設董事 人組織董事會 公商股董事 人由投資機關派充商股董事四人由股東會就有廿股以上之股東中選舉之

第廿七條 董事會設常務董事三人由董事互選之并就常務董事中推選一人為董事長

第廿八條 本公司設監察七人 公股監察 人由投資機關派充

商股監察　人由股東會就有十股以上之股東中推
選之
第廿九條　監察人互選一人為常駐監察常川駐公司辦事
第卅條　董事任期三年監察人任期一年均得連選連任
第卅一條　董事會每月開會一次由董事長召集之監察人得
列席與議但無表決權
第卅二條　董事會開會須有董事過半數到會方得開會
到會董事過半數同意方得決議可否同數時取決
于主席
第卅三條　董事會議決事項應記入決議錄由主席簽名

盖章保存备查并通知经理执行

第卅四条 董事会之职权如左

一、决定营业方针

二、审定各项章则

三、厘定票价标准

四、核定重要职员之任免并规定其薪给

五、决定股东会之召集

六、审定预决算及营业报告书并盈余分配之拟定

七、其他重要事项之决定

第卅五条 监察人之职权如左

八、监察本公司之业务及职员是否依据章程及决议案办理

九、审查年终决算及各项表册

十、稽查库存及一切账目情形

十一、遇必要陈述意见于董事会

十二、其他应行监察事项

第卅六条　监察人不得兼任本公司其他职务

第卅七条　本公司设经理一人副经理一人由董事会选任之

第卅八条　本公司设秘书一人会计主任一人由董事会选任之

第卅九条　本公司设总务、机务、业务各组各设主任一人由经

理提经董事会同意任用之其他员工由经理任用之

第四章

第五章　附则

第四十条　本章程未经规定事项悉依公司法之规定办理

第四十一条　本章程自股东会议通过后施行

长沙市织染布工业同业公会章程（一九四八年）

長沙市織染布工業同業公會章程

第一章　總則

第一條、本章程依據工業同業公會法第五十七條準用商業同業公會法及其施行細則訂定之。

第二條：本會定名為長沙市織染布工業同業公會

第三條：本會以維持增進同業之公共利益並謀工業之改良發展及矯正弊害為宗旨

第四條：本會以長沙市行政區域為範圍會址設於福星街四十三號内

第二章　任務

第五條：本會之任務如左

一、關於主管官署委辦及商業委託事項

二、關於會員營業之調查、指導、研究、統計事項

三、關於會員認為必要共同加工或給售原料材料共同購入或處理倉庫運輸事項

四、關於會員營業上弊害之矯正事項

五、關於會員營業必要時之維持事項

六、關於合於第三條所揭宗旨之其他事項

第三章 會員

第六條 凡在本市區域內經營織染布業之工廠或[illegible]

賣商店均應爲本會會員

第七條：本會每一會員推派代表一人其負擔費滿五單位者得加派代表一人以後每增十單位加派一人但至多不過七人以經理人主體人或店員爲限

第八條：本會會員代表以有中華民國國籍年在二十歲以上者爲限

第九條：有左列情形之一者不得爲本會會員代表

一、背叛政府經判決確定或在通緝中者

二、曾服務公務而有貪污行爲經判決確定或在[illegible]緝中者

三、褫奪公權者

四、受破產之宣告尚未復權者

五、無行為能力者

六、吸食鴉片或其代用品者

第十條：會員舉派代表時應給以委託書并通知本會撤換時亦同但已當選為本會職員者非有依法應解任之事由不得撤換

第十一條：會員代表均有表決權選舉權及被選舉權會員代表因事不能出席會員大會時得以書面委託他會員代表代理之

第十二條：會員非遷移其他區域或廢業或受永久停業之處分者均不得退會

第十三條：會員代表有不正當行為致妨害本會名譽信用者得以會員大會決議通知原推派之會員撤換之

第十四條：織染布廠不依法加入本會或不繳會費或違反公會章程及決議者得經理監事會議之議決予以警告警告無效時按其情節輕重依照工業同業公會法第四十一條規定程序為左列之處分

一、若干元以下之違約金由會員大會議決定之

二、有時間之停業

三、永久停業

前項第二款第三款非呈經主管官署核准不得為之

第四章　組織及職權

第十五條：本會設理事七人組織理事會監事三人組織監事會均由會員大會就代表之中用無記名連選舉法選任之選舉前項理監事時應另選候補理事三人補候監事一人遇有缺額依次遞補以補足前任任期為限未遞補前不得列席會議

第十六條：當選理監事及候補理監事之名次依得票之多寡為序票數相同者以抽籤定之

第十七條：理監事會設常務理事三人常務監事一人均由
理監事中用無記名連舉法互選之以得票最多
數者為當選常務理事常務監事有缺額時由
理監事會補選之其任期以補足前任任期為限
第十八條：理事會就當選之常務理事中用無記名單記法
選任理事長一人以得票滿投票人之半數者為當
選若一次不能選出時應就得票最多之二人決定
之
第十九條：理事會之職權如左
一、執行理監事會議決案及會員大會議決案

二、召集會員大會

三、執行法令及章程所規定之任務

第二十條：常務會之職權如左

一、執行理監事會議決案

二、處理日常事務

第二十一條：監事會之職權如左

一、監察理事會執行會員大會之決議

二、審察理事會處理之財務

三、稽核理事會之財政收支

第二十二條：理事會及監事會之任期為四年每二年改選半

数不得连任前项第一节改选以抽签定之但理监事人数有为奇数时留任者之人数较改选者多一人

第二十三条：理监事有左列情形之一者应即解任

一、会员代表资格丧失者

二、因不得已事故经会员大会议决准其辞职者

三、依工业同业公会法第二十五条解职者

第二十四条：本会理监事均为名誉职

第二十五条：本会事务所设办事员若干人得分科办事其办事规则另订之

第五章　会议

第二十六條：本會會員大會分定期會議及臨時會議兩種
均由理事會召集之定期會議每年開會一次
臨時會議如理事會認為必要時或經會員代
表十分之一以上請求或監事會函請召集時召
集之
第二十七條：召集會員大會應於十五日前通知之但商
業同業公會有第二十六條第二十七條之情形
或因緊急事項召集臨時會議者不在此限
第二十八條：本會會員大會開會時由常務理事組織主
席團輪流主席

第二十九條：本會會員大會之決議以會員代表過半數之出席出席代表過半數之同意行之出席代表不過半數者得行假決議於三日内將其結果通知各代表於一星期後二星期内重行召集會員大會以會員代表過半數之出席出席代表過半數之同意對假決議行其決議

第三十條：左列各類事項之決議以會員代表三分之二以上之出席出席代表三分之二以上之同意行之出席代表不滿三分之二者得以出席代表三分之二以上之同意行假決議於三日内將其結果通知各代表於

一、逾期後一星期內重行召集會員大會以出席代表
三分之二以上之同意對擬決議行其決議
一、變更章程
二、會員或會員代表之除名
三、職員之退職
四、清算人之選任及關於清算事項之決議
第三十條：本會會員代表超過三百人以上時會員大會得
依其地域之便利先期分別預備會議依各預備會
會員代表人數比例推選代表出席代表大會行使
會員大會之職權

第三十二條：本會理監事聯席會每季開會一次理事會每月開會二次監事會每兩月至少開會一次

第三十三條：理監事聯席會議時須有理監事過半數之出席出席理監事過半數之同意方能決議取決於主席

第三十四條：監事會開會時須有監事過半數之出席臨時互推一人為主席或以常務監事為主席以出席監事過半數之同意方能決議

第三十五條：理事會及監事會開會時不得委託代表出席

第六章　經費及會計

第三十六條：	本會經費分會費及事業費兩種
第三十七條：	會員會費（即入會金）比例於資本額繳納之每
	一單位定為國幣（每一單位定為國幣若干元須依大會議決定之）
	事業費由會員大會決議籌之
第三十八條：	會員退會時會費概不退還
第三十九條：	本會經費之預算決算於每年終一個月以內造表
	編收支報告書提出會員大會通過呈報主管
	官署並刊佈之
第四十條：	會計年度以每年一月一日起至十二月三十一日止
第四十一條：	前者送會員非退會時不得請求退還其退

選方法由會員大會決議定之

第七章　附則

第四十二條：本章程未規定事項悉依工業同業公會法工業同業公會法施行細則辦理之

第四十三條：本章程如有未盡事宜經會員大會決議呈准主管官署修改之

第四十四條：本章程經會員大會決議呈准主管機關備案施行並逐級轉報上級政府備案

长沙市机器锯木工业同业公会章程草案（一九四八年）

長沙市機器鋸木工業同業公會章程草案

第一章 通則

第一條 本章程依據工業會法及工業會法施行細則訂定之

第二條 本會定名為長沙市機器鋸木工業同業公會

第三條 本會以謀劃本業之改良發展增進同業之公共利益為宗旨

第四條 本會之區域以長沙市行政區域為範圍

第五條 本會事務所暫設長沙南門外檀坊巷二號

第二章 任務

第六條 本會之任務如左

一、關於生產之研究改良及發展事項

二、关于会员合法权益之保障事项

三、关于技术原料器材之合作事项

四、关于会员之事业保险及计划调整事项

五、关于会员之设备制品及原料之检查取缔事项

六、关于工业产品之调查统计事项

七、关于同业纠纷之调处公断事项

八、关于会员公益事业之举办事项

九、关于劳资合作之促进及纠纷之协助调处事项

十、关于政府经济政策之协助推行事项

十一、关于参加各项社会运动事项

十六、关于会员之证明事项

第三章 会员及会员代表

第七条 凡在本区域内合于工厂法所定标准由以机器锯木之厂商不论公营或民营除国营专供军用者外均须加入本会为本会会员 经依法登记之外国人所设同业工厂亦得加入为本会会员 工厂加入本会为会员时应填送会员入会申请书以备查考

第八条 各会员应派代表出席本会称为会员代表

第九条 本会之会员代表以工厂之主体人经理人或代表商主行使管理权之职员充任之每会员工厂得派代表三人为原则

第十條　本會會員代表以有中華民國國籍之人民為限

第十一條　有左列情形之一者不得為會員代表

一、犯罪經判決確定或在通緝中者

二、褫奪公權尚未復權者

三、受破產之宣告者

四、禁治產者

五、吸食鴉片或其代用品者

六、無行為能力者

第十二條　會員代表喪失國籍或發生前項各款情事之一而喪失資格時原派之會員應另派代表補充之

第十三條 會員代表有不正當行爲致妨害本會名譽者以會員大會之議決通知原派之會員撤換之

第十四條 會員推派代表時應給以委託書並另填具履歷以書面通知本會審查合格方得出席本會，改派時亦同

第十五條 會員代表均有表決權選舉權及被選舉權每一代表爲一權 會員代表因事不能出席會員大會時得以書面委託他會員代表代理但代理人以代表一人爲限

第十六條 會員非因遷出本區域或自動廢業或破產永久停業事由者不得退會

第四章 組織及職權

第十七條 本會設理事會計理事十一人 候補理事三人設監事會計監事三人候補監事一人均由會員大會就會員代表中用記名選舉法選任之 候補理事監事遇缺遞補以補足前任期為限

第十八條 互選理事互選五人為常務理事 互選常務理事一人為理事長 互選監事互選一人為常務監事

第十九條 理事監事均為無給職任期為兩年連選得連任

第二十條 理事會之職權如左

一、執行會員大會議決案

二、召集會員大會

三、执行法令及本章程所规定之任务

第二十一条 监事会之职权如左

一、监察理事会执行会员大会之决议

二、审查理事会处理之会务

三、稽核理事会之财务帐籍

第二十二条 理事监事有左列各款情事之一者应即解任其缺额由候补理事监事递补之

一、会员代表资格丧失者

二、因不得已事故经会员大会议决准其辞职者

三、依工业会法第四十四条第四十五条解职者

第五章 会议

第二十三條、會員大會分定期會議及臨時會議兩種，均由理事會召集之。

第二十四條、前條之定期會議每半年舉行一次，臨時會議經理事會認為必要或經會員代表十分之一以上之請求均得召集之，如一個月内不為召集時得由監事會或是規定之會員代表呈請主管官署之許可召集之。

第二十五條、召集會員大會應於十五日前通知之，但因緊要事項召集臨時會議時不在此限。

第二十六條、會員大會之決議以會員代表過半數之出席，出席代表過半數之同意行之。

第二十七條　左列各款情事之决议以会员代表三分之二以上之出席，出席代表三分之二以上之同意行之

一、章程之变更

二、组织之调整

三、理事、监事之解职

四、会员及会员代表之处分

五、清算人之选任及关于清算之决议

第二十八條　理事会每月开会一次，监事会每两个月开会一次

理事长为召集人

常务监事为召集人

第二十九條　理事、监事开会时不得委托代表出席

第六章　会员之权利与义务

第三十条　会员有左列各款之权利

一、合法权益之保障

二、红利工资之分配

三、调处纠纷之申请

第三十一条　会员有左列各款之义务

一、遵守本章程及本会决议案

二、按期缴纳会费

第七章　经费及会计

第三十二条　本会经费分会费事业费两种

第三十三條　会费分入会费及常年会费、入会费于会员入会时一次缴纳、常年会费逐月缴纳其金额规定如左

一、入会费金圆贰百元

二、常年会费每月金圆伍元

第三十四條　前條之会费会员退会时不得请求退还

第三十五條　事业费由会员大会议决筹措事业费之分担每一会员至少一股至多五十股其每股金额及总额亦由会员大会议决呈报主管官署备案

第三十六條　前條之事业费会员退会时不得请求退还

第三十七條　会计年度以每年一月一日始至同年十二月卅一日止

第三十八條 本會之費之預算決算於每年度終了一個月以內編製報告書提出會員大會通過刊佈並呈報主管官署備案

第三十九條 本會興辦之事業應另立預算決算依前條程序辦理

第四十條 本會事業費總額及每股金額之變更保證責任之規定或本會事業之停止均應依法決議呈請主管官署備案本事業停止後凡屬於該事業之財產應依法清算清算人由會員大會推定之

第八章 附則

第四十一條 凡本區域內以機器鋸木之廠商不依法加入本會或已

入会而不缴纳会费或违反本章程及本会决议案者得经
理事会之决议予以警告警告无效时得按情节轻重
分别依本章程第二十七条之规定程序为左列之处分
一、缴纳金圆五百元至三千元之违约金
二、一定期间之停业
三、永久之停业
前项第二款第三款之处分非经主管官署核准
不得为之
第四十二条 本章程未规定事项悉依工业会法及工业
会法施行细则办理之

第四十三條　本章程如有未盡事宜經會員大會議決
呈准主管官署修正之
第四十四條　本章程經會員大會議決呈准主管官署
備案施行

长沙区机器工业同业公会章程草案

長沙區機器工業同業公會章程草案

第一章 總則

第一條 本章程依據工業會法及工業會法施行細則訂定之

第二條 本會定名為長沙區機器工業同業公會

第三條 本會以謀工業之改良發展增進同業之公共利益為宗旨

第四條 本會之區域以……等四十二縣市為範圍

第五條 本會事務所設於長沙市

第二章 任務

第六條 本會之任務如左

一、關於生產之研究改良與發展事項

二、關於會員合法權益之保障事項

三、關於技術原料器材之合作事項

四、關於會員之事業保險及計劃調整事項

五、關於會員之設備製品及原料之檢查取締事項

六、關於工業產品之調查統計事項

七、關於同業糾紛之調處公斷事項

八、關於會員公益事業之舉辦事項

九、關於勞資合作之促進及糾紛之協助調處事項

十、關於政府經濟政策之協助推行事項

十一、關於參加各項社會運動事項

第三章 會員及會員代表

第七條 凡在本區域内合於工廠法所定標準之工廠除國營專供軍用之工廠外不論公營或民營均為本會會員

前項會員推派代表出席本會稱為會員代表

工廠加入本會時為會員時應填送會員入會申請書以備審核

第八條 工廠非因廢業或遷出本同業公會組織區域或受永久停業處分者不得退會

第九條 每一工廠之代表得一人至七人以按會費之多寡分級定之

第十條 本會會員代表以工廠之主體人經理人或代表廠方行使管理權之職員年在二十歲以上者為限

第十一條 有下列情事之一者不得為會員代表

一、犯罪經判決確定或在通緝中者

二、褫奪公權尚未復權者

三、受破產之宣告者

四、禁治產者　五、吸食鴉片或其代用品者

會員代表發生前項各款情事之一而喪失資格時原派之會員應另派代表補充之

第十二條 會員代表均有表決權選舉權及被選舉權每代表為一權

第十三條 會員代表因事不能出席會員大會得以書面委託代理人但代理以代表一人為限

第四章 組織及職權

第十四條 本會設理事十五人組織理事會監事五人組織監事會均由會員大會就代表中用記名連選法選舉之

长沙市钱商业同业公会章程

底册

長沙市錢商業同業公會章程

長沙市錢商業同業公會章程

第一章 總則

第一條 本章程依據商業同業公會法及商業同業公會法施行細則訂定之

第二條 本會定名為長沙市錢商業同業公會

第三條 本會以維持增進同業之公共利益及矯正弊害為宗旨

第四條 本會以長沙市行政區域為區域事務所設於下坡子街福祿宮內

第二章 任務

第五條 本會之任務如左

一、關於本會以調劑地方金融扶助經濟建設發展合作事業

二、關於會員營業之統制

三、關於會員營業之指導研究調查及統計

四、辦理合於第三條所揭宗旨之其他事項

興辦前項第一款事業時應擬定計劃書經全體會員三分二以上之同意呈准市政府核准其變更時亦同

第一項第二款之統制須經全體三分二以上之同意呈由主管官署核准後方得施行

第三章　會員

第六條　凡在本區域内經營醆商業之公司行號均為本會會員

前項會員推派代表出席本會稱為會員代表

第七條　本會每一會員推派代表一人其担負會費满五單位者得加派代表

一人以後每增十單位加派一人但至多不得過七人以經理人主體人或店員為限

第八條　本會會員代表以有中華民國國籍年在二十歲以上者為限

第九條　有左列各欵情事之一者不得為本會會員代表

一、背叛國民政府經判決確定或在通緝中者

二、曾服公務而有貪污行為經判決確定或在通緝中者

三、褫奪公權者

四、受破產之宣告尚未復權者

五、無行為能力者

六、吸食鴉片或其他代用品者

第十條　會員舉派代表時應給以委託書並通知本會撤換時亦同但已當選為本會職員者非有依法應解任之事由不得撤換

第十一條　會員代表均有表決權選舉權及被選舉權

會員代表因事不能列出席會員大會時得以書面委託他會員代表代理之

第十二條　會員非遷移其他區域或廢業或受永久停業之處分者不得退會

第十三條　會員代表有不正當行為致妨害本會名譽信用者得以會員大會之議決通知原推派之會員撤換之

第十四條　公司行號不依法加入本會或不繳納會費或違反章程及決議者得經理監會之議決予以警告如警告無效時得按情節輕重依照商業

同業公會法第二十六條規定之程序為左列之處分

一、貳拾萬元以下之違約金

二、有時間之停業

三、永久停業

前項第二款第三款之處分非經主管官署之核准不得為之

第四章　組織及職權

第十五條　本會設理事九人組織理事會監事三人組織監事會均由會員大會就代表中用無記名連選法選任之

選舉前項理監事時應另選候補理事三人候補監事一人遇有缺額依次遞補以補足前任任期為限未遞補前不得列席會議

第十六條　當選理監事及候補監事之名次依淂票多寡為序票數相同時以抽籤定之

第十七條　理事會設常務理事三人由理事中用無記名連選法互選之以淂票最多數者為當選常務理事有缺額時由理事會補選之其任期以補足前任任期為限

第十八條　理事會就當選之常務理事中用無記名單記法選任理事長一人以淂票滿投票人之半數者為當選若一次不能選出時應就淂票最多數之二人決選之

第十九條　理事會之職權如左

一、執行會員大會決議案

二、召集會員大會

三、執行法令及本會章程所規定之任務

第二十條　常務理事之職權如左

一、執行理事會議決案

二、處理日常事務

第二十一條　監事會之職權如左

一、監察理事會執行會員大會之決議

二、審查理事會處理之會務

三、稽核理事會之財政出入

第二十二條　理事及監事之任期均為四年每二年改選半數不得連任

前項第一節之改選以抽籤定之但人數為奇數時留任者之人數較改選者多一人

第二十三條　理監事有左列情事之一者應即解任

一、會員代表資格喪失者

二、因不得已事故經會員大會議決准其辭職者

第二十四條　本會理監事均為名譽職

第二十五條　本會事務所設辦事員三人得分科辦事其辦事規則另定之

第五章　會議

第二十六條　本會會員大會分定期會議及臨時會議兩種均由理事會召集之定期會議每年開會一次臨時會議於理事會認為必要時或經會員代表

十分之一以上之請求或監事會緘請召集時召集之

第二十七條　召集會員大會應於十五日前通知但有商業同業公會法第二十五條第二十六條之情形或因緊急事項召集臨時會議者不在此項

第二十八條　本會會員大會開會時由常務理事組織主席團輪流主席

第二十九條　本會會員大會之決議以會員代表過半數之出席出席代表過半數之同意行之出席代表不滿過半數者得行假決議在三日內將其結果通告各代表於一星期後二星期內重行召集會員大會以出席代表過半數之同意對假決議行其決議

第三十條　左列各款事項之決議以會員代表三分二以上之出席出席代表三分二以上之同意行之出席代表不滿三分二者得以出席代表三分

二以上之同意行假決議在三日内將其結果通告各代表於一星期
後二星期内重行召集會員大會以出席代表三分二以上之同意對
假決議行其決議
一、變更章程
二、會員之處分
三、會員之辭職
四、清算人之選任及關於清算事項
第三十一條　本會會員代表人數超過三百人以上時會員大會得就地域之便利
先期分開預備會依會員代表人數比例推選代表合開代表大會行
使會員大會之職權

第三十二條　本會理事會每月至少開會一次監事會每兩月至少開會一次

第三十三條　理事會開會時須有理事過半數之出席出席理事過半數之同意方能決議可否同意取決於主席

第三十四條　監事開會時須有監事過半數之出席臨時互推一人為主席以出席監事過半數之同意決議一切事項

第三十五條　理事監事開會時不得委託代表出席

第六章　經費及會計

第三十六條　本會經費分會費及事業費兩種

第三十七條　會員會費比例於其資本額繳納之每一單位定為國幣壹萬元

第三十八條　會員退會時會費概不退還

第三十九條　本會會費之預算決算於每年年度終了一個月以內編製報告書提出會員大會通過呈報主管官署刊佈之

第四十條　會計年度以每年一月一日起始至同年十二月三十一日止

第四十一條　事業費之分担每一會員至少一股至多不得超過五十股但因必要時經會員大會之決議增加之事業費總額及每股數額應由會員大會決議呈經主管官署察核

第四十二條　前條之事業費會員非退會時不得請求退還其請求並須於年度終了時為止

前項請求之事業費其結算應以退股時本會事業之財產狀況為標準請求退還之事業費不問原出資本之種類均可以金錢抵還

退還事業費時關於本會所興辦事業内之事務有未了結者於了結後計算並分派其盈虧

第四十三條　本會會員對於本會興辦事業之責任得依興辦之决議於担任股額外另負定額之保證責任

依前條退還事業費之會員對於前項之保證責任於退還事業費後經過二年始得解除

第四十四條　本會事業費之預算决算依本章程第三十九條之程序辦理

第四十五條　本會事業費總額及每股金額之變更保證責任之規定或本會事業之停止均應依法决議後呈報主管官署

事業停止後所營事業之財產應依法辦理清算

第七章 附則

第四十六條 本章程未規定事項悉依商業同業公會法及商業同業公會法施行細則辦理之

第四十七條 本章程如有未盡事宜經會員大會決議呈准長沙市政府修改之並逐級轉報中央社會部及經濟部備案

第四十八條 本章程經會員大會決議呈准長沙市政府及長沙市黨部備案施行並逐級轉報中央社會部及經濟部備案

长沙市石料特种股份有限公司章程草案

长沙市石料特种股份有限公司章程草案

第一章 总则

第一条 本公司定名为长沙市石料特种股份有限公司

（以下简称本公司）

第二条 本公司专以开采长沙市石料以利建筑为宗旨

第二章 营业

第三条 本公司营业范围如左

一、採取各种石料

二、销售各种石料

三、制造各种石器

四、经营其他有关之材料

第四条 本公司设长沙市办事处于[illegible]湾

第五条 本公司营业期限自呈准登记之日起定为十年期满得由股东会会议决定延长之

第六条 本公司之公告事项以登报或书面通知为公告方式

第三章 资本

第七条　本公司资本总额定为国币肆仟万元，分为八千股，每股国币伍千元，公股佔百分之六十，由长沙市政府以公股认购之；商股佔百分之四十，以商名作为发起人募集，商股则各先缴入分之八，余于开业后半年内收足之。

第八条　本公司股票为商股，额分为一股、三股、五股、十股四种，于呈准发起后由本公司分别盖董事长印鉴编号填发。

第九条　本公司股票各为记名式，各股东应将姓名住址报明本公司记入股东名册，编其号次，其有变更时亦同。

第十条　本公司股东应将签名式印鉴及通讯处开送本公司备查之印鉴，经交本公司存记以后，领取股息红利或过户及行使股东其他一切权利时，悉以此存记之印鉴为凭。

第十一条　股票不转让或承继时，须由原股东于股票背面签名盖章注明，或由承继人提出相当证明后，方可持向本公司过户，但本公司认为须具妥保时，非觅具妥保不得过户。

第十二条　股票如有污损或欲分割合并时，均得交由本公司声明换发新股票，但污损太甚不能辨认时，须觅具妥保同时

登報公告後方得换給

第十三條 股票有遺失或燬滅時，應即報告本公司，除失者自行登報公告三日以外，自公告日起滿兩個月如無糾紛，方可覓具妥保補發新股票

第十四條 股東常會前一個月內、股東臨時會前十五日內，均停止股票過户，又股票過户及損毁或補發新股票，得酌收工本費及應貼之印花稅費

第四章 組織

第十五條 本公司設董事十一人，組織董事會，依出資之比例定為公股董事六人，由長沙市政府派充之，商股董事五人，由股東會就有十股以上之股東中選任之

第十六條 董事會設常務董事五人，由董事互選之，並就常務董事中推選一人為董事長，以常務董事一人兼副董事長，各案應呈報長沙市政府備案

第十七條 本公司設監察人五人，依出資之比例定為公股監察三人，由長沙市政府派充之，商股監察二人，由股東會就有五股以上之股東中推選之，並由長沙市政府就公股監察中指定一人為常駐監察，常駐公司辦公，監察人名單應呈報長沙市政府備案

八

監察人

第十八條　董事任期三年監察人任期一年公股董事監察人得連派連任商股董事監察人得連選連任

第十九條　董事會每月開會一次由董事長召集之監察人得列席與議但無表決權

第二十條　董事會開會時須有董事過半數到會方得開議到會董事過半數之同意方得決議可否同數時取決於董事長

第二十一條　董事會議決事項應記入決議錄由董事長及出席董事簽名保存並交本公司總經理執行

第二十二條　董事會之職權如左

一、決定業務方針

二、審定各項章則

三、核定人事要員之任免并規定其薪給

四、審核預算決算及營業報告書并議定盈餘分配

五、決定股東會之召集

六、議決營業之開展範圍及根據業務發展之投資

七、其他重要事項之決定

第廿三條 監察人之職權如左

一、監察公司之業務及職員有無違背章程及決議案不辦理

二、審查年終決算及各項表冊

三、稽核庫存及各項賬目清冊

四、遇必要時得陳述意見於董事會

五、其他應行監察事項

第廿四條 監察人不得兼任本公司其他職務

第廿五條 董事監察人之報酬由股東會定之

第廿六條 本公司設經理一人副經理一人由董事會聘請董事會決定之後報

經理受董事會之指揮負經理之責承董事會之命處理公司

一切業務副經理輔助之

第廿七條 本公司設會計一人由常駐監察人推請董事長聘請互席會議

其餘職員由經理選任報請董事長核准任用之

第五章 股東會

第廿八條 本公司股東會分左列兩種

三

一、常会由董事会于每年终决算后二个月内召集之

一、临时会由董事会或监察人认为必要时或有股份总额十分之一以上之股东出具理由由董事临时召集之

第十九条　常会之召集应于一个月前临时会应于十五日前通知各股东并须载明开会事由及提议事项公告

第二十条　股东开会时如股东不能出席之股东得出具委托书委托其他股东为代表

第二十一条　本公司股权规定如左

甲、一股至十股每股为一权

乙、十一股至二十股每二股为一权

丙、廿一股至三十股每三股为一权

丁、卅一股至四十股每四股为一权不足一股者不计

戊、股权不得超过股权总额五分之一

第二十二条　股东大会之议案除以股东过半数之决议或出席股东表决权三分之二以上之同意为有效股东委托之代理人不得有表决权

第六章 決算及盈餘之分配

第卅三條 本公司以每屆年終為決算期由董事會造具左列各項表冊於股東常會開會前三十日送交監察人查核後提交股東會請求承認監察人對於各項表冊應負責詳細審查並報告其意見於股東會

一、營業報告書

二、資產負債表

三、財產目錄

四、損益計算書

五、公積金及股息紅利分配之議案

前項表冊應俟股東會通過後呈報長沙市政府會計檢查並將資產負債表損益計算書暨公積金及股息紅利分配之議案公告之

第卅四條 本公司每年年終決算如獲純益先提百分之二十為公積金再提所得稅所提商股股息八厘公股股息六厘如尚餘盈則按左列比率分配之

一、股東紅利百分之七十

二、員工福利金百分之十五

三、市縣社會事業補助費百分之十

四、特別公積金百分之五

前項公積金之用途為彌補資本之損失及維持股本之平均，不得移作別用

第七章　附則

第廿五條　本公司各會議辦事細則另訂之

第廿六條　本章程如有未盡事宜，悉依公司法之規定辦理

第廿七條　本章程由發起人提經股東會議通過呈請長沙市政府核准登記備案後施行，其修正時亦同

长沙市板车运输队组织管理规章草案

長沙市板車運輸隊組織管理規章草案

長沙市板車運輸隊組織管理規章草案

甲　宗旨

一、為便利市區短程起卸運輸及管制車輛增進工人福利暨免其他流弊起見特仿照桂林衡陽兩市組織成例將原有板車工人及車輛加以調查登記以便呈請　市政府製發牌照編號編組以收管理調流裕如之效

乙　總則

一、凡本市原有經營板車工人均須於奉准成立板車運輸隊後一月內赴隊報請登記由隊編號造冊呈送　市政府按號製發牌照製釘車上每年分兩期換發牌照工本費按市價核定牌照費

由　市府規定由車户一次繳足再由隊部造册彙繳　市府核收

二、自登記期限屆滿後凡發現有無牌照之車輛行駛市區時得由同業工人制止其營業如有强抗時則報請警察帶同人車由隊部送請　市府科以漏照論處（其處罰條例另訂之）

三、自登記截止後如續有自置車輛欲營此業時須先報請隊部轉請　市府發給牌照并遵守一切規章履行登記手續

丙　管理

一、營車工人由隊編組分一、二、三、四番號分配於東、西、南、北四區（按各該工人住地分編）每區設調派站一所由站統籌輪牌分配營業（按碼頭籮工辦法）不得私自承接及越次搶運其運費由站核收轉給

二、遇有公差時如某區不敷分配得由站征調他站充任如政府機關及其他部隊需要短程（市区内）征工統由隊全盤分配以應差役各工不得推諉規避

丁、組織

一、隊部設隊長一員負管理調派指揮之責下設隊附四人分兼東南西北各站站長協助隊長並處理各該分站一切調配事務另設財務文牘各一員分負財務經費收支編報保管及文書處理之責

戊　附則

本規章自呈奉核准成立隊部日起施行其有未盡事宜得隨时呈請核准修改之

长沙市汽车商业同业公会规定会员经营运输业务暨车主货主装运货物及制止无业游民（即黄鱼头）揽运客货统行办法章则

長沙市汽車商業同業公會規定會員經營運輸業務暨車主貨主裝
運貨物及制止無業游民（即黃魚頭）攬運客貨統行辦法章則

一、本會會員經營運輸公司行號會員車輛與特約車外省縣商車出入
長沙市境悉依照本辦法之規定

一、凡外籍商車限在各該地汽車同業公會取有證件否則一律受非會員
之限制

二、凡本會會員車輛特約車輛外省縣商車以下均簡稱商車

三、凡商車駛抵本境需要招運客貨出境者應向本會各運輸公司商行登記申
請介紹運貨而貨主更不得直接雇車雙方務必經過運輸公司商行之介
紹否則受本會之處罰

人自車裝自貨或車由外省縣裝運貨物來往者不在此限但須來會聲明給
証通行
二、各運輸公司商行自經登記之商車必須取其同意介紹裝運客貨倘本行
不能承攬時可轉介紹同行共同承攬貨物但車主洽行必將執照交點以
取到定款為依據而貨主託運貨物亦必洽商妥當交付定款外，雇車輛
務使速成速開尤不得藉詞留難否則受處
四、各運輸公司商行承運客貨必須察其貨物成分及運輸地點之遠近應託
速代貨主介紹優式穩固車輛裝運務使途中順利運到切不可敷衍塞責
以圖車取行佣須要堅守信實
人照規定收扣車主佣金但不可浮收

五、凡車主貨主經過介紹裝運者兩方面必須當場洽妥議運手續將貨物
點交公司商行與車主驗收由承運公司商行填發運貨裝單交與車主貨
主分別收執為憑

六、凡貨主交運貨物由押運員隨車自理必須守車照顧自負全責但車夫
沿途必代客互相照管負責安全送達目的地不得故意拖延或藉詞增加
運費情事否則由貨主報請當地機關或汽車公會處理之

1、貨物交商行信託運輸者由貨主與公司商行洽辦之

2、凡車輛載運貨物不得超過噸位否則受交通管制規則之限制

3、交收運費必取憑証凡關稅敷力運力及其他雜支均係車夫自理

七、凡貨主車主經運輸公司商行同意洽妥裝運貨物先行交足欵即認

定已成事實倘車方不開車貨主無貨交運或延誤裝儎時間屬車方
者扣留執照賠款屬貨方者沒收定款並得負担賠償一切如承運公司
商行有此類情形得同樣之處理
八由本會統一製印裝運貨單及提單加蓋會印分發本會各運輸公
司商行使用
九凡商車儎運貨物未經本會會員介紹開出長沙市各站口無本會各運
輸公司商行之裝貨單為證者本會報請湖南省軍憲警聯合督察處湖
南公路局轉飭各站口檢查哨協助取締並得科五萬元以上拾萬元以下
之罰鍰及責成照章繳納會費
人罰款以六成撥作有關協助員兵之獎金四成提充本會公益金

三、由本會派員分駐黃土嶺東屯渡湘潭市各站口會同當地有關機關

查驗

九、商車載客以湖南公路局不通客車地點為限如係客人包車不在此限

但貨車帶客以不超過四個人為原則

人商車載客不得超過二十五名違者加倍處罰

十、凡商車行駛必須遵守交通規則服從檢查照章繳納養路費項

但不得挾帶違禁物品致干查究

十一、本會各運輸公司商行承運客貨純以商車為主體但車主務必向

各公司商行切取連系協運貨物以達到貨暢其流為原則

十二、本會會員經營運輸業務如不遵守信譽、或有欺騙不法行為由

本會按情節輕重處理，所具連保者受同樣之連帶關係，並得呈報

有關機關懲處或令其停業

十三、非會員及無業游民（即黃魚頭）之流，攬運客貨車輛經過檢查

站口，即行取締制止，並將人車扣留，解由當地有關機關從嚴處罰

十四、本會會員車輛應將本會填發車輛登記証張貼司機台前左角鏡

窗上，以資識別

十五、凡經營運輸業務，未經申請加入本會，或經本會調查其組織

不合規定者，得制止其營業，並呈報有關機關取締之

十六、本辦法經核准後，分呈有關機關備案施行之